中南大学教学改革论文集

主　编　陈　翔

副主编　陈立章　范晓慧　韩响玲

　　　　詹国平　刘铁雄　曾山金

　　　　庞青山

中南大学出版社
www.csupress.com.cn
·长沙·

图书在版编目（ＣＩＰ）数据

中南大学教学改革论文集／陈翔主编. --长沙：
中南大学出版社，2018.4
ISBN 978 - 7 - 5487 - 3197 - 9

Ⅰ. ①中… Ⅱ. ①陈… Ⅲ. ①高等学校－教学改革－
长沙－文集 Ⅳ. ①G642.0 - 53

中国版本图书馆 CIP 数据核字（2018）第 083007 号

中南大学教学改革论文集
ZHONGNAN DAXUE JIAOXUE GAIGE LUNWENJI

陈 翔　主编

□责任编辑	沈常阳	
□责任印制	易建国	
□出版发行	中南大学出版社	
	社址：长沙市麓山南路	邮编：410083
	发行科电话：0731 - 88876770	传真：0731 - 88710482
□印　　装	长沙鸿和印务有限公司	

□开　　本	889×1194　1/16　□印张 22　□字数 552 千字	
□版　　次	2018 年 4 月第 1 版　□2018 年 4 月第 1 次印刷	
□书　　号	ISBN 978 - 7 - 5487 - 3197 - 9	
□定　　价	88.00 元	

前　言

　　百年大计,教育为本。教育大计,教学为本。在国际竞争日趋激烈的今天,教育要发展,关键靠改革。《国家中长期教育改革和发展规划纲要(2010-2020年)》明确提出,适应国家和社会发展需要,遵循教育规律和人才成长规律,深化教育教学改革,创新教育教学方法,探索多种培养方式,形成各类人才辈出、拔尖创新人才不断涌现的局面。党的十九大报告提出,要加快一流大学和一流学科建设,实现高等教育内涵式发展。这要求高等院校要将本科人才培养和本科教育教学质量放在学校发展的重要战略地位。随着知识爆炸时代的到来以及新技术、新产业、新经济的蓬勃发展,高质量、高水平教学已成为世界一流大学的共同诉求和基本特征。在此背景下,如何深化教育教学改革,促进我国高等教育可持续健康发展,尽早跻身世界一流大学和高等教育强国行列,业已成为我国大学亟待解决的重要课题。

　　纵观国际,为了应对世界新一轮科技革命和产业革命的挑战,世界一流大学都在积极采取行动推进本科教育教学改革。如斯坦福大学(Stanford University)于2012年推出《本科教育研究报告》,2017年又推出《斯坦福大学2025计划》,这标志新一轮大规模本科教学改革的全面开展。哈佛大学(Harvard University)、普林斯顿大学(Princeton University)、麻省理工学院(Massachusetts Institute of Technology)等世界一流大学也对各自的本科教育目标、课程教学、制度保障等进行了深刻反思并积极付诸改革行动。

　　反观中国,面对"双一流"建设的战略部署,我国大学的本科教育教学改革朝着纵深方向发展。习近平总书记2014年在北京大学考察时指出,我们要认真吸收世界上先进的办学治学经验,更要遵循教育规律,扎根中国大地办大学。作为世界一流大学A类建设高校,中南大学扎根湖南,面向全国,放眼世界,弘扬以"知行合一、经世致用"为核心的大学精神,坚持德育为先、能力为重、德智体美全面发展的人才培养理念,着力组织力量推进本科教学改革的理论与实践研究并取得了可喜的成果,这反映在大学本科教学的课程设计、教学模式、人才评价、专业建设等方面。这些改革的践行者大多来自学校教学一线的教师。他们开展的改革实践以及理论方面的研究,对提升中南大学的本科教学水平与人才培养质量具有重要参考价值和意义。"如何改"比"为何改"更重要。本文集在阐述中南大学教学改革思想的同时,更真实记录了一线教师的教学改革行动,展示了他们对教改实践素材的仔细分析,体现出"思行合一"的特点。一方面,教师是教学改革的主要和强劲动力,他们对教学过程和教学效果积极进行反思和总结,有利于从感性认识上升到理性认识,推广教学改革的成功经验,发挥教学成果对教学工作的示范引领作用,促进一场理性、建设性、实质性的本科教学改革的深入发展。另一方面,中南大学鼓励支持教师开展教学学术研究,有利于激发本科教学活力,提升教师的课程开发能力、教学设计能力以及教学学术水平,帮助教师适应变革时代学术职业发展的需要。本科教育教学改革作为高等院校的一项紧迫又复杂的系统工程,真正取得实效需要大学上下联动,形成合力。既要将其纳入学校重要的议事日程,从学校层面给予政策和制度上的充分保障和持续支持,又要发挥基层一线教师的行动自觉,调动教改实践的积极性。惟有上下凝聚共识与通力合作,才能为本科教育教学改革的深入与持续推进营造良好的环境,才能避免改革流于形式,无疾而终。

本文集共分为四个篇章,分别是"人才培养篇""课程建设篇""教学改革篇""实践教学篇"。"人才培养篇"包括人才培养目标体系研究、评价体系研究、德育研究、学风建设等;"课程建设篇"包括精品示范课堂研究、特色专业课程研究等;"教学改革篇"包括开放式教学改革研究、体验式教学模式探索以及以问题为基础(Problem-Based Learning,PBL)的学习模式改革等;"实践教学篇"包括实践教学环境建设、实验教学设计、毕业实习改革等。

实践探索永无止境。诚然,我们的研究和经验还在进一步的探索之中,这只是阶段性的成果,不足之处恳请读者不吝批评指正。"惟楚有材,于斯为盛"。站在新的历史起点,中南大学将以习近平新时代中国特色社会主义思想为行动指南,不忘初心,牢记使命,落实立德树人根本任务,为高等教育内涵式发展和高等教育强国建设谱写新的篇章,为推进世界一流大学建设做出积极贡献。

编者

2018 年 4 月

目 录 >>>

人才培养

课程建设

教学改革

实践教学

人才培养

将党的十九大精神贯彻落实到人才培养全过程

陈立章　　范晓慧　　金一粟　　曹　丹　　聂晓霞　　欧阳辰星

摘　要：中国共产党第十九次全国代表大会强调，建设教育强国是中华民族伟大复兴的基础工程，必须把教育事业放在优先位置，加快教育现代化，办好人民满意的教育。围绕中南大学贯彻落实十九大精神，探索将十九大精神、立德树人要求落实到本科人才培养质量标准、教学运行各个环节，对进一步深化教育教学改革、系统建设和提升中南大学本科人才培养质量进行了广泛、深入、细致的探讨。

关键词：十九大精神；立德树人；高校课堂；高等教育

一、概述

习近平总书记在党的十九大工作报告中指出，优先发展教育事业，建设教育强国是中华民族伟大复兴的基础工程，必须把教育事业放在优先位置，加快教育现代化，办好人民满意的教育。加快一流大学和一流学科建设，实现高等教育内涵式发展。要全面贯彻党的教育方针，落实立德树人根本任务，发展素质教育，推进教育公平，培养德智体美全面发展的社会主义建设者和接班人[1]。十九大报告为高校改革发展明确了时间表，制定了任务书，绘制了路线图，报告提出的要求，正是中国教育向更高层次、更高质量发展的方向[2]。

中南大学深入学习贯彻党的十九大精神，以习近平新时代中国特色社会主义思想为指导，在党政领导班子的统一布置下，学校各职能部门认真组织学习研讨，将十九大精神贯彻落实到人才培养各个环节，对进一步深化中南大学教育教学改革、系统建设和提升本科人才培养质量具有深远的意义。

二、制度层面提要求

中南大学深入学习贯彻习近平新时代中国特色社会主义思想和党的十九大精神，牢记总书记在全国高校思想政治工作会议上对"高校立身之本在于立德树人。只有培养出一流人才的高校，才能够成为世界一流大学"的阐述[3]，坚持立德树人，完善人才培养模式和提升人才培养质量，从制度建设入手，将育人要求落实到人才培养的各个环节。

《关于2018版本科人才培养方案制订原则的意见》明确规定，"把立德树人融入教育教学全过程，实现全员育人、全方位、全过程育人。以思想政治理论课作为主渠道，强化思想引领与价值引导；各教学环节注重引导学生正确认识客观发展规律、认清自身社会责任，提

作者简介：陈立章（1964－），男，湖南常德人，中南大学本科生院院长、教授、博士生导师，主要从事教育管理、传染病流行病学研究；范晓慧（1969－），女，河北昌黎人，中南大学本科生院副院长、教授、博士生导师，主要从事教育管理、矿物加工研究；金一粟（1972－），女，江苏南京人，中南大学本科生院科长、副教授，主要从事教育管理研究；长沙，410083。Email：chenliz@ csu. edu. cn。

升价值判断力"。《中南大学教师课堂教学行为规范》规定，"教师应做到严谨治学，为人师表，以社会主义核心价值观、科学精神和人文精神培养学生"。《中南大学教学事故认定及处理办法》中进一步强化教学纪律约束机制，确保教育教学活动中不出现违背党和国家方针，违背宪法法律，危害国家安全，破坏民族团结等问题。《中南大学本科教材建设与管理规定》对立项建设教材的范围、程序、经费及管理做出了明确要求，将教材的思想性放在建设与选用的首要位置。在学校的课堂教学质量评价指标体系中，明确将"为人师表，注重立德树人""教书育人，注重理想信念和社会主义核心价值观的培养"作为观测指标，并通过督导听课评课环节、课堂实时录像等关注教师课堂言论，引导教师实施课程育人。

通过修订完善教学管理、教学运行等各方面的制度和标准，使立德树人、弘扬社会主义核心价值观、课程育人的要求得到进一步明确，正确引导人才培养方案的修订、课堂教学的组织实施、教学行为的进一步规范、教学质量的全面监控等各方面工作的顺利开展，把握育人方向，确保我校人才培养工作在培养什么人、如何培养人、为谁培养人的问题上做出正确的、坚定的回答。

三、具体工作抓落实

在各项制度要求下，中南大学本科教育教学将立德树人作为育人根本，在本科生考试与管理、制定人才培养方案、思想政治理论课建设、课堂监控、教学质量评价、本科教育教学改革等关键环节均强调和践行育人根本任务。

（一）学生考试与管理

学校在自主招生和综合评价录取招生测试中设置了公民素质站点，考察的主要内容是考生对社会主义核心价值观的认知，对人生理想的追求，对荣辱、是非、善恶的判断以及遵纪守法、文明礼貌、社会责任意识等。在高水平艺术团招生测试中设有综合素养站点，考察考生的社会责任意识等。通过招生环节把握好选材关，也引导社会、中学和考生注重学生思想道德、社会主义核心价值观的塑造。在学生转专业、保研工作中，将学生的品行良好作为首要条件从严进行审核。若发现所提供的成绩或其他材料不实、弄虚作假者，实行"一票否决制"，取消其推免生资格。在成绩管理工作中，学生入党积极分子在党校所修学分可作为全校性选修课学分列入学生成绩档案。在考试工作中，注重加强学生的诚信、责任与价值观教育，树立良好考风。在毕业设计（论文）检查工作中，注重学生论文的诚信检测工作，培养学生正确的学术道德观。在学生创新创业教育工作中，通过创新创业教育系列讲座、创新创业教育课程教学、寒假"创新成才、创业报国"主题教育活动等，着重培育学生的社会责任感，积极弘扬社会主义核心价值观。

（二）本科人才培养方案修订

为实现建设特色鲜明的世界一流大学的办学目标，适应高校人才培养工作的新形势新任务，满足大类招生大类培养本科人才模式改革的需要，中南大学启动了2018版本科人才培养方案的修订工作。2018版本科培养方案中明确了学校的培养目标，即以立德树人为根本任务，全面推行"价值塑造＋知识传授＋能力培养＋智慧启迪"的人才培养模式创新，造就和培养基础理论扎实、专业能力突出、国际视野宽阔、能够自觉践行社会主义核心价值观，具有"实干担当精神、社会精英素养、行业领军能力"的德智体美全面发展的社会主义建设者和接班人。同时，要求将思想政治教育融入本科教育全过程，且对相关课程做出明确要求，通识教育课程模块旨在培养学生对社会及历史发展的正确认识，规范学生行为，帮助学生树立科学的世界观、人生观、价值观。思想政治理论类课程除课堂理论知识讲授外，还要求按照一定比例安排以参观革命基地、开展社会调查等为主要内容的实践教学。

（三）思想政治理论课建设

学校充分发挥思想政治理论课的主渠道作用，制定了2017年思想政治理论课教学改革方案，设置专项经费用于思想政治理论课新教案、新课件、考试改革、实践教学改革、师资培训等方面的工作。鼓励老师进行课堂教学模式改革工作，充分运用现代教育技术手段，推进思想政治工作教学方式方法的变革创新。中国近现代史纲要、大学生心理健康教育、思想道德修养与法律基础、马克思主义基本原理等在线开放课程建设与应用纳入提高教学质量、提升人才培养水平、弘扬社会主义核心价值观的系统工程中。学校启动"特色示范课堂"建设，以哲学、新闻传播学、经济学、政治学、法学、社会学、管理学等为重点，建设覆盖所有哲学社会科学专业类的学习十九大精神"特色示范课堂"。

（四）课堂教学改革

在课堂教学改革中，鼓励"课程思政"改革试点，通过内容建设、教学方法、师资团队乃至互联网手段载体运用等途径推进改革，着力实现"课程思政"。在学校实施"开放式精品示范课堂计划"的过程中，通过督导委员的宣讲、任课教师的集中研讨，反复宣传如何有效挖掘各类课程的"思政"元素，在全面推进本科课堂教学模式改革的同时，实现知识、能力、素质的全面教育和塑造，促进了教师从"站上讲台"到"站好讲台"，学生从"被动学习"向"主动学习"的转变。学校还通过在线开放课程的建设，重点资助哲学社会科学类课程。其中，中国近现代史纲要在线开放课程自2016年4月在中国大学MOOC平台开课以来，社会学生选课人数已超过3.5万；大学生心理健康教育于2018年2月底在中国大学MOOC平台上线；思想道德修养与法律基础和马克思基本原理概论也已启动建设。通过大力建设哲学社会科学类课程，充分发挥这类课程在社会主义核心价值观上的教育、辐射和引导作用，并通过互联网扩大教育面、覆盖面、影响面，实现高校的文化传播和社会服务功能。

（五）课堂监控和教学质量评价

学校严格规范教师教学言行和教学过程，强化教学纪律约束机制，确保教育教学活动中不出现违背党和国家方针、违背宪法法律、危害国家安全、破坏民族团结等问题。坚持开展以校领导听课、中层干部听课、督导专家听课、同行教师听课为主要内容的听课制度，完善学生评教系统、开展教学检查、召开教师学生座谈会、开展学生满意度问卷调查等工作，将"教书育人、为人师表"列为教师教学评价的首要要求，强调教师在课堂上不仅要重视对学生的知识传授、能力培养，更要坚持德高为师、身正为范。通过建设校院两级督导队伍、扩大督导听课覆盖面、落实校院领导听课制度、实现课堂实时录播、开展思政课专题调研等举措，严守课堂主阵地，确保对课堂教学质量的全过程有效管理。

（六）教师教学能力培养

学校一方面实施思政课专题调研，对我校思政课开设质量、师生反馈进行全面摸底，包括开展思政课教学质量学生问卷调查、召开思政课专题座谈会、开展思政类课程督导听课全覆盖等工作，定期形成本科生思想政治理论课教学质量调查报告，反馈给相关职能部门、学院和教师个人，对思政课教师教学质量形成全面评价。另一方面从教师队伍教学能力培训环节，切入课程育人的主题，探讨深入挖掘各类课程的思政元素。通过组织督导委员参加以"课程育人"为主题的专题讲座，巩固督导课程育人理念，强调将其运用于督导工作中。通过组织教师参加从"思政课程"到"课程思政"的系列专题培训，通过教师教学研讨会深入挖掘专业课的"课程思政"元素，促进思想政治教育与专业教育的紧密结合，实现各类课程与思政课同向同行。

四、深化改革谋发展

习近平总书记在党的十九大报告中明确指出，发展是解决我国一切问题的基础和关键，必须坚定不移地贯彻创新、协调、绿色、开放、共享的发展理念。党的十八大就提出"推动高等教育内涵式发展"。如今，党的十九大报告将"推动"提升为"实现"，这是从柔性到刚性的变化，是高等教育发展方式的升级换挡[4]。在十九大精神的引领下，中南大学进一步梳理教育教学改革过程中的主要问题，围绕教师队伍的专业发展，确定了教师综合评价、教师教学发展、课堂教学改革等主要改革内容，明确时间表和路线图，制定实施方案，努力建设一流本科教育，实现高等教育的内涵式发展。

（一）改革教师综合考核与评价制度

中南大学在实施教师综合评价、促进和激励教师投身本科人才培养方面开展了一系列研究与探索，构建了中南大学教师综合评价与发展体系（见图1）。该体系根据教师绩效目标实施教师综合评价，评价结果应用于教师年终绩效、职称晋升、岗位调整，并通过推进教师发展中心建设，开展教师培训，提升教师教学能力和科研水平，实现教师的自我提升和发展。体系的核心建设内容为建立健全的教师教学质量综合评价机制，分别从师德师风、教学工作量、教学质量、教学相关业绩（教学成果奖、在线开放课程、教改课题、主参编教材、教学论文、各种教学评比获奖、指导创新创业项目和学科竞赛等）等四个部分提出考核要求，对承担本科教学工作任务的教师进行量化考核，形成教师教学质量综合评价结果。其中，教学质量的评价结果，取决于学生、督导/同行的教学评价结果的全覆盖，通过该项工作的实施以期获得每一位教师的教学质量信息。教师通过评价结果进一步了解自己的教学状况，改进和提升教学质量，教学管理部门通过评价结果了解学校的教学效果、学生的教学收获，为进一步改进和完善相关政策与制度提供依据。

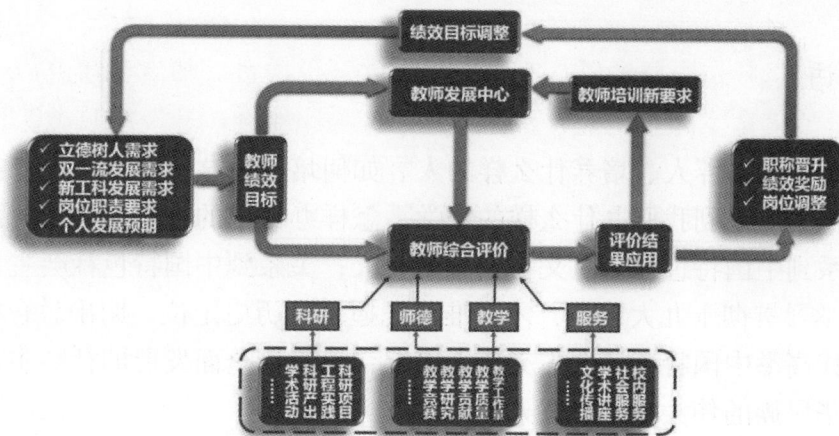

图1　中南大学教师综合评价与发展体系建设框图

（二）建立健全教师教学能力培训制度

《关于全面深化新时代教师队伍建设改革的意见》中指出，要"着力提高教师专业能力，推进高等教育内涵式发展"，并提出三项具体建议：一是在学校层面搭建校级教师发展平台组织研修，开展教学研究与指导；二是从院系层面加强院系教研室等学习共同体建设，建立完善传帮带机制；三是开展重点面向新入职教师和青年教师的教学能力提升培训[5]。因此，加强教师发展机构的建设，加强教师培训和咨询专家队伍建设，为教师提供专业发展平台，是我校教育教学改革的重点。学校通过建立与人事、科研、二级教学单位等部门的联动机制，充分调动各类教师发展资源，打造教师综合发展平台。推进教师培训、教学咨询、教学改革研究、教师教学质量评价等工作的常态化、制度化，针对教师教学理念、教学技能、教学方法、教学改革观念、现代教育技术、职业道德等领域进行培训与支持。以教学沙龙、教学竞赛、示范课堂教学、教师研修社区、教学成果推广等多种形式为载体，促进教师之间的学术和教学交流，实现互助互学，共同成长的氛围。

（三）全面推进课堂教学改革制度

中南大学在开放式精品示范课堂建设的基础上，以课堂认定的形式进一步推进课堂教学改革，深入推进信息技术与教学改革相融合。应用MOOC、微课等形式创新网络学习及线上线下交互的混合式教学，利用新媒体平台发布课堂建设推进情况和优秀课堂建设模式，逐步推送优秀开放式精品课堂案例，营造重参与、重学习的课堂教改氛围，促进全校师生在开放式精品示范课堂改革行动中提高自身能力。与此同时，进一步将思想政治教育融入课程教学和改革的各环节、各方面，实现立德树人润物无声。围绕"知识传授与价值引领相结合"的课程目标，强化显性思政，细化隐性思政，构建全课程育人格局。将所有课程划分为思想政治教育显性课程（四门必修课＋形势政策课）和隐性课程（通识教育课、公共基础课和专业教育课程），在思想政治教育中发挥浸润作用，在培育人的综合素养过程中根植理想信念，发挥深化和拓展作用，在知识传授中强调主流价值引领。依托中南大学"特色示范课堂"建设，要求明确思想政治理论课、其他公共课、专业课、实践课等各门课程的思想政治教育功能和作用，增强"守好一段渠、种好责任田"的自觉性和主动性，推动各门课程与思想政治理论课同向同行，形成"思政课程"到"课程思政"的圈层效应，将社会主义核心价值观贯穿到教育教学的全过程。

五、结　语

高校教育事关为谁培养人、培养什么样的人、如何培养人这个根本问题。在高校深入贯彻党的十九大精神，关系到我们办什么样的大学、怎样办大学的根本问题；关系到党对高校的坚强领导；关系到中国特色社会主义事业后继有人；关系到中国特色社会主义事业长远发展[6]。只有全面学习贯彻十九大精神，才能准确把握教育历史定位，明确教育根本任务，教育和影响青年一代高举中国特色社会主义伟大旗帜，培养出全面发展的社会主义建设者和接班人，为实现中华民族的伟大复兴提供人才支撑。

参考文献

[1]习近平.决胜全面建成小康社会 夺取新时代中国特色社会主义伟大胜利——习总书记十九大报告[EB/OL].新华网.首页.（2017－10－27）［2018－04－15］.http://www.xinhuanet.com/politics/do17－10/27/c_1121867529.htm.

[2]郭超.清华大学党委书记：将把主要工作放在人才培养[EB/OL].中国新闻网.十九大专题.（2017－10－22）［2017－12－07］.http://www.china.com.cn/19da/2017－10/22/content_41772160.htm.

[3]习近平.把思想政治工作贯穿教育教学全过程——习总书记在高校思政工作会议上的讲话[EB/OL].新华网.高层.（2016－12－8）［2017－12－07］.http://www.xinhuanet.com/politics/2016－12/08/c_1120082577.htm.

[4]瞿振元.高等教育内涵式发展：从"推动"到"实现"[EB/OL].中国新闻网.国内教育.教育.（2017－12－21）［2018－01－27］.http://www.chinanews.com/gn/2017/12－21/8405619.shtml.

[5]何劲松.专家解读《关于全面深化新时代教师队伍建设改革的意见》[EB/OL].人民网.（2018－02－14）［2018－03－01］.http://edu.people.com.cn/n1/2018/0214/c1053－29823834.html.

[6]邓蜀望.对高校深入贯彻十九大精神提高政治站位的方法探究[J].山西能源学院学报,2017(4):85－87.

大学思想品德教育的文化回归

张卫良

摘　要：大学思想品德教育与优秀传统文化有着天然的内在联系，而现行大学思想品德教育存在知识系统与生活系统脱节、实际效果不佳、传统文化要素缺乏的状况，要求其尽快实现对文化的回归。传统文化既是土壤和养分，又是方法与途径。思想品德教育只有回归到优秀传统文化中来，才能弥合理论与实践的脱节而达到知行统一，才能弥合政治取向与德性取向的脱节而提高实效性，才能激活传统文化教育要素与现实教育内容的结合而造就德才兼备的优秀人才。

关键词：大学生；思想品德；文化回归

　　土反其宅，水归其流。回归就是复位，就是由游离飘忽到尘埃落定，呈现出事物应有的本来面貌。大学思想品德教育的文化回归就是大学思想品德教育在传统文化框架中的复位，也是大学思想品德教育应有面貌的呈现，亦即用优秀传统文化来支撑和丰富大学思想品德教育的内容与形式，从而达到塑文化之魂、造文化之品、建文化之行、树文化之人的目的。回归不意味着否定，也不意味着放弃，已有的仍然在回归的行囊中，是成果，依然可以分享。但是，回归是不可迷失的路径，大学思想品德教育的文化回归，所获得的是无穷的养分和强大的生命力。因而，回归具有医治痼疾、提高实效的根本性意义。

一、文化回归是对现行大学思想品德教育的勘正

　　现行大学思想品德教育是多年来人们共同探索的结果，从设计到实施、从内容到形式初步构成了一个集中统一、重点突出、目标明确的整体，在现实操作中也取得了一定的效果，但以实效性、感染力和吸引力的尺度来衡量，这个体系还有很多值得商榷和改进的地方。尽人皆知，现行大学思想品德教育主要由两个系统组成：

　　一是知识系统，或者叫主渠道、主阵地，即我们常说的思想政治理论课。这个系统包括思想道德修养与法律基础、马克思主义基本原理、中国近现代史纲要、毛泽东思想和中国特色社会主义理论体系概论、形势与政策以及研究生思想政治理论课等几部分。统览其发展脉络，这个系统正在由碎片化向整体化改进，越来越具有知识完备、结构严密、说理充分的特征，特别是具有鲜明的意识形态性，对于做人做事的基本原则和要求，对于马克思主义理论的整体性把握，对于人民为什么选择了马克思主义、选择了共产党、选择了社会主义，对于中国特色社会主义理论体系的内容、价值和意义均做了深刻而全面的阐述。无疑，这个系统有利于学生从理性层面认识和理解其所阐述和回答的问题。但是，作为一个知识系统，它所遵循的是自身的知识逻辑，强调的是知识的科学性和完整性，而对于学习主体的关照往往被有意无意地忽略了。学习者究竟是谁，他们的思想状况如何，他们最关心和关注的是什么，

作者简介：张卫良（1962 -），男，湖南益阳人，管理学博士，中南大学马克思主义学院院长、研究员、博士生导师，主要从事马克思主义理论、思想政治教育研究；长沙，410083。Email：wlzhang@ csu. edu. cn。

他们正面临着什么问题，有什么诉求，他们所处的环境如何，对其有何影响，等等，这一切，如果得不到相应的重视和解答，这个系统就会变成一个无血无肉的冷漠系统，学习者也会因其与自己无关而漠然视之，更有甚者会将其当作空洞说教而形成逆反心理。在课堂上，我们经常看到的到课率、抬头率和入脑入心的问题，就是这个系统自身缺陷的一种现实反映。

另一个是思想品德教育的生活系统或者叫管理系统，这个系统是通过学工部门和学生辅导员与学生所形成的某种结构关系来运作的。该系统内容丰富、形式多样，有很多载体、有很多平台和活动，从经常性的工作到重、特、大项目，常会使人眼花缭乱、应接不暇。但从思想品德教育的角度来考察，这个系统至少有两个缺陷：其一，不论是其历史发展过程还是现实活动内容，都或多或少地存在与思想整治教育衔接不当的脱节现象以及各自为政、各行其是的问题。其二，也是最关键的，这个系统所开展的所有活动都有某种实际需要和问题针对性，而在实现思想政治教育的价值和目标上没有自觉而系统的安排。

以上两个系统一个关注了知识的传输而忽视了学习主体的需要，一个关注了主体的需要却很少顾及理论对生活等实际过程的渗透，因而造成了两种教育资源和力量的相互脱节。在目标、内容、方法甚至人员队伍都没有达到统一和合理配置的情况下，大学思想品德教育必然表现出知行分割的问题。对于弥合这一分割趋向，使大学思想品德教育成为一个有机整体，从而在培养什么人和怎样培养人上形成一个由虚到实、由理论到实践、由知识传输到实际行动的往复循环的完整链条，优秀传统文化是一个重要的勘正系统。回归优秀传统文化是对现行思想品德教育的勘正，主要体现为：

首先，传统文化的主要精神特征是伦理文化，伦理文化既非形而上的，也非形而下的，它是理论与实践在主体身上统一的做人做事的文化，亦即知行统一的文化。强调知与行是一个硬币的两面，是一个不可分割的过程。如"纸上得来终觉浅，绝知此事要躬行"[1]；"知是行的主意，行是知的功夫；知是行之始，行是知之成。若会得时，只说一个知，已有行在；只说一个行，已有知在"[2]等都是传统文化在人与事、理与实的关系问题上所阐明的知行统一，而且对于传统文化的正脉来说，礼义廉耻、忠信诚勇等，每一个概念都是一个知行系统，都有意义的阐述、规则和制度的制定与安排、实际行为的佐证。如"孝"在传统文化中既有《孝经》之孝，也有《二十四孝图》之孝，虽有糟粕，但作为一个伦理教育的体系是完备的，在对人的教育问题上较好地解决了两张皮的问题。在思想品德教育中如果能够融入和把握这样一种融通性、整体性思维和理念，再加之以顶层设计，并在内容的建构和资源的配置上体现出来，则思想品德教育就可能成为一个完整的体系，其效益也将大大提高。

其次，优秀传统文化是立身立人的文化，其内核与社会主义核心价值观是完全切合的。通过传统文化统合某一部分思想品德教育内容，或者让思想品德教育内容在传统文化的意蕴中获得进一步拓展和延伸，如把爱国主义教育、诚信教育、廉洁教育与传统文化所取得辉煌成果联系起来，使教育内容文化化、具体化、故事化，对于同一文化的"潜意识"[3]群体和具有相同认知"格式塔"[4]的人来说，往往能够提升认同和内化效度。相反，如果我们只强调这些内容的意识形态性，或者只从政治的意味上来认知和把握它，割断其与生长土壤和广大群众的联系，这种教育就必然会因缺少生命力而失败。因此，优秀传统文化对思想品德教育内容的渗入和一定程度的统合与延伸，是大学思想品德教育两个系统有效统合并焕发生命力的重要路途。

第三，文化的语言是一个文化人群对事物文化性理解和表达的工具，具有民族性、生动性、感染力和吸引力。拿马克思主义来说，马克思主义理论是人类发展的思想成果，是对社会发展规律的客观总结与概括，是引导无产阶级争取自由解放的有利思想武器，无疑是精粹的理论、是真理，但是马克思主义理论的欧化表达形式和其经典作家所处的时代背景与当代社会的差别，每每造成一个"马克思主义理论的学习现象"。这个现象就是，人人都在谈马克思主义，人人都说要以马克思主义理论为指导，但读了马克思主义理论原著的人并不多，读懂了马克思主义著作的人也是寥寥无几，掌握了其精髓并能运用于实践之中的人更是微乎其微。这其中一个最大的问题就是克思主义理论表达范式的文化转换问题。对此，毛泽东进行了有益而成功的尝试，因而毛泽东思想便成了人们喜闻乐见且家喻户晓的思想资源，在指导人们的生产、生活实践方面，其作用大为加强。当前，马克思主义理论的文化转换依然是一个重要而艰巨的任务，不是翻译成了中文就是实现了转化，只有当其内容、其思想的精华用"毛氏语言"表达出来之后，才会真正成为人们的思想武器，才会有真正的大众化、时代化。

二、文化回归是对思想品德教育实效性的反思

大学思想品德教育的实效性是一个时代命题，也是一个不可回避的大问题，多年来，这个问题不仅得到了高度重视，而且成为了一个系统改革过程的核心。从知识体系到实践活动，这种改革的力度、广度都是空前的。平心而论，大学思想品德教育的效果也因此有所改观，广大学生受益良多。但是，思想品德教育的实效性并未如我们所期望的那样"几年内有明显提高"。反倒是北京大学著名教授钱理群先生的话让我们感到震惊[5]：

> 我们的一些大学，包括北京大学在内，正培养一批精致的利己主义者，他们智商高、世俗、老道，善于表演，懂得配合，更善于利用体制达到自己的目的。这种人一旦掌握权力，比一般的贪官污吏危害更大。

事实上，我们不难看到一些令人不解的现象：有的人说，他在大学受教育期间一辈子（终身）难忘的是思想品德课，后来，他当上了大官而且有权有势，他可以在很大程度上和很广范围内影响群众、教育他人，本应成为楷模、典范，可是在台上的讲话还没落音、批评教育他人的话还没说完，自己却因贪污、腐败、通奸等罪名落下马来。他政治上不坚定、事业上不进取、大是大非上态度不鲜明吗？那么光鲜的他为什么就轰然垮了，他们身上到底缺失了什么？又如，一年一度的高考是公平公正选拔人才的重要制度安排，可为什么总有"代考"等现象发生，那些"枪手"不都是正在大学接受思想政治教育的"优质"人才，怎么会如此不管不顾地去干这些令人不堪的事情呢？一些大学网站上，有那么一批"愤青"，他们一遇事，不管青红皂白，不分是非曲直，就骂党、骂政府、骂社会主义制度。他们的愤怒到底是从哪里来的，何以如此愤怒？很多匪夷所思的现象屡有发生，即便不是大学生思想和精神状态的主流，也不是思想政治教育所必须全部担负的责任，但是不能不引起思想品德教育系统的反思，而回归传统文化应该是解决问题的一副"良药"。

"精致的利己主义者"实际上是一群文化背离主义者，也是当代社会特别是西方文化思

潮浸入和市场经济发展所造就的经济理性、市场理性等思想和行为模式下的产物。在传统文化教育体系中所培养出来的"清流"则与这种"精致的利己主义者"具有完全不一样的人生观、价值观，他们往往是社会的良心，是重义轻利的主体，他们智商高，学富五车，但不会为自己的利益去迎合、去表演。相反，他们往往会为国家和民族的利益去奔走呼号，屈原、岳飞、文天祥、林则徐、鲁迅等无一不是如此。因为他们读圣贤书为的是取义成仁，他们血脉中流淌着的是"先天下之忧而忧、后天下之乐而乐"[6]、"俯首甘为孺子牛"[7]、"鞠躬尽瘁，死而后已"[8]、"苟利国家生死以，岂因祸福避趋之"[9]的优秀传统文化基因。历史上也不乏贪官污吏，仔细探究，其中真正是受正规教育出身的知识分子占的比例很小，至于高俅之类，那都是一些混混出身。因此，回到优秀传统文化是思想品德教育拒斥利己主义者的有效途径。

反观那些口谈道德而志在穿窬的高官，之所以最后落得身败名裂甚至身首异处，首先是因其失去了一个做人的基本文化准则——"孝"，孝最起码的要求就是要人保全性命，好好地活着。活好并不是一件容易的事，但对每一个人来说都是必须做的事，而且必须从点点滴滴做起，事亲也好、尽忠也罢，或者目标更远大些"扬名后世"，都是从当下的活好开始的，不知如何"活好"、保全性命的人，在文化上都是不遵从家庭道德与准则、社会道德与准则的人，都是忤逆之人。其次是不知何为"慎独"，传统文化强调"君子慎独"，是因为"人之视己如见肝肺然"[10]19，若要人不知除非己莫为。"慎独"是一种文化哲学观，是对"因果律"的文化表述，不明白这一点，以为干什么事情都可以瞒天过海、都能够避人耳目，那就是欺骗，是自欺欺人，自欺欺人的后果就是反取其辱。因此，"慎独"是一种文化自觉，落实到个体身上，有益于身心健康、安身立命；作为社会行为，有益于正风肃纪、纯洁社会。在大学思想品德教育中融入"孝"与"慎独"等要素，既能促进教育内容对主体的关切，又能使其在一定文化氛围中落地生根、取得实效。

三、回归是对优秀传统文化资源的激活

对于思想品德教育而言，优秀传统文化是一个取之不尽、用之不竭的宝库。思想品德教育回归传统文化实际上就是一个开掘和激活传统文化教育资源，在既定人才培养目标、模式和规格的前提下，丰富教育内容、提高教育实效、塑造文化品格的过程。

但是，由于时代的久远、社会发展模式的转型、现代化进程中去传统倾向的强化，似乎传统文化离现代人的生活越来越遥远，传统文化作为一个民族的创造物，似乎已成了庙堂之器，虽受人景仰却不为人所用。特别是那些具有较强精神性和理论性，且表达为传统文言形式的经典思想文化成果，虽然在潜意识层面还影响人们的思想言行，但人们对它的阅读理解和运用却远远不够，它们甚至仍基本处于一种未开垦的状态。近年来，虽有国学的兴起，在社会上也或隐或现地涌动着一股复古思潮，但优秀传统文化要素并没有多少路径和方式进入到人们的现实生活中来，更不能指导和影响人们的思想与生活。

通观现行大学思想品德教育，在回归传统文化的过程中，大致可从如下几方面激活传统文化资源：

第一，从教育目标上，把培养社会主义事业建设者和可靠接班人与培养"君子"结合起来，使之互为表里、相互支撑。建设者、接班人是指向社会和国家需要的，具有社会本位

的特征，在一定程度上没有考虑个体的需求与人的自由和全面发展；"君子"则是主体的自我发展与完善，传统文化中的君子，首先是"天、地、人""三才"之一，其次是正义和正气的代表，然后是一切优秀品格的集成者、是社会建设和发展的正能量。诸如"君子喻于义，小人喻于利"[11]42、"君子之于天下也，无适也、无莫也，义之兴比"[11]40、"君子周而不比、小人比而不周"[11]18，"君子坦荡荡，小人长戚戚"[11]87等等均是这样一些意思的表述。因此，二者结合既可以融通"以社会为本"和"以人为本"的教育理念，又可以防止政治取向与道德取向的相互脱节，还可达到德能统一，从而极大限度地减少"有能无德的危险品"和那些"精致的利己主义者"。

第二，在教育内容上，可以把社会主义道德教育与"自强不息""忠孝廉耻""仁义礼智信"等传统文化要素结合起来，赋予其新的时代含义和精神气质，使之成为"活"的思想品德教育要素。五千年中华民族绵延不绝，其根就在于"自强不息"，这是民族之大德，也是时代不可或缺之德，有此德行，中国就能自立了世界民族之林。自强不息就是遵道、审势、弘毅、勤勉、不屈不挠，唯其如此，中华民族才能屡经劫难而不沉沦，才会朝着梦想一步一步走向辉煌。"忠"即是敬事正直、尽心竭力，《说文》曰："古以不懈于心为敬；必尽心任事始能不懈于位；故忠从心。又以中有不偏不倚之意，忠为正直之德，故从中声。"[12]可见，忠的概念及其理论和行为体系是我们每一个人做人的基石。"孝"则是一个由事亲的家庭伦理和事君的社会伦理的互构系统，这个系统把做人的一些基本道理和规则通过一种血亲关系社会化而确定下来了，具有很强的规范力和合理性。"廉"则是官德之要，廉生明、廉生公。公正廉明，才会有大道之行。"耻"即羞耻、耻辱之意，人无耻，则无所不为，无恶不作，必成祸之大端；人知耻，则能"知耻而后勇"，以至奋发图强。"仁"可视为一种博大的"爱"，即"泛爱众"，与爱党爱国爱人民具有本质上的同一性。"义"与利相对，标示着做人的高度与品位，重义轻利者君子，重利轻义者小人。"礼"是社会的规则与法度，具有强伦理性，可把依法治国和法制教育有效地结合起来。智者尽其谋，"智"即是韬略，是审时度势、随机应变的能力，与时俱进、深化改革、促进发展无一不需要智的运用。"信"者诚信也，"人而无信，不知其可"，强调的是诚信对人、对社会的重要性，守信是人和社会健康发展的正能量，失信必是人与社会败坏的缘由。因此，在教育内容上把这些传统文化因素结合进来必将产生积极效应。

第三，在教育过程上，要把"诚意、正心、修身、齐家、治国、平天下"[10]4-5作为学生成长成材教育的一个完整过程来把握，从源头"治理"开始，逐步开展教育，做到遵循外部规律与人才成长规律相结合，人才选拔任用与学校教育相结合，让那些德行才能兼备、内外兼修俱佳的人得到重视、获得重用，使那些心术不正、德行不良的人失去晋升之阶。如此，传统文化的因素在思想道德教育过程中就会大大活跃起来，并成为人们自觉吸纳和充分运用的资源。

第四，在教育方法上，把"自省"、"慎独"和"践行"等要素结合进来。"自省"就是自我反思反省，曾子曰"吾日三省吾身，为人谋而不忠乎，与朋交而不信乎，传不习乎"[11]3，内省是一种古已有之的自我修炼和提升的方法，按照孔子的说法，君子有九思，"视思明、听思聪、色思温、貌思恭、言思忠、事思敬、疑思问、忿思难、见得思义"[11]199。一个人如果能把内省的功夫做到了，其离圣贤也就不远了；"慎独"揭示的是人的自觉性和主体精神，也就是，任何外在的教育要求都代替不了主体的自觉，慎独把无约束作为约束，把无要求作为要求，既是对人的最高要求也是对人的最高肯定，慎独方法的运用必是指向道德高地的建设；"践行"或者"行"，是传统文化所提倡的重要学习方法，孔子教育学生有四科"文、行、忠、信"，行即是其中之一，也就是他所说的"始吾于人也，听其言而信其行；今吾于人也，听其言而观其行"[11]50，说明传统文化把行当成了学习的更重要的一方面，而且道德教育不仅是要让人有高尚的道德意识，更要求人们把这种意识转化为行动，做身体力行的"躬行君子"。所以，在教育方法上融入传统文化因素，必将有益于教育实效的提高。

大学思想品德教育的文化回归是由问题到需要到可行的回归，是如今思想品德教育的"大义"与"微言"都不可忽视的一个重要路径。在中华文化的土壤中，我们如果不去吸取其有益的养分，或者对其富有的资源视而不见，则说明我们的思想品德教育是不成熟、不完整、不合宜的；如果我们能够自觉地采纳和吸取优秀传统文化中对我们的教育有促进、有提高作用的东西，那么，我们所走的就是一条优秀传统文化与思想品德教育活动二者相得益彰、共同发展、共同繁荣的康庄大道。

（原载《现代大学教育》2015年第1期）

参考文献

[1]陆游.冬夜读书示子聿[M]//邹志方.陆游诗词选(插图版).北京:中华书局,2009:151.

[2]朱贻庭.中国传统伦理思想史[M].上海:华东师范大学出版社,1994:433.

[3]潜意识(unconscious)，即"无意识"，正在进行的某种心理和行为对个体而言是意识不到的、毫无知觉的，是对正在进行的某种心理和行为属性的描述，亦称"下意识"。参见:林崇德,等.心理学大辞典[K].上海教育出版社,2004:924.

[4]"格式塔"为德文"Gestalt"的音译,意为"完形""形状",其含义在于强调意识经验的完整性或完形性,如知觉中实际呈现的形(形状、形体、形象、符号等)。参见:林崇德,等.心理学大辞典[K].上海:上海教育出版社,2004:401.

[5]钱理群.中国的大学正培养精致的利己主义者[DB/OL].凤凰视频.(2013-09-12)[2014-10-21].http://v.ifeng.com/news/society/201309/01ef27d6-210d-4a73-82c9-5b0e6a13f487.shtml.

[6]范仲淹.岳阳楼记[M]//诸葛忆兵.范仲淹传.北京:中华书局,2012:198.

[7]鲁迅.自嘲[M]//周振甫.鲁迅诗歌注(修订本).杭州:浙江人民出版社,1980:121.

[8]诸葛亮.后出师表[M]//张连科,管淑珍.诸葛亮集校注.天津:天津古籍出版社,2008:35-36.

[9]林则徐.赴戍登程口占示家人[M]//陈旭麓,蒋世弟.林则徐.上海:上海人民出版社,1981:121.

[10]佚名.大学[M]//王国轩.大学·中庸.北京:中华书局,2006.

[11]杨伯峻.论语译注[M].北京:中华书局,1980.

[12]段玉裁.说文解字注[M].上海:上海古籍出版社,1981:502.

论高校网络德育的"人学空场"困境及出路

罗　珍　　徐建军

摘　要：高校网络德育中出现的"人学空场"问题，其实质是没有正确地把握人、理解人，而是把人工具化、抽象化、规训化了。解决高校网络德育"人学空场"的困境，就应以马克思主义人学理论作为最直接的理论指导，从社会的人出发，树立以人为本的德育理念；从需要的人出发，丰富德育内容实现生活对接；从主体的人出发，转变德育方式，使受教育者不断完善自身的品德，实现网络人格的提升和升华。

关键词：网络德育；马克思主义人学；人学空场

"人学空场"是萨特（Jean-Paul Sartre）在其著作《辩证理性批判》中率先提出的，他指出，"马克思主义今天是个无人地带，出现了'人学空场'"[1]。而事实上，马克思主义立足于人的历史、现实存在，追求人的全面发展，萨特对马克思主义不研究人、不承认个人的攻击，纯属无稽之谈，"'人学空场'的理论前提是毫无根据的虚构"[2]。但"人学空场"这一名词被沿用下来，用以指传统德育偏离"人本之根"之问题。鲁洁率先把"人学空场"引用到道德教育中，认为[3]：

它既不是以人，特别是受教育者为主体的，它所传授的又是剥离了人性内涵的空洞的道德规范，在实施中又背离了把握人性所特有的过程与规律，"人学空场"出现了。

杨超认为[4]19：

如果德育不以'现实的人'为出发点，不以人的全面自由发展为终极目标，德育过程中缺少人性关怀，缺少对人的尊重，我们就可以称其存在"人学空场"。

鉴于以上对人学空场的论述，不难发现：人学空场是指在德育目标上从社会本位出发而不是从人本位出发，在德育实施中违背人性以及人身心发展所特有的过程与规律，培养的人是异化的人。高校网络德育作为"为人"的教育活动，目前也存在无视大学生需要、忽视大学生能动性等现象。其深层次的原因就在于没有正确认识"人"，把大学生工具化、抽象化、片面化了。为此，高校德育工作者必须直面问题本质，以马克思主义人学理论为最直接的指导理论，在网络德育实践中"关注人""关心人"，发挥大学生的自主性、能动性和创造性，培养大学生良好的网络道德判断力、自控力，形成理想的网络道德人格。

基金项目：国家社会科学基金项目"基于网络社会管理的高校校园网络舆论环境研究"，项目编号：13BX085；湖南省教育规划课题"慕课背景下高校思政理论课教学模式创新研究"，项目编号：XJK014BDY008。

作者简介：罗珍（1980 -），女，湖南湘乡人，中南大学马克思主义学院博士研究生，长沙民政职业技术学院副教授，从事思想政治教育研究；徐建军（1954 -），男，湖南益阳人，中南大学马克思主义学院教授、博士生导师，从事思想政治教育研究；长沙，410083。E-mail：luozhen0305@sohu.com。

一、高校网络德育"人学空场"的具象

高校网络德育作为一种新的德育方式，"从其存在到现今经历了5个发展阶段"[5]，已然取得了一定的成果和成效，但未能从根本上摆脱传统德育的窠臼，亦出现了"人学空场"。

（一）德育目标的功利性、绝对性与个体性旁落

德育是"为人"的实践活动，其目标"最终表现为对人性整体素质的提升，对人性完美的向往，对人自身全面发展的追求"[6]。而人的全面发展是一个历史过程，德育目标的制定需要挖掘个体所处的历史阶段对人性的要求以及个体身心发展规律和水平，特别是思想道德的发展规律和水平，最终实现关于人的全面发展的绝对与相对、无限与有限的辩证统一。高校网络德育仍属于德育的范畴，其目标的制定不能违背德育目的性本质，要尊重大学生的个体价值和个性特点，实现全面发展目标的具体化。但在实践中并没有充分做到这一点，个体性旁落了，其主要表现为：其一，高校网络德育目标的功利化。即片面强调高校网络德育的政治、经济、文化甚至生态等社会功能，把高校网络德育的社会功能等同于其全部功能，忽视德育个体性功能。其二，高校网络德育目标的绝对化。即德育目标没有充分体现网络社会的时代性以及大学生的个体性、层次性，把德育目标简单概述为"把大学生网民培养成为社会主义现代化事业合格的建设者和可靠的接班人"[7]。这样的德育目标对于教育者来说，缺乏操作性；对于受教育者来说，"假、大、空"，没有针对性，以致难以发挥高校网络德育目标的导向功能。

（二）德育内容的滞后性、理论性与生活性脱节

英国著名教育家斯宾塞（Herbert Spencer）认为，"教育的任务在于准备其完备的生活。"[8]这无疑要求高校网络德育内容要扎根大学生主体生活，满足其生活需求。但在实践中，高校德育内容与大学生生活脱节，未能真正指导大学生网络生活实践。其一，德育内容滞后化，对大学生生活针对性不强，缺乏吸引力。高校网络德育内容没有根据大学生时下存在的网络学习、网络人际交往、网络心理调适、网络娱乐等方面的生活道德问题及时创新。作为高校网络德育内容重要呈现方式的德育网站信息内容更新速度慢，远离大学生生活，因而人气不旺、点击率不高。如对网络论坛设置的议题，"有30%的同学表示从不参加，56%的同学表示会偶尔参加"[9]。其二，德育内容理论化，对大学生生活实践指导性不够，缺乏实效性。即把网络德育内容抽象为知识、规范、原则，而不是传授网络生活经验和方法，大学生在虚拟的、开放的网络社会中束手无策，"在虚拟生存背景下，人的发展呈现悖论的特点"[10]。

（三）德育过程的灌输性与主体性消解

德育是教育双方共同参与的教育活动过程，它需要发挥教育者的主导作用，和受教育者的主体作用。受教育者要在与教育者、环境的积极互动中，在不断实践、主动建构中，使思想道德内化于心、外化于行。但在高校网络德育过程中，虽"出现了愈来愈重视大学生主体地位的发挥，构建德育活动模式虚拟化，调动学生参与的新特征"[11]，但因教育者人数有限、需要耗费比较多的时间和精力等因素的制约，强制灌输更受教育者青睐。在这种灌输教育中，教育者采取自上而下、从外到内的方法进行灌输，大学生不需要主动参与、选择、实

践，其危害性也是显而易见的，导致部分学生在网络多元价值观面前缺乏选择能力，是非不分。例如"对网上一些所谓'网络红人'恶意炒作、颠倒是非美丑的不良现象，31.6%的大学生对此表示'好奇或羡慕、红了就是本事'的态度"[12]。

二、高校网络德育"人学空场"的原因解析

高校网络德育中的"人学空场"困境有其复杂的时代和技术背景，但不能单纯地从技术、网络本身去找原因，而应回归人自身，对其存在的深层次的原因进行梳理和澄清。

（一）将人"工具化"导致个体性旁落

之所以在高校网络德育目标中出现重社会价值，甚至以社会价值取代个人价值，是因为忽视社会发展中人的目的性，将人"工具化"了，即在社会发展与个人发展关系上，认为社会发展是目的，个人发展是实现社会发展的手段、工具。因此"相对于个人，社会是权威，是至高无上的、值得尊重并为之奉献一切的实体"[4]71。按照这样的逻辑思路，进而忽视德育本质人的目的性，把德育"工具化"了。德育"工具化"认为德育是对人的管制、规范和约束，从而更好地促进网络社会经济、政治、文化、生态发展。而事实上，人是社会的本体基础，人的发展是社会发展的最终目的。因此，为了使人与人、人与社会关系更加有序，和谐的德育应该重视对个体的尊崇，而不能用"集体的、社会的、国家的人替代个体的人"[4]72。

（二）将人"抽象化"导致生活性脱节

人具有多种特性和多重属性，将人抽象化"是指舍弃人的多样、具体和生动的特性，将现实生活中的人高度简化、抽象化和归一化"[13]。在社会发展的各个阶段，人性被抽象成不同的某一属性，如"神性的人""生物性的人""工具性的人""精神性的人"等。目前，后两种抽象人性观在教育中具有一定生存空间，常用来指导教育。把人抽象为工具性的人，往往注重的是人对政治、经济的建设所做的贡献，认为教育的目的仅仅就是为社会培养标准化的人才。进入社会主义社会，我国德育的目标就是培养社会主义建设者和接班人。进入网络时代，德育目标不变，德育内容亦不变，仍然是抽象的理论知识，没有差异性、时代性。把人抽象为精神性的人，认为德育的任务在于提升自身的道德修养，"美德即知识"，而知识是可教的，为了让人更好地接受知识，常常把德育内容系统化、理论化、知识化，致使德育不能指导大学生网络社会实践。"忽略了人的生命欲求。这种人是一种绝对精神化、道德化了的人，在现实生活中很难生存。"[14]

（三）将人"规训化"导致主体性消解

将人规训化是指在德育过程中，把受教育者当作没有自主性、能动性、创造性的个体进行强制的道德灌输和说教，造就的是被动服从的无个体意识和责任感的奴性的人。这与人追求自身自由全面发展的本质是背道而驰的。人的自由发展是"人以一种全面的方式，也就是说，作为一个完整的人，占有自己的全面的本质"[15]，包括人的需要的满足、能力的提高、主体性的充分发展等丰富的内容。"它是一个生存论概念而不是一个知识论概念"[16]，因此，仅仅凭教育者的教育是远远不够的，需要受教育者进行主动建构。故在高校网络德育中，需要发挥大学生的主体性，实现大学生的自我约束、自我控制。但在实践中，理论灌输、网络监控等成为高校网络德育的主要方式。殊不知，德育岂是教育者把外在规范强制灌

输给受教育者的过程？道德教育中的强行灌输，"使得在'静听'的课堂里，个体养成了对别人头脑的依赖，习惯于被动地吸收，结果人的主体性地位丧失了，鲜活的人性泯灭了，创造的冲动消逝了，这与德育的追求恰恰是背道而驰的"[17]。

三、高校网络德育"人学空场"的出路

通过以上原因解析不难发现，高校网络德育出现"人学空场"的困境与不能辩证地把握人、全面地关心人、发展人有很大的关联。马克思主义人学是关于人的哲学，是"从整体上研究人的存在、人性和人的本质、人的活动和发展的一般规律，以及人生价值、目的、道路等基本原则的学问"[18]。它是我们辩证地把握"现实的人"的唯一正确途径。因此，高校网络德育要走出"人学空场"的怪圈，就应以马克思主义人学理论为指导，从现实的人、具体的人、发展的人出发，摒弃德育目标的功利性、德育内容的滞后性、德育过程的灌输性，实现人本回归、生活回归和主体回归，健全大学生网络道德人格。

（一）摒弃德育目标的功利性以实现人本回归

高校网络德育目标理应"以人为本"，关注大学生网络道德人格的养成和发展。这是因为在人与社会关系上，人是社会的人，社会是人的社会。"全部人类历史的第一个前提无疑是有生命的个人的存在"[19]67，"应当避免重新把'社会'当作抽象的东西同人对立起来"[20]。

追求"以人为本"高校网络德育目标理应抛弃"以社会为本"的功利性、绝对化的德育目标，实现"三个统一"：第一，高校网络德育目标的工具性和目的性的统一。人是社会发展的工具、手段，更是社会发展的目的。"任何把人置于工具地位、手段地位的教育之所以是错误的，就在于其中所体现的教育内涵丧失了'为人'的根基，而这种'为他性'而不是'为人性'足以造成'教育'的坍塌。"[21]因此，高校网络德育目标的制定不能只偏重一方，而需坚持二者的统一，实现德育的社会功能和个体功能。第二，高校网络德育目标的有限性与无限性的统一。道德教育是一个长期的历史过程，每一个时代都具有各自的道德任务。因此要实现抽象、泛化德育目标向具体、阶段性人性目标的转化，其核心的途径就是实现抽象具体化，即整体价值的局部实现、长期价值的阶段实现，从而使网络德育保持旺盛的生命力。第三，高校网络德育目标的绝对性与相对性的统一。要根据网络时代的社会要求以及大学生身心发展规律和水平，构建一套操作性强的德育目标体系：其基本目标在于培养大学生良好的网络道德素质，自觉遵守网络文明公约及相关网络法规，实现网上与网下的统一和良性互动；其重点目标是培养大学生良好的网络道德能力，包括道德判断力、选择力和自制力。面对网上道德是非善判断而不盲从，面对网上道德冲突善调适而不迷惘。

（二）摒弃德育内容的抽象性以实现生活回归

高校网络德育内容理应回归大学生生存实践需要。马克思曾指出，"任何人如果不同时为了自己的某种需要和为了这种需要的器官而做事，他就什么也不能做。"[22]这表明，大学生的每一个网络行为都受某种物质的或精神的需要的驱动。网络技术虽然使这种利益和需要的形式发生了改变，但却无法改变利益和需要本身，需要仍然是大学生网络行为的一种内在控制机制。

高校网络德育内容要以大学生网络道德发展需要为轴，以大学生现实与虚拟活动为维

度,在现实与虚拟之间生成,从而提高高校网络德育内容的动态性、时代性、实践性。第一,从现实人的需求出发,重构内容,体现其动态性。即根据大学生的具体需求设计德育内容。目前大学生虚拟生存中主要存在的问题有人际交往、娱乐、网络依赖等问题,因此要加强网络思想教育、道德教育、心理教育等,帮助大学生树立正确的交往观、娱乐观等。第二,从现实与虚拟出发,创新德育内容,体现其时代性。高校网络德育内容需根据大学生生活实际不断吐故纳新,创新德育内容,使其内容结构呈现时代性、开放性、多元性等特点,培养大学生的网络科技道德意识。如在虚拟网络空间如何正确认识黑客行为、如何保护知识产权等。第三,注重培养道德判断能力、道德抉择能力,对网络实践生活具有实践指导性。要加强网络德育中的双向甚至多向互动,引导学生超越多元价值选择的迷茫,使其学会对多元价值冲突进行理性的梳理与澄清,从而增强大学生在鱼龙混杂的网络环境中的判断能力。

(三)摒弃德育过程的灌输性以实现主体性回归

高校网络德育过程理应实现主体性回归。马克思指出,"道德的基础是人类精神的自律"[19]15。这说明德育需要受教育者主动建构。高校网络德育所面临的环境是虚拟的网络空间,"在这种情况下,现实社会中的道德调节因素不能发挥好作用,个体的道德自律成了正常伦理关系得以维系的重要保障"[23]。

高校网络德育要回归大学生主体,需要尊重受教育者的身心发展规律,创新德育方式方法,完善其道德人格,实现大学生网络道德自律:第一,遵循认知协调律,显隐相结合,引导大学生网络道德认知自主选择。认知是一个复杂的心理过程,包括感觉、知觉、思维、想象等心理因素,当认知心理因素作用的方向与接受的内容和目标相一致时就会产生良好的接受效果,反之则会表现出强烈的抵制,这就是认知协调律。[24]因此,高校网络德育要不断改善显性理论灌输方法,借鉴网络文化的培育等进行隐性熏陶,引导大学生形成正确的道德认知。第二,遵循情感怡情律,情理相交融,培养大学生网络道德情感。道德情感的作用是不容忽视的,列宁说:"没有'人的感情',就从来没有也不可能有人对真理的追求。"[25]为此,在网络德育过程中,要打造师生间、生生间的多维互动,相互吸引、相互激励、心理互容、感情共鸣、思维共振的思政教育信息通畅流动的"心理场",最终达到"情通而理达"的理想效果。第三,遵循意志能动受动律,虚实相共生,锻炼大学生网络道德意志和网络道德行为习惯的养成。"意志是个体自觉地确定目的,并根据目的调节支配自身的行动,克服困难,实现预定目标的心理过程。"[26]意志具有坚韧性、自制性等优良品质,需要在实践活动中不断锻炼。因此,可利用网络虚拟仿真系统,开展虚拟实践,从而锻炼大学生意志,养成良好的网络道德行为习惯。

总而言之,高校网络德育"人学空场"的问题终究是关于人的问题。因此,要以马克思主义人学理论为指导,把握现实的人、具体的人、发展的人,规避工具化的人、抽象化的人、规训化的人,即使网络存在身体性的退隐,亦可盛开德育之花。

(原载《现代大学教育》2017 年第 1 期)

参考文献

[1]萨特,J.辩证理性批判[M].林骧华,等译.合肥:安徽文艺出版社,1998:133 - 134.
[2]赖相桓.评萨特的"人学空场论"[J].学术研究,1984(5):54 - 57.

[3]鲁洁.人对人的理解:道德教育的基础——道德教育当代转型的思考[J].教育研究,2000(7):3.

[4]杨超.现代德育人本论[M].广州:广东人民出版社,2005.

[5]邢亚希.高校网络德育研究[D].硕士学位论文.保定:河北大学马克思主义学院,2015:7.

[6]张澍军,郭凤志.论人学视域的德育目的[J].社会科学战线,2004(5):172-177.

[7]赵兴宏.网络伦理学概要[M].沈阳:东北大学出版社,2008:53.

[8]转引自:单中惠.西方教育学名著提要[M].南昌:江西人民出版社,2004:228.

[9]刘春丽.高校网络文化德育平台构建需求及举措[J].时代教育,2014(8):260-261.

[10]孙余余.人的虚拟生存与思想政治教育创新研究[D].博士学位论文.济南:山东师范大学政治法律学院,2011:79.

[11]程仕波,于蕾.论网络思想政治教育发展的新特征[J].学校党建与思想教育,2015(6):64-66.

[12]王翠婷.高校大学生网络生活方式的现状调查——以四川南充三高校为例[J].西华师范大学学报:哲学社会科学版,2015(4):105-110.

[13]龚孝华.从"抽象的人"到"具体个人"——学校教育评价改革的基础[J].教育发展研究,2009(13-14):87-90.

[14]戚万学,杜时忠.现代德育论[M].济南:山东教育出版社,1997:44.

[15]马克思.1844年哲学经济学手稿[M]//马克思.恩格斯.马克思恩格斯全集:第42卷.中央编译局,译.北京:人民出版社,1979:123.

[16]贺来.马克思哲学与"人"的理解原则的根本变革[J].长白学刊,2002(5):33-39.

[17]邵广侠.道德教育要引导人过上美好生活[J].云南社会科学,2005(3):28-31.

[18]陈志尚.人学原理[M].北京:北京出版社,2004:5.

[19]马克思.恩格斯.德意志意识形态[M]//马克思.恩格斯.马克思恩格斯选集:第1卷.中央编译局,译.北京:人民出版社,2012:146.

[20]马克思.1844年经济学哲学手稿[M].中央编译局,译.北京:人民出版社,1995:119.

[21]王啸.教育人学——当代教育学的人学路向[M].杭州:江苏教育出版社,2003:256.

[22]马克思,恩格斯.德意志意识形态[M].中央编译局,译.北京:人民出版社,1961:276.

[23]罗珍.高校学生网络道德失范及其防治体系建构思考[D].博士学位论文.长沙:中南大学政治学与行政管理学院,2005:26.

[24]费斯廷格,L.认知失调理论[M].郑全全,译.杭州:浙江教育出版社,1999:3-217.

[25]列宁.关于旧的又万古常新的真理[M]//列宁.列宁全集:第20卷.中央编译局,译.北京:人民出版社,1989:255.

[26]林崇德.心理学大辞典[K].上海:上海教育出版社,2003:155.

当代大学生书法文化素质教育的调查报告

罗红胜

摘　要： 如何切实有效地实施大学生书法文化素质教育，是当前高等教育界比较关注的教育改革热点问题之一。通过对大学生书法文化教育现状的调查、统计、分析，指出存在的问题和不足之处，提出了加强大学生书法文化素质教育的具体措施。

关键词： 大学生书法；文化素质；现状调查；实施意见

十九大报告提出要"坚定文化自信，推动社会主义文化繁荣兴盛""实现中华优秀传统文化广泛弘扬""实现中华民族伟大复兴"。书法是中国文化精神的表征，是中国人特有的艺术修养与审美观念的体现。著名美学家宗白华先生说："西洋人写艺术史风格史常以建筑风格的变迁做基础，以建筑样式划分时代，中国人写艺术史没有建筑的凭借，大可以拿书法风格的变迁来做主体形象。"[1] 著名旅法学者熊秉明甚至认为"书法是中国文化核心的核心"[2]。毋庸置疑，书法是文化素质教育的重要内容。目前国内对书法教育的重视日益增进，2011年8月2日国家教育部发布的文件《教育部关于中小学开展书法教育的意见》（教基二〔2011〕4号)[3]，要求中小学校主要通过有关课程及活动开展书法教育。2015年9月22日教育部副部长刘利民在全国中小学生优秀书法作品观摩活动上表示，各级学校要深化书法教育，社会各界应支持书法教育，共同做好优秀传统文化传承工作。由此可见，书法作为中华优秀传统文化的代表，日益在国家层面受到重视，并以政策的方式贯彻到学校教育之中。在大学生文化素质教育中，书法教育一直以书法选修课、公共课、通识课等方式实施教学。大学书法文化素质教育内容涵盖了文化素质教育内容的多个方面。如可通过欣赏和学习历代书法大家的优秀作品，提高学生的艺术欣赏和实践水平，陶冶学生情操；通过中国书法发展史的学习，让学生了解中国书法悠久灿烂的历史，增强学生的民族自豪感；通过讲解张芝"临池学书，池水尽墨"、智永学书"三十年不下楼"等书法家刻苦求学的故事，培养学生吃苦耐劳、矢志不渝的优秀品质。对于如何在大学教育中有效地开展书法教育，利用有限的时间进行书法传统文化的教育与研究，笔者对当代大学生的书法文化素质课程进行了问卷调查，并通过对样本的分析与研究提出大学通识教育中书法教育教学的思考与建议。

一、研究设计

调查目的：调查活动的目的是了解大学生对书法文化素质教育的认识，对书法文化素质教育现状的看法，以及对书法文化素质教育的意见和建议，促进大学书法教育的良性发展与教学实施。

作者简介：罗红胜（1969－），湖南汉寿人，在读博士，中南大学建筑与艺术学院副教授、硕士生导师，主要从事美术学书法方向研究；长沙，410083。Email：1307167947@qq.com。

调查意义：促进中国传统文化在大学教育中的普及与实施，有利于书法教育在大学中的开展与实施。

调查任务：了解当代大学生的书法文化素质现状。

调查方法：本次对大学生书法文化素质教育的调查采用问卷式的典型调查法，采用当面填答的方式。问卷设计为综合型，即以封闭型的题型为主，加上适当的开放性问题。

调查的基本情况：调查时间是 2016 年 2 月至 2017 年 2 月，调查对象为此时间段内四个学期选修毛笔书法通识课程的学生。调查地点在中南大学新校区毛笔书法课程教室。此次调查的研究样本为中南大学选修书法文化素质课的本科学生。其中涵盖了土建、交通、信息、能源、医学、机电、化学、资环、行政、法学、数学、外语、艺术等十多个院系的各年级学生。

问卷设计：此次调查问卷共设计了 6 个方面的 16 个问题：一是对文化素质教育的认识；二是对书法文化素质课的认识；三是选修目的与学习动机考察；四是选修前的书法学习情况调查；五是对书法常识的了解情况调查；六是对加强书法文化素质教育的意见和建议。

本次调查的有利因素与不利因素的分析：有利因素为调查对象是中南大学选修毛笔书法的各专业学生，学生来源于全国各地，调查结果真实可信。不利因素为研究样本仅覆盖一所学校，研究样本数量不足。本次调查共发放问卷 350 份，收回有效问卷 326 份，有效率为 93.1%。

二、调查结果

（一）对大学生文化素质教育的认识

此项调查共设计 4 个命题："文化素质教育非常重要""文化素质教育不是很重要""文化素质就是指一个人的文化程度""学好专业课就意味着提高文化素质"。

大学生对文化素质教育普遍持肯定态度，对开设大学生文化素质课程有正确认识。有 80.4% 的同学认为文化素质教育非常重要，有 95.1% 的同学不赞成"文化素质就是指一个人的文化程度"，对"学好专业课就意味着提高文化素质"持相反态度的同学多达 87.1%。

根据此项问题的数据统计可知，学生对文化素质教育课程普遍认可，对文化素质的认知比较正确。

（二）对书法文化素质课的认识

此项调查共设计 4 个命题：包括"你是否喜欢书法""书法文化素质选修课是文化素质教育的重要内容""加强书法文化素质教育是大学生全面发展的需要""开设全校性书法素质选修课是提高大学生综合素养的重要途径"。

在回答"你是否喜欢书法"这一问题时，有 46% 的同学选择"非常喜欢"，47.9% 的同学选择"比较喜欢"，说明高校大学生对书法这门传统文化还是比较喜欢和乐于接受的；有 80.1% 的同学认为书法文化素质选修课是文化素质教育的重要内容；100% 的学生都认为加强书法文化素质教育是大学生全面发展的需要；95.1% 的同学认为开设全校性书法素质选修课是提高大学生综合素养的重要途径。由此可见，该校大学生对于书法文化素质教育的重要性有足够的认识，对于学校通过开设全校性书法素质选修课这种形式来提高大学生的综合素养非常认同。

（三）选修目的与学习动机

在回答"你选修书法素质课的目的"这一问题时，39.0%的同学选择"爱好书法"，5.8%的同学选择"想拿学分"，55.2%的同学选择"既想拿学分，又能了解书法"。该题试图了解学生选修书法课程的动机。毫无疑问，学校对学生学分的严格规定，使学生面对选修课时别无选择，非此即彼，带有很强的功利性。为了能够在完成学校规定学分的前提下，切实提高自身修养，掌握相关学科的基本常识，大多数学生还是希望能有一种两全其美的选择。

（四）选修前的书法学习情况

调查结果显示，"练过，并坚持了五年以上"的学生数为零，"练过，并坚持了一年以上"的学生有46人，占总数的14.1%，"练过，但效果不大就没有再坚持"的学生有94人，占总人数的28.8%，而从来没有练过的学生竟然达到186人之多，占总人数的57.1%。结合上述调查情况，我们可以看出，大学生虽然喜欢书法这门传统文化，也认识到书法学科的重要，但由于社会应试教育等方面的影响，对书法操练甚少。这也反映了当代大学生书写能力亟需提高的现状。

（五）对书法常识的了解情况

在回答"有中国书圣美誉的书法家是谁"这一问题时，只有51.8%的同学填写了王羲之，有10.1%的同学未填，其余的答案则是五花八门：李斯、颜真卿、唐寅、毛泽东等不一而足。而在"列举你所知道的五位古代代表性书法家"这一问题时，能正确写出五位的同学仅占10.4%，能正确写出四位的同学仅占8.0%，能正确写出三位的同学仅占15.3%。此外，很多同学把古代文学家也列入其中。

在回答"中国书法有哪些五种主要书体"时，能正确回答篆、隶、楷、行、草五种书体的同学占18.1%，能正确填写出四种书体的同学占23.0%，能正确填写出三种书体的同学占29.8%。另外，还有一些同学填写了并非书体的颜体、柳体、欧体、赵体、宋体、仿宋体、魏体、圆体等名称。在回答"除了中国之外，还有哪些国家也有书法艺术"时，69.9%的同学填写了日本，47.9%的同学填写了韩国，39.0%的同学填写了朝鲜，8.0%的同学填写了新加坡，另外还有18.1%的同学未作答。除此之外，还有个别同学填写了并没有书法艺术的其他国家，如越南、印度等。

由上可知，很多同学对最基本的中国传统文化常识缺乏必要的了解，在今后的教学过程中应适时地穿插讲授。

（六）对加强书法文化素质教育的意见和建议

本部分设计了两个选择题、一个简答题。在回答"你认为加强书法文化素质教育的关键是什么"时，77.0%的同学选择"制度保障"，4.0%的同学选择"教师素质"，90.0%的同学选择"学生自觉参加"。选择"学生自觉参加"的比例如此之高令人难以置信，然而了解实际情况又莫不如此。文化素质选修课上课时间一般安排在周末，而且其课堂组织形式相对比较松散，学生上课自由度较大，学校对文化素质选修课的管理也不像必修课那样严格，完全靠教师个人组织管理，伸缩性很大。因此，要想真正提高文化素质修养，学生自觉参加、自愿学习，才是最重要的。

在回答"你想通过本课程的学习，掌握哪些书法方面的知识和技能"时，23.9%的同学选择了"掌握书写技巧"，8.9%的同学选择"提高欣赏水平"，3.1%的同学选择"提高理论修养"，64.1%的同学选择了"以上三项"。由此可知大学生不仅希望通过本课程的学习提高自身的书写水平，更重要的是综合素养的全面提高。

在简答题"谈谈你对书法选修课的想法和建议"时，学生回答非常积极，很多同学提出了对书法学习的具体要求以及合理化的建议，表达了学习书法的强烈愿望。其中有不少同学提出了延长授课时间、缩短每班学生人数、增加班次、观摩展览、举办比赛的建议。

三、对策建议

为了切实增强大学生的书法文化素质，努力提高大学生的综合文化水平，笔者认为可以从以下三方面实施展开。

（一）加强书法文化素质课课堂教学，提高学生理论、实践水平

书法文化素质课是学校为了普及大学生的文化素质而开设的公共选修课程。因为选修人数较多，不利于个别辅导，所以上课形式应采取多媒体教学的方式进行教学。书法简史、书法名作欣赏等可采取课件的形式进行讲解，书法实践则可利用展台进行详细剖析，让学生非常直观地掌握基本笔法和结构规律。

具体课程内容讲授应坚持理论与实践相结合的原则。书法史、书法理论作择要讲解，篆、隶、楷、行、草五种书体也应简单介绍其基本特点和规律，书法欣赏以名家为主，书法实践则以楷、行书学习为重点。

为了增强学生学习书法的兴趣，在介绍书法史、书法欣赏时，可穿插讲解书法家的故事，如蒙恬造笔、羲之换鹅、颠张醉素、扬州八怪等。另外也可组织学生参观博物馆、高水平的书法展等，丰富课堂教学。

（二）成立学生社团，丰富业余生活

要真正做到全面提高大学生的综合文化素养，仅仅靠开设相关文化素质课还远远不够。书法文化素质的提高更是如此。这应该是一个多管齐下、综合培养的系统工程。作为年轻的大学生们，成立书法社团，参加社团活动是他们乐于接受、互相切磋的好形式。作为志趣相同的群体，大家定期开展一些书法交流活动，如笔会、教师专题讲座、学员心得交流、参观书法碑林、组织书法展览、高校学生书法联谊等，不仅可以提高学员自身书法修养、增进彼此友谊，而且还可以辐射其他同学，增强校园文化氛围。

（三）设立校园书法网站，加强师生网上的互动交流

在当前网络时代背景下，一方面书法受到了网络的强烈冲击，人们手写汉字越来越少，书法的实用功能大大降低；另一方面书法的艺术性则日益增强，成为了一门纯粹的视觉艺术。与此同时，网络的便捷也给书法交流带来了极大的方便。为了加强学生之间、师生之间的交流互动，成立大学书法网站便显得尤为重要。在网站上，学生可以把自己的作品、对书法的看法发表出来，同学之间可以互相交流探讨，教师可以适时地分析点评；对于名家名作，也可以在网站上进行欣赏学习；对于学习中的问题，也可以及时地得到老师和同学的解答。更为重要的是，有了网络，教师可以足不出户地进行网络教学、在线答疑，大大提高了工作效率。因此，网络为书法提供了一个很好的交流平台，为了确实提高学生的书法文化素

质，网络教育势在必行。

附件　调查问卷[4]

关于当代大学生书法文化素质的调查

1. 对文化素质教育的认识

　A 文化素质非常重要（　）

　B 文化素质不是很重要（　）

　C 文化素质是指一个人的文化程度（　）

　D 学好专业课就意味着提高文化素养（　）

2. 对书法文化素质课的认识

　A 你是否喜欢书法，非常喜欢（　），比较喜欢（　），一般（　）

　B 书法文化素质选修课是文化素质教育的重要内容（　）

　C 加强书法文化素质教育是大学生全面发展的需要（　）

　D 开设全校性书法素质选修课是提高大学生综合素养的重要途径（　）

3. 选修目的与学习动机考察

　A 爱好书法（　）

　B 想拿学分（　）

　C 既想拿学分，又能了解书法（　）

　D 随机选择（　）

4. 选修前的书法学习情况调查

　A 练过，并坚持了五年以上（　）

　B 练过，并坚持了一年以上（　）

　C 练过，但效果不大就没有再坚持（　）

　D 从来没有练过（　）

5. 对书法常识的了解情况调查

　A 有中国书圣美誉的书法家是谁（　）

　B 列举你所知道的五位古代代表性书家（　）

　C 中国书法有哪五种主要书体（　）

　D 除了中国之外，还有哪些国家也有书法艺术（　）

6. 你认为加强书法文化素质教育的关键是什么

　A 制度保障（　）

　B 教师素质（　）

　C 学生自觉参加（　）

　D 强制参加（　）

7. 你想通过本课程的学习，掌握哪些书法方面的知识和技能

　A 掌握书写技巧（　）

　B 提高欣赏水平（　）

　C 提高理论修养（　）

　D 以上三项（　）

8. 谈谈你对书法选修课的想法和建议

参考文献

［1］宗白华. 艺境［M］. 北京：北京大学出版社，1999：116.

［2］熊秉明. 中国书法理论体系［M］. 天津：天津教育出版社，2002：1.

［3］国家教育部. 教育部关于中小学开展书法教育的意见［EB/OL］. 教育部政府门户网站. 基础教育.（2011
－08－02）［2017－09－07］. http://www. moe. gov. cn/srcsite/A26/more_714/201108/t20110802_167341.
html.

［4］裴娣娜. 教育研究方法导论［M］. 合肥：安徽教育出版社，1995：162.

"以学习者为中心"的工科学生终身学习力培养

王 进 彭妤琪

摘 要：高校注重工科学生终身学习力这一最强竞争力的培养，须得建构"以学习者为中心"的教育范式，关注学习者的个性化和学习过程。"以学习者为中心"要求工科学生从"肯学"的责任担当，上升至"会学"的"高峰体验"，再到"乐学"的沉潜治学，在"德育为先，能力为重，全面发展"的目标指引下，让学习内化成学习者受益终身的习惯，甚至升华为自我的使命，最终帮助学习者"成为他自己"。

关键词：学习力；终身学习；以学习者为中心；工科学生

歌德（J. W. Goethe）早就直言："人不是靠他生来就拥有的一切，而是靠他从学习中所获得的一切来造就自己。"在过度强调"胜者为王"的竞争社会中，人们很难不被"弱肉强食"的生存哲学所左右：要么接受命运安排，要么努力提升自我。自我提升的快慢，就是学习力高低最直观的呈现。学习是需要意志的、有意图的、积极的、自觉的、建构的实践[1]。学习力是对学习者的学习动力、学习态度、学习方法、学习效率、创新思维和创造能力进而实现自我改造的综合性描述[2]。在科技飞速发展的二十一世纪，工科学生的终身学习力才是生存的王道，终身学习力就是最可贵的生命力、最活跃的创造力、最本质的竞争力。正如学习型组织理论的奠基人彼德·圣吉（Peter M. Senge）所说："未来唯一持久的优势，是谁有能力比其竞争对手学习得更快"。[3]

卓越的企业必定是学习型组织，而学习型组织对于员工的基准要求是通过自主学习成为终身学习者进而实现"自我超越"，越来越多的企业甚至开始设立首席学习官（Chief Learning Officer, CLO）职位，以培训员工不断吸纳新知并将其转化为企业的经营洞见和竞争优势。"以学习者为中心"主要体现为以学习者为主体和以学习为核心，即接受学习是自己的责任，并"不断从自己的经验中建构自己的意义"，而教学必须以促进学习为目的，要求学生"从依赖记忆进行短期学习的被动学习方式转变成为使用积极主动参与学习活动的社交方式"[4]，借助师生畅言与通力合作共同完成"意义创生"的过程[5]。终身学习是个综合性的概念，强调学习者自动自发地利用一切教育设施及资源开展"有意义的学习"，它契合了联合国教科文组织（United Nations Educational, Scientific and Cultural Organization）于1986年提出的教育四大支柱：学会求知、学会做事、学会合作、学会生存与发展。[6]工程专业教育的使命正是输送符合市场需求的、有知识、技能和适应能力的优秀工科人才。在"育人为本"理念的指引下，高校教育的目标将是培养不断创造与超越的自主学习者，用"学力"替代"学历"，帮助工科学生练就极强的终身学习力。

课题来源：中南大学教育教学改革研究项目"工科学生伦理意识唤醒研究"，项目编号：2016jy39；中南大学教育教学改革研究项目"新工科通识教育中工程伦理教学研究"，项目编号：2017XGK002。

作者简介：王进（1972 –），男，贵州湄潭人，管理学博士，中南大学土木工程学院副教授，从事工程伦理研究；彭妤琪（1992 –），女，江西萍乡人，中南大学土木工程学院工程管理硕士，从事工程管理研究；长沙，410075。Email: csruwangjin2 @ 126. com。

一、为什么工科学生必须具备终身学习力

如果说学历教育所具有的"一次性学习"特征，在过去尚能让学习者获得一份理想职业且高枕无忧，那么技术进步所导致的职业消亡以及新型岗位的大量涌现，使得终身教育的"永久性学习"特质逐渐为人们所重视。

（一）职场中人被迫更换工作岗位的"黑天鹅"越来越多

行业夕阳西下整体滑坡企业被迫关停、经济萧条时企业拼命精简机构、企业遭遇并购需要裁员、员工自身实力不足被人轻视、员工工作时酿成大祸等，都是职场生涯中有可能出现的"黑天鹅"。倘若对于这些暗礁不闻不问，则触礁概率巨增，被重新推入就业市场却无法谋生几乎是命定结局。更内在的根源在于：员工头脑中根深蒂固的"金饭碗"观念，往往使得他们意识不到危机降临，自我满足成为他们终身学习的最大敌人。"人不可以不学，犹鱼之不可以无水。"终身学习是每个社会成员为发挥自身潜能和应对社会变革而贯穿于一生的持续学习过程。杰克·韦尔奇（Jack Welch）就深刻理解"没有任何企业能够成为安全的就业天堂"，他说："即使是花了30年时间辛苦打造出的老公司，如果不加改造、不思进取，也可能在两年之内化为乌有。""在通用，我不能保证每个人都能终身就业，但能保证让他们学习到终身的就业能力。"[7]

（二）社会飞速发展使得"机器代替人"的时代不再遥不可及

工业化带来的效率倍增，使得很多行业出现"机器挤出人力"的现象，这是工业革命初期英国爆发"卢德运动"的主要原因。牛津大学对美国就业市场上现有的702种职业进行的量化评估结果显示：在未来20年，按照操作精细度、创造性和社群感知力的衡量标准，有46%的职业被机器替代的可能性在70%以上。不仅技术工人面临如此险境，现代社会利用知识或信息工作的知识型员工，同样岌岌可危。科技发展固然也会创造更多的就业岗位，但新的岗位必然要求工程人员具备高学习力以掌握新技能。如果说CAD技术的出现让描图员彻底变成历史，那么BIM技术的快速发展将极其深远地影响行业发展态势，那些掌握不了BIM技术的个人和企业将会被迅速淘汰。施工机器人、智能施工装备、无人机、3D打印施工装备等智慧建造技术的大量涌现，必然推动很多工作岗位的自动化，驱使工程人员必须加速知识体系的更新换代以适应新的工作岗位。派瑞曼（Pemlmm）早就预言："到21世纪初，美国将有3/4的工作是创造和处理知识。知识工作者将意识到：学习是持续不断的先决条件，而且是一种主要的工作方式。"[8]

（三）企业用工制度在公司利益最大化的价值驱使下人性化不足

社会强制性地逼迫每个职场中人勤于自我反省，哪怕是企业因金融危机（社会因由）或因管理不善（组织因由）而被迫裁员，那些"倒霉鬼"也没有合理申诉的权益保障，而是不断被企业高层反复洗脑："你应当多自我批评，为什么是你被裁掉而不是别人？组织总是公平待人的！"资本的力量走向，永远不以普通人的意志为转移，这使得普通员工常常遭遇不够人性化的解聘离职。随着工业机器人的替代性越来越强，工程业对于低素质从业人员的需求大为减少。机器更高效、更便宜、更不知疲倦，甚至没有不良工作情绪，企业主必定会"理智而冷酷"地选择机器。倘若工程人员难以掌握新技能，则失业危机就如高悬的"达摩克利斯之剑"。知识的更新需要终身学习力来得以实现。学习力可以表述为：L<C=D，其中L代表学习速度，C代表变化速度，D代表死亡。如果学习速度赶不上职场的变化速度，那就只有接受

死亡[9]。这印证了路易斯·罗斯（Louis Rose）的观点："在你的职业生涯中，知识就像牛奶一样是有保鲜期的。如果你不能不断地更新知识，那你的职业生涯便会快速衰落。"[10]

（四）科技进步加重了职场人士的学习负担

人们曾经一度幻想"科技能够引领人类进入休闲的黄金时代"，可以从无聊的繁重事务中解脱出来，专注于自己感兴趣的话题。但现实开了个大大的玩笑：人们不是越来越轻松，而是越来越没有安全感，越来越疲惫和迷茫。科技越进步，劳动力市场的更新换代速度就越快，职场中人要想不被时代的火车甩下，那就只得战战兢兢地保持终身学习的劲头，未雨绸缪，为可能到来的职场危机预先储备知识和技能。终身学习最大的好处在于能够帮助学习者获得可携带能力（Portable skills），并藉此顺利完成"职场转身"[11]。可携带能力源自可迁移技能（Transferable skills），指那些并不因岗位更换而轻易丢失掉的技能，包括：真正的专业精神、坚强的意志力、基于同理心的沟通技巧和团队协作技能、极强的平衡能力、道德勇气、自主学习并独立思考的能力、承受挫折并适应改变的能力[12]。考虑到工程所具有的实施一次性、资源有限性、建造渐进性、系统复杂性、活动整体性等特点，可携带能力的习得可源自三种方式：一是从实践中学，二是在交往时学，三是自书本里学。日本年轻人就选择早起参与"晨间活动"，利用早上上班前 7：00 – 9：00 的两个小时，提升自我，丰富人生——或是在位于商务办公区的餐厅或咖啡厅参与"早餐会"边吃边进行读书讨论；或是参加各大培训机构面向上班族推出的"清晨课程"学习外语或其他技能；或是到就近的寺庙进行晨时坐禅强健身心等。

二、工科学生对于"以学习者为中心"三重境界的认知为其成为终身学习者奠定坚实基础

工科学生如何才能提升终身学习力呢？学习力的提升与学生对于"以学习者为中心"的认知境界息息相关。"以学习者为中心"分三层境界：首先得有自主型学习动机激发"从要我学到我要学"的责任担当，其次要有学习能力确保持续的"心流体验"，最后要有学习毅力支撑"不为外物所动"的沉潜治学，即从"肯学"升至"会学"再到"乐学"。管理学上将绩效试做意愿、能力和机遇三者的函数。就提升学习力这一绩效而言，肯不肯学属于意愿范畴，是有没有责任承担的问题；会不会学是能力范畴，是有没有自主学习能力以及创新意识的问题；乐不乐学是机遇范畴，是有没有生发出对学习的趣味并主动创造教育平台的问题。

"肯学"代表学生具备了对自己学习负责的自动自发的强烈意愿。"惟有勤勉努力，方能成才"的思想，古已有之。《论语·述而》中，子曰："不愤不启，不悱不发。举一隅不以三隅反，则不复也。"孔子的教育思想，看似在告诫老师应当警惕"过度教育"的冲动，实则是鼓励学生在教师"传、帮、带"下殚精竭虑、冥思苦想展开自我探究。"教有法而无定法。"老师只是学生独立进行批判性思考的"助产士"，只能做学生创造自我的引领者、点拨者、激发者、合作者、参与者和促进者。学习是最有价值的投资。倘若学生对于学习的认知和实践存在动力不足和意愿不强，那么老师帮助学生"捅破窗户纸"的努力，既低效又廉价，学生不仅不领情，反而会形成凡事走捷径的路径依赖，最终患上思考的"他求依赖症"。"还学于生"[13]彰显的是以生为本、以学为上的理念，突出的是师生共同参与、平等对话的"意义创生"过程——包括学生进行生活体验的过程、实现自我成长的过程、不断精神丰盈的过程以及生命意义逐渐显现的过程，追求的是激发学生创新潜能、让学生自由

发展的育人目标。

"会学"意味着学习者能够自行调整学习目标，自主钻研学习方法，即努力练就"不过分依靠老师而使用所学知识的能力"。一个不善于学习，习惯于"等、靠、要"的人，就等于自我放弃成长的机会。《论语》中的"学而不思则罔，思而不学则殆""如切如磋，如琢如磨""见贤思齐焉，见不贤而内自省也""温故而知新"等，都是值得借鉴的学习之道。最有价值、最具科学含量的知识，是学习方法的知识，其优劣程度决定着一个人学习的成败。"会学"所倡导的学生之独立性、创造性和自主性，必须建基于课程体系的整体性、基础性、先进性、发展性、集成性[14]，故教师须得高效组织教学，要"目中有人"，引导学生"从做中学"，在"自然的学习过程"中领悟自主学习之法，体味"纸上得来终觉浅，绝知此事要躬行"。但问题是学生大多没有做好自我教育的准备，对于教师"变身为帮手，仅仅给学习者提供方法、心理上的准备和即时的建议"明显无法适应，甚至很多教师也不能接受这种观念，还固守着自己比学生先知道、多知道的"传道者"身份。教师可以在课堂权力的再分配、重新界定教学内容的功能、改变教师的角色、转变学生的行为——学生承担学习的责任、转变评价的过程和目的等五个方面[15]展开尝试；而学生也能在教师"教什么""如何教""何时教"和"怎样评"等环节上加强反馈，同时秉持"三人行，必有我师焉；择其善者而从之，其不善者而改之。"的谦逊自省精神，参照吉姆·柯林斯（Jim Collins）的建议，建立"个人董事会"（Private Advisory Board）[16]，囊括那些自己心仪的思想卓绝或精神深邃的有德之士，借助学习传承卓越。

"乐学"重在强调学习者"要从自己的劳作中看出快乐"，不厌不倦，对于学习保持高度的乐趣，杜绝"四不"：不以功利目的为导向，不三天打鱼两天晒网，不浅尝辄止，不闭门造车。《论语》中"学而时习之，不亦乐乎""知之者不如好之者，好之者不如乐之者"说的就是这层境界。如果学生乐学，自然会摆脱学习资源、学习氛围等教育环境的不利限制，想尽一切办法自觉创造学习机会，并且持之以恒，乐在其中，每有所得，欣喜若狂。就如梁启超先生所言："趣味这样东西，总是愈引愈深，最怕是尝不着甜头，尝着了一定不能自己。"[17]在学习中不断获得快乐的学习者，不会产生倦怠感，反而会因为认同感、成就感和归属感激发更强烈的学习动机。学习之难，难在"不可以已"。乐学之人，才会如马云所言，"舍得在自己的脑袋上投资，才能换得开阔的眼界和独到的见解。"

强调"以学习者为中心"，与"教师是实现学校事业发展的主力军"这一观念并无冲突。相反，在所有支撑工科学生塑造终身学习力的力量因素中，教师的"引导、指导、劝导、教导"作用至关重要。倘若教师不肯学、不会学、不乐学时，学生自然依样学样，认为轻松获得一纸学历证书就是大学教育的全部。教师不能以身作则时，学生要么秉持"懒人主义"甘愿沉沦，认定教师不尽责、不够格自然不敢"高标准，严要求"；要么另辟蹊径，力学不倦，在不愿荒废青春的挣扎中努力结出美丽的学习果实。当然，不遇明师自行奋发图强的学生，虽砥志研思却踽踽独行；自怨自怜"无英才可教"的教师，孤芳自赏之余又莫可奈何。这是当下高校教育最应当直面和摆脱的困局。

三、结论

彼德·圣吉说："有些人之所以不能成功，都是因为学习能力不够，或者说没有学习的能力。"中国社会越来越突出的跨岗位、跨职业、跨行业的就业迁移现象，决定了只有可携带能力才能帮助工科毕业生避免"未就业先失业"的尴尬，缩短"黑色隧道期"。相比于担心首次就业的求职艰难，工科学生更应当焦虑：是否在大学阶段为终身学习力奠定了坚实基础？比尔·盖茨（Bill Gates）就曾告诫年轻人："你可以离开学校，但你不可以离开学习。"高校的办学定位、教育教学、学术科研、制度文化等都要以人才培养为皈依，人才培养的主体是学生。而"以学习者为中心"的实质也是强调学生是主体，即：学生是发展的主体、是独特的主体、是教育活动的主体、是责权主体。教师应该珍视"人的在场"，鼓励学生积极展开自主学习，注重师生的情感交流、愉快的情景氛围以及学习者的自由。天助自助者。科技飞速发展带来的社会变迁，使得"毛坯工程师"进入职场后要想基业长青，必须借助终身学习力不断更新知识结构，否则就会陷入柳传志所言的尴尬境地："在根本不会游泳的情况下奋不顾身地跳入水中，除了泛起一阵泡沫和带来滑稽的悲壮以外，什么结果也没有。"对于工科学生而言，明白"学习者才是焦点，是中心"，明了"肯学、会学、乐学"之于终身学习力培养的重要性，才能在学习动力、学习能力、学习鉴别力、学习转化力和学习毅力等五大要素上齐头并进，方能为终身学习奠定坚实基础。惟肯学者，才会学，才乐学。若不肯学，则不情不愿；若不会学，则不明不白；若不乐学，则不伦不类。不管社会如何变迁，以成长为动力，以终身学习为责任，才不会堕入"没有学会怎样学习的新型文盲"群体中，也才能成为终身学习者，成就卓越的自我。

参考文献

[1]戴维,H.J.,苏珊,M.L.学习环境的理论基础[M].徐世猛,李洁,周小勇,译.上海:华东师范大学出版社,2015:2-3.
[2]威廉,C.K.学习力[M].金粒,译.海口:南方出版社,2005:1.
[3]彼得,圣吉.第五项修炼:学习型组织的艺术与实务(新世纪全新扩充修订版)[M].张成林,译.北京:中信出版社,2009:63-64.
[4]张鹏君.建构"学生中心课堂"——基础教育与高等教育的"连通器"[J].现代教育管理,2015(3):84-88.
[5]Karolich,R.,& Ford,J. Applying Learner-centered Principles to Teaching Human Behavior in the Social Environment in a Baccalaureate Program[J]. *Journal of Teaching in Social Work*, 2013(1):26-40.
[6]国际21世纪教育委员会.学习——内在的财富[M].联合国教育科文组织总部中文科,译.北京:教育科学出版社,2003:108.
[7]韦尔奇,J.,& 韦尔奇,S.赢[M].余江,玉书,译.北京:中信出版社,2010.
[8]佩雷曼,M.经济学的终结[M].石磊,吴小英,译.北京:经济科学出版社,2000.
[9]Revans,R.W. Action Learning: New Techniques for Management. [C]// London, Blond. 1980:317-319.
[10]姜益琳.中国企业大学发展研究——以东南沿海区域典型企业大学为例[D].硕士学位论文.南昌:江西师范大学,2012.
[11]Groysberg,B. How Star Women Build Portable Skills[J]. *Harvard Business Review*, 2008(2):74-81.
[12]王进.可携带能力是土木工程专业学生的职场法宝[EB/OL].王进微博网站.观点述评.(2014-7-17)[2018-02-28].http://blog.sciencenet.cn/blog-2644-812394.html.
[13]贺武华."以学习者为中心"理念下的大学生学习力培养[J].教育研究,2013(3):106-111.
[14]王永红."以学习者为中心"人才培养模式的内涵解读[J].课程·教材·教法,2017(10):84-88.
[15]韦默,M.以学习者为中心的教学——给教学实践带来的五项关键变化[M].洪岗,译.杭州:浙江大学出版社,2006.
[16]柯林斯,J.从优秀到卓越[M].俞利军,译.北京:中信出版社,2002.
[17]梁启超.学问之趣味[M].时事新报,1922-8-12(学灯).

思辨协同与跨文化交际能力的培养

朱妮娅

摘　要： 我国大学英语教师在跨文化教学中大多缺乏明确的培养目标，只关注主流英语国家的思维定式或零散的文化知识。依据跨文化交际能力的重要性发掘其内涵，基于大学英语跨文化教学的特点，开展思辨协同教学，引导学生将零散的文化知识串联进行协同学习，使学生在基于深入阅读的思辨协同中提升跨文化意识、跨文化敏感度及跨文化交际能力。

关键词： 跨文化交际能力；协同学习；思辨协同；深入阅读

跨文化交际能力（Cross-Culture Communication）指不同文化背景的交际者基于理论进行实践，敏感而有意识地使用跨文化知识[1]进行恰当而有效交流的能力。文化经济全球化时代，各文明交融互通，各国家依存关联，使得跨文化交际能力在战略上具有特别重要的意义。发展跨文化交际能力成为各国教育的热点。我国英语《课程标准》对于跨文化能力培养考虑周到而具体，让学生在初级阶段通过体验逐步形成跨文化交际能力[2]。然而，有专家认为这一要求过高，因为即使在外语学习条件优于我国的欧洲也觉得在中小学阶段培养跨文化交际能力非常艰难，最多只能打基础[3]。《英语大纲》将这种能力的培养落实在英语专业高年级社会文化课程上的安排也被认为有失妥当，因为跨文化交际能力的培养不是一门课程就能解决的，而是需要贯穿整个教学过程[4]2-8。获得跨文化能力是一项终生事业，如何做好其初级阶段和高级阶段之间的衔接工作，是处于中学英语和专业英语之间过渡地位的大学英语教学者们应该思考的问题。本文立足大学英语教学，探讨协同学习在大学英语阶段发展学生跨文化交际能力的可行性。

一、跨文化交际能力的内涵

西方国家对跨文化交际能力的培养最初与外交官、留学生、技术外援等相关，由于一体化的需要，欧盟学者近年加强了对跨文化交际能力的研究，可见西方国家对跨文化交际能力的研究本质上多出于实际需求[4]2-8。跨文化交际中，文化的可变性和多样性得到重视，学习者在对一种文化的历史文学艺术习俗等深刻理解和同情的基础上，培养跨文化语境下获取文化特有性和普遍性概念的能力，及在本国文化与目的文化之间通过得体和有效协商完成具体任务的能力，这些能力之和就是跨文化交际能力[5]。学者们对于跨文化交际能力的定义意见各异，但对于其所包含的要素几乎达成一致，为知识、能力[6]、态度、批判性思维[7]。其中知识包括一般文化知识、特定文化知识及有关本国及他国的政治、经济、人文地理、宗教习俗等方面的知识；能力指交际者具备的能力如语言、非语言、处理人际关系、心里调

基金项目： 中南大学教育教学改革研究项目"基于混合式学习的大学英语泛在学习环境构建与评估"，项目编号：2017jy68。

作者简介： 朱妮娅（1972 - ），女，湖南邵东人，硕士，中南大学外国语学院讲师，主要从事大学英语教学研究；长沙，410083。
Email：juniazhu@163.com。

适、适应环境及在异文化环境中做事等方面的能力；态度则包括对于自己文化的深刻理解，对于文化差异的敏感、包容、尊重等[4]2-8；批判性思维指对于本族文化和他族文化的思辨性判断[6]242-255。

二、大学英语跨文化教学的特点

外语教育本质上就是跨文化教育[8]，学生在大学英语这种跨文化教育中，深刻理解一种文化的历史、习俗等，并以此为基础，在跨文化语境下获取文化特有性和普遍性概念的能力，以及在本国文化与目的文化之间通过协商完成具体任务的能力[7]79-88。

为实现跨文化交际能力的培养目标，大学英语教学需要将发展语言交际能力作为教学的重点。具体而言，要求学习个体之间通过在不同语境中主动参与活动而相互作用[9]，强调英语综合能力的应用：语言能力、语用能力、语篇能力及策略能力等交际能力的培养[10]。将跨文化交际能力的四大要素纳入考虑，胡文仲[10]2-8认为大学英语跨文化教学的培养方式应该形式多样，如知识可以通过讲课、阅读、音视频观看来获得；态度可以通过案例分析、与本族语者互动、实地体验来发展；能力则最好通过讲课/培训和实际生活及工作来培养。国外的研究者们也认为[11]，提升跨文化交际能力最好的方法是让学生在交际实践中进行文化对话[12]。与本族语者互动、前往本族语国家实地体验其重要性毋庸置疑，但却是我国大学英语阶段学生并不容易获得的机会。这一缺憾可以通过有效的深入阅读经典原著来弥补。

在跨文化能力的培养过程中，语言能力的培养固然重要，但更重要的是对整个文化的熟悉和认可[13]。葛春萍等[9]79-86认为大学英语跨文化教学应该在基础语言教学上嵌入文化因素，因此首先应该进行诸如词汇、语法等的语言基础教学。这种说法值得商榷。基本语言技能的英语学习只是在打基础[14]，容易让学生产生厌倦，以跨文化能力培养为目标的大学英语教学应该能促使学用结合，输入与输出密切关联，使学生的外语应用能力能满足我国经济与社会的发展[15]。这种教学应该给学习者提供浓厚的跨文化氛围，比如基于原著阅读并使不同见解的学习者之间展开对话，进行协同学习。

三、深入阅读及其开展方式

深入阅读是深入学习（Deep Learning）的一个重要方面。深入学习指由浅入深、由表及里、从已知到未知的探究过程，即由浅层学习到深层学习的过程[16]。与深入学习的要求一致，深入阅读要求学生有高投入，高层次思维的认知体验，强调对阅读文本的充分理解和批判性利用，以解决问题。为实现通过深入阅读提升学生的跨文化交际能力这一目标，大学英语教学者们需要思考以下两个问题（以英美文学课程为例）：

（一）选择怎样的阅读材料

著名的英语文学体验阅读 READ（Reading；Exploring；Assessing；Developing）教学模式高度推崇文学作品阅读，认为文学作品是语言原型最主要的来源，其阅读一方面给阅读者提供与经典文本对话、促进认知成熟的重要机会，增强其语言意识；另一方面，让阅读者经历情感体验、精神陶冶等复杂心理过程[17]，锻炼并培养辩证思维。研究者发现，跨文化交际有效程度与跨文化交际双方符合语境规范、交际规则、生活经验的程度成正比[18]，这些内容往往存在于历久不衰的各国经典文学作品中，这些作品就是大学英语跨文化教学应该包摄的阅读内容。

（二）如何使阅读深入

深入阅读中英经典文学作品能帮助学生在熟悉作品的基础上，获得所需的语言知识及语言背后文化规约的隐性知识[9]79-86，发展跨文化意识和敏感度，且让学习者意识到自我文化的特点，端正自我意识和人生态度。在通过阅读培养跨文化交际能力的教学中，教师还需要引导学生对英语阅读材料构成的间接英语本族语境加以利用，让学生通过读物参与变量与英语母语者进行间接但有效的交流、协同，再通过与学习同伴的协同输出，即通过有效的学习迁移和在实际运用中解决问题来习得语言，锻炼思辨力。这一过程构成思辨协同教学的主要内容，学生在这种教学中通过协同学习培养跨文化交际能力。

四、思辨协同与跨文化交际能力的培养

认知科学家诺尔曼（D. Normon）认为"协同学习"是认知科学应当研究的主题之一。人类是社会动物，从个体学习走向协同学习，是人类心智活动的规律。在协同学习的课堂，学生在教师搭建的"脚手架"帮助下通过对话建构知识。钟启泉[19]认为协同学习促进学习与发展主要体现在以下几个方面：第一，学习同伴不同的思维与水平，借助交互作用产生认知矛盾，促进学习与发展；第二，参与对话、交流意见，为自己提供理清思路、矫正理解的机会；第三，协同交互、角色分工，具有减负效果，有助于活跃学习气氛。比如在辩论中，只需对自己立场负责，这种分工一方面减轻了参与者的认知负担，另一方面促进相互倾听、理解和思辨活动的产生。

思辨协同中协同是指语言对话中双方互动，达成的大脑认知契合[20]。在对话过程中，一方会根据另一方带来的语境（言下之意、上下文等），形成动态的概念或情境模式[21]，同时双方相互启发、配合，无意识地不断构建趋同的情境模式，使大脑认知达成契合。协同不仅发生在社会环境中，也发生在如学习材料等参与变量中[22]。思辨即批判性思维，源于古希腊苏格拉底所倡导的探究性质疑。包含质疑态度、逻辑推理知识和分析概括及评价技能的思辨能力，是大学教育中能力培养的一项核心素养，也是目前我国大学生学科素养中亟待提升与加强的环节[23]。思辨协同的教学中，学习者认真阅读/聆听并思考交流对方的话语，产生协同输入；在接下来的对话中运用对方的部分语句，同时批判性地构建自己的新思维内容和表达形式，产出协同输出。思辨通常始于发问。阅读过程中产生问题会使学习者获得探究的动机[24]，并激活认知过程，达到高效学习的目的。协同输出的常见形式为对话与辩论。

思辨协同过程中，交流对方所具有的正确语境和语言协同相结合所产生的语言使用体验，可以带来良好的语言习得效果[25]。专家指出，学习者与高于自己外语水平的人（尤其是本族语者）互动时，语言水平提高更明显[26]。更重要的是，与不同文化背景的人接触是获得跨文化交际能力的重要途径[27]。

基于阅读的思辨协同教学中，英语阅读材料构成的间接的英语本族语境，使学习者获得跨文化能力培养所需信息及文化规约的隐性知识；同时，通过与学习同伴的协同学习活动，锻炼并提升思辨、表达、合作等能力，并通过经典文学作品的体验和陶冶，树立正确的人生态度。这种知识、能力、态度以及贯穿始终的思辨能力的综合性获取，有助于学生跨文化交际能力的有效培养。

参考文献

[1]Ting-Toomey, S. *Communicating across Cultures*[M]. Shanghai：Shanghai Foreign Language Education Press，2007：261.

[2]教育部. 义务教育英语课程标准[Z]. 北京：北京师范大学出版社,2011：28 - 29.

[3]Byram, M. *From Foreign Language Education to Education for Intercultural Citizenship：Essays and Reflections*[M]. Clevedon：Multilingual Matters, 2008：83.

[4]胡文仲. 跨文化交际能力在外语教学中如何定位[J]. 外语界,2013(6).

[5]Liddicoat, A. J. & Scarino, A. *Intercultural Language Teaching and Learning*[M]. Oxford：Wiley-Blackwell, 2013.

[6]Coperias, M. J. Intercultural Communicative Competence in the Context of the European Higher Education Area [J]. *Language and Intercultural Communication*, 2009(4)：242 - 255.

[7]顾晓乐. 外语教学中跨文化交际能力培养之理论和实践模型[J]. 外语界,2017(1).

[8]孙有中. 外语教育与跨文化能力的培养[J]. 中国外语,2016(3)：17 - 21.

[9]葛春萍,王守仁. 跨文化交际能力培养与大学英语教学[J]. 外语与外语教学,2016(2).

[10]胡文仲. 跨文化交际能力在外语教学中如何定位[J]. 外语界,2013(6).

[11]Byram, M., Nichols, A., Stevens, D., et al. *Developing Intercultural Competence in Practice* [M]. Clevedon：Multilingual Matters, 2001.

[12]Su, Y. C. The Effects of He Cultural Portfolio Project on Cultural and EFL Learning in Taiwan's EFL College Classes [J]. *Language Teaching Research*, 2011(2)：230 - 252.

[13]杨洋. 跨文化交际能力的界定与评价[D]. 硕士学位论文. 北京：北京语言大学人文学院,2009.

[14]蔡基刚. 中国高校学术英语存在理论依据探索[J]. 外语电化教学,2016(1)：9 - 16.

[15]王文斌,李民. 我国外语教育研究的理论框架：构建与解析[J]. 外语教学,2017(1)：1 - 5.

[16]Marton, F. & Saljo, R. On Qualitative Difference in Learning：Outcome and Process[J]. *British Journal of Educational Psychology*, 1976(46).

[17]Kozulin, A. *Psychological Tools：A Sociocultural Approach to Education* [M]. Cambridge, MA：Harvard Univeristy Press, 1998.

[18]Spitzberg, B. A Model of Intercultural Communication Competence [A]//Samovar, L. A. & Porter, R. E. *Intercultural Communication：A Reader*. 9th ed. Belmont, CA：Wadsworth Publishing Co., 2000：375 - 387.

[19]钟启泉. 最近发展区：课堂转型的理论基础[J]. 全球教育展望,2018(1)：11 - 20.

[20]王初明. 互动协同与外语教学[J]. 外语教学与研究, 2010(4)：297 - 299.

[21]Zwaan, R. & Radvansky, G. Situation Models in Language Comprehension and Memory[J]. *Psychological Bulletin*, 1998(123)：162 - 185.

[22]Atkinson, D., Nishino, T., Churchill, E., et al. Alignment and Interaction in A Sociocognitive Approach to Second Language Acquisition [J]. *The Modern Language Journal*, 2007(91)：169 - 188.

[23]文秋芳,等. 构建我国外语类大学生思辨能力量具的理论框架[J]. 外语界,2009(1).

[24]苗宁,马建华, 思辨能力层级理论模型下的语言学课程改革[J]. 教学研究,2013(6)：78 - 80.

[25]王初明. 互动协同与外语教学[J]. 外语教学与研究, 2010(4)：297 - 299.

[26]Long, M. Liguistic and Conversational Adjustments to Non-native Speakers [J]. *Studies in Second Language Acquisition*, 1983(5)：177 - 193.

[27]Behrnd, V. & Porzelt, S. Intercultural Competence and Training Outcomes of Students with Experiences Abroad [J]. *International Journal of Intercultural Relations*, 2012(36)：213 - 223.

普通高校公共体育常见误区及应对策略

张卫强

摘　要：采用文献资料、访谈、问卷调查等研究方法，对普通高校公共体育常见误区及应对策略进行研究。重形式忽兴趣、重技能轻体能、重课内轻课外、重成绩忽素质是普通高校公共体育的常见误区。高校应该转变观念建立并完善公共体育治理体系提高公共体育治理能力、建立并完善奖惩机制评估评优须优先考虑大学生体质健康及体育兴趣水平、切实把握大学生的思想特点和爱好倾向切实提高大学生的体质健康和体育兴趣水平。

关键词：普通高校；公共体育；常见误区；应对策略

普通高校是指我国教育行政部门批准或备案的以实施普通高等学历教育为主的高等学校。普通高校在校学生主要是指普通专科生、本科生，也包括在校大学生运动员和部分研究生。普通高校公共体育主要涵盖三个方面，即普通大学生体育课堂教学、普通大学生课外体育活动及大学生运动员训练与竞赛。当前，我国普通大学生上体育课的兴趣不高，参与课外体育活动及观赏体育运动的积极性偏低；虽然绝大部分学校上报的在校大学生体测数据比较可观，但却难掩普通大学生体质健康状况连年下滑的严峻现实[1]。亦有研究表明，虽然历经二十余年的发展我国高校竞技体育取得了一定的成绩[2]，但高校高水平运动队建设存在诸多问题[3]，亦产生了许多负面效应[4]。之所以会产生上述现象，究其根本，是因为我国普通高校公共体育存在着一些认识误区。相对于存在的一般问题而言，认识误区对公共体育的负面影响更为严重、恶劣，亦更为持久；从另外一个角度而言，问题的产生也主要是由认识上的误区所导致。因此，对于普通高校公共体育，极有必要对工作中存在的认识误区进行分析和研究，为提高普通高校公共体育工作水平提供借鉴。

一、研究方法

（一）文献资料法

通过中国学术期刊网全文数据库、万方数据资源系统检索、收集二十余年来的相关文献资料；参阅相关专著、教材；参阅国内部分普通高校公共体育工作网站资料。

（二）访谈法

本研究采用半结构型访谈并设计了两个版本的访谈提纲：一是教师版，主要访谈专家、学者及教师；二是学生版，主要访谈在校大学生，包括普通大学生和大学生运动员。

（三）问卷调查法

本研究设计了两个版本的调查问卷：一是教师版，主要调查专家、学者及教师；二是学

基金项目：湖南省教育科学规划课题"将课外体育活动纳入大学体育教师绩效考核的理论与实践研究"，项目编号：XJK015BTW021。

作者简介：张卫强（1977 –），男，山东菏泽人，博士研究生，体育教研部讲师，主要从事公共体育教学及改革研究；长沙，410083。
Email：1071866072@ qq. com。

生版，主要调查在校大学生，包括普通大学生和大学生运动员。教师版问卷共发放135份，回收94份，其中有效问卷82份；学生版问卷共发放600份，回收520份，其中有效问卷425份。

二、普通高校公共体育常见误区

（一）重形式内容忽兴趣培养，致使大学生体育兴趣水平偏低且体育意识不强

据调查，虽然体育课学生出勤率或到课率一般在80%以上，但还是有不少学生缺席。对于体育课学生缺席的最主要原因，教师和学生给出的答案不尽一致：教师认为最主要的原因是有事或无故逃（旷）课，而学生认为是没有兴趣或无故逃（旷）课——在某种意义上而言，无故逃（旷）课也是由没有兴趣所导致；对于体育课兴趣得分，学生认为一般在60-80分，显然较教师偏低；对于为提高学生上课的积极性，绝大部分教师认为自己会"采取适当措施"或"经常采取措施"，但学生的认识恰恰相反；近70%的学生从来不参加课外体育活动；82%的学生表示自己"不关注"或"很少关注"体育方面的信息；对于体育精神的重要性，85%的学生认为"一般"或"较不重要"，88%的学生表示自己"一般"或"较少"从体育运动及其蕴含的体育精神中得到启发或感悟。

调查结果表明，当前，我国在校普通大学生体育课出勤率不是太高，课外体育活动参与性非常欠缺，体育信息关注度严重偏低，对体育运动蕴含的内在意义也认识不足。总之，一句话，当代大学生的体育兴趣水平之低令人意外，也让人遗憾。更为重要的一点，全面审视三十余年来的相关文献，不难发现，关于体育兴趣的研究少之又少，且大多集中在八、九十年代，这充分说明，改革开放以来，我国广大体育教育工作者并没有充分认识到培养学生体育兴趣及体育意识的重要性。俗话说得好，兴趣是最好的老师。倘若学生上体育课的积极性不高，何谈教学质量和教学效果的提高呢？倘若学生对课外体育活动不感兴趣，又何谈学生体质健康状况的改善与增进呢？倘若学生不关注体育方面的信息，又认识不到体育运动及其蕴含的精神的重要性，我们又如何才能指望他们强身健体做祖国的栋梁之才呢？

终身体育是指一个人终身进行身体锻炼和接受体育教育。终身体育的出现不是偶然的，它是顺应时代、社会发展的必然体现。学校体育为了适应现代社会的发展，必须以终身体育思想为主导思想，必须注重学生体育兴趣的培养，促使学生积极、主动地参与体育运动，这是学校体育改革必须选取的价值方向与实践取向[5]。

（二）重技能教学轻体能训练，致使大学生体能及体质健康水平连年下滑

据调查，只有少数教师在实际教学中每次课均专门安排体能教学（训练）内容；对于"有研究表明近年来大学生体质状况总体上呈下滑趋势"，绝大部分教师和学生持"比较赞同或赞同"的观点，调查结果表明，虽然绝大部分一线教师认为大学生的体能重要或很重要，但在实际教学中每次课并没有专门安排体能教学（训练）内容，他们还认为每一次课运动量达到了应有的标准或要求，即通过自己的课堂安排，学生的体能水平及体质健康水平应有所提高。但现实却恰恰相反。这一矛盾说明什么呢？只能是认识上出现了误区。本文并没有否认技能教学内容的重要性，而是认为不能过分"重技能轻体能"，应辩证看待技能和体能的相互关系；本文之所以提出"重技能轻体能"这样一种认识误区，其唯一目的就是

着重强调，在学生体能及体质健康水平连年下滑的严峻形势下如再不加强学生体能锻炼，我们必将培养出一代"体质不强，枉称栋梁"的新世纪大学生。

1952 年，毛泽东同志题词：发展体育运动，增强人民体质；2012 年，袁贵仁同志谈及学生体质的重要性时强调：体质不强，何谈栋梁[6]。目前，在校普通大学生体能较差以及由此引起的体质健康状况令人堪忧已是不争的事实，且随着年级的递增呈逐步下降的趋势。有研究表明，从 1979 年和 1985 年两次大规模的学生体质调查结果来看，青年大学生的体质健康状况令人不太满意，部分体质指标呈停滞或下降趋势[7]；尹小俭等根据 1985 - 2008 年间 6 次全国学生体质调查资料，全面分析我国大学生 20 多年来体质变化趋势，结果发现：男女大学生身高逐年增高，体重逐年增加，但肺活量、50 米跑及耐力跑均随着年代推移呈下降趋势[8]；另一项研究对普通高校大学生体质状况进行了连续 5 年的追踪调查，发现大学生体质状况总体上呈下滑趋势[1]53-55。

系统的体育锻炼对于改善形态、增强机能和提高素质均有积极的正向效应，即系统的体育锻炼能显著改善个体的体质健康；体育锻炼的首要功能是增强体能，而一谈起体能，则首先意味着运动素质水平的提高，其次是身体机能水平的增强，再次，长期、系统的体能锻炼也必然会改善形态，使人外在表现为一种身体上的美感。可见，体能水平与体质健康具有密切的内在关系。从这个角度而言，充分认识到体能之于体质健康的重要性势在必行、且意义重大。

（三）重课内教学轻课外辅导，致使大学生课外体育活动及其辅导呈无序状态

课内指体育课堂教学，课外指课外体育活动。要想在有限的体育课堂教学时间内学到很多的体育技能是不可能的，对绝大部分普通学生而言掌握基本技术、形成基本技能也是比较困难的。因此，只有加强课外体育活动，促使学生主动、积极参与课外体育运动，学生的体质才能增强，学生的体育技能水平才能得到提高。但现实却令人遗憾。

据调查，对于"课内"，学校及公共体育工作主管部门三令五申，而对于"课外"，绝大部分学校及相关部门不重视、不关注，无专门管理文件或奖惩条例，也很少召开专门会议进行讨论；对于课外体育活动辅导，所调查学校及相关部门均没有专门管理文件或相关规定，也没有专门安排大量教师进行辅导；在附加项选择中，绝大部分教师和学生认为即使安排课外体育活动辅导，绝大部分教师也很少去或从来不去，最主要原因是学校不重视或没有报酬或奖励；当前，绝大多数学校没有"专门开展课外体育活动辅导"，其主要原因是学校不重视、体育教师不配合或不响应、管理工作不到位、没有制定相关文件或条例等。

从另外一个角度来看，对于"即使安排课外体育活动辅导绝大部分教师也很少去或从来不去"的最主要原因与"当前绝大多数学校没有'专门开展课外体育活动辅导'"的主要原因，无论教师还是学生，均无人选择"没有必要"和"比较累"选项。这充分说明学校没有专门开展课外体育活动辅导、教师对课外体育活动辅导的态度也不甚积极的背后蕴含着深层次原因。鉴于此，为最大限度促使我国普通高校课外体育活动及其辅导的开展，学校（领导）及相关部门必须尽快适应形势，迅速制定切合实际的专门管理文件或奖惩条例以调动、激励广大一线教师的工作积极性。

（四）重运动成绩忽素质教育，致使大学生运动员虽运动水平突出但综合素质欠缺

作为我国普通高校一个充满影响力的群体，大学生运动员不仅要具备精湛的体育技能，

还应具有高尚的品德和良好的思想素质，他们不仅要遵循体育竞赛规则，更要遵守大学校园纪律，他们不仅要参加相对专业的比赛，还要在校园体育活动中起着传、帮、带的作用。但当前大学生运动员素质教育的缺失使得他们还无法肩负起这些责任和重担。

据调查，绝大部分教师和普通大学生认为文化成绩、遵守纪律、不文明语言及行为、迟到早退请假旷课等是大学生运动员素质水平的主要内容，但对（体育）文化素养、影响带动其他学生、在学校起到正面影响等认识不足；与教师和普通大学生相反，绝大部分大学生运动员认为运动成绩是素质水平的最主要内容；对于迟到早退请假旷课，绝大部分教师、普通大学生及大学生运动员观点相似，这说明即使大学生运动员也认识到上述行为是不妥当的；绝大部分大学生运动员认为自己"经常或有时"迟到早退（无故）请假旷课、挂过科（原始成绩）、很少或偶尔不遵守校园纪律，且从来没有或很少因为上述因素受过处罚（分），因为教练等会给他们采取措施加以解决，绝大部分大学生运动员认为这正常或很正常。

总之，对于在校大学生运动员尤其是那些比较优秀者而言，训练就是一切，成绩就是一切。当前，学校、教师（练）、家长及学生个人对在校大学生运动员素质教育的重要性认识不足，大学生运动员素质教育严重缺失，从而造成绝大多数在校大学生运动员成绩突出、素质欠缺的严峻局面。只有既重视运动成绩，又注重素质的培养，大学生运动员才能得到全面、和谐的发展。

三、应对及干预策略

（一）转变观念，建立并完善公共体育治理体系提高公共体育治理能力

2013 年 11 月，中国共产党十八届三中全会通过《中共中央关于全面深化改革若干重大问题的决定》，治理的运作模式是复合的、合作的、包容的，治理行为的合理性受到更多重视，其有效性大大增加"。治理体系和治理能力的提出，以及国家由管理到治理思想上的跨越，是中国共产党在理论上的创新。[9]

提高认识、转变观念，说起来容易做起来难。首先，普通高校公共体育管理部门应深刻认识到工作中存在的误区，彻底改变垂直、绝对管理的工作理念，即应变革原来那种由上而下、由强制到执行、由检查到贯彻、由督促到完成的单向、强制、刚性的工作思路；其次，普通高校公共体育管理部门应树立有效、科学治理的工作理念，针对工作中存在的误区，不断完善治理体系，不断提高治理能力，具体而言，必须针对普通高校公共体育存在的误区和问题，建立相应的规章和制度，研制误区化解的途径和手段，寻求问题解决的措施和方法；第三，普通高校公共体育管理人员和一线教师应加强学习，拓展视野，了解国内外教学环境差异，认识不足，清晰误区，转变陈旧观念，提高自身认识，为新一轮普通高校公共体育教学改革奠定基础。总之，要提高认识并转变观念，就必然地要求我们加强学习、不断进步，建立并完善公共体育治理体系，提高公共体育治理能力。

（二）建立并完善奖惩机制，评估评优须优先考虑大学生体质健康及体育兴趣水平

1992 年中共十四大明确提出：坚持两手抓，两手都要硬；2012 年，教育部等在《关于进一步加强学校体育工作的若干意见》中提出，要健全学校体育工作奖惩机制，要把学校

体育和学生体质健康水平纳入工作考核指标体系；对学校体育工作成绩突出的地方、学校和个人进行表彰奖励；对学生体质健康水平持续三年下降的地区和学校，在教育工作评估和评优评先中实行"一票否决"。

怎样看待"两手抓"的指导思想呢？怎样在实践中贯彻学校体育和学生体质健康水平"一票否决"的奖惩机制呢？首先，必须深刻认识到两手抓的丰富内涵。两手抓看起来简单，但却体现出丰富的哲学内涵。从实践的角度而言，两手都要抓、两手都要硬是指看问题、做工作要避免简单化、片面化、孤立化。宏观层面如此，微观层面也应如此；理论层面如此，实践操作层面更应如此。其次，必须建立并完善奖惩结合机制。在当前普通高校公共体育中，奖励居多而鲜见惩罚，例如，对于普通大学生体育教学工作，无论教学效果如何，教师均有每年评优评先（即奖励）之举措而无如减薪降岗（即惩罚）之忧虑，长此以往，教师工作积极性下降，工作成效也必然受到损害。第三，评估或评优评先等必须考虑大学生体质健康及体育学习兴趣水平等指标。据调查，对于普通高校公共体育教学，学校评估、教师评优评先等均采用一些显性指标，而对于一些隐性指标，如大学生体育学习兴趣、体质健康水平、课外体育活动参与性等较为忽略。从人本主义视角出发，相对于显性指标，隐性指标更应引起我们的重视。

（三）切实把握大学生的思想特点和爱好倾向，切实提高大学生的体质健康和体育兴趣水平

首先，要切实把握当前青年大学生的思想特点和爱好倾向。当代大学生喜欢冒险、刺激，崇尚独立、自由，爱好户外、时尚，但同时又不具坚韧、毅力，缺乏团结、协作，表现自私、封闭等。针对当代大学生这些特点和倾向，要鼓励他们走向户外、走向运动场，要支持他们加强团结与协作、锻炼坚韧与毅力，要协助他们提高体能、强健体魄。袁贵仁指出，"为上好体育课，必须大力开发体育教学资源，即凡是学生喜欢的锻炼项目，凡是有利于提高身体素质的锻炼内容都可以进课堂、进操场"[6]。在课程设置上除开展一些传统的体育项目（如篮、排、足、乒乓球、羽毛球等）外，要大力引进、开发一些新项目，要为他们提供一些适应时代发展、具有时代气息的选项课程，如户外运动、时尚运动、拓展运动、趣味田径等。

其次，要切实提高当前青年大学生的体质健康和体育兴趣水平。虽然绝大部分一线教师认为通过自己的努力学生体能及体质健康水平应有所提高，但现实却与此相反；亦有研究表明，对于长沙市普通高校武术选修课，一、二年级学生课（学）前兴趣均高于课（学）后兴趣，即通过一段时间的学习，学生体育兴趣水平不升反降[10]。鉴于此，普通高校一线广大教师应在提高认识、转变观念的基础上，着力研究普通大学生体育教学改革，努力开发一些新的教学方法和手段。总之不论采用何种教学模式，不论运用哪些手段、方法，只要大学生体质健康水平有所提高，体育兴趣水平有所增强，上体育课、参与课外体育活动以及激情观赏体育运动的积极性有所提升，那么该种教学模式就是好的模式，该种教学方法就是好的教学方法。

参考文献

[1]黄念南,等.普通高校大学生体质状况的调查研究[J].武汉体育学院学报,2003(6):53-55.

［2］刘海元.中国大学竞技体育的发展研究［M］.北京:北京体育大学出版社,2007:1 - 2.

［3］张春合,彭庆文.我国高校高水平运动队建设存在问题及其解决对策［J］.体育学刊,2009(2):55 - 58.

［4］张春合,彭庆文.社会转型时期高校高水平运动队建设的负面效应调查研究［J］.北京体育大学学报, 2009(1):95 - 98.

［5］周登嵩.学校体育学［M］.北京:人民体育出版社,2004:1 - 2.

［6］原春琳.袁贵仁谈学生体质的重要性:体质不强,何谈栋梁［EB/OL］.新华网.新华时政.(2012 - 12 - 25)［2018 - 03 - 04］.http://www.xinhuanet.com/politics/2012 - 12/25/c_ 124141306.htm.

［7］董翠香.90年代大学生体质研究［J］.河南师范大学学报(自然科学版),1995(2):96 - 98.

［8］尹小俭,等.中国大学生体质健康变化趋势的研究［J］.北京体育大学学报,2012(9):79 - 84.

［9］江必新.推进国家治理体系和治理能力现代化［EB/OL］.求是理论网.红旗文稿.(2013 - 11 - 25)［2018 - 03 - 01］.http://www.qstheory.cn/hqwg/2013/201322/201311/t20131125_ 295048.htm.

［10］王晓艳.长沙市普通高校武术选修课教学内容的改革研究［C］.中南大学第五届体育科学论文报告会论文集,2013:155 - 159.

德育为先　教育之本

高　慧　　张树冰

摘　要：高校教育应该把德育工作摆在首要位置，在坚持"以人为本"的基础上，严抓学生德育教育。影响高校德育建设的因素主要包括学生家庭环境、社会大环境、校园文化建设、中华传统文化思想和新媒体影响下的创新环境等五种因素。深入了解德育建设的影响因素，提升德育建设质量，升华教师人格魅力，规范学生行为举止，培养学生的责任心，建设有浓厚品德素养的校园，是新时期建设有中国特色社会主义的要求，是学生健康成长、办人民满意的高等教育的前提条件。
关键词：德育建设；家风；创新；文化；高校教育

党的十九大报告明确要求，广泛开展理想信念教育，深化中国特色社会主义和中国梦宣传教育，弘扬民族精神和时代精神，加强爱国主义、集体主义、社会主义教育，引导人们树立正确的历史观、民族观、国家观、文化观。《中共中央、国务院关于深化教育改革，全面推进素质教育的决定》指出：实施素质教育，必须把德育、智育、体育、美育等有机地统一在教育活动的各个环节中。实践证明：德育是学校实施素质教育的一个重要组成部分，它影响着学校教育教学的全过程和学生日常生活的各个方面，渗透在德智体美劳五方面中，对学生健康成长和学校工作起着导向和保证的作用。高校教育不仅要抓好智育，更要重视德育，学校必须把德育工作摆在首要位置，深入了解德育建设的影响因素，坚持在"以人为本"的基础上，提升德育建设质量，培养高素质人才。

一、良好家风对高校德育建设的影响

家风是指家庭或家族世代相传的风尚、生活作风[1]。家风是一个家族的精神力量，具有强大的约束力、影响力和促进力。实践证明，来自家庭的约束是个体较为容易接受的，良好家风是提升个人道德素质的最有效、最简单的行为规范。在高校教育中重提传承"家风"，不仅是一种文化的回归，更是一种历史智慧的挖掘和重建[2]。

每个人从出生的那一刻开始就要面临家庭教育，家庭教育对孩子道德品质的形成具有十分重要的影响，是个人道德教育的一个重要组成部分，是大学生在高校接受学术教育的前提和基础。家风文化是家庭教育的道德结晶，从教育功能上看，良好家风与大学生道德教育相辅相成，甚至在某些方面可以相互转化。家风文化中关于修身、齐家、处事等方面的道德精华可以培养大学生的责任意识、奉献意识和诚信意识。高校应该通过引导把良好家风中的精神内涵潜移默化地融入学生的德育教育中，将家风中优秀的因子提炼出来，并将其融入当代

作者简介：高慧（1998－），女，内蒙古鄂尔多斯人，中南大学生命科学学院本科生，主要从事生命科学领域研究；张树冰（1976－），男，辽宁辽阳人，医学博士，中南大学生命科学学院教授，主要从事肿瘤生物学和基础医学教育教学研究；长沙，410013。Email：1005244271@qq.com。

高校的德育工作中，有利于帮助当代大学生实现立德修身的目标，提升高校德育教育水平，对于全社会精神文明建设的提高将有着非常重要的作用[3]。

二、社会大环境对高校德育建设的影响

目前，我国正处于中国特色社会主义发展新阶段，社会形势复杂多变，社会大环境对我国高等院校的道德教育工作提出了新的挑战[4]。大学生价值取向逐步趋于多元化，需要社会主义核心价值体系引领。社会主义核心价值体系的提出为高校德育建设指明了方向，学生是社会主义接班人和祖国事业最重要的建设者，社会主义核心价值体系需要给予他们正确的引领和认同，为我国高校德育建设的整合与重构提出了新的要求，也成为了我国高校德育建设的精神坐标和理论指南。因此，高校德育建设与社会主义核心价值体系相符，就能成为祖国建设事业中的正能量，而如果高校德育建设与社会主义核心价值体系相背离，不仅不会得到预期的效果，也会被社会所不容。

总的来说，社会主义核心价值体系的提出是党在新时期思想道德建设上的一个重大创新，为高校德育建设提供了发展契机和价值指南，因此，高校德育要结合这一创新进行进一步的改革和创新，以新的成果丰富社会主义核心价值体系。当然，在社会主义核心价值体系的引领下进行高校德育建设是一项十分艰巨复杂的系统工程，只有不断创新才能不断增强德育教育的实效性、针对性和感染力。

三、校园文化品牌建设对德育建设的影响

校园文化品牌建设，是增加高校核心竞争力与社会影响力的重要手段，在高校德育教育工作开展过程中发挥的作用也不容忽视，因此，优化校园文化品牌建设工作，对于高校发展体现出的重要现实意义是不容忽视的[5]。

每一种文化都不是孤立存在的，校园文化深受家庭文化，社会文化甚至企业文化等各类文化的影响。家庭文化与校园文化结合，可以加快学生融入学校的速度，让学生在校园里体会到如家一般的温馨和睦。社会文化与校园文化结合，学生在学校里待的再久，也终归是要融入到社会这个大家园里面的，社会文化与校园文化的融合，对于久居校园的学生而言是一件极其有意义的事情，让很多投入学习中的学生也能感受到社会环境的影响，让学生逐渐适应社会的文化氛围，减少离校时的不适应[6]。企业文化与校园文化的融合，是学生们适应未来职业生涯需求的基础，将有利于学生求职就业和适应各种职场环境。

因此，开展校园文化品牌建设工作，能够对大学生群体的道德品质发展发挥导向作用，高校必须对自身的精神文化建设和物质文化建设两方面均提出相应的要求，在逐步满足这些要求的过程中，大学生群体的道德品质会受到潜移默化的影响，并朝着正确、健康的方向发展。校园中无论是学科教育还是文化建设，其本质目的都是为了发挥出育人功能，在引导大学生树立正确价值观和生活习惯方面，转变大学生群体思想观念的作用都是不容忽视的。

四、中国传统思想及文化对高校德育建设的影响

我国上下五千年悠久的历史发展形成了博大精深的传统文化，是我国宝贵的文化瑰宝。新时期做好传统文化的宣传是社会主义精神文明建设中不可忽视的重要环节，以传统文化为指导进行高校德育建设，让传统文化的种子在高校德育教育的沃土上传播并扎根，实现高素质人才的培养，这样才能更好地实现社会主义和谐社会的建构，发扬光大中国传统文化[7]。

中华传统文化说到底也是道德至上的文化，其核心和实质就是德行文化。传统文化与道德教育本就是一体的，道德观念已经渗透在文化的各个层面。在中国，德育思想是以社会为本位的，并以"礼"作为核心，强调社会道德规范对人的约束，在高校德育建设中应当借鉴与传承"礼"文化的实质与内涵。然而，在当代文化不断融合跨文化交流不断深入的环境下，各种价值观在校园文化中产生碰撞，擦出火花，优秀传统文化正在逐渐流失，对一些高校大学生而言，外国文化的流入、传播以及盲目崇外使得他们在思想上逐渐摒弃本国优秀文化。因此，正确认识中华传统文化在当代高校德育建设中的重要作用，并使传统文化在新时代多元文化元素的融合环境中得以顺利传承及发扬是当前高校德育建设的一个重要内容[8]。

传统文化是我国的文化瑰宝，是对高校德育教育内容的补充，有利于实现高校学生道德品质的培养，实现德育教育吸引力的提升。只有充分发挥传统文化在德育教育中的价值与优势，才能让高校德育教育落到实处，才能确保我国传统文化在新时期得到更好的继承与发扬。因此，做好高校德育教育与传统文化的融合是德育教育文化建设双赢的必然选择。

五、新媒体发展造成的创新环境对高校德育建设的影响

近些年新媒体逐渐出现并蓬勃发展，我国高校的学生道德教育工作也一直在尝试利用新媒体，通过新媒体进行德育建设，构建创新教育机制和方法，这一做法引导高校学生道德教育步入新媒体轨道，与时俱进，开拓创新。

相较于传统的高校学生开展讲座等道德教育方式，新媒体提供了更具吸引力的表现形式，文字、图片、音频、视频等各种形式都可以为高校开展学生德育教育所采用，可以为德育工作提供丰富的信息资源、先进的理念指导、可供借鉴的成功经验。与此同时，新媒体更有利于师生进行私下沟通，利于教师了解学生情况，以达到更好的教育效果[8]。传统高校德育环境建设大到学校整体建筑布局、品牌建设，小到名言警句的选排都呈现出一种单调、乏味的气息，而新媒体更胜一筹的方面就体现为其更易于吸引学生，体现为它的新颖性和润物细无声的隐蔽性[9]。

综上所述，高校德育教育在诸多因素的影响下亟待改革与创新，德育教育的工作者必须不断更新自我观念、创新教育模式、跟上社会建设的脚步、加强校园品牌文化建设，加强校园文化与传统文化的融合，共同努力推进高校德育建设，为整个高等教育助力，从而为社会输入具备综合素质与人文关怀的人才。

参考文献

[1]郑好.家风流变小考 [J].广西社会主义学院学报,2016(12):27.

[2]彭林.延续我们的"家风文化"[N].人民日报,2014-3-12(5).

[3]焦建平,张红丽.良好家风对高校德育建设的重要性研究 [J].黄河水利职业技术学院院报,2017(4):96 -98.

[4]韦地.新形势下有效推进我国高校德育建设的若干思考 [J].兰州教育学院学报,2017(6):66-68.

[5]孟庆辉.校园文化品牌建设的德育功能与建设路径探索 [J].产业与科技论坛,2016(24):258-259.

[6]邵群,吴淑娟.高校校园文化的德育功能探究 [J].读与写杂志,2016(11):54-67.

[7]肖静.传统文化在高校德育教育中的作用 [J].才智,2016:156.

[8]刘静.中华传统礼育思想的内涵及其在高校德育建设中的作用 [J].文教资料,2016(15):92-93.

[9]王明昕.新媒体视域下高校学生道德教育建设及引导机制研究 [J].求知导刊,2016(10):9.

国际工程人才科技语言培养模式构建

单 宇 刘 文

摘 要：以确切的需求分析数据为模式构建依据，以现代化教育手段为依托，以培养不同专业、不同需求学生的通识科技和专业科技语言能力为侧重点，探讨构建切合实际教学需求、复合型人才培养需求的"国际工程人才科技语言培养模式"，以期实现培养既具有专业知识，又具有较强的科技语言运用能力的复合型工程人才的目标。

关键词：需求分析；工程人才；科技语言；科技语言培养模式

随着经济全球化和改革开放进程的深入发展，国外"科技"引进来、国内"工程"走出去的进程也在进一步加深，我国大学教育针对非英语专业学生，尤其是理工科人才，科技英语运用能力培养的呼声日益高涨，学生们对于听英语授课和学术讲座、阅读英语专业文献、撰写英语论文，以及在其专业工作中熟练使用科技语言的需求也日益增加。同时，2010年国务院颁布的《国家中长期教育改革和发展规划纲要（2010－2020年）》第二章《战略目标和战略主题》中也明确指出，要"提供更加丰富的优质教育"。在此背景下，如何有效提升工程人才科技语言运用能力，满足学生对于自身科技语言运用能力提升的需求，以及在经济全球化背景下，满足国家需求、社会需求、人才市场对既懂专业，又能在国际环境中使用科技语言交流的国际化复合型人才的需求，并实现"各类人才服务国家、服务人民和参与国际竞争能力显著增强"的教育改革战略目标，成为高校外语教师以及专业课程教师共同关心的话题，也是论文研究的主要对象。

本文尝试从国际工程人才科技语言培养需求分析入手，基于非英语专业的科技英语课程的个案实施情况，探讨"双一流"大学国际工程人才科技语言培养模式构建。

一、模式构建需求分析

构建国际工程人才科技语言培养模式首先需要通过对其特定的需求分析来明确模式构建的意义。学者束定芳将"需求"分为两类：社会需求和个人需求。社会需求包括公司、学校和用人单位的需求；个人需求包括客观需求和主观需求：客观需求指的是学生的年龄、教育背景、学习经历以及现有的外语水平等；主观需求则包括学生对于课程学习的期望、学习目标、学习进度安排和希望采用的教学方法等。此外，国内学者冉永平曾指出，外语研究也应强调基于国家战略的需求性研究，以避免外语教学脱离国家与社会发展对外语人才的现实需求。由此，对于国际工程人才科技语言培养模式构建的需求分析也将从国家需求、社会需

作者简介：单宇（1977－），女，湖南攸县人，中南大学外国语学院副教授、硕士生导师，主要从事翻译理论与实践研究；刘文（1993－），女，湖南常德人，中南大学外国语学院硕士研究生，主要从事科技翻译研究；长沙，410083。Email：yushan@csu.edu.cn。

求以及个人需求三个方面展开。

（一）国家需求

在经济全球化背景下，科技进步日新月异，多元文化交流与经济交流日渐频繁，人才竞争也日趋激烈。我国现在正处在改革发展的关键阶段，在国家全面推进经济建设、政治建设、文化建设、社会建设以及生态文明建设的同时，培养符合国家社会经济发展需要的复合型人才的重要性和紧迫性也进一步凸显。2010年国务院颁布的《国家中长期教育改革和发展规划纲要（2010－2020年)》中也明确指出"中国未来发展、中华民族伟大复兴，关键靠人才，基础在教育"，由此也明确了教育教学研究与人才培养对于国家发展的重要意义。同时，伴随我国改革开放的深入与全球一体化进程的深入发展，"科技"传出去、"工程"走出去也成为了我国提高国际竞争力的重要途径。在此背景下，理工科领域急需大批既有专业知识，又能在国际环境中使用科技语言交流的国际化复合型人才。由此，在高校培养国际工程人才的教育教学实践中，工程人才科技语言素养培养的重要性凸显。

（二）社会需求

随着经济全球化进程的不断深入，英语已然成为国际商务和贸易通用语言。国际上众多商业机构和组织已越来越深刻地意识到英语能力在国际竞争中所起到的至关重要的作用，因此，他们不断地用各种方式评估现有员工和求职者的专业英语水平。在国内，相关企业和用人单位对所需人才英语能力方面的要求也不再只局限于普通英语的听说读写能力，而是更加注重其熟练使用标准的专业英语以承担起相应的专业工作的能力。这一现象可从近年来十分火爆的托业考试（Test of English for International Communication）的迅速发展中窥见一二。托业考试，即国际交流英语考试（Test of English for International Communication)，是针对在国际工作环境中使用英语交流的人们而指定的英语能力测评考试。每年在150个国家有超过500多万人次参加托业考试，10000多家国际化的公司或机构承认并使用托业考试成绩。在已经进入中国的全球500强企业中，有很大一部分是采用托业考试以建立公司的英语交流能力考评体系，作为人员招聘、升迁、海外任职和员工培训的内部标准，如国际商业机器公司（International Business Machines Corporation)、丰田汽车、德国汉高、可口可乐公司、宝洁公司等等。而许多中国企业为了增强其国际竞争力，也将托业考试成绩纳入公司员工招聘筛选标准之中，如华为技术，中国南方航空，联想集团等。由此可见，国内外大型企业对其员工的专业英语运用能力是极其重视的。对于学生而言，较强的专业英语运用能力也将成为其进入名企的"敲门砖"。

（三）学习者需求

在新形势的影响下，中南大学针对非英语专业生开设了科技英语课程。在2017年12月，我们对参与了首次全校性科技英语选修课程的非英语专业学生进行了一次问卷调查，旨在了解我校学习者对科技英语的需求。此次问卷调查共涉及了175名在2017年下学期选修了科技英语课程的学生，其中工科类学生152名，占总人数的86.36%；理科类学生21名，占总人数的11.93%；而文科类学生仅有2名。关于科技英语类课程的学习目的（多选题）的各选项中，提升专业语言素养所占比重最大，为77.27%，其次是未来学业需求，占72.73%，再次是未来职业需求和培养科学思维能力，均为57.95%。（详细数据见表1）

表1　选择科技英语类课程的目的（多选题）

选项	小计	比例
A. 学习兴趣浓厚	66	37.5%
B. 未来学业需求	128	72.73%
C. 未来职业需求	102	57.95%
D. 培养科学思维能力	102	57.95%
E. 提升专业语言素养	136	77.27%
F. 其他，请说明	5	2.84%
本题有效填写人次	175	

　　在科技英语类课程中，大多数学生认为科技英语表达技巧（词，句，语篇）以及科技术语是此类课程中最有意义的部分，各占 72.73% 和 71.02%，其次是科技英语写作技巧和科技实用文体举隅，各占 58.52% 和 45.45%。详细数据见表2：

表2　科技英语类课程中最有意义的部分（多选题）

选项	小计	比例
A. 科技术语	125	71.02%
B. 科技实用文体举隅	80	45.45%
C. 科技英语表达技巧(词、句、语篇)	128	72.73%
D. 科技英语写作技巧	103	58.52%
E. 其他，请说明	4	2.27%
本题有效填写人次	175	

　　由以上数据可得出：第一，理工科学生，尤其是工科类学生，对于科技英语学习的需求远大于其他学科类别的学生；第二，学生学习科技英语类课程的主要目的是提升自身专业语言素养，为未来的学业需求和职业需求打下良好基础；第三，在科技英语类课程学习中，学生最想学到的是科技英语的表达技巧、科技术语以及写作技巧，以实现提升其科技英语运用能力的目的。由此可见，我校对于科技英语的需求人群主要以工科类学生为主，他们希望通过科技英语类课程的学习获取科技英语的表达技巧、写作技巧以及术语表达等相关知识，从而实现其专业语言素养的提升，为未来学业和职业做准备。

　　由对国家需求、社会需求和语言学习者需求的分析可见，构建一个切合实际教学需求、复合型人才培养需求的"国际工程人才科技语言培养模式"具有一定的现实意义。

二、模式构建

基于对国际工程人才科技语言培养构建的需求分析，该模式的构建主要涉及三个部分（见图 1），即通识科技英语（EGST：General Sci-tech English）；高阶科技英语（ESST：Selected Sci-tech English），其中包括：学术科技英语（EAST：Academic Sci-tech English）和职场科技英语（EOST：Occupational Sci-tech English）；以及双语教学（BLT：Bilingual Language Teaching）。科技语言培养主要涉及输入属性的"听读"和输出属性的"说写"，针对以上三个部分，首先立足于科技通识语言技能的培养，继而针对"国际化工程人才"的不同需求强化学生学术科技英语和职业科技英语的培养，为最终在双语教学中实现专业知识和专业英语的习得打下坚实的基础，为未来专业领域学习进行必要的铺垫。

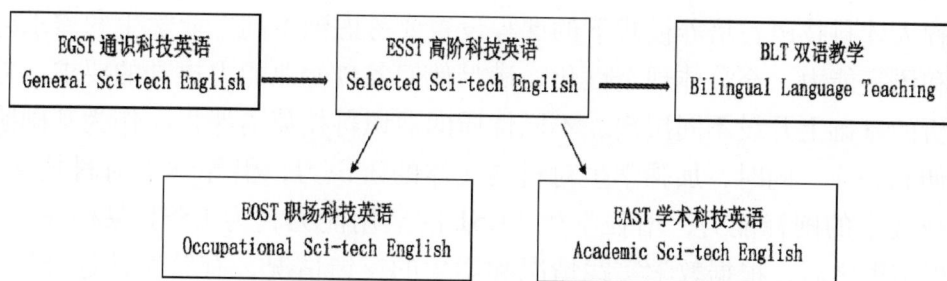

图 1　国际工程人才科技语言培养模式构建

国际工程人才科技语言培养模式的构建意味着教学理念、教学方法和手段、课程设置、以及考核方法的更新，具体内容如下：

（一）教学理念

第一，以学习者为中心。国际工程人才科技语言培养模式下的一系列课程学习中，学习者自身积极参与各项课程的选择与学习，由学习者决定自己学习的内容、学习的方式以及课程结束后的评价方式。而教师在此模式下主要起到引导作用，在初始阶段帮助学习者打好科技语言运用基础，并指导学习者根据自身专业需求和未来规划选择相应的科技英语类课程。学习者可在完成前期通识科技英语课程，各项科技语言运用能力有所提升之后，根据自身学习情况和专业需求有针对性地选择学习内容，把控学习进度。

第二，形成教师个人的教学方法。教师在此模式之下可根据自身所处环境、已有条件、所授专业的具体情况以及学生的需求趋势，"因地制宜"地设计高效的教学实践方法，并积极进行自我观察、同伴观察、教学反思日志记录等，及时进行教学反馈。

第三，分阶段安排教学过程。主要分为课前、课中、课后三个阶段：课前激发学生学习兴趣、帮助学生构建与话题相关的图式、介绍重要词汇、引导学生复习语法点；课中进行角色扮演、模仿活动、问题求解、收听真实的音频或视频材料、讨论、决策以及不同信息交流的信息沟通任务；课后听取前期阶段汇报，鼓励学生进行自我反思，教师提供信息反馈。

（二）教学方法

在国际工程人才科技语言培养模式下的系列课堂中学习和运用的语言不再是系统的语

法、词汇和发音规则，而是将其视为表达思想的工具。从学习者自身需求出发的交际语言教学理论强化了以学习者为中心的教育。具体在方法论层面上通过任务型语言教学（task-based language teaching）的形式得以实现。在任务型语言教学法中，语言课程的基础不是以特定语言形式产出为目标成果的学习经历，学习者课上所做的事情与其最终在课下需要做的事情密切关联。其目标不在语言形式本身，而在完成这些任务过程中使用的语言。

在此模式下，教师不再是教学过程的主导者，而是引导者和促进者，为学生营造发现式学习环境，使学生充分发挥主动性和自主学习能力，利用语料库检索软件检索典型、真实、丰富的译例后进行观察、分析和思考，进而师生、生生互动发现语言特点；也可以利用检索软件（如 Ant Conc，Word Smith 等）对地道科技表达进行相关数据统计（如词长、词频、类形符比、词汇密度、句长、特定句型的使用频率等），从而有效提高对科技文体的认识，自觉演变成为"工程人才"科技语言素养。

（三）课程设置

国际工程人才科技语言培养模式下的课程设置要考虑到不同专业学生的需求以及其不同的语言基础和语言能力，充分体现个性化，满足他们各自专业能力提升的要求。首先，在对学生需求分析的基础上开设不同层次、不同性质的通识科技英语课程，作为基础阶段英语必修课程的延伸和补充。同时，加强学生对科技文体的辨识力，引导学生对科技文本的理解，提升其对科技文本的阐释能力，增强学生 EGST 的运用能力，为 ESST 课程学习打下基础。在 EGST 课程结束之后，根据教学实践情况和学生的反馈情况，有针对性地开展 ESST 课程学习。在 ESST 课程学习阶段，学生根据对于个人未来发展的预期来选择 EOST 课程与 EAST 课程：研究型"工程人才"有导向的选择 EAST 课程，为未来研究之路打下坚实基础；而应用型"工程人才"则以就业指导为基准，选择适合自身职业规划的 EOST 课程，为未来工作打开方便之门。前两个阶段主要以引导学生根据自身需求，有选择性地对 EGST 课程和 ES-ST 课程进行学习，旨在帮助学生打好坚实的科技语言基础，以更好地进入并适应之后双语教学模式下的专业课程授课。EGST 课程与 ESST 课程的具体设置如表 3 所示。

（四）评价体系

国际工程人才科技语言培养模式下的系列课程采用立体式评价体系。这一体系消解了实证化评价与人文化评价的二元对立，它一方面强调多种方法的现实存在，另一方面强调方法选择和运用的多元化和灵活变通，实现评价过程甚至结果的多元化，这种以多元化贯彻始终的课程评价方法体现了非线性思维方式的基本特征，从而实现了课程评价方法由线性思维方式向非线性思维方式的转变。具体运用过程中，打破传统的百分制闭卷考试的模式，采用笔试和口试相结合的方式，并将考核侧重点转向专业科技语言具体运用上。笔试侧重于对科技文本阅读能力、科技文体撰写能力以及专业性较强的科技文本的翻译能力进行考核；口试则可从真实的专业案例出发，在理解案例的基础上提出问题，讨论问题并解决问题，或者设置具体的语言运用环境进行角色扮演，考核其科技语言实际运用能力。注重过程性评价与终结性评价的结合，学生在平时课程学习中的表现也将纳入最终课程考核之中，包括学生在课堂中的表现、课堂研讨和交流中的发言次数以及发言质量、课后学习任务的完成情况及质量，以及阶段性测试中的表现等。通过这些考核方法来鼓励学生在课程学习的过程中主动思考，积极参与，提升其对专业科技语言的掌握程度、思维水平以及运用能力。

表3　EGST 课程与 ESST 课程设置

课程名称		正式程度	语场（题材或使用范围）	语旨（参与交际者）	语式（语言形式）	具体内容
EGST 通识科技英语		低	通识类科技读物、教材	专家与外行之间	自然语言，避免术语，多用修辞格	听：英文科技新闻 说：科普论题讨论 读：原版科技报刊 技：英文科技表达
ESST 高阶科技英语	EOST 职场科技英语	中	工程领域操作规程、维修手册、安全条例、产品使用说明书、使用手册、促销材料等	工程单位人事、技术、销售、法律人员之间	口头语：自然语言，少量术语，句法灵活；书面语：自然语言，部分专业术语，句法严谨；听：职场交流；说：职场交流；读：职场双语文件；写：职场应用写作	
	EAST 学术科技英语	高	科学技术论文、报告、著作及法律文本（专利文件、技术标准、技术合同）	同一领域专家之间	以自然语言为主，辅以人工符号，含较多专业术语，句法严密	听：学术介质听辨 说：学术交流 读：专业领域论文 写：专业领域文献

三、结语

国际工程人才科技语言培养模式的构建从国家需求、社会需求和学习者需求三个方面出发，为培养国际工程人才科技语言素养、提升其专业科技英语运用能力提供了具有普遍适用性的方法，但其具体操作还是需要结合学校自身条件及不同学生群体的具体情况进行调整，制定出最适合本校的工程人才科技语言素养培养模式，才能更有效地培养出满足社会需求的"工程人才"，全方位提升中国"工程人才"科技语言素养，从而进一步提高中国大学生直接使用英语汲取专业信息和交流专业信息的能力，以及从事科研工作的能力，推动中国向世界一流创新型国家迈进的步伐。

参考文献

［1］国家中长期教育改革和发展规划纲要工作小组办公室.《国家中长期教育改革和发展规划纲要（2010 – 2020年）》［EB/OL］. 中华人民共和国教育部. 信息公开专栏.（2010 – 07 – 29）［2018 – 03 – 15］. http:// old. moe. gov. cn/publicfiles/business/htmlfiles/moe/info_list/201407/xxgk_171904. html.

［2］束定芳. 外语教学改革:问题与对策［M］. 上海:上海外语教育出版社，2004:102.

［3］冉永平. 外语研究应凸显服务国家及社会需求［J］. 外语与翻译，2015(2):1 – 2.

［4］蔡基刚,廖雷朝. 学术英语还是专业英语——我国大学 ESP 教学重新定位思考［J］. 外语教学，2010

（6）:47 - 50.

[5]蔡基刚. 基于需求分析的大学 ESP 课程模式研究[J]. 外语教学,2012(3):47 - 50.

[6]蔡基刚. 国际科学英语和中国科技英语学科地位研究[J]. 浙江大学学报(人文社会科学版),2016(3):69 - 80.

[7]单宇. 网络环境下大学英语自主学习模式个案分析[J]. 湖南医科大学学报(社会科学版),2010(1):113 - 116.

[8]单宇,刘芬. 基于需求分析内容驱动下的 EAP 课程构建[J]. 创新与创业教育,2015(2):133 - 136.

[9]单宇,张振华. 基于语料库"数据驱动"的非英语专业 ESP 教学模式[J]. 新疆大学学报(哲学. 人文社会科学版),2011(2):149 - 152.

[10]单宇,刘文,周期石. 认知图式与土木工程专业双语教学模式建构——"钢结构设计原理"双语教学个案分析[J]. 创新与创业教育,2017(3):117 - 120.

[11]李娜,胡伟华. 需求分析理论指导下高校非英语专业研究生 ESP 口语教学设计研究[J]. 外语教学,2014(3):48 - 51.

[12]杨惠中. 科技英语的教学与研究[J]. 外语教学与研究,1978(3):58 - 60.

大学体育课程学习学生自我评价模式探析

胡剑宏　　易　程

摘　要：从认知、情感、动作技能领域出发设计自我评价模式的评价内容，学生通过自我评价、学习档案评价、学习日记评价等方法进行自我评价。在自评模式中，学生成为评价学习效果的主体，不断激发其自我发展、提升自我反省与自我审视的能力，促进其全面成长。同时教师需提高教学与管理水平，加强引导，使学生学会辨别自我、完善自我。

关键词：大学体育课程；学生；自我评价

现代课程评价认为"教育事实根本不同于作为自然科学研究对象的客体性事实"，而是一种主体性、价值主导的事实。因而必须关注每个受教育的人在体育教育中所获得的各种经验，关注体育教育对于每个人所具有的的意义。[1]这强调了学生个体在体育课程学习之中的自我意义和价值。体育课程学习是将体育课程计划的内容和要求付诸于实践，由体育教学活动来体现。体育课程是静态与动态有机统一的总体设计体系，体育教学则是动态的具体进行方式，可以说体育课程是体育教学的世界观，指导着体育教学合理有序地进行活动。体育教学是体育课程的方法论，从中体现出体育课程的总体要求和学习方向。

体育教学质量评价体系是用来评价教学质量的一种方法，用来评价体育教学活动是否符合体育教学目标所"束缚"的要求，是否达到了其要求的效果。学生自我评价从学生自我的角度来评价课程学习，是学生自己对体育课程学习过程的概括和总结，有利于反映课堂的客观情况，提升学生的学习能力，增强学生的自我意识。学生自我评价作为体育教学质量评价体系中的一部分，在很多高校的体育教学质量评价体系中却未能凸显出其重要性。只有表面功夫，操作性不强，亦或是仍未将学生自我评价模式纳入到体育教学质量评价体系中。

一、学生自我评价模式的实践意义

学生自我评价是学生自己对自身学习过程的一种价值判断活动。在评价自身的同时也对教学质量做出了评价，是以学生自我为主体，评价学习的效果是否满足教学目标的一种手段和方式。

体育教学质量评价主要是针对教学效果所进行的综合测量评判，对于促进预期的教学目标达成以及体育教学质量的提升有着积极的意义。[2]体育教学质量评价体系包括对教学活动的"教"与"学"两方面的评价。"教"方面的评价主体由教学督导、上级领导、同行教

基金项目：2015 年湖南省普通高等学校教学改革研究立项项目"基于 WSR 系统方法论的普通高校公共体育课教学质量评价考核体系研究"，项目编号：湘教通〔2015〕291 号。

作者简介：胡剑宏（1968 - ），男，湖北谷城人，中南大学体育教研部教授、硕士生导师，主要从事体育教育训练学研究；易程（1955 - ），女，湖南长沙人，中南大学体育教研部硕士研究生，主要从事体育人文社会学研究；长沙，410083。Email：hujianhong2009@sohu.com。

师、所教学生以及教师自我这五个角色充当;[3]"学"方面的评价主体由授课老师以及学生自我来充当。在教学质量评价体系中，若仅由教师来评价学生的学习，来评判"学"的效果，那么这是片面的、不完全符合真实学习情况的。因为学生是教学活动进行的对象，最能够真切地感受到教学活动的充实或空乏，最能够直接地体现出教学效果的优或劣。大学生作为独立的成人个体，对事物有自己的辨析能力，所以对"学"这一方面来说，学生本体感受要得到充分体现，学生自我评价要得到重视，需将学生自我评价纳入到教学质量评价体系之中，把学生也列为评价主体之一。

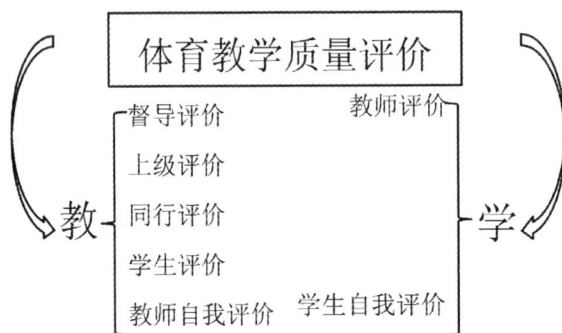

图1　体育教学质量评价体系示意图

二、学生自我评价模式的评价内容

布鲁姆等人所研究的教育目标分类学将体育课程学习目标分为三大领域，分别是认知、情感[4]以及动作技能。[5]学生自我评价模式就是根据这三大领域来设计评价内容。

（一）认知领域

认知领域涉及对规则和专有名词的认识及理解程度、对规则的运用能力、对于他人所展示技术动作以及对自我所学技术动作的评判能力这五个方面的评价。目的在于明晰学生对该体育课程理论知识的学习、运用以及对该运动项目的基本鉴赏能力。

表1　大学体育课程学习的学生自我评价样表1（认知领域）

班级	学号	姓名
在你认可的答案后划√		
对规则及专有名词的认识程度	都认识□基本认识□认识一些□都不认识□	
对规则及专有名词的理解程度	都理解□基本理解□理解一些□都不理解□	
参与比赛时规则的运用能力	能合理运用□基本能合理运用□不会运用□	
对他人所示技术动作的评判能力	能准确评判□基本能准确评判□不能准确评判□	
对自我所学技术动作的评判能力	能准确评判□基本能准确评判□不能准确评判□	

（二）情感领域

情感领域涉及个人思想及收获等方面，着重于学生的情感体验，通过设计对该课程学习的喜欢程度、收获情况，自我学习的满意程度、学习目标的达成度等题目来进行评价，重点是探究课程学习给学生的思想情感方面带来的收获和体验以及这些收获和体验对自我是否产生影响以及所产生影响的性质。

表2 大学体育课程学习的学生自我评价样表2（情感领域）

班级	学号	姓名
在你认可的答案后划√		
自我对于该课程的喜欢程度	很喜欢□一般□不喜欢□	
自我参与运动的积极程度	很积极□一般□不积极□	
自我学习目标的达成情况	目标达成□基本达成□没有达成□	
对自我学习的满意程度	很满意□基本满意□不满意□	
课程学习带给自己的收获情况	收获很大□收获一般□没有收获□	
课程学习与同学的相处情况	相处良好□相处一般□相处不好□	

（三）动作技能领域

动作技能领域主要设计的评价内容是：对教师示范动作的模仿能力、对课程所学的技术动作的掌握情况、熟练程度、运用能力和自身身体素质是否得到了提升。目的是了解学生对课程所学技术动作的消化吸收情况。

表3 大学体育课程学习学生自我评价样表3（动作技能领域）

班级	学号	姓名
在你认可的答案后划√		
对教师示范动作的模仿能力	能准确模仿□基本能准确模仿□不能准确模仿□	
对所学技术动作的掌握情况	全部掌握□基本掌握□掌握一些□都没掌握□	
对所学技术动作的熟练程度	很熟练□比较熟练□不熟练□	
在比赛时技术动作的运用能力	能灵活运用□基本能灵活运用□不能灵活运用□	
身体素质提升情况	有很大提升□提升一些□保持不变□没有提升□	

以上是对学生自我评价模式的相关内容设计，从学生的视角出发来评价"学"的质量。如若在实际教学中使用，则要根据本校学生的特点进行必要的补充和调整或者重新设计，使得学生自我评价样表成为符合本校学生特点的评价表，如此才更加具有真实性和针对性。

三、学生自我评价模式的实施方法

（一）学生自我评价表

学生个体独立完成自我评价表，需要根据自我评价表上的信息对自我的学习进行评价。学生在评价时要依照教学目标的内容、要求与自我进行对照，依此做出判断。在运用此种方法时教师应提前将评价表中的题目给予一定的解析，让学生能够在充分理解的情况下做出符合实际的回答。同时，也要提醒所有学生依照自我最真实的水平认真完成自我评价表，而不是随意填写、敷衍了事。

（二）学习档案评价法

在学期开学时进行第一次测试，根据学生测试的各项数据与本学期期末测试的各项数据进行对比。若开学不设置第一次测试，则可将上学期体育课程测试的数据作为第一次数据。测试内容包括身体素质与基本技术等，然后制定个人学习档案。依照学习档案中的前后两次数据的对比，得出学生个体的学习成长与发展对比图，以此来评价学生的学习效果。此方法是将学生在前后两个时段的自我与自我进行对比，在经过一个学期的学习之后，评价自我是否得到了进步、在哪些方面有了进步、进步的幅度有多大等。通过这种评价方式来找到自身的不足，并进行改善；明确自身的优势，学会继续保持。教师应当重视学生个体的成长，尊重学生的个体差异；也应当积极引导学生进行自我审视，提升学生正确审视自己的能力，不盲目将自我与他人进行对比，要关注自我的纵向发展。

（三）学习日记评价法

学生在每次课结束后完成一篇学习日记，应包括本次课学习的内容、自身遇到的问题且是否解决、制定下次课的学习目标等。学生根据个人学习日记完成对自我学习的评价。此种评价方法从个体主观层面来进行评价，围绕着学生自我来展开对于学习效果的概括和总结。学生可通过这种评价方式来直面自身遇到的困难与挫折，用日记的方式进行及时的反馈，分析当下的问题并找到解决的办法和途径，同时也起到提升学生的自省与自我教育能力的效果，促进学生自我发展与学习目标的实现。但是，学生自我评价仅由学生个体主观为导向，难免会造成对客观事实一定程度的缩小或放大，从而导致评价结果与实际相背离。因此，在此方法上教师应加强对学生客观的引导，促使学生将主观思想与客观实际相结合，正确合理地进行评价与总结。

（四）师生互动评价法

每个班级均设置学习小组，并推选出小组长，在评价中增加小组长与教师的评价作为参考，学生将自我的切实感受与他人对自我的评价进行综合分析来完成学生自我评价。此种方法体现了评价内容的多样性，在尊重个体感受的同时与客观的评价进行对比，加强了评价结果的真实性，更符合实际。与此同时，学生的思维方式与意识行为容易因为评价对象的不同而产生不同的评价结果，在一定程度上因为他人而影响自评的真实反映。因此，教师要重视传导实事求是的思想，从实际出发进行评价，这样才有利于获得更真实的评价结论。

四、小结

不断探索并创新教学质量评价体系是推进教学改革的基础。学生自我评价模式不仅符合素质教育的要求，而且也深化了教学改革。学生自我评价是学生从自我的角度来反映客观存在的学习效果，是体育教学质量评价体系中必不可少的一部分。将学生自我评价纳入到教学质量评价体系之中，使得学生成为评价学习效果的主体，突出学生在教学活动中的主体作用，激发学生的自我发展，提升自我反省与自我审视的能力，达到促进学生全面成长的目的。

在建立学生自我评价模式的同时，教师也应当提高管理水平与指导能力，加强对于学生的引导，需做到以下几点：

第一，教师要帮助学生正确审视自我、正确看待自我现有的水平，建立符合自身的评价目标。若评价目标过高，学生在通过自身不懈努力之后仍然与既定目标有很大差距，则会挫伤学生的自信心，使其对学习的积极性大打折扣，从而阻碍了学生的发展；相反则会导致学生得不到自我发展。因此，教师要帮助学生树立符合自我身心发展的评价目标，并尊重学生个体的差异。

第二，教师要帮助学生客观且全面地进行自我评价。我们要提倡和做到实事求是地评价自己，反对过低或者过高地进行自我评价。如果自我只从主观出发，仅着眼于自身的优势而忽略了其缺点与不足，容易造成自负心理，形成一种在实际自我之上的评价；与此相反，若自己反复地否定自己，放大自身的劣势，看不到自我的发光点，则易形成自卑心理，造成自我评价低于真实效果的反映。教师要培养学生树立正确的价值观，不过分夸大自己也不过分贬低自己，用实事求是的眼光看待自己。

第三，教师要帮助学生进行自我反省，对于外界环境与自身因素要进行正确的指导。在认知、情感与动作技能等方面的评价中正视自身的不足并加以改进，肯定自己的优势并学会保持。帮助学生分析自身优缺点、找到自身问题根源所在，客观地反映自我评价的结论。鼓励学生学会辨别自我，使得自我评价能够激发学生不断地完善自我。

参考文献

[1]张瑞林.普通高校学校体育课程建设理论与实践研究[M].北京:北京体育大学出版社,2005:54 – 55.

[2]周登嵩.学校体育学[M].北京:人民体育出版社,2004:245 – 246.

[3]胡剑宏,孙儒湘.普通高校公共体育课教学质量评价体系现状与改革探究[J].当代体育科技,2016 (22):54 – 58.

[4]皮连生.教育心理学[M].上海:上海教育出版社,2011:375.

[5]王英杰,任志杰,张高华."体育与健康"课程学生自我评价体系初探[J].河北科技师范学院学报(社会科学版),2008(3):93 – 97.

人体形态科技馆的数字化与创新实践平台建设的探索与实践

张 齐　李 芳　杜亚政　胡建光　潘爱华

摘　要： 由于人体形态科技馆布展以瓶装标本布展为主，存在着展品获取和维护困难，教学服务能力有限，以及对学生创新培养缺失等问题。通过展馆和展品的全面数字化建设，以及在此基础上建设数字化解剖操作平台、先进的数字解剖学3D打印平台、专业的解剖与影像教学平台、遗体捐献纪念微信公众号，可以为上述问题提供解决方案。
关键词： 人体形态科技馆；中国数字人；VH Dissector；3D打印

医学是一门实践性很强的学科，标本示教是医学教育的重要组成部分，它不仅是强化理论知识和深化理论教学效果的重要环节[1]，更是提高学生实践能力与创新能力的重要途径[2]。标本示教一般包括两个途径：一是通过解剖实验课，让学生在课上进行观察学习；二是建设专门的人体形态科技馆，将不同系统、正常异常的人体标本，分门别类地展示，以供学生系统学习。

多年来，我国人体形态科技馆的建设一直延续着传统模式：制作和购置不同人体系统的解剖学标本，包括神经系统、呼吸系统、消化系统、生殖系统、循环系统、运动系统、泌尿系统、内分泌系统[3]。然而，长久以来，这种人体形态科技馆建设模式存在着诸多的弊端：第一，解剖学标本很难收集，需要耗费大量建设经费，一般的人体形态科技馆很难形成系统性的标本库。第二，解剖标本一般以福尔马林浸泡的方式进行瓶装保存，保存液需3 - 5年更换一次，由于标本件数较多，因此每次更换都会很费时费力。第三，根据科技馆展品的收集情况，每个科技馆都会有自己收集的特殊标本，具有较高的研究和科普价值；然而由于地域限制和运输不便，限制了这些珍稀展品的科研和科普价值的充分利用。第四，人体标本展品是无声的老师，然而科技馆的专职讲解人员数量有限，常规的一对一和一对多的口头讲解模式很难满足具有一定规模的参观团体为需求。第五，3D打印和虚拟现实等可用于人体解剖学教学和研究。为了更好地发挥人体形态科技馆的教学和科普作用，先进的科技场馆必须紧跟技术潮流，开发出体现时代脉搏的全新解剖学科普项目。

针对以上问题，借鉴国内外一流博物馆、美术馆和科技馆的建设经验，我们提出场馆数

基金项目： 湖南省科学技术普及专项"人体形态科技馆数字化建设与应用"，项目编号：2015ZK4002；中南大学研究生教改项目"基于VR技术的数字医学研发与研究生教学的实践"，项目编号：2017G02；中南大学实验室建设与管理研究项目"中南大学形态学科技馆解剖学影像与3D打印创新平台建设"，项目编号：201614；中南大学本科教育教学改革项目"麻醉解剖学多模块教学法的探索与应用"，项目编号：2016jy76；湖南省普通高等学校教学改革研究项目"麻醉解剖学多模块教学法的探索与应用"，项目编号：(2016) 400 - 55。

作者简介： 张齐（1989 - ），男，湖北广水人，中南大学基础医学院博士研究生，实验师，主要从事神经退行性疾病相关研究；李芳（1977 - ），女，河南信阳人，中南大学基础医学院副教授，主要从事重大事件对脑与行为的影响与机制的研究；潘爱华（1969 - ），男，湖南益阳人，中南大学基础医学院教授，从事神经退行性疾病相关研究；长沙，410013。Email：zhangqi2014@ csu. edu. cn。

字化，突出创新实践的人体科技馆建设思路。

一、人体形态科技馆数字化建设

（一）网上人体形态科技馆和掌上科技馆APP

相较于传统博物馆、美术馆和科技馆受空间和地域限制，网上场馆则可以面向全互联网开放，它的日常受众不再局限于本单位和本地区[4]。传统科技馆的开放具有时间限制，一周开放时间通常为6×8小时，热门的场馆往往还需要参观者长时间的排队才能进入参观，这样大大限制了场馆服务价值的体现。正是由于这些原因，一流的博物馆、美术馆和科技馆纷纷开始上线场馆门户网站，并通过文本、图片和视频等方式对场馆和展品进行数字化建设。数字化的网上场馆实现全互联网的全年7×24小时开放。

人体形态科技馆的数字化建设主要涵盖两方面内容：第一，对科技馆展厅进行360度高分辨率全景摄影。通过对科技馆进行全景摄影，并制作科技馆全景参观浏览器插件，为参观者提供如同参观实体科技馆一般的真实感受。虚拟现实技术（virtual reality，VR）是一种可以创建和体验虚拟世界的计算机仿真系统，通过360度高分辨率全景摄影制作成VR设备可以使用的资源。参观者戴上VR设备，在家就可以实景参观人体形态科技馆。第二，对所有的精品展品进行全方位的高分辨率拍照，并为每件展品制作音频视频讲解资料，实现精品展品的全面数字化。根据器官系统对展品进行分类，建立数字化展品数据库和场馆展品的数字化管理平台。通过以上两方面的数字化建设，联合网络信息公司，将以上两方面的数字化建设工作进行整合，有望推出人体形态科技馆网站，实现参观者通过鼠标键盘就可以进行场馆参观和展品学习，面向全互联网进行全年7×24小时科普开放。

另外，对网上展馆进行手机APP的开发已成为国际一流博物馆、展览馆的共识[5]。在建成网上人体形态科技馆后，将浓缩展馆藏品，开发相应的手机APP，打造"掌上人体形态科技馆"，提供随时随地和易用便捷的观展体验。

（二）数字化解剖操作平台

形态学是一门实践性学科，要深入学习和透彻掌握相关知识必须通过解剖操作来实现[6]。基于这一理念，打造数字化解剖操作平台应是人体形态科技馆的建设重点。数字化解剖操作平台主要由两部分组成：50英寸的中国数字人解剖教学系统[7]和VH Dissector可视化人体解剖学系统[8]。

中国数字人解剖教学系统可实现现实与虚拟的对比结合，有利于学生学习和记录，配合多点触控，操作上可实现对三维模型任意角度拖动、旋转、平移、缩放、透明度调节、结构隐藏、显示、分离及着色，能够实现仰视、俯视等观察效果。各结构都有中英文名称及标准发音可以进行人体断层浏览（可通过拖动横、矢、冠三个方向的虚拟切面对三维模型进行切割得到任意位置的断面图像，能够任意放大、缩小、平移等，可保存截图）。三维结构由真实人体横断面数据三维重建得来，位置、形态与原始数据一致，共分为9大系统，可显示5000多个解剖结构的三维形态。

通过中国数字人解剖教学系统，参观者可以对各个解剖结构进行自主学习，并可通过搜索功能对照科技馆实物标本进行比较学习。另外，中国数字人解剖教学系统允许用户对数字人进行任意的解剖模拟操作，参观者可以对解剖断面进行放大观察，以学习解剖结构的毗邻关系。

VH Dissector 可视化人体解剖学软件是基于可视化人体工程构建[9]的解剖学教学软件[10]。由美国科罗拉多大学医学仿真中心（Medical Simulation Center of University of Colorado Boulder）专家组及医学专业团队通过计算机技术开发完成。该软件从原始图像的获得到断层数据的分割再到三维结构的重建，完全严格遵照美国国家医学图书馆的标准来执行。同时软件融入了全新的教学方式和理念，完美的将数字技术与解剖学教学结合在一起。可重复对标本进行解剖操作，节省了大量的资源。教学时间和场所可灵活设置，实现了自主开放性教学。整合了大体、断层、局部、系统解剖学课程，消除了现实中不同解剖学教学方法之间的障碍。VH Dissector 还配备了 100 多个在线课程，涵盖了从大体解剖，局部解剖到临床医学及护理学课程。其依托全球 500 多所大学用户所编写的经典课程，让学生与哈佛大学、耶鲁大学的师生共同交流和学习。

不同于中国数字人解剖教学系统需要参观者亲临人体形态科技馆，学生通过校园网可以在教室、图书馆、甚至是宿舍，访问使用 VH Dissector 可视化人体解剖学软件。这套软件还提供了基于三维重建数据的课件编写平台，通过这个平台编写的课件可以直接链接三维重建数据，实时的调出相关解剖结构供用户学习。因此，VH Dissector 可视化人体解剖学系统，作为中国数字人解剖教学系统的补充，满足了大批量学生远程使用和教师远程授课的需求。

二、人体形态科技馆创新实践平台

创新实践平台建设是人体形态科技馆创新建设的另一个重点。形态学的通识性学习可以通过参观馆内展品和操作数字化解剖平台来实现，但作为一名优秀的医学生，对形态学只是通识性学习是不够的。创新实践平台为医学生提供良好的解剖操作环境、专业操作指导和创新实践资源，他们的优秀创新作品可以作为展品在人体形态科技馆进行展出。人体形态科技馆创新实践平台应包括：临床应用解剖学科创平台和解剖与影像教学平台。

临床应用解剖学科创平台主要是通过学生利用课外时间进行解剖训练，通过解剖操作使学生加深理解和掌握解剖学知识。结合临床热点，鼓励学生设计相关解剖项目，通过模拟手术操作，进行不断训练，为医学生将来进入临床和科研工作打下基础。优秀的创新实践作品将被选为形态科技馆精品展品展出。数字解剖学 3D 打印平台是临床应用解剖学科创平台的建设重点。数字解剖学 3D 打印平台能够根据患者的病灶影像数据，进行三维重建，并 3D 打印出患者的病灶结构，为手术方案的设计，特别是为复杂的肿瘤手术提供最直接的参考。

解剖与影像教学平台由两套 X 光影像系统组成。此平台为医学生提供系统解剖学、器官系统 - 运动系统的骨学部分的 X 线解剖课程，为学生提供与临床一致的教学环境。该平台还可以联合医院，为学生提供观摩临床医生手术操作的机会，并开展相关临床应用解剖学的实验教学，培养学生解剖操作技能，并引导和鼓励学生开展相关大学生创新实验项目。

三、人体形态科技馆遗体捐献纪念网站

没有遗体捐献，就没有人体形态科技馆。遗体是医学临床、科研与教学的宝贵资源，遗

体捐献对于发展医学科学事业具有非常重要的意义。人体形态科技馆遗体捐献纪念网站将致力于宣传遗体无偿捐献的相关法律法规，传播遗体捐献过程中的感人故事，并为医学生以及捐献者家属提供一个在线缅怀逝者的平台，表达对无语体师的崇敬与哀思。

遗体捐献纪念网站可以由七个板块组成：首页、政策法规、相关新闻、捐献流程、捐献登记、网上缅怀、在线交流。充分涵盖网上缅怀、政策咨询、遗体捐献登记、新闻通知和在线帮助等功能。该网站将提醒我们铭记遗体器官无偿捐赠者的高尚品行，并感染和激励每一位医学生砥砺前行。

四、讨论

形态学在医学中的重要地位不言而喻，相较于解剖实验课的标本示教，建设人体形态科技馆有更大的空间，可以更系统地进行标本展示。另外，实验课上课时间有限，一个器官系统约为 2-4 个小时，学生很难充分了解较为复杂的解剖结构。人体形态科技馆可以全天开放，学生随时来馆参观，根据自己的知识缺陷和学习兴趣，随意安排参观内容，利于透彻地掌握解剖学知识。与实验教学的标本示教的另一个不同就是，人体形态科技馆具有科普功能。它的受众不仅仅是医学生，还包括其他专业的大学生和研究生，还可以对社会开放，向大众传播人体知识和健康讯息。

越来越多的医学院以及综合性大学开始建设和改造人体形态科技馆或者生命科学馆。对于如何建设好人体形态科技馆，如何不断对人体形态科技馆进行提质改造以适应时代需要，大家在建设实践当中各有侧重，各有特色。服务于医学教学是人体形态科技馆的建设宗旨，因此科技馆不能仅仅是展示形态学标本，让学生通过观察，满足了解性学习。对于医学生而言，仔细的观察辨认加上丰富的形态学教学资源和大量的解剖学操作才能满足形态学教学需求。然而，形态学教学资源往往只能来源于专业教师在课堂上几个课时的传授，由于人体标本的稀缺，大多数医学生无法得到解剖学操作训练。当前的数字技术发展迅速，通过数字扫描、数字建模等手段，对形态学标本、教学资源、甚至大体标本进行数字化，有利于解决上述传统形态学教学面对的问题。

科普工作是科技馆社会服务职能的体现[11]。通过网上人体形态科技馆和掌上科技馆APP 的建设，人体形态科技馆的科普开放不再局限于每周固定的时间，也不再要求参观者必须来到科技馆，未来或许来自全国甚至全世界不同职业的人在任何地方，只要他拿出手机或者打开电脑就可以轻松地参观我们的人体形态科技馆，获取他们需要的形态学科普知识。

科技馆创新实践平台是人体形态科技馆不断创新的体现。创新实践平台为医学生提供良好的解剖操作环境、临床应用解剖学指导，数字解剖学 3D 打印平台、解剖与影像教学平台。通过这一系列的创新培养项目，充分地激发医学生的学习兴趣和创新潜能。

最后，每一位医学生和解剖专业教师都要感恩遗体器官无偿捐赠者的伟大奉献，医学教育的蓬勃发展离不开无语体师的无私奉献，我们要铭记遗体器官无偿捐赠者的高尚的品行，为医学生的学习提供更好的服务。

参考文献

[1]刘金生,刘锦宇,汪昌学,等. 颞骨的解剖学标本制作和体会[J]. 解剖学研究,2010(2):158－159.

[2]Zhang, L., Xiao, M., Gu, M., et al. An Overview of the Roles and Responsibilities of Chinese Medical Colleges in Body Donation Programs[J]. *Anatomical Sciences Education*, 2014(4):312－320.

[3]刘娟. 浅谈创建人体解剖学标本陈列馆的体会[J].科技信息,2010(20):374－374.

[4]廖红.科技馆、网上/虚拟科技馆与中国数字科技馆[J].科技中国,2006:30－36.

[5]陈洁.国内科技馆App的开发与优化[J].科学教育与博物馆,2016(4):306－309.

[6]徐杰,陈传好,侯春莲,等. 提高人体形态学教学效果方法探讨[J].解剖学研究,1998(2):56－57.

[7]吴毅.数字人全身分割数据集的建立及人体胸腔与盆腔的数字化研究[D].重庆:第三军医大学,2012.

[8]王怡栋,宋海江,陈宇扬,等. 数字人体在医学教育中的应用及拓展[J].中国高等医学教育,2011(12):25－26.

[9]李静,王配军,唐杰,等. 可视化人体解剖学软件在断面解剖教学中的应用[J].解剖学研究,2014(6):474－476.

[10]Rizzolo, L J., Stewart, W B., O'Brien, M., et al. Neato Nifty Cool or Pedagogical Advance? Designing Effective Web-based Tools[J]. *Faseb Journal*, 2007.

[11]李小瓯,盛业涛,陈志杰,等. 浅谈国内科技馆传统科普展品的改进和提高[J].科普研究,2010(4):67－74.

学风建设——大学实现可持续发展的基础

边陆颖　　张树冰

摘　要： 学校风气，简称学风，从广义上讲就是学校师生员工在治学精神、治学态度和治学方法等方面的风格，也是学校全体师生知、情、意、行在学习方面的综合表现。学风是学校的灵魂，也是大学实现可持续发展的基础，学风建设的好坏直接关系到高校人才培养的质量。在肯定学风建设重要性的同时，指出当前学风建设所遇到的问题并分析原因，从而提出如何加强学风建设的对策。要加强高校的学风建设应从三方面着手，一是对于学生，二是对于教职人员，三是着眼于整个学校。

关键词： 学风建设；高校；对策

　　国务院副总理刘延东出席教育部直属高校工作咨询委员会第 27 次会议时强调，要深入学习贯彻习近平新时代中国特色社会主义思想和党的十九大精神，扎根中国大地办大学，培养担当民族复兴大任的时代新人，为全面建成社会主义现代化强国作出新贡献[1]。而这一切要有良好的学风作为基础，学风是大学精神的集中体现，是教书育人的本质要求，是高等学校的发展之魂。优良学风是提高教育教学质量的根本保证。能否营造一个优良学风环境，关系到高等教育的科学发展和教育事业的兴衰成败。当下，正值我国改革开放的重要时期，大学生数量的增多、不良的学习风气，使大学生含金量下降，毕业即失业问题日趋严重，如何提高大学生的核心竞争力已经成为各大高校亟待解决的难题，因此，各大高校纷纷展开学风建设活动，以期提高大学生的核心竞争力。

一、加强学风建设的意义

　　加强学风建设是高校管理工作的重要任务。高校学生管理工作是高校管理工作的一部分，是学校人才培养工作的重要保障，旨在维护学校正常的教育教学秩序和生活秩序，保障学生身心健康，促进学生德、智、体、美全面发展。《国家中长期教育改革和发展规划纲要（2010—2020 年）》指出："牢固确立人才培养在高校工作中的中心地位，着力培养信念执著、品德优良、知识丰富、本领过硬的高素质专门人才和拔尖创新人才"[2]。

　　加强学风建设是大学文化传承创新的本质要求。大学文化是大学的灵魂和血脉，是实现大学功能的动力源泉和精神力量。大学担当人才培养的重任，根本上要靠文化，以文化人、以文育人[3]。有了良好的学风，可以使所有同学亲近起来，可以使学生更好地融入到大学的学习和生活中，使学生的大学生活更加愉快，获得的成果更加丰厚。加强学风建设可以让同学们感受并乐于接受学校赋予其的精神财富，且能在同学们走出校园步入社会之后，继续发扬此种精神。

作者简介： 边陆颖（1997 - ），女，浙江绍兴人，中南大学生命科学学院全日制本科生；张树冰（1976 - ），男，辽宁辽阳人，中南大学生命科学学院教授，从事肿瘤生物学和基础医学教育研究；长沙，410013。Email：1905433711@qq.com。

加强学风建设有利于提升大学软实力，并促进其硬实力的提升。良好的学风，会促成良性竞争，同学们会投入更多的精力在自己的专业课上或者其他自己感兴趣的事物上，这样一来会使整个高校的各方面事业都蓬勃发展，大学的综合实力大大提高。

二、当前学风建设所面临的问题

目前，我国接受高等教育总人口已达 1.7 亿，在学人数达 3699 万，高等教育整体实力达到世界中上水平[1]。虽然整体教育实力大大提高，学风也较之前优良，但由于社会大环境、高校小环境等客观因素和学生自身原因等主观因素的影响，高校学风中也存在着不少问题，主要表现在以下几个方面：学习目的不明确，学习动力不足，学习纪律涣散，学习习惯不佳，考风考纪不良[4]，老师没有因材施教以及学校督管不利等等。其主要原因就是学生个人自我掌控能力差，老师积极性调动不足以及学校氛围不够优良。

对于大部分学生来说，大学是逃离了高中苦海后来到的极乐岛，想体验一切以前没时间、不被允许或者没有听说过的新鲜的事物，对于学习便再也没有高中的热情，于是学习没有了目标，失去了动力，上课开始玩手机，考试打小抄。还有一些学生，专业是调剂的，本身就对自己的专业不感兴趣，只想游手好闲混过几年。而此时，学校和教职人员应当担负起往正确方向引导学生的重任。

三、当前形势下加强学风建设的对策

学生是学风建设的主体，学生要加强自我控制能力。当今时代，科技不断进步，各种高新科技层出不穷并逐渐走入我们的生活，像智能手机、笔记本电脑等，同时这是个网络时代，信息随处可得，不少同学沉迷于网络、聊天、玩游戏，手机在他们眼里手机已经成了日常生活中如影随形的物品。玩手机已经侵占了学生很多学习时间。所以，对于学生来说，最重要的就是要加强自我控制能力，要能拎得清什么时候干什么事，参与到学风建设中来。学风建设中的学就是指学习，作为学风建设主体的学生要好好学习大学课程。大学相对高中来说是轻松的，但绝不会是懒散的、无纪律的。作为一名大学生，更是应该好好学习，为以后走出社会参加工作做准备。部分同学所学专业是自己不感兴趣的，这时要做的不是放弃，而是应该向老师咨询转专业的相关事宜。据悉，大部分院校能够转专业的也是本专业的佼佼者。至于其他对专业感兴趣的同学，更应为之付出努力，这可能将与你从事一生的事业相关。在学风建设活动中，作为主体的学生要做好自己、好好学习。

在学风建设中，教职人员是形成良好学风的引导者。在班级日常管理上，可采取将班级化整为零，以宿舍为单位，做好宿舍文明建设工作，以班级骨干和各寝室室长带动宿舍舍风的转变。可发挥班干和寝室室长对宿舍网络游戏的适度控制以及对上课时间赖床的整治作用，督促学生在正常的学习时间走出宿舍，参与到课堂教学和课后活动中。在班级活动上，尽量开展一些有益身心健康的集体活动，可举办班级读书会活动或者班级郊游、户外心理拓展、践行社会主义核心价值观等各类主题教育活动。在班级学习管理上，辅导员可根据每学期学生的学习状况，重点挑选学习后进生和自控能力较差学生名单，提交至下学期任课老师，由任课老师重点关爱这部分学生，老师可采取每堂课要求学生前排就座或提问这部分学生等等方式，以引导为主，惩戒为辅[5]。

学校是学风建设的一个小环境，学校要培养教职工的工作热情，要激发同学们的学习热情。学校可以开展青年教师讲课比赛，加大奖励力度，激励年轻教师潜心钻研教学，提高课堂教学的吸引力。实行教考分离制度，建立试卷库，统一密封阅卷，严格试卷评分和平时考核管理制度，做到学生每一分得失都有据可查。加大考试督查力度，建立标准化考场，从源头上堵住学生考试舞弊现象[5]。学校可以在大一新生中开展新生适应性教育，让其适应大学，认识本专业，对专业有学习的热情，对大学有初步规划，不至于迷茫度日；在大二大三学生中开展认知自我、规划自我活动。学校也可以要求同学们分别从个人修养和专业素养、对身边人的理性和感性认识、大学阶段的得与失等方面对入学以来的大学生活进行总结，并根据自身的综合情况，对自己近阶段做出初步的规划，最后以 PPT 的形式在班级向老师和同学们展示汇报；在大四学生中开展考研指导和就业指导，对大四学生作进入社会前的适应性教育等[5]。

参考文献

[1]张兴华,刘延东. 深入学习贯彻党的十九大精神 全面开启建设高等教育强国新征程[EB/OL].中国政府网.新华社.（2017 – 12 – 22）[2018 – 03 – 12]. http://www. gov. cn/xinwen/2017 – 12/22/content_5249643. htm.

[2]中华人民共和国教育部. 国家中长期教育改革和发展规划纲要（ 2010—2020年）[M].北京:人民出版社,2010:7.

[3]马博虎,李娜. 加强学风建设:为什么和怎么做[J].黑龙江高教研究,2013(1):93 – 94.

[4]赵治. 试论当前高校学风建设的现状、原因及对策[J].中国电力教育,2010(18):78.

[5]孙长城.高校学风建设的认识与思考[J].滁州学院学报,2017(6):79 – 81.

高校文科类实验室开放共享模式的探索与实践

——以中南大学语言教学实验中心为例

陈 洁

摘 要：实验室开放共享是现代高校实验教学中心创新型人才培养的一种重要模式。结合中南大学语言教学实验中心的工作情况，抓住文科实验室本身的特点，从开放形式、保障机制、激励措施、实验师资队伍、硬件环境建设等方面阐释了文科实验室开放共享的目标与意义，这对有效开展实验室开放工作、打造最优开放共享模式具有实际指导意义。

关键词：文科实验室；语言教学实验中心；开放共享

教育部在《全面提高高等教育质量的若干意见》及《关于进一步加强高校实践育人工作的若干意见》中，明确提出要进一步"强化实践育人环节，加强实践教学管理，提高实验、实习实训、实践和毕业设计（论文）质量"。而要提高实验质量、提升实验室建设水平，实现资源的合理配置、高效共享，则必须实行实验室的有效开放[1]。

实验室开放共享模式是指在完成既定的实验教学、科研任务的情况下，将现有的实验设施、实验时间、仪器设备、实验队伍等资源，全部或部分面向实验者（包括本科生、研究生、教师、科研技术人员等）有目的地开放共享，也可对其他院校和社会开放共享，为其提供各种服务[2]。实验室开放共享模式研究不仅是研究实验时间、实验空间以及实验资源等的开放共享，更重要的是，研究在开放共享的过程中对实验教学目标、实验教学内容、实验学习形式、实验指导过程等方面进行的改革，以培养学生的科学作风、创新思维、创业能力和实践动手能力，最终促进学生的全面发展。

随着高校综合改革的不断深入，文科实验室建设成为实验教学创新发展的新生长点。文科实验室已成为培养文科类学生人文素质及自主学习与实践创新能力的重要平台，在培养文科类专业学生自主学习能力和创新创业能力、提高学生人文素养和外语实际运用水平等方面具有不可替代的作用[3]。如何提高文科类实验室的运行管理水平，推动文科类实验室的全面开放，探索出文科类实验室的开放共享新模式，在当前阶段具有重要意义。

一、中南大学语言教学实验中心简介

中南大学语言教学实验中心为全校共享一级实验平台，面向全校本科生及研究生提供外语视、听、说、译教学及外语自主学习服务。中心现有仪器设备 4,406 台（件），总价值 2,260 余万元，能够满足各类型实验需求。实验室设计布局科学合理，基础设施先进完善，实验教学环境优良。中心下设大学外语公共基础课实验室，外语专业课程实验室和自主学习

作者简介：陈洁（1971 - ），女，湖南益阳人，中南大学外国语学院副教授，中南大学语言教学实验中心主任，主要从事实验教学管理、应用语言学研究；长沙，410083。Email：cathychen@ csu. edu. cn。

中心，共有数字语言实验室、专业课程实验室、自主学习机房和多媒体教室 96 间，座位数 4,067 个，总面积为 7,185 平方米。每学年，中心为全校约 1.6 万余名本科生及 5 千余名研究生的外语教学及自主学习提供实验条件和实验保障，自主学习中心机房上机人次每年达到 10 万左右。

二、语言教学实验中心开放共享的探索与实践

文科实验室的开放共享与理工类的实验室有着明显区别。针对当前文科类实验室开放存在的问题，结合文科类实验室自身的特点，寻找适应文科类实验室发展规律的开放共享途径，一直是中心孜孜不倦的追求。在深入分析自身条件与基础的前提下，中心在以下方面做了探索与实践：

（一）实验室开放的主要形式

为了保证学生可以自主选择时间进入实验室开展实验，中心采取多种形式在时间和空间上对不同的实验项目进行不同类型的开放，包括完全开放，部分实验室全天候开放，学生随时可以进入；预约开放，经过学生提前申请，实验室在预定的时间开放；定时开放，即实验室在固定的时间内开放；即时开放，指针对项目型的实验做到有需要就开放。

自主学习中心的完全开放。自主学习中心共有机房 7 间，521 个机位，占地面积 1,041 平方米，配置了最新一代的透明计算机系统，为全校各年级各专业本科生提供外语网络自主学习的资源、条件和环境。目前主要安装有《新时代交互英语》在线学习系统，CNN、NHK、TV5、TVE 四套境外电视网络直播信号，以及老师们自主开发的在线课程和学习资源库。自主学习中心免费对学生开放，学生通过刷校园卡登陆上机。机房的系统与设备的管理、维护由实验技术人员负责，开放值班专门设立了勤工助学岗，经费由中心自筹解决。中心机房每天从早上 8：00 至晚上 10：00 开放，服务器 365 天全天打开，保证学生无论在何时何地都可以访问到中心的外语学习资源。

"开放基金"项目的预约开放。中心精心组织老师们申报中南大学"实验室开放基金"，自 2015 年以来，每年从学校申请到 10 万元用来重点资助 10 个开放项目。主要是面向全校本科生，鼓励他们进入语言实验室来参与跟外语学科有关的课外拓展和科学研究活动。中心提供同传室、笔译室、情景实训室、录音室、机房等专业场所，教师则结合自己的学科专业特长、在研项目等，设计出精彩的实验项目，吸引全校（尤其是理工科类）学生打破专业壁垒，主动参与到多姿多彩的语言文化类体验、实践活动中来。近些年，中心协同专业课老师一起推出了不少影响大、效果好、颇受欢迎的特色开放实验项目，比如"'法国通'养成计划暨法国文化学习体验实践"，"自主、互助、点拨式英文歌曲演唱及翻译实训"，"英语新闻的采、写、编、录、播"，"英语新媒体写作实践"等。

创新创业、竞赛型项目的定时开放。为了鼓励学生参与"双创"项目和帮助学生准备各类各级学科竞赛，中心在做好常规实验教学的前提下，特地面向有需要的学生进行定时开放。为此中心购置了 30 个"SDL Trados Studio 2015"计算机辅助翻译软件终端，配置一间标准化的自主翻译实验室，每周免费向师生定时开放 40 小时。近些年，围绕着"外研社"杯英语演讲比赛、全国口译大赛、"外研社"杯英语写作大赛和阅读大赛，中心加大了对相

应专业课程实验室的定时开放力度；还购置并安装了"句酷"作文批改系统和SPSS社会科学统计软件，鼓励学生自选课题，设计实验，开展研究，多出成果。

学习资源建设类型项目的即时开放。为了丰富中心的外语学习资源，中心实验人员和专业教师合作开发了各类外语学习资源库。目前已经完成的有"医学英语在线"、"开放实验课"和"在线英语学习资源库"。以"在线英语学习资源库"为例，资源量达到1.5T以上，形式包括音频、视频、电子书、机考题库等，已在自主学习中心机房面向学生开放。其中的机考题库部分就是通过招募学生志愿者，以项目的形式，由老师带领学生建设起来的，现在已经可以实现组卷–考试–阅卷–成绩查询等功能。这种资源建设类型的项目本身就是中心创造性的工作，在实验室开放上优先保证，只要有需要就立即开放。

（二）实验室开放的保障机制

加强实验室"三化"建设。要想做好实验室开放共享工作就必须以制度化、规范化、信息化建设为保证，建立健全实验室开放共享管理制度和运行机制，同时加大信息化管理平台建设的力度[4]。中心先后制定了《语言教学实验中心守则》《语言教学实验中心工作规程》《语言教学实验中心开放实验管理制度》《语言教学实验中心安全管理条例》《实验室开放时间与值班制度》《开放项目管理与评估制度》《自主学习中心上机学习须知》《语言教学实验中心工作人员岗位职责》等，以确保繁杂的开放管理工作能够有条不紊地进行。

中心建成了比较完善的网络化实验教学和管理信息平台。教师可以在系统内公布实验项目，并对学生实验进行预约、审批、指导等操作；开放管理人员可以根据教师和学生的需求，安排实验室开放的时间，并做好系统的维护与管理、数据链接与传送、日志的网络化等工作。另外，教学软件的建设是学生进行自主学习的基础，因此加强教学软件的建设也是开放实验室建设的重要组成部分。教师根据需要采购实验课教学平台和可供学生进行自主学习的软件，实验技术人员对软件进行维护，确保学生在校园网络环境内能登录实验教学平台进行学习。

激发学生参与实验室开放的积极性。中心通过多种渠道和手段教育学生，帮助他们树立一个意识：针对理工科学生开设语言文化类实训实验，强调文理渗透，实现文理知识交融，极大地拓展了他们的知识结构，提升了审美情趣和人文情怀。中心也想法设法增强学生的获得感与成就感，比如，对于参加"开放基金"项目的学生，会依照《中南大学本科课外学分管理实施细则》授予课外学分。每完成一个开放项目，可获得1个课外学分，鼓励学生多选。对于参与资源建设项目的学生，会算作勤工助学，适当地给予劳动报酬。对于参与创新、竞赛类型开放项目的学生而言，他们的收获和受益是不言而喻的。以2016年为例，全校学生获校级以上外语类各级竞赛奖励达404人次，其中国家级以上奖励242人次。2017年，全校学生获校级以上外语类各级竞赛奖励达529人次，其中国家级以上奖励333人次。

不断提升开放实验指导水平。建设一支数量充足、结构合理、素质优良、思想稳定的实验室师资队伍是开放实验室建设的重要基础。中心现有专职实验技术人员8名，其中高级职称1人，中级职称6人，技师1人。中心对专职实验技术人员的工作进行了细分和优化组合，明确了职责和任务。开放时间均安排有专职人员值班，对现场响应时间、开放记录都有严格要求。中心坚持两手抓，一方面，严格考核制度，建立实验技术人员的培养制度。要求实验教师不断调整自身的知识结构，努力提高理论知识水平和整体素质。鼓励实验教师走出去，参加实践研讨会议或相关学术会议，参与国内的各种培训和进修。另一方面，打破理论课教师和实验课教师之间的界限，建设高水平专兼职实验教师队伍。鼓励理论课教师参与到实验教学中来，与实验教师共同研发、指导实验项目，提高实验教学水平；或是结合自己的科研课题，设计和开出新的实验项目，培养学生的创新思维和实践能力。

加强设备管理，打造精良的硬件设施保障。中心制定了《语言实验室管理制度》《多媒体教室及语言实验室设备故障报修流程》《实验材料和低值易耗品以及仪器设备维修管理办法》等文件，规范设备管理，保障硬件设施完好。在实验室开放过程中，仪器设备遵循"专人专管"的原则，中心主任统筹协调仪器设备的使用，对实验过程中可能存在的安全问题有预案、论证。每次实验前，指导人员负责向学生讲清楚所用仪器设备的原理、操作规范、操作流程和注意事项，结束后填写开放记录。资产干事负责仪器设备管理，定期进行仪器设备对账清查。在中心和全体师生的共同努力下，仪器设备保持了95%以上的完好率。中心硬件设施建设近几年发展很快，2014年至2018年，学校累计投入超过1200万元。

三、当前存在的困难、问题及对策

（一）实验技术人员能力不足，缺乏专业型人才

实验技术人员是实验室工作的主体，实验室开放共享主要靠他们实施。但是，长期以来，实验人员的学历、职称普遍较低，创新能力不足，这也是影响实验室有效开放的重要原因之一。实验室开放共享后，实验内容拓展、设备操作维护复杂、工作量大等问题也对他们的能力和水平提出了更高的要求。在学校现有人事制度的制约下，中心引进高素质技术型专业人才的希望不大。对此，中心主要是从专业教师队伍中大力发展兼职实验指导教师，甚至鼓励理论课教师转岗做专职。这一类教师拥有较好的学历背景，较扎实的科研功底，和较高的语言文字表达能力，普遍能够较快适应新岗位的要求。同时，他们自身的素质和优势，使得他们在实验教学科研和职称评定方面比较容易脱颖而出，这也满足了教师个人发展的需求，是一种"双赢"的结果。目前，中心有从教学岗转入的技术人员三名，他们的加入为开放共享工作注入了力量与生机。

（二）学生参与受到制约

没有学生参与到实验室，实验室开放就没有意义。然而，学生的学业压力普遍较大，排课较满，周课时在30节左右的专业比比皆是。除去正常上课之外，学生们还有辅修专业，文化素质课。在有限的空余时间里，还要参加时事与政策教育、党课、社团活动、体育锻炼等。为了扩大学生的参与面和受益程度，中心千方百计延长开放时间和增加"开放基金"项目的开出频率，保证想参加的同学都有机会进入语言教学实验中心，参与实验实训。例如，每个学期，所有的"开放基金"资助项目都保证开出两轮以上，每一轮由5次专题实验组成。学生可以跨轮补实验，只要是完成了5次不同的专题实验，期末考核都算作整体完成了开放实验项目，会根据学校的相关文件授予课外学分。

（三）开放经费依然有缺口

文科实验室开放经费主要是指实验室开放成本和实验所需耗材费用。目前中心的开放共享经费一是来源于学校，二是靠自筹。中南大学每年投入200多万元设置实验室开放基金，

语言教学实验中心可以申请到 10 万元经费。但是，有些实训项目成本较高，资助经费不充足仍然是老师们的心病。此外，中心设置了勤工助学岗，每年要为此支付一笔不菲的人员经费。为此，中心尝试把实验室开放共享功能和校内服务、社会服务结合起来，多多开辟经费来源渠道，同时也让学生体会到动手动脑创造劳动价值的乐趣。比如，中心的计算机辅助自主翻译室就会有组织学生承接项目的开放形式。

（四）运行管理中的问题

实验室管理的信息化程度越来越重要，实验室开放需要有一套科学实用的管理软件平台，比如约课系统、选课系统、排课系统、成绩管理系统等，平台内容需要不断更新，运行过程要有专人维护。截至目前，中心的一系列实验教学管理平台全部是自主研发的。在硬件方面，由于开放共享是以学生自主实验为主，导致实验室的仪器设备会有使用冲突，甚至损坏现象常有发生，给开放实验室的良性运转带来一定的困难。对此，中心归属的中南大学外国语学院高度重视，一方面，加大了对学生的实验室安全准入教育力度；另一方面，学院每年至少会为中心预留 30 万的教学经费用作材料费和维护、维修费用。

四、结束语

实验室开放是现代高校实验教学中心创新型人才培养的一种重要模式，是具有旺盛生命力的新生事物。有效地进行实验室开放，不仅可以增加学生自主学习的时间和空间、激发学生学习兴趣、鼓励学生进行创新性实验[5]，也有利于培养学生的创新实践能力[6]。

文科实验室首先是培养文科学生创新实践能力的重要场所，但是，在综合性研究型大学里践行文科实验室的开放共享，对于广大跨专业跨学科的学生而言，大大地提升了他们的人文素养，拓宽了他们的学术视野，既培养了学生的文化自信，又助力学校的国际化发展。多年的摸索告诉我们：打造精良的实验室硬件设施、建立完善的实验室管理运行机制、执行信息化管理平台、建设开放型实验教学队伍、培养示范性精品开放项目是实现文科实验室开放共享的强有力保障。我们会一如既往地对实验室开放工作不断进行探索与研究，为新时期人才培养、经济科技发展和社会服务提供给力支持。

参考文献

[1]荣华伟,钱小明,钱静珠,等.关于高校实验室开放管理的探索与实践[J].实验技术与管理,2014(31):12.
[2]刘萍,武文颖.文科实验室开放共享模式改革探索[J].实验室科学,2016(19):4.
[3]赵晶.文科类实验室开放的途径与措施[J].实验科学与技术,2016(14):2.
[4]王峥.文科实验中心实验室开放探讨与研究[J].西部素质教育,2015(1):4.
[5]李坤,史永宏.创新型人才培养实验室开放体系探索与实践[J].实验室研究与探索,2015(34):1.
[6]陶辉锦,尹健,周珊,等.创新人才培养的开放实验室管理实践与探索[J].实验技术与管理,2017(34):3.

名侦探柯南与化学探秘
——创新人才化学素养培养教育新模式

赵斯祺　郭旭　汪翔　梁文杰　徐海

摘　要：中南大学结合广受学生喜爱的动画片《名侦探柯南》中的科学知识开设了名侦探柯南与化学探秘课程。开课五年来该课程得到了学生的热烈欢迎，其良好的教学效果也广受社会关注。基于课程的实践性，提出了人才教育的创新模式，并总结该模式在实践中所取得的成果以及需要改进的部分。
关键词：人才教育；名侦探柯南；开放式教学；化学

国办发［2016］10号文件提出，实施青少年科学素质行动是"十三五"时期重点任务之一，同时提出加强公开课、开展科教活动、推动信息技术与科技教育三大措施推进高等教育阶段的人才培养机制改革。实施科技教育与培训基础工程、实施科普信息化工程也是该文件提出的重点任务。

科学人文素质教育对学生的成长是极其重要的，但人文素质课并非与学生所学专业直接相关，对学生综合素质的提高只是起到潜移默化作用；因此人文素质课教学效果不佳已经成为了全国高等教育教学中普遍性问题。《中国广州文化发展报告（2016）蓝皮书》指出，作为国际化大都市的广州，其公民整体科学素养落后欧盟20年，其中大学生基本达到科学素养水平的比例仅为36.14%。

如何激发学生学习的兴趣，吸引学生的注意力，让学生的学习从被动接受转变为主动吸取[1]，实现学生综合素质的提高，是教育行业一直进行研究的重要课题[2]。自21世纪以来，利用多媒体作为教学手段已经有了较多研究[3]；而在基础教育更为发达的国家，已有学者提出，使用互联网资源来吸引学生注意力[4]，让学生参与到教学中来的方式提升教学效果[5]。

随着移动互联网的发展和学生主体结构的转变，当下的学生群体更容易接触到动画和游戏，也使得通过动画和游戏进行教学变得具有可行性。2017年，*Nature Chemistry*上刊载了一篇名为《通过电子游戏进行教学》的文章[6]，文中提出，通过在当代学生群体中流行的电子游戏进行教学，能有效吸引学生注意力，寓教于乐，让学生积极主动地进行学习。

2016年里约奥运会闭幕典礼上，日本首相安倍晋三扮演成马里奥，出席东京八分钟；同年，日本知名游戏公司发布手游"Pokemon Go"，在全球154个国家及地区引发热议。随着东京奥运会的临近，日本的动画文化也会在全球更具影响力（图1）。

1999年，《名侦探柯南》作为最著名的动画片之一引进中国，至今仍每周一集持续播出，培养了大量的中国80后、90后乃至00后爱好者。与其他动画片不同，它是一部极具知识性又

作者简介：徐海（1978－），男，湖南长沙人，中南大学化学化工学院副院长、副教授，硕士生导师，主要从事有机化学研究，承担多项国家及省部级科研及教研项目，是《名侦探柯南与化学探秘》课程的主讲教师；梁文杰（1967－），男，湖南娄底人，中南大学化学化工学院副教授，硕士生导师，主要从事有机化学研究，承担湖南省技术创新引导项目——柯学文化工作室的项目，致力于名侦探柯南动漫中的科学知识推广普及工作；赵斯祺（1992－），男，湖南湘潭人，中南大学化学化工学院硕士研究生；长沙，410083。Email：xhisaac@csu.edu.cn。

广受欢迎的著名动画片；由于《名侦探柯南》的影响力大，喜爱者众多，因此网上视频资源方便易得，便于出于教学目的进行收集整理（图2）。通过介绍《名侦探柯南》动漫中的科学知识点，剪切相关动画视频资料可有效进行案例教学。此外，随着广大80后（往往都看过《名侦探柯南》）逐渐成为教师队伍的骨干，广泛开设名侦探柯南系列课程成为可能。

名侦探柯南与化学探秘课程采用"开放式"教学，促进交流，使学生参与到课堂中；引入实践环节，调动了学生的积极性；立体交叉融合的教学内容，在把握"名侦探柯南"主线的同时，没有遗漏"化学探秘"的根本目的。

名侦探柯南与化学探秘课程设立的初衷是为了更好的推广化学知识，而现在已经衍生成了"柯南课程"系列，不仅提高了大学生参与科学人文素质课的兴趣，更为科学人文素质课程改革作出了良好的示范。

图1　日益知名的日本动画

图2　名侦探柯南与化学探秘

一、名侦探柯南与化学探秘的创新型人才教育模式

名侦探柯南与化学探秘作为中南大学知名的创新型科学人文素质改革课程，开创了基于教学、实践、互动等的以人为本的新型人才教育模式，这种模式已初见成效。

（一）依靠团队力量，充分体现学科间的交叉融合，精心设计课程

依托多门国家精品课程和国家精品资源共享课，通过集体备课、公开课等教研活动，打造人文素质课教学团队，促进课程建设的持续发展。

本课程主要完成人为4门国家级精品课程和4门国家级精品资源共享课（无机化学、有机化学、工科大学化学、工科大学化学实验）的主持人、具体主持人或建设骨干，教学改革经验丰富，教学理念先进，善于团结协作、真抓实干，注重教学与科研的相互促进；通过集体备课、公开课等教研活动，打造了一支人文素质课教学团队，提高了化学类人文素质课的整体教学水平，为课程建设的持续发展提供了有力保障。

《名侦探柯南》中蕴含大量科学知识，对这些知识点进行精心整理，以科学知识为主线，立体交叉结合，重点阐述（如表1）。

表1　名侦探柯南与化学探秘课程教学设计

序号	章节名	关键知识点	引用的剧集名及情节要点
1	APTX4869与返老还童的秘密	炼丹术与炼金术	云霄飞车杀人事件——高中生服用神奇药物APTX4869变为小学生
2	点亮生命的火火火火	燃烧化学	通往天国的倒计时——大楼发生火灾
3	灿烂星空下的魔法师	烟花化学	复活的死亡讯息——利用烟花声响制造不在场证明
4	演绎冰与火的协奏曲	可燃冰与烷烃	绀碧之棺——利用可燃冰的爆炸脱险
5	一秒进入人间仙境	干冰、液氮等低温知识	帝丹小学七大离奇事件——利用干冰遇水释放雾气来制造奇异事件
6	那些年我们一起记忆过的各种石灰	石灰	新闻照片杀人事件——利用石灰遇水放热来制造火灾
7	隐形的室内健康杀手	甲醛等有害气体	看不见的凶手——车内喷洒甲醛杀人
8	破解幽灵鬼屋与奔腾血水	化学变色反应	幽灵鬼屋的真相——酚酞遇氨水变红类似血水

（二）开放式教学，通过参与互动提升学生积极性

本课程将学生熟知的《名侦探柯南》动画片引入到课堂教学之中，以课程知识点为主线，联系《名侦探柯南》的相关剧情作为切入点，采取案例、分组讨论、实验演示、亲身体验等多种开放式教学方法，激发学生兴趣，变被动学习为主动学习，使教学效果大为提高。这种教学模式既体现了学科特色，又培养了学生的探索精神。

名侦探柯南与化学探秘是中南大学中最早实行"开放式"课堂教学的课程之一，要求每组通力合作，共同完成柯南动画剧集中与化学知识点相关的PPT作业，完成较好的作业还可在课堂上公开宣讲。平时在出勤、回答问题等方面也进行分组的竞争性比拼，充分调动

了同学的学习积极性,同时也加强了同组同学的讨论交流。通过开放式教学,各组的学习效果大大提高,各个组之间形成了你追我赶的良性竞争氛围;小组内部日趋频繁的交流,增进了同学间的熟悉与友谊以及不同领域知识的交叉融合。学生坦言:觉得本课程的学习是"每周最期盼的事情""觉得有家的感觉"。

(三)引入化学魔术,提升教学效果

化学是一门以实验为基础的学科,本课程依据化学反应所产生的现象设计生动有趣的化学魔术(图3),不仅能更直观的展现知识点,还能培养学生的探索精神,激发兴趣。同时,在课堂上让学生亲自动手操作化学魔术,使学生参与到课堂,也有效地吸引了学生的注意力。

下面,以烟花化学的章节为例,来说明课程教学设计的具体实施方案的(见表2)。

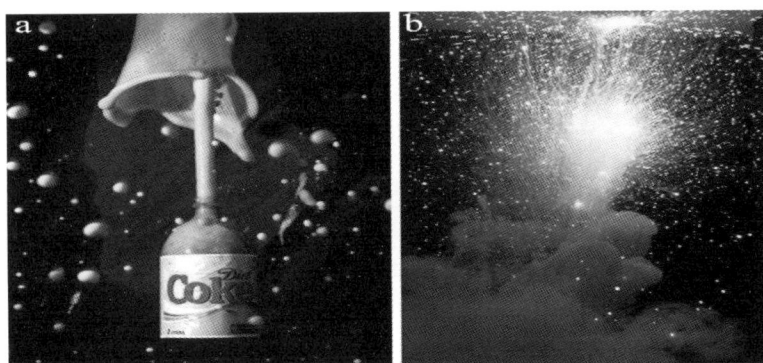

图 3　酷炫的化学魔术

表 2　《可燃冰与烷烃》章节的具体教学设计(共计4节课,180分钟)

序号	课程环节	关键知识点	教学方法设计及时间分配
1	跟柯南温剧情	柯南剧集《绀碧之棺》中,柯南利用可燃冰不稳定,不断释放甲烷气体的特点,判断山洞顶部有大量甲烷气体,利用铁链产生火花引发甲烷爆炸,炸开山洞而顺利逃生。	引入可燃冰与甲烷相关剧情,甲烷知识穿插于课程每个环节中,动画演示及讲述约20分钟。
2	跟柯南学知识	甲烷的性质,甲烷、天燃气、煤气、液化石油气的区别?有关安全生产知识及安全使用知识,可燃冰的形成原理,最近中国对可燃冰的开发。	具体介绍各种科学知识,案例教学,讲述约80分钟。
3	跟柯南温典故	具体介绍有关天燃气的开采历史,与石油开采的比较,中国历史上对天燃气、石油的开采历史。	教师讲述并提问,学生回答约30分钟。
4	跟柯南走四方	百慕大三角与可燃冰的关联性,著名小说作品《冰与火之歌》的相关介绍	拓展性知识,教师讲述、学生分组讨论约30分钟。
5	跟柯南炫魔术	生活中的简易可燃冰:利用醋酸钙制备白色固体酒精,类似于可燃冰。	实验演示加讲述,学生参与操作,约15分钟。
6	跟柯南做习题	判断哪些成分的组合可作为烟花。	归纳总结本次课知识要点,约5分钟。

二、名侦探柯南与化学探秘的成果

(一)教学成果

本课程首次将《名侦探柯南》的科学知识切入素质课教学体系,创新型模式设计视角独特,实施方案可操作性强,受益学生多(每年选课人数近一千人),教学效果明显提高,学生的到课率、听课率、掌握知识效果等方面均取得了明显提高。从2014年12月以来,根据超过500人的选课学生问卷统计,98%的学生表示上课后丰富了科学人文知识,99%的学生表示引入动画教学,大大提高了教学效果,更有超过91%的学生上了还想上,更有大量学生来蹭课旁听,其中不少为外校、外地学生。2017年,中国开设名侦探柯南与化学探秘系列课程的消息传到日本,引起日本网友热议;作为一部日本的动漫,日本网友希望能在日本也能开设类似课程(图4)。

さらにユニークな選択科目では、ハリーポッターとコナンが登場する。

中山大学の「ハリーポッターと遺伝学」は、「最上級の内容の選択科目」と呼ばれ、華中科技大学の「名探偵コナンと論理的推理」は二次元や三次元の世界が大好きな学生のツボを付いているため、2日間で500人以上の申し込みがあった。中南大学の「名探偵コナンと化学探秘」は、コナンのストーリーと化学原理を結び合わせており、開設してから3年の間、毎年大人気となっている。

图4 日本网友表示希望能在日本开设类似课程

(二)社会反响

通过人民日报、央视新闻等数十家媒体的报道及成果完成人到大、中学校的多次宣讲,该课程在全国范围内产生了较大的社会反响,并得到了中科院院士、中国化学会理事长姚建年院士的高度评价,称名侦探柯南与化学探秘为中国教育模式改革打开了一扇新窗口。

此外,课程主持人作为名侦探柯南与化学探秘首创者,还受邀参加了江苏卫视《一站到底》、江西卫视《顶级对决》、湖南卫视《趣科普》、北京卫视《科学时间》等系列科普电视栏目,有力的扩大了科普的影响力。

(三)理论成果

相关教学成果已经在中文核心期刊《化学教育》及CSCD核心期刊《化学通报》等期刊上发表,并融于名侦探柯南与科学探秘系列素质课教材之中。该模式目前已拓展到中南大学食品与化学、药与健康和华中科技大学神探柯南与逻辑推理、中国人民大学附属中学我和柯南学科学等素质课教学之中,同时通过人民日报、央视新闻等数十家媒体的报道和成果完成人到大学、中学多次宣讲,在全国各地素质课教学中起到了很好的示范和辐射作用,也起到了良好的科普推广作用。2016年,教学成果——《以"名侦探柯南与化学探秘"为引领的系列人文素质课程建设的创新与实践》荣获湖南省教学成果一等奖。

三、总结

对于创新型科学人文素质教育而言，知名度高且蕴含大量科学知识的《名侦探柯南》是非常完美的选择。利用这部动画作为工具吸引学生注意力，成功构建了创新型人才教育模式。当然，本课程也有需要进一步完善的地方，例如并非所有的教师都熟悉《名侦探柯南》的相关内容，特别是 40 岁以上的教师。因为，当《名侦探柯南》1999 年引入时，这些教师大部分已经开始工作，并未看过这部动漫，这对广泛开设这门课程不利。但是，对于现在的90 后、80 后教师，往往有《名侦探柯南》的观看体验，开设本门课程是没有问题的。因此，随着广大青年教师逐渐走上讲台，本课程的推广将更为便利。在移动互联网时代，人们可以通过各种方式，碎片化的接受知识，如何将这些碎片化的信息，整理成系统的知识，也是接下来的研究重点。当然，随着动画等小众文化的接受人群逐渐成长，利用这些作为工具进行教学也将更加方便。

参考文献

[1]Mazur, E. Farewell, Lecture? [J]. *Science*. 2009(323): 50 –51.

[2]Moore, J. S. & Janowicz, P. A. Chemistry goes global in the virtual world[J]. *Nature Chemistry*, 2009(1): 2.

[3]Malik, K., Martinez, N., Romero, J., et al. Mixed – Methods Study of Online and Written Organic Chemistry Homework[J]. *Journal of Chemical Education*. 2014(91): 1804 –1809.

[4]Moy, C. L., Locke, J. R., Coppola, B. P., et al. Improving Science Education and Understanding through Editing Wikipedia[J]. *Journal of Chemical Education*. 2010(87): 1159 –1162.

[5]Romero, C., Espejo, P. G., Zafra, A., et al, Web Usage Mining for Predicting Final Marks of Students that Use Moodle Courses[J]. *Computer Applications in Engineering Education*. 2013(21): 135 –146.

[6]Smaldone, R. A., Thompson, C. M., Evans, M., et al. Teaching Science through Video Games[J]. *Nature Chemistry*. 2017(9): 97.

机遇与挑战——非洲孔子学院发展现状分析

中英伦蒴　　朱婧

摘　要：两千多年前，《论语》有言："君子敬而无失，与人恭而有礼，四海之内，皆兄弟也。"如今，儒家所提倡的"四海之内皆兄弟"的理想通过在各国建立的孔子学院得以实现。随着中非合作的不断推进，有越来越多的非洲"兄弟""姐妹"开始学习汉语、了解中国文化，有越来越多的孔子学院开始在非洲这片广饶的土地"落地"、"生根"。

关键词：非洲；孔子学院；汉语教学；汉语文化推广

一、蓬勃发展的非洲孔子学院

"我的梦想就是学习中国的成功经验，让我们的家乡快速发展起来！"史凯（Keith Zvikomborero Mushonga）在"汉语桥"世界大学生中文比赛演讲中深情地说。史凯是无数对中国文化向往的纳米比亚青年之一，也是纳米比亚孔子学院一名学习汉语的学生。截至2017年12月31日，全世界共有138个国家（地区）建立了525所孔子学院。其中美洲有161所，亚洲有118所，欧洲有173所，大洋洲有19所，非洲有54所。全世界共有79个国家（地区）创建了1113个孔子课堂。其中，美洲有574个，亚洲有101个，欧洲有307个，大洋洲有101个，非洲有30个。我们发现，2017年非洲孔子学院在全球占比为10.3%，较2011年上涨了116%；孔子课堂占比为2.7%，较2011年上涨了500%，呈现出蓬勃的发展趋势。

进入21世纪，随着中非政治和经济往来不断加强，"汉语热"和"中国热"也席卷了非洲大陆。国家汉办积极响应需求，在非洲不同国家开设、增设了多家孔子学院和孔子课堂。时至今日，非洲孔子学院的初步格局已经形成，也取得了一定的阶段性成果。

首先，从发展模式上来看，"一院多点"的模式得到了推广和应用。"一院多点"是喀麦隆雅温得第二大学孔子学院（Confucius Institute at the University of Yaounde Ⅱ）为满足各种层次的语言学习需求在非洲地区首创的办学模式，即一所孔子学院可以在校内和校外不同平台开办多个教学点。"一院多点"模式在得到推广的同时，也给其他国家的汉语办学提供了良好的参考范例：赞比亚孔子学院（Confucius Institute at University of Zambia）从无到有，已发展成为"一所孔院，两个孔子课堂，二十个汉语教学点"的格局，学习汉语学生总数逾8000名，并荣获"2016年先进孔子学院""示范孔子学院"的荣誉称号；卢旺达孔子学院在卢大科技学院

基金项目：湖南省教育科学"十二五"规划项目"全球化语境下大学外语教学中的中外传统文化比较研究"，项目编号：XJK015QBJ001；2017年中南大学教改项目"交互式法语教学的网络平台设计与推广研究"，项目编号：2016JY65。

作者简介：中英伦蒴（1982 -），女，湖南邵阳人，文学博士，中南大学外国语学院副教授，主要从事法国文学和中法文化比较研究；朱婧（1992 -），女，江苏南通人，中南大学外国语学院硕士研究生，从事法语语言文学研究；长沙，410083。Email：cecilezylp@126.com。

的教学点在 2017 年共招收了 500 名学生，创下历届人数之最；截止到 2017 年，西南林业大学与马里阿斯基亚孔子课堂共发展了 6 个教学点，举办了数十场中国文化交流活动，为 3000 余名汉语学习者提供了帮助，"一院多点"模式为非洲孔院的发展注入新的活力。

其次，在教学领域，本土教师的培养逐渐受到重视。以乌干达麦克雷雷大学孔子学院（The Confucius Institute of Macrae University）为例，这所学校曾提出，在师资培养方面，学校始终认为通过中文教育来培养优秀的非洲籍教师，实现"本地人"教"本地人"汉语是孔子学院在外开展汉语教学的最终目的之一。为了实现这个目的，麦克雷雷孔子学院正在开展一项培训计划：由中国汉办派遣专家，为来自乌干达全国各地的 100 名中学老师进行为期 9 个月的实地集中培训。培训结束并合格后，这 100 名老师将成为乌干达第一批拥有汉语教学资格的中学老师。与此同时，在 2017 年 7 月 10 日，来自尼日利亚、莫桑比克、肯尼亚等国家的 13 名本土教师参加了由孔子学院总部/国家汉办主办的非洲本土汉语教师培训班。在第九届孔子学院大会上，国务院副总理刘延东指出，孔子学院要发展，就要"支持本土教材编写，加大非英语语种师资培养力度"。

最后，在办学特点方面，非洲孔子学院可以用"接地气"、"多层次"、"多形式"来形容。首先，非洲孔子学院的教学设置非常贴合当地不同层次的需求。例如，在起步较晚的地区，孔子学院根据学员的水平，开设了初、中、高级汉语课程；在发展比较成熟的地区或国家，则开设专业性汉语课程，如商务汉语、工程汉语、导游汉语等。肯尼亚内罗毕大学孔子学院、博茨瓦纳大学孔子学院等学校还设置了中文本科、硕士和博士点。其次，除了常规的汉语教学，孔子学院会定时在当地举行一系列具有"中国味"的文化活动，形式多种多样。例如，穆罕默德五世大学孔子学院邀请上海中医药大学的专家向摩洛哥民众介绍中医推拿文化；塞内加尔孔子学院举办了太极拳兴趣班，在吸引了无数酷爱中国功夫的当地民众的同时，还为武术成绩突出的学生颁发孔子学院的全额奖学金。2018 年的春节，喀土穆大学孔子学院举办了以"明月照丝路，中苏共此时"为主题的春节联欢晚会，在分享中国人传统过年习俗的同时，也为学生们送上了一份中国"年味"的温暖。

二、机遇：有朋自远方来

国家汉办主任许琳曾在 2012 年的非洲地区孔子学院联席会议上表示，非洲是全世界孔子学院"发展最迅速、最具活力"的地区。2018 年，王毅外长延续 28 年来中国外长新年首访非洲惯例，发出了鲜明的政治信号：非洲始终是中国外交的优先方向。

事实上，中非一贯以来友好邦交的外交传统，彼此之间的政治互信、经济融合和文化包容，为新时期孔子学院在非洲的进一步发展提供了难得的机遇。正如许多非洲朋友喜欢的孔子名言"有朋自远方来，不亦乐乎"，中国与非洲各国之间的友谊，将会为越来越多的非洲人民开启通往汉语、通往中国、通往更美好未来的"快乐大门"。

首先，非洲自身良好的环境为孔子学院的发展提供"生长"机遇。经济方面，根据世界银行发布的最新经济展望报告，撒哈拉以南非洲 2018 年和 2019 年的经济增长预期分别为 3.2% 和 3.5%。总的来说，非洲逐渐恢复和加快的经济增长不仅能够进一步拉动投资，也为非洲汉语文化的发展和推广提供了较好的经济条件和基础。同时，产业结构的调整刺激了非洲国家对于职业技术型人才的需求。中国已在非洲 14 个国家建设了农业技术推广示范中心，为非洲带来了相对先进的技术知识和人才，而掌握知识、引进人才所必不可少的工具——汉语，则成为了通往成功的第一道阶梯。

汉语教学推广方面，一些非洲国家已经出现了发展较为成熟的汉语教学基地，并起到了影响和辐射作用。如艾因夏姆斯大学（Ain Shams University）语言学院的中文教学基地每年都会举办"中国日"，向非洲各国宣传中国的传统文化和思想。同时，在非洲大陆具备影响力的国家如埃及、喀麦隆、肯尼亚等，汉语的推广工作也开展得比较顺利，也为后续孔子学院的设立打好了"底子"。在推广汉语的过程中，华人华侨的力量也不可小觑。南非是非洲大陆华人华侨最多的国家，由于中文是华人华侨的语言工具和情感传承，许多人都在当地致力于汉语的学习和推广。全南非唯一一所把中文课程作为必修课、并贯穿中小学教育的翡京华侨公学便是由当地的华侨所捐赠设立。

其次，中国对于非洲汉语人才的需求为孔子学院的发展提供"成长"机遇。习近平总书记提出的"一带一路"与非盟的《2063 议程》在支持非洲破解人才不足发展瓶颈方面高度契合，作为我国设在境外的汉语教学机构，孔子学院肩负着推动"一带一路"战略实施的伟大使命。不仅如此，随着中国企业在非洲投资的逐步扩大，有越来越多的中资机构进驻非洲大陆，在这片土地上工作的华人华侨对本土的汉语翻译人才有着极大的需求。这种需求也直接反映在了当地的就业市场中。例如，非洲的贝宁大学学生的就业率不到 20%，然而当地阿波美卡拉维大学（University of Abomey-calam）孔子学院的学生毕业后却在招聘会中供不应求。

最后，中非之间的高层合作与文化往来"呼唤"着在非孔子学院的合力参与。2015 年 12 月的中非合作论坛约翰内斯堡峰会上，中国国家主席习近平提出了中非"十大合作计划"，其中包括双方在扩大教育、人力资源开发等方面需开展的重点工程。政策实施后，许多在非的中国企业也更加积极地履行海外社会责任，解决当地就业，促进文化沟通，与所在国合作开展人才培养、当地人员培训。孔子学院作为汉语教学基地，将会在语言交流、培训员工、辅助专业技能教学、增强本土员工的融入感等方面发挥巨大作用。同时，我国政府陆续出台实施了"中非民间友好伙伴计划"等一系列项目行动，充分发挥民间商贸、教育、文化组织等力量资源，这也为在非孔子学院的进一步扩大发展提供了宝贵机遇。2018 年中非合作论坛峰会即将举办，我们有理由相信，未来非洲孔子学院的发展将迎来更加广阔有为的天地。

三、挑战：知者不惑，勇者不惧

直至今日，非洲孔子学院已经走过了第 14 个年头，新时期的非洲孔子学院，不仅拥有着广阔的机遇，更面临着种种挑战。

第一，非洲现存的社会条件限制了一些孔子学院的发展空间。首先，因为非洲历史上曾是英、法、葡、西等国的殖民地，很多国家的文化和教育制度长期受到西方的影响，因而导致某些国家长期缺失主流的教育价值观，当地的人才培养制度与社会发展严重脱节。其次，由于一些非洲高层对中国环境和国情的不熟悉，加之语言沟通障碍，导致孔子学院推行的有效制度和政策在一些国家或地区得不到很好的实施。最后，除了发展较好的南非、博茨瓦纳等国，绝大多数非洲国家财政紧张，教育经费投入不足，因此当地的孔子学院也存在着教学设备简陋、教学师资缺乏、教学设备陈旧、教学场地不足等现象。

第二，非洲孔子学院的"水土不服"现象同样值得深思。从教材上来说，一些国内编写的汉语教材内容不太能符合所有非洲国家的文化习俗、学时设置，无法满足不同水平的学生的多层次需求，缺乏一定的科学性和完整性。在苏丹、埃塞俄比亚和乌干达三个国家孔子学院教书的赵雪野老师表示，在教材编写方面，汉办的教材内容大多比较陈旧，希望有条件可以组织专家教材编写队伍，出版更贴合本土需求、更受当地民众欢迎的教材。

从师资上来说，孔子学院的教师大部分是从国内各高校进行抽调公派，服务期一般在2－3年，这种不断流动、长期缺乏稳定性的师资队伍不利于汉语教学的长远发展。同时，在非服务的汉语教师志愿者也存在着诸如语言交流、文化沟通、教学实践经验不足、服务周期短等亟需解决的问题。

如同光明与阴影总是相伴相生，机遇与挑战在如今全球化的背景下也必将相互转化。子曰：知者不惑，仁者不忧，勇者不惧。勇敢面对挑战，不断实践成长，将挑战转化为新的机遇，是非洲孔子学院当下的重要使命之一。

四、对策：择其不善者而改之

推广汉语，宣传优秀的中华文化，有助于将"中国梦"与"非洲梦"紧紧相连，也有利于促进中非未来在各领域的深入合作。面对发展过程中的挑战与困境，我们必须"择其善者而从之，其不善者而改之"，制定长期战略规划，有针对性地突破非洲孔子学院所面临的难题。

应对策略分为内部对策与外部对策，第一部分为内部对策，即从孔子学院自身建设入手，进行一系列创新型改革。首先在孔院管理方面，针对《孔子学院章程》等制度章程落实不到位的情况，应逐步建立相应管理体制，将中高层管理人员、行政人员、志愿者教师逐一纳入规范的管理系统并设立相关奖励机制，鼓励各部门的高效率合作；从单一化教学模式转向多元化发展路径，借助孔院平台，整合国内知识技术资源，着力为非洲培养专业技术人才和本土教师；分重点区域树立优秀孔院典范，建立各国孔院的交流平台、论坛，发挥优秀孔院对周边的影响辐射作用；鼓励各地孔院因地制宜，开展研究，编写新教材，创新教学方式，从而在各地发展出不同特色、贴合人民需求的孔子学院开办模式。

汉语推广方面，第一，要不断地推进汉语教学的非洲化，一方面大力发展普及型基础汉语教育，另一方面，在一些发展较为成熟的国家，力争将汉语教育纳入非洲基础国民教育体系，在高校设置汉语言专业，加大对高层次汉语人才的培养，推动汉语文化传播的深层次发展。第二，要立足于当地的实际需求，加大对解决就业、培养实用技能、促进投资的支持力度，以发展为主，以推广文化为辅，在充分引起政府与民间"共鸣"的基础上，进一步开拓非洲国家教育市场。

在师资培训方面，第一，要重视语言文化的互动性，加强对中国教师、志愿者的本土语言培训。要求教师不仅能够教授汉语，还需要适当掌握非洲本土语言，做到与学生真正"心连心"，形成双向互动的高效率汉语教学模式。第二，双向培养汉语教师，在提高公派教师质量的同时，采用"2＋2"或"2＋3"模式，着重培养具有本科、研究生学历的非洲本土教师。

在教学方法上，应积极借助新媒体手段，丰富教学形式，提高教学效率。积极开展

"新媒体实验课堂",利用多种现代媒体开设新型教学课堂,设计教学互动、语言游戏、模拟课堂等教学模式,在网络平台的基础上,利用电脑、手机、电视等终端进行娱乐性汉语语言教学,在社交媒体、公共空间推广品牌形象,从而吸引更多青年学生的关注。

第二部分为外部对策,即从对外合作角度,探索非洲孔子学院的更多可能性。首先在合作政策上,要积极整合双边资源,加强"五个结合":与官方友好交往相结合、与对非援助相结合、与赴华留学生招收工作相结合、与使馆公共外交相结合、与企业"走出去"战略相结合。不仅响应政府号召,同时积极团结当地企业、国际组织、区域组织、非政府组织,多主体参与建设,为孔子学院的多方位发展提供各领域的保障。

另外,在非洲某些困难国家或地区,需加大对其教育经费、基础设施和教学设备的投入。与此同时,开展国内相关企业、教育机构、民间团体文化捐助活动,并建立完善的经费、物资管理制度,使"中国心"真正对接"汉语热"。

在合作对象方面,重点与当地职业技术学校和中资企业展开合作。创建"孔院—职校—企业"三位一体联动模式,拉动国内外职业技术培训资源,在职业技术学校和中资企业中设立专门的教学点,为企业培养更多的专业技能型人才。建立人才数据库,在人才市场中为中资企业的招聘和学员的应聘构建桥梁。

最后,将在非的文化推广活动做大做深。吸纳各领域的专家,使用非洲本土语言如法语、西班牙语、葡萄牙语等,编写汉语教材和中国文化普及读物;与非洲当地学者合作,编写中国历史、哲学、国学等简易绘本,使汉语、中华文化知识变得更加"老少咸宜",更加深入人心。

五、结 语

"仁远乎哉?我欲仁,斯仁至矣。"十四年过去了,在非洲这片广袤的土地上,孔子学院坚持用文化的厚度打动人,用仁爱的思想影响人,用无私的帮助感化人。无论外界风卷潮涌,瞬息万变,始终秉持一颗本心,发奋自强,永不放弃。这是孔子"大仁"之所在,也是"中国梦"的本质精神。

"中国梦和非洲梦是同一个梦想,我希望能学好汉语,共筑中国梦,共筑非洲梦。"史凯在演讲的最后说道。

参考文献

[1] Liu Q, Xiukui W U. Investigation and Analysis of Chinese Culture Promotion Activities in the Confucius Institutes of Africa——Illustrated by the Example of Confucius Institute, University of Yaounde Ⅱ [J]. *Journal of Chuxiong Normal University*, 2017.

[2] Yoneva, E. In the Embrace of the Dragon: China-Africa Relations in the Extractive Industries [C]// Confucius Institute-Sofia, Fourth International Scinetific Conference "the Silk Road", 2017.

[4] 徐丽华. 非洲孔子学院:检视、问题与对策[J]. 浙江师范大学学报(社会科学版),2012(6):52-56.

[5] 李红秀. 非洲孔子学院建设与汉语文化传播[J]. 中华文化论坛,2015(1):111-117.

[6] 钟英华. 非洲孔子学院建设中的几个基本问题[J]. 云南师范大学学报(对外汉语教学与研究版),2009(1):37-40.

[7] 夏日光,赵辉. 非洲孔子学院汉语教师志愿者的培养[J]. 长春工业大学学报(高教研究版),2012(1):54-55.

基于大数据技术的卓越医师培养计划模式及意义

肖松舒　　袁　静　　蒋小艳　　窦莹域　　谢　惠　　阿米娜·买提努日

摘　要： 卓越医师培养计划是我国医学教育改革的重要组成部分，从传统医学教育模式的特点入手提出改革的必要性，"填鸭式"教学方方式使学生自主学习及创新能力培养受到限制。而大数据时代带来了教学模式的创新，其中大型开放式网络课程在大数据时代优势凸显，可以利用数据挖掘技术对参加卓越医师计划的学生在医学教育过程中产生的巨量数据进行研究处理，为卓越医师培养计划提供数据支持，从而探索适合我国国情的能培养卓越医师的医学教育模式。

关键词： 大数据；医学教育与管理；卓越医师培养计划

随着科技的不断进步，互联网技术的不断完善，数据正在以前所未有的速度飞快增长和积累，传统的数据分析软件已无法胜任如此庞大的数据分析工作，人类社会迎来了大数据时代的到来。大数据最早由全球知名咨询公司麦肯锡（Mckinsey & Company）提出，2013 年美国奥巴马（Barack Hussein Obama）政府将大数据战略上升为国家意志，2015 年习近平总书记在十八届五中全会及 20 国集团峰会讲话中明确提出要实施大数据战略。大数据技术以其势不可挡的趋势迅速成为了各领域的研究热点，其中也包括教育界，由此衍生出教育大数据的概念[1]，即与教育相关的所有数据集合，属于大数据的一个子集。利用教育大数据可以推动教育信息化、精确化、个性化，大数据技术在医学教育领域的应用成为了推动医学教育创新的巨大动力。卓越医师计划是为贯彻落实胡锦涛总书记在庆祝清华大学建校 100 周年大会上的重要讲话精神和《国家中长期教育改革和发展规划纲要》（2010 - 2020 年）而提出的一项具有重大意义的医学教育改革[2]。卓越医师培养计划是我国医学教育改革的重要组成部分，现笔者将着重讨论基于大数据技术的卓越医师计划的几点想法。

一、传统医学教育模式

（一）传统医学教学模式简介

我国的医学教学模式沿袭苏联的教学模式[3]75，即"以授课为基础"的学习模式，将本科阶段大致分为基础、临床、实习三大板块。基础知识板块概括来说是以学科为中心，按照解剖、组胚、生理、病理、药理等学科的顺序依次进行学习；临床知识板块则包括内、外、妇、儿、眼科、口腔等学科。实习板块将学生分散到不同医院的不同科室跟随经验丰富的临床医生学习。其中各大板块的历时长短在不同医学院校有所不同。

基金项目： 湖南省普通高等学校教学改革研究立项课题"在临床实习中融通住院医师规范化培训的研究与实践——以妇产科为例"，项目编号：湘教通〔2017〕452 号（2017-038）。

作者简介： 肖松舒（1978 -），女，湖南新化人，中南大学湘雅三医院副教授，主要从事妇科肿瘤研究；袁静（1994 -），女，湖南长沙人，中南大学湘雅三医院硕士研究生，主要从事妇科肿瘤研究；蒋小艳（1993 -），女，四川重庆人，中南大学湘雅三医院硕士研究生，主要从事妇科肿瘤研究；长沙，410083。Email：xiaosquirrel@ 163. com。

（二）传统医学教学模式的优点

传统的教学模式具有教学逻辑清晰的优点，它更关注医学科学的系统性、完整性、逻辑性等，从解剖到药理，各门学科的学习呈递进式，帮助学生从宏观到微观，从正常生命活动到病态生命活动等方面了解和学习基础医学，为临床医学的学习夯实基础。在一定程度上有利于学生对医学知识的接收与消化。

（三）传统医学教学模式的不足

教学方面，传统医学教学模式各学习板块之间过渡生硬，课程设置缺乏整体性。在教学过程中多以老师为主体，学生多为被动学习，这种"填鸭式"教学方式使学生自主学习能力和创新能力的培养受到限制。课堂教学多为口头讲述，学习内容多而学时有限，难以对重点难点进行较深入探讨，课堂气氛较为沉闷。传统教学模式以生物科学为主，忽略医学人文素养的重要性，较多强调医术而非医德[3]77。

学生方面，学生知识来源多局限于教科书或老师的补充，知识面窄，难以适应当前飞速发展的现代医学。课程中较少涉及科研，学生对于科研的了解有限，也是限制学生创新能力的方面之一。

考察体系方面，形式单一，大多采用闭卷考试形式，少数为论文撰写，并不能真实反映学生学习情况。即使从未认真听过一堂课，有历届真题"护航"，不少同学都能"刷"出好成绩。

二、大数据的内涵及其与卓越医师培养计划的关系

大数据（big data）概念源自于依靠大容量数据集的学科，如天文学，基因组学和气象学。美国互联网中心将大数据定义为：通过高速捕捉、发现、分析，从大数据中获取价值的一种新技术。国际数据公司（International Data Corporation）给大数据定义了4V特征，即数据规模的海量化（volume）、数据的处理速度快和时效性要求高（velocity）、数据形式和来源的多样化（variety）、数据价值密度低（value）[4]。

时代的发展让传统的医学教育模式越来越显示出它的弊端，医学的发展速度之快敲响了培养与国际接轨的卓越医学生的警钟，医学教育改革已提上日程。教育大数据的提出给医学教育改革提供了另一种可能性。每一个医学生从进入大学到毕业，都将产生海量的数据，大数据可以利用数据挖掘技术和数据处理技术对参加卓越医师计划的学生在医学教育过程中产生的巨量数据进行研究处理，为卓越医师培养计划提供数据支持，从而以点带面，探索适合我国国情的能培养卓越医师的医学教育模式。

三、大数据带来的卓越医师培养计划

（一）跳出书本牢笼，改变学生学习方式，实现个性化教育

大数据时代的到来预示传统医学教育模式已无法适应未来发展，尤其在信息量爆炸的互联网时代，掘取信息的能力在竞争中越来越占据重要优势。在传统教学模式中，学生知识来源局限，"填鸭式"教学方式在一定程度上遏制了学生的创造力与想象力。互联网技术的快

速发展和普及，为高等教育提供了一把打开封闭大门的钥匙，而走向更为广阔的领域。大数据时代带来了教学模式的创新，其中大型开放式网络课程（Massive Open Online Course，简称MOOC）逐渐在知识爆炸的大数据时代凸显出它的独特优势[5]70。大型开放式网络课程主要服务于大规模的社会化网络学习，同时也能够凭借其平台，为学生提供海量的和优质的课程资源，学生通过高校专门的网络信息平台可以享受到全国甚至全世界各地名师的网上课程，而各高校之间可以通过各种形式的合作方式实现资源共享[5]71。此外，伴随大规模的学习访问与交流而产生的海量信息，应用大数据技术强大的数据采集分析能力，对持续采集到的学生的学习行为数据进行分析，从而洞察学生学习方法、学习效度等关键问题，辅助评估学习过程、预测未来表现和发现潜在问题，为学生学习制定科学有效的学习计划与方法，并且向学生提供与当前所学知识内容相适应的文献、著作、讲座、报刊等。真正做到帮助学生丰富知识储备，优化知识结构。

（二）合理分配师资，改变教师授课模式，转变教师身份

在传统课堂中学生受到学习能力和学习时间的限制，尤其像医学知识这种需要不断重复记忆的专业知识，学生往往无法自由地根据自身实际情况来安排学习的时间、空间和方式。大数据技术的应用，开通部分网上学习课程，学生通过观看网上教学视频进行学习，学生观看视频的快慢全在自己掌握，已懂的快进跳过，难点倒退反复看，也可以停下来仔细思考或做笔记，还可以在网页的留言区与授课老师或者助教老师互动，解答疑难，表达学习后的感想，向授课老师提建议等[6]。网页设计课堂练习专区，帮助学生自我检测学习成效。通过大数据技术分析帮助教师总结学生知识盲区及相关重难点。重难点课程采取目前国际普遍采用的问题式学习（Problem-Based Learning，PBL）、团队式学习（Learn-Based Learning，TBL）、迷你临床资源评估量（Mini-Clinied Evaluation Exercise，Mini-CEX）等新型的教学模式[7]，通过老师的帮助、团队的协作以及临床实践，掌握较难学习的课程。传统的教学模式中，教师无法照顾到全部学生，传统课堂上学生对知识的接收能力和理解能力都有较大差别，教师很难找到其中的平衡点，导致容易的知识多占了时间，而真正应该花时间的重难点知识反而得不到强调，而大数据技术的应用正好弥补了这一缺点，通过分析学生在网络上留下的浏览数据，帮助教师快速了解全部学生的学习情况，并制定有针对性的教学方案。比如总结得出知识的重难点，了解学生对课堂各种教学模式的接受程度及意见等，大数据技术的应用帮助老师创新教学方式，合理利用教学资源，从知识的讲授者变为组织引导者[8]。

（三）科学管理校园，使教育评价体系精确化

大数据时代下的校园管理趋于科学化，精确化。校园管理决策，如教学评价，教师管理，学生管理，学校发展等，均需要基于大量的数据支持。大数据技术能够从海量的医学教育数据中发现有价值的信息，为改善医学教育管理和决策工作提供数据支持，从而找到教育管理工作中存在的问题并帮助决策者找到合理的解决方法。教育大数据在教育管理中的应用价值主要体现在医学教育的科学决策、教育资源设备的智能管理、教育数据的安全管理等。通过大数据技术对教学信息、教育资源配置、教育实施保障、师资条件、教育服务管理等数据进行采集统计与综合分析，采用教育挖掘和学习分析这两大技术进行横向对比、趋势分析、钻取转换等将数据转为信息，为教育管理者的科学决策提供数据支持[9]。

随着时代的发展，传统的纸质档案管理方式已不再适应时代的发展，应用大数据技术构建

教育管理平台，记录、展示、分析医学教育中关于教师科研学习数据、教师教学数据、学生的课程学习数据、师生考核结果数据、课余活动数据等，从而建立完善的师生信息，使医学教育管理工作真正做到精确化，科学化[10]。

随着大数据技术的应用，医学教育评价体系发生了从"非量化"到"可量化"的转变。首先是学生学习成绩评估，传统的课程考核大多采取闭卷或开卷考试。这种形式的考试相对直接且易于实施，但存在难以准确评估学生学习成果的缺点，仅靠考前浏览历届真题，许多同学即使上课从未听过课，也可以"刷"出好成绩。应用大数据技术分析学生学习数据，如通过在线课程浏览情况的数据分析能够准确了解学生课程的学习情况，从而避免刷出的好成绩。其次是教员教学工作评价，教学工作评价缺少有效的评价方法，应用大数据技术分析教员教学数据、学生学习与反馈数据、教员与学生交流数据等，实现教学工作评价可量化与精确化。此外还有学校管理工作评价，决策实施前网上征询师生意见并分析预测实施结果，实施过程中动态分析师生反馈数据了解实施情况，从而实现学校管理工作的评价，为校园决策提供科学客观依据。

四、总　结

随着社会经济与科技的快速发展，人民生活水平及受教育水平的提高给当代医疗提出了新的要求，许多医学院校开始探索新的教学模式以弥补传统教学模式的不足。卓越医师培养计划是改革的重要一步，基于大数据技术的卓越医师培养计划，为医学教育改革提供了技术保障。总而言之，医学教育改革与创新迫在眉睫，而大数据的应用将成为医学教育模式创新的巨大动力与助力。

参考文献

[1]罗清红. 数据、大数据与教育大数据[J].教育科学论坛,2016(5):7-13.

[2]罗素新. 实施卓越医师教育培养计划的思考[J].中华医学教育探索杂志,2012(6):617-619.

[3]袁文臻,王千心,郝建朋,等. 大数据时代高等医学教育创新之思考[J].兰州教育学院学报,2015(2).

[4]罗亚玮,陈方,任学军,等. 大数据时代高等医学教育的启示[J].中国教育信息化,2015(15):33-35.

[5]孙雨生,程亚南,朱礼军. 基于MOOC的高等教学模式构建研究[J].远程教育杂志,2015(3).

[6]韩一平,张从昕,刘燕敏,等. 基于大数据技术的全科医学教育的改革与创新[J].中华全科医学,2017 (7):1093-1096.

[7]崔舜,陶晓南,吴汉妮,等. PBL教学模式改革的思考[J].医学与社会,2005(6):58.

[8]孟小峰,慈祥. 大数据管理:概念、技术和挑战[J].计算机研究与发展,2013(1):146-169.

[9]郜盼盼,贾伟,马凤涛. "大数据+"继续教育:继续教育如何拥抱大数据时代[J].继续教育,2017(3):30 -32.

[10]于晖."大数据"及"大数据技术"与高校教师档案管理[J].宝鸡文理学院学报(社会科学版),2015 (4):148-150.

营造创新型校园环境　促进高校人才培养

奎晓燕　黄亚　杜华坤

摘　要： 自主创新是支撑一个国家崛起的筋骨。人才是自主创新和国家创新体系的根本，没有高素质的创新型人才队伍，自主创新是不可能实现的。校园文化建设对创新型人才培养起决定作用，高校应当强化校园文化建设，深化改革，培养出满足社会发展需要、具有自主创新能力的高素质人才，为国家创新体系建设提供强有力的人才支撑。

关键词： 自主创新；校园文化建设；创新型人才；创新型教师

创新是一个民族进步的灵魂，是国家兴旺发达的不竭动力。创新型人才培养是学校上水平的又一个重要机遇，是提高学校核心竞争力的重要标志[1]，因此高校应当紧紧抓住自主创新这一人才培养的战略抓手，扎实工作，凝聚共识，制定强有力的政策和措施强化校园文化建设，全面推进素质教育，为实现高校创新人才培养的新突破努力工作[2]。校园文化环境是创新教育的重要资源，是开放性创新课堂教学的必然延伸。要实施创新教育，首先要有一个创新型的学术教育环境、一个创新的氛围，否则就无法摆脱"应试教育"的阴影。创新型的校园文化环境是指对个体创新能力的发展产生积极影响的各种学校因素，包括学校管理、校园环境布置、教学评估体系及班级气氛等。实施创新教育，必须营造优良的环境和氛围[3]，才能促进学生创新精神的形成和发展[4]。因此，高校可以从以下几个方面加强校园文化建设，为创新型人才的培养打下良好基础。

一、依托工会组织，建设创新型职工队伍

党的十八大以来，习近平总书记对工人阶级和工会工作高度重视，多次作出重要论述，为做好工会工作指明了方向。新形势下，工会应该把握为实现中国梦而奋斗的工运事业时代主题，在协调推进"四个全面"战略布局中充分发挥工人阶级主力军作用。围绕落实党的十八届五中全会提出的"十三五"规划建议和实施创新驱动、"一带一路"建设、京津冀协同发展、长江经济带建设等国家发展战略，组织动员广大职工牢固树立和践行创新、协调、绿色、开放、共享的发展理念，积极投身以技术创新为重点的社会主义劳动竞赛，广泛开展工人先锋号创建活动，踊跃参加职业技能大赛，推进大众创业、万众创新，积极支持和参与结构性改革，为夺取全面建成小康社会决胜阶段伟大胜利作出贡献。

引导职工培育和践行社会主义核心价值观，在全校营造"尊重劳动、尊重劳动者"的良好氛围。深化职工精神文明创建活动，加强职业道德建设，把社会主义核心价值观转化为

作者简介： 奎晓燕（1980－），女，云南玉溪人，工学博士，中南大学信息科学与工程学院副教授，硕士生导师，从事计算机应用技术、数据库技术研究；杜华坤（1977－），男，云南昭通人，工学博士，中南大学地球科学与信息物理学院讲师，从事数据分析与处理研究；黄亚（1973－），女，湖南湘潭人，中南大学信息科学与工程学院助理研究员，从事比较文学方面的研究工作；长沙，410083。Email：xykui@ssu.edu.cn。

职工群众生动活泼、特色鲜明、富有成效的实践。广泛开展"中国梦·劳动美"主题教育，大力弘扬劳模精神、劳动精神和工人阶级伟大品格，保持和发展工人阶级先进性。加强人文关怀和心理疏导，把解决思想问题与解决实际问题结合起来，打造健康向上的职工文化和校园文化。深入实施职工素质建设工程，培养更多大国工匠，打造知识型、技术型、创新型职工队伍。

二、营造有利于教师创新的校园环境，激发教师的工作热情和动力

学校要创造良好的学习和生活条件，加强校园文化建设[5]。校园建设要绿化、净化、美化、精品化，创设良好的文化氛围。通过定期和不定期地举办小创造、小发明实物展览，举办科技和艺术展览，用科普讲座将最新的科技信息和资讯传递给学生，带领学生成立科技活动小组，培养学生的科学素养，创造浓厚的学校科技和创新气氛。教师和学生在有浓厚创新氛围的环境中不断受到熏陶而潜移默化，教师从中获得饱满的工作热情和动力，获得教学感悟和启发。同时，在校园内可以竖立中外文化名人名言警句和科学家塑像，把校园围墙和教学楼走廊开发为展现教师和学生创新成果的园地，使校园环境中处处蕴涵丰富的创新教育信息，强化校园环境的育人功能。

三、营造宽松的创新课堂环境

现行的学校教育管理体制对于维持学校教育工作的顺利进行，具有良好的管理调控作用，但也确实存在固步自封、体制僵化、抑制创新的弊端。实施创新教育，必须在维护教育教学秩序稳定的基础上，弘扬主体精神，充分调动教师和学生在课堂教学活动中发挥创新性自主管理的积极作用[6]。要大胆而又坚决地改革现行管理制度中不利于创新的弊端，创设宽松、民主、和谐的教育管理环境，课堂教学应该由传统的向学生传授知识转变为发展学生的学习能力、实践能力、主体性、个性和创造性，鼓励学生标新立异、大胆设想的创新环境。课堂上学生标新立异，难免伴随着幼稚和犯错，但学生不断"犯错"的过程，其实是不断改正错误，完善方法的过程。因此，教师多给学生有"犯错"的机会，不断培养学生进取、创新精神，鼓励学生对老师、对书本敢说"不"字，把整个课堂营造成既是学生学习、求知的地方，又是学生敢想、敢说、敢干的园地。有了这样一块创新教育的沃土，通过悉心栽培，就会孕育一个又一个创新的成果。在实施过程中可以关注以下几个方面：

（一）教学组织中处理好个别与群体的关系

传统的课堂教学的组织形式是行政班级，实际上每个学生创新能力是不一样的。即"新"是有层次的，而学生的特长、爱好、能力有差异，这就决定教师在培养学生的创新精神时必须区别对待、因势利导。教师只有把握好培养学生创新精神在不同学科和不同专业学生的特殊性，才能获得较好的有效性。这就要求敢于向传统的行政班级宣战，改变传统的固定班级模式，尽可能最大限度地因材施教，最大限度地尊重"个别"。针对学生的各科知识和能力差异，按学科将学生分成 A、B、C 三个层次或 A、B、C、D 四个层次，分层次在不同教室上课，这样学生各个学科的特长就能最大限度地得到发挥，每个学生均可在自己的知

识殿堂中遨游，经过老师的点拨，不断点燃学生创新的火花。

（二）课堂中建立活跃、宽松、民主、高效的课堂气氛

教师要从知识的传播者转变为学习的指导者，学生由被动的接受者转变为学习的主体，必须彻底改变那种"以教师为中心，以课堂中心，以教材为中心，以模拟训练为重点"的传统教学模式，努力培养学生的探索精神、实践精神和批判精神。教学中将教师讲学生听的"问题－结论－应用"式转变为"问题－讨论－探索－实践－结论－应用"式，充分发挥学生的主体作用。课堂教学中教师要积极创设生动和谐的氛围，做到三个提倡："提倡学生上讲台，提倡自由讨论，提倡标新立异。"教师既是学生心目中的老师，又是学生心目中的朋友，课堂上师生是平等的，要充分发挥民主，鼓励学生展开想象的翅膀，允许"七嘴八舌"自由发言，充分发挥学生的创新潜能。

（三）教学中教师应根据知识的特点，把握学生心理规律，采取灵活的教学方法

教学过程是一个复杂过程，教学所要完成的任务和内容又非常丰富，教学中要克服教学模式的单一化，故教学有"法"而无定法。在教育史上，由于种种原因，人们对教学的这种灵活性、复杂性认识不足，教学往往固执于某一种模式或几种"优化"的方法，不管适应不适应都要套进去，弄得很僵化。教师在课堂教学中对学生创新精神的培养，要在"创"字和"新"字上下功夫，教师在教学活动中应该做到以下几个方面：

第一，有意识地创造问题情境，激发学生探索事物的愿望，引导他们体验解决问题的愉悦，促进创造思维的发挥。

第二，注意锻炼学生的发散思维，克服思维定势影响。人的思维往往易受已形成的思维习惯控制，按固定的思路去思考问题。这样思路会被束缚，使思想僵化。思维定势对某一问题的创新、发展是有害的，克服这种障碍的方法有"反向思考法"。有意识地把熟悉的事物当作陌生的现象；对陌生的事物用已经熟悉的知识去思考。当遇到陌生事物难以发现新关系时，可以帮助学生在思想上将其转化为熟悉的，即借助联想等方法消除其陌生因素。结果，"熟能生巧"，新思想迸发出来。相反，有时面临熟悉事物，由于司空见惯，习以为常，思想"驾轻就熟"，新意难出。

第三，在质疑、问难中启发学生提问。教师不仅要善于设疑，还要善于激发学生提问，要鼓励学生对学习过程中碰到的问题，大胆表达自己的想法和发表自己的见解。这样既拓宽了学生的思路，又对其他学生有一个很好的启发作用，使每个同学都积极参加思考，解决问题，获得成功。学起于思，思源于疑，有疑则问，学生探索知识总是在设疑、问难、提问中得到发展和创新。

第四，运用自然辩证法指导创造。自然辩证法为科学创造提供最根本、最科学的观点和方法。我们要把学生从传统的静坐、静读、静写中解放出来，用科学的思想指导学生大胆地动手去实践，使学生的创造力得到充分的发挥。

四、营造锻炼学生创新能力的广阔课外活动天地

课外活动是课堂教学的延伸。课堂教学的时间总是有限的。在课堂教学中教师提出问题、讲述基本原理，学生进行讨论、探索、提出假设，而要得出结论和验证还需通过课外的实践活动。教师应引导学生课外走进实验室、科技馆、图书馆和社会，让他们接触自然、接

触社会、接触实际，拓宽感情的视野，扩大知识的眼界，发挥内在的创造力。让他们得心应手、无拘无束地自己动手做实验，进行发明创造，查资料写论文[7]，让课堂内与课堂外有机地融合在一起，让书本知识得到升华，使创新教育结出丰硕的成果[8]。

五、结束语

适宜的外界环境对于创新甚为重要，作为培养人才的基地，高校应当始终致力于学生创新精神的培养，让创新教育步入良性循环的轨道。然而，目前仅有学校的努力，会因缺乏大气候而不成"气候"，因此，社会各个部门或行业都要提供创新的场所，大兴创新之风，使学生不但在学校而且可以在社会大环境下都能受到创新风气的熏陶，感到处处有创新用武之地，从而激发创新意识，更好地进行创新，最终促进高等教育的人才培养。

参考文献

[1]吴彬镪.以社会主义核心价值观引领高校校园文化建设研究[J].思想教育研究,2016(1):35-38.
[2]周静.以社会主义核心价值体系引领工科校园文化建设——以广东工业大学校园文化建设为例[J].安阳工学院学报,2011(4):98-101.
[3]沈健.以社会主义核心价值观引领高校校园文化建设[J].江苏高教,2015(2):6-8.
[4]李贵荣.关于高校党建文化引领校园文化建设的探讨[J].漳州职业技术学院学报,2014(2):38-42.
[5]强金国,胡蓉.立足"高等性"、凸显"职业性"是高职院校校园文化建设的核心——以顺德职业技术学院为例[J].岳阳职业技术学院学报,2014(4):9-13.
[6]彭思雅,江静.以社会主义核心价值体系引领大学校园流行文化[J].学校党建与思想教育,2010(14):78-79.
[7]梁晶.工业文化与工科院校校园文化建设的对接与融合[J].湖北工业大学学报,2012(6):67-68.
[8]何鹏.论新媒体与高校校园文化建设[J].新校园旬刊,2016(8):55.

浅探外语软文化环境之构建

易 扬　肖 麟

摘　要：语言教学实验中心既是语音教学的重要平台，也是良好软文化环境的重要组成部分。通过该平台挖掘传统节日和文化内涵，发挥传统文化怡情养志，涵育文明；模仿公益广告，传播社会主义核心价值观等途径，使学生在接受文化知识、训练专业技能的同时，自觉地践行社会主义核心价值观。

关键词：语言教学实验中心；软文化环境；核心价值观；构建互联网

一、文化建设和社会主义核心价值观润入的迫切现实要求

全球化时代各国更加关注和输出文化、价值观等软实力。如美国的电影、音乐显示了极强的渗透力；日本则提出了"动漫外交"的口号；韩国"韩流"电视剧也来势汹涌。如今我国也高度重视软文化的建设。

2013 年中共中央办公厅印发《关于培育和践行社会主义核心价值观的意见》。《意见》指出：在我国大发展大变革时期，各种价值观念和社会思潮纷繁复杂，面对世界范围内思想文化交流、交触、交锋的形势下，价值观较量的新态势，而对社会主义市场经济条件下思想意识多元多样多变的新特点，迫切要求我们积极培育和践行社会主义价值观，扩大主流价值观念的影响力，提高国家的文化软实力。[1]

党的十九大报告中也明确指出：坚持社会主义核心价值体系。文化自信是一个国家，一个民族更基本、更深沉、更持久的力量。必须坚持马克思主义，牢固树立共产主义远大理想和中国特色社会主义共同理想，培育和践行社会主义核心价值观，不断增强意识形态领域主导权和话语权，推动中华优秀传统文化创造性转化、创新性发展、继承革命文化、发展社会主义先进文化，不忘本来、吸收外来、面向未来，更好构筑中国精神、中国价值、中国力量，为人民提供精神指引。[2]

高校是思想意识形态工作的前沿阵地，肩负着培养有中国特色社会主义建设者和接班人的重大任务，近期中共中央办公厅印发了《关于进一步加强和改进新形势下高校宣传思想工作的意见》。《意见》要求围绕学生的学习、生活打造校园文化环境，重点是教室、实验室、寝室、食堂等文化环境，发挥学生的主体作用，展示学生的进步成果和要求。[3] 因此，校园文化建设的"抓手"就是核心价值观。核心价值观是校园文化的核心，也是学校文化变革的突破口。

习近平总书记在庆祝中国共产党成立 95 周年大会上提出的四个自信，即中国特色社会主义道路自信、理论自信、制度自信、文化自信。[4] 这是对党的十八大提出的中国特色社会

作者简介：易扬（1971 - ），男，湖南长沙人，中南大学外国语学院实验师，从事现代教育技术研究；肖麟（1969 - ），男，湖南涟源人，中南大学外国语学院讲师，从事英语教学研究；长沙，410083。Email：djb@ csu. edu. cn。

主义"三个自信"的创造性拓展和完善，其中更重要的是文化自信。

文化自信的要求对校园文化建设有更加明确、具体的指导和规范意义，其目的在于调动全体师生对教育理想的渴望与追求，不让教育在各种思潮的冲击下走向异化，从而奔向更加美好的生活。这种精神诉求超越了世俗的现实功利，以信仰、理想为基石，表现出强烈的公民意识和社会责任感。

二、语言教学实验中心是构建软文化，践行核心价值观的理想场所

校园文化建设的途径和方法多种多样，如确立文化特色，设定建设目标，设计团队的参与和活动，反馈、评价与深化等等。笔者认为，语言教学实验中心无论从硬件到软件，都能提供、创造良好的软文化环境；师生们能够在文化特色鲜明、文化活动多样的情境中，愉悦地欣赏、鉴别文化价值取向，从而在潜移默化中提升他们的文化底蕴和综合素质。

以中南大学语言教学实验中心软文化环境建设的现状及设想来探讨核心价值观之润入、深化的途径。语言教学实验中心面积约 1500 平方米，共有 42 间实验室，并有大型液晶显示屏在前后大厅，标准化国际报告厅一间，实验大楼开放式前坪，各教室全套多媒体设备，各层走廊装有外设广播。整体硬件设施全面、先进，具有较强优势的软文化构建环境。

外国语学院担负着全校大学英语和专业外语的教学工作，教授的是语言技能，但要学好语言，就需要了解相关语言国家的文化。在学习其他国家文化优秀部分的同时，自觉抵御不正确的糟粕，破除"和平演变"的企图，就需要树立正确的导向。认知心理学的研究表明，人一生中获得的信息有 94% 是通过视觉和听觉获得的。如何利用好外语楼的硬件设施，营造良好的外语语言学习环境，把社会主义核心价值观润入其中，产生潜移默化的影响，可以从以下几点出发：

（一）发挥优秀传统文化怡情养志，涵育文明的重要作用

中华优秀传统文化积淀着中华民族最深沉的精神追求，包含中华民族最根本的精神基因，代表着中华民族独特的精神标识，所以我们非常重视传统节日的思想熏陶和文化教育功能，丰富民族传统节日的文化内涵。每逢重大节日，前后厅大型液晶屏就即时介绍该节日的来源和风俗：比如在七夕节，先介绍七夕节又名乞巧节、七巧节或七涎，发源于中国，该节日来自牛郎与织女的传说，同时学生又会欣赏到秦观的《鹊桥仙》，接下来比较介绍西方的情人节，最后强调中国七夕节与西方情人节的不同，要求学生不要盲目地模仿、跟风西方节日，否则就是落入文化自卑。弘扬祖国优秀文化，借鉴吸取其他民族的文化，为己所用，才是最明智的选择。

（二）模仿公益广告方式，传播社会主义价值，引领文明风尚

实验中心很注意导向鲜明、富有内涵、形式多样、品德高雅的宣传方式。中心在各层走廊设置了壁挂式活动广告牌，介绍名人名句，国学精句（附英译），英译古诗等，选材都紧扣核心价值观。如名人名句分为信仰责任篇：You can not escape the responsibility of to morrow by evading it today. ——Lincan（你今天回避了变化，明天它们依然存在。——林肯）诚实善良类：In all moral gualitles, kind nature is the needed in the world. ——Russel（在一切道德的品质之中，善良的本性是最需要的。——罗素）

国学精句的选用，多贴近学生生活、行为、品德，如"己所不欲，勿施于人"和"先天下之忧而忧，后天下之乐而乐"等国学精句的陶冶，使学生达到"润物无声"的良好效果，提高了他们的人文精神。

随着对大学生素质教育重视程度的不断加深，当前的外语教学越来越注重培养学生运用语言进行沟通交流的能力。而这种能力的培养必须依赖特定的语言环境，也必须了解相关国家的语言和文化。早在 1997 年，为了建立良好的语言学习环境，实验中心就依靠自己的技术力量，建立了卫星收视系统，能提供最新的 CNN（英）、TV5（法）、NHK（日）、TVE（西班牙）的电视节目，2018 年又能够通过网络对上述节目进行转播。实验中心注重培养学生运用语言进行沟通交流的能力，提高大学生的综合素质。为了抢占舆论高点，营造核心价值观，实验中心聘请了相关语言教学的老师对下载的节目进行遴选，只录播积极向上，有正能量的相关节目，传送到每个教室供师生们观看。

（三）其他硬件资源教育功用之简介

实验中心在周末和节假日利用教室里的电视和投影机播放爱国、励志、勇敢、诚实等特质的优秀电影，如《离开雷锋的日子》《Forrest Gump》《阿甘正传》等，也是构建软文化环境的举措之一。

此外，实验中心在走廊外设广播，在课休或课后播放 VOA、BBC 等外台的精选篇章或插入《Casablanca》等经典音乐。这种补充教育形式，使学生既固专业，又养性情，效果明显。

实验中心利用国际报告厅定期邀请名人学者做学术报告和讲座，或进行文化艺术活动。2017 年 5 月，外国语学院在国际报告厅成功举办了"中法文化艺术节"，吸引了周边高校同学的广泛参与，影响极大。而平时在语言中心前坪实验中心会选择在周末举办英语角、猜谜语等活动。

正是通过构建语言实验中心这一优质、有品味的软文化环境，大力弘扬传统文化，吸收优秀外来文化，高调完成社会主义核心价值观，具有浓厚的文化氛围；学生漫步在文化天堂里，如沐春风，浸润在传统文化、核心价值观的细雨里生根、发芽、成长。

三、结　语

国学大师钱穆先生说过：一切问题由文化问题产生，一切问题，由文化问题解决。他针对时弊，提出两个口号：一曰文化教育，一曰人才教育。[5] 实现文化教育为手段，以大才教育为目标。先生灼见于当今之教育仍是牛耳之导，借此作为本文的结语。

参考文献

[1]中共中央办公厅. 中共中央办公厅印发《关于培育和践行社会主义核心价值观的意见》[EB/OL]. 华东政法大学. 中央精神. (2013 - 03 - 24)[2017 - 03 - 24]. http://hxjzg. ecupl. edu. cn/s/306/t/92/49/de/info18910. htm.

[2]新华社. 十九大报告[EB/OL]. 新华网. 教育新闻(2015 - 01 - 19)[2017 - 03 - 19]. http://education. news. cn/2015 - 01/19/c_1114051345. htmhttp://education. news. cn/2015 - 01/19/c_1114051345. htm.

［3］中华人民共和国中央人民政府. 习近平:决胜全面建成小康社会 夺取新时代中国特色社会主义伟大胜利——在中国共产党第十九次全国代表大会上的报告［EB/OL］. 中华人民共和国中央人民政府网. 新闻.（2017－10－18）［2017－10－27］. http://www. gov. cn/zhuanti/2017－10/27/content_5234876. htm.

［4］新华社. 习近平:在庆祝中国共产党成立95周年大会上的讲话［EB/OL］. 新华网. 高层新闻.（2016－07－01）［2017－07－01］. http://www. xinhuanet. com/politics/2016－07/01/c_1119150660. htm.

［5］钱穆. 文化学大义［M］. 台湾:中正书局,1981:3.

推广遗体捐献工作　助推医学教育发展

刘拓宙　　孙善億　　尹　枫　　黄俊栋　　苟　悦　　张　齐　　杜亚政　　李　芳　　潘爱华

摘　要：拓宽遗体捐献渠道，推广遗体捐献工作，有利于促进医学教育发展。湘雅医学院立足湘雅医学院人体形态馆的资源优势，通过建立遗体捐献纪念网站和微信公众号，扩大遗体捐献宣传力度，逐步完善和规范遗体捐献接收流程，设立遗体捐献纪念堂缅怀逝者，体现人文关怀。通过这些措施大大提高了公众对遗体捐献的关注度和认可度，并通过更为完善的遗体捐献接收流程和人文关怀，促使遗体捐献数目逐年升高。加大遗体捐献宣传力度，完善和规范遗体捐献工作流程助推湖南省遗体捐献事业，推动医学教育的发展，为培养优秀的医学人才打下扎实的基础。

关键词：遗体捐献；中南大学人体形态学科技馆；微信公众号；医学教育

　　人体解剖学作为一门医学基础学科，在医学科学、生命科学高度发展的今天显示出越发重要的地位，如电子计算机断层扫描（Computed Tomography，CT）、磁共振成像（Magnetic Resnane Iamge，MRI）、介入医学等先进诊疗手段均依赖于解剖学的发展，微创外科与内镜技术更需要精细的解剖学基础。在当前的医学高等教育体系中，人体解剖学教学主要包括系统解剖学和局部解剖学，而尸体标本是满足学生解剖教学的必要条件之一。

　　我国医学院校目前使用的尸体标本绝大部分来自公民自愿捐献，由于中国遗体捐献工作开展较晚，国家尚未对遗体捐献统一立法，主要为各地方政府和红十字会拟定的地方性法律法规。目前我国已有两个直辖市、三个省、四个地级市先后出台了遗体捐献条例。由于各地立法时间、采取的标准不一、对遗体捐献宣传和投入力度不同，全国范围内遗体捐献意愿率整体偏低，只有16.57%[1]。自1998年到2014年为止，湘雅医学院平均每年接受的遗体为13具左右，而局部解剖学教学平均15个学生操作一具标本，远远不能满足医学教育的需求。

　　针对湖南省遗体捐献率不足的问题，近年来我们一方面加大遗体捐献宣传力度，另一方面不断完善遗体捐献工作流程。在社会各界的共同努力下，湘雅医学院接收到的遗体数量逐年升高，从遗体捐献工作刚开始的每年10例不到的捐赠者，到近几年每年捐赠者数量已经达到了20例以上，2017年湘雅医学院接收到的遗体数量更是达到50例以上。本文就推广该工作的经验及下一步的规划总结如下。

基金项目：湖南省科学技术普及专项"人体形态科技馆数字化建设与应用"，项目编号：2015ZK4002；中南大学研究生教改项目"基于VR技术的数字医学研发与研究生教学的实践"，项目编号：2017G02；中南大学实验室建设与管理研究项目"中南大学形态学科技馆解剖影像与3D打印创新平台建设"，项目编号：201614；中南大学本科教育教学改革项目"麻醉解剖学多模块教学法的探索与应用"，项目编号：2016jy76；2016年湖南省普通高等学校教学改革研究项目"麻醉解剖学多模块教学法的探索与应用"，项目编号：（2016）400-55；中南大学国家级大学生创新创业项目"遗体捐献的调查研究及相关公众号的推广宣传"，项目编号：201710533209。

作者简介：刘拓宙（1989-），男，湖南邵东人，中南大学湘雅医学院学生，从事临床医学研究；李芳（1977-），女，河南信阳人，医学博士，中南大学湘雅医学院副教授，从事人体解剖学教学和重大事件对脑与行为影响研究；潘爱华（1969-），男，医学博士，中南大学湘雅医学院教授，从事神经退行性疾病相关研究；长沙，410000。Email：124374135@qq.com。

一、加大宣传力度

（一）上善若水，遗爱人间—中南大学湘雅医学院器官遗体捐献纪念网站

遗体是医学临床、科研与教学的宝贵资源，遗体捐献工作对于发展医学科学事业具有非常重要的意义。建设缅怀纪念遗体捐献者的网站（见图1），旨在对那些无偿捐献遗体的人致以尊敬，对捐献者的家属进行抚慰。弘扬逝者对生者的奉献，展示人类崇高的情感和现代人文精神。与此同时也对捐献遗体这种崇高的事业进行广泛的宣传，提升公众对遗体捐献工作的认知，号召更多的有爱人士支持遗体捐献工作。该网站主要有以下几个版块：一是网站介绍：介绍网站建设情况。二是法律法规：介绍国内各省市地区遗体捐献的相关法律法规。三是相关新闻：介绍有关遗体捐献的社会新闻以及学生活动。四是捐献流程：介绍遗体捐献的手续以及流程，办理地点以及接受单位。五是捐献登记：遗体捐献志愿者登记信息或者直接联系接受单位。六是网上缅怀：在线缅怀遗体捐献者。七是在线咨询：网民可以在此版块留言交流。

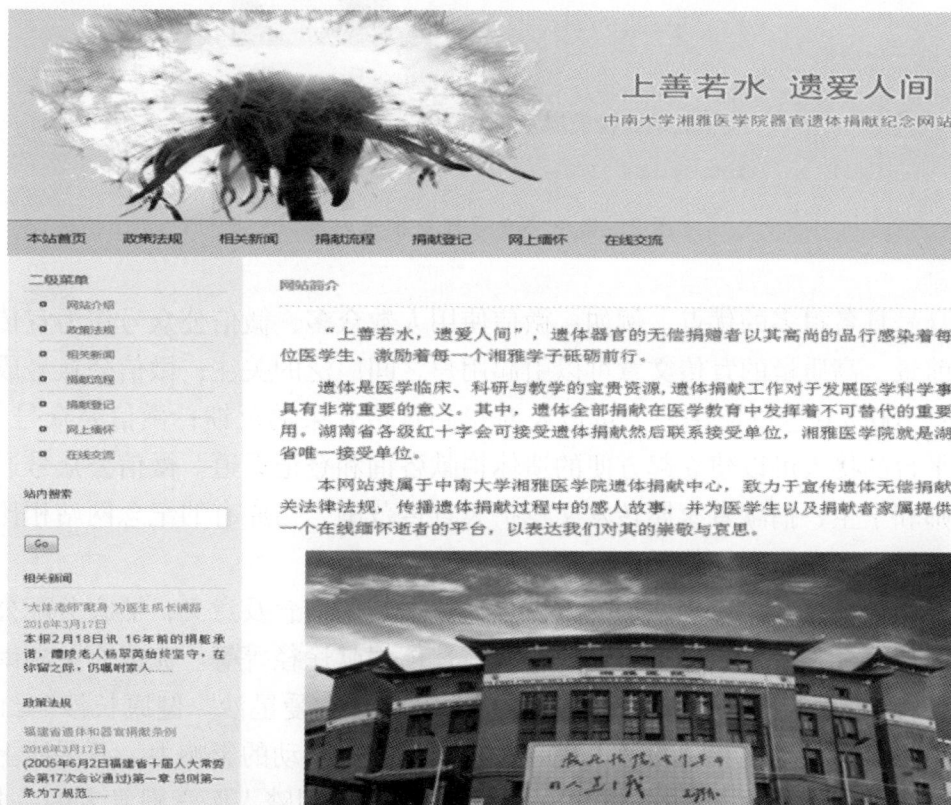

图1　上善若水，遗爱人间—中南大学湘雅医学院器官遗体捐献纪念网站

（二）建立微信公众号

从2015年起，湘雅医学院建立并不断完善宣传遗体捐献的纪念网站。同时为了进一步扩大宣传影响力，丰富宣传内容，采用当下流行的宣传手段——微信公众号（见图2）进行宣传。

图 2　微信公众号部分推送内容

　　微信公众号具备很多的优点。例如：微信使用人数众多，微信公众号作为宣传平台有着广阔的使用前景，高质量的宣传文章可以引起用户之间广泛的关注；微信公众号成本低、使用方便，信息 100% 到达订阅用户，可以及时得到宣传效果的反馈；微信公众号开源性强，通过第三方平台的接入可以建立起方便的遗体捐献咨询和登记渠道。微信公众号通过红十字会、学院老师和学生、捐献者家属转发文章扩大宣传范围，与原有的纪念网站相比，形成了宣传、缅怀、登记于一体的宣传平台。

　　通过建立微信公众号，发表原创文章，如遗体捐献的概念及意义；器官分配公平性的保证；脑死亡的概念；长沙市遗体捐献目前情况；遗体捐献途径等等。完成有关湖南省、长沙市红十字会筹办的 2017 年清明节纪念捐献者活动以及"大爱星沙　健康长沙"红十字遗体和人体器官捐献宣传活动的相关报道，进一步扩大了宣传活动的影响力。开展线上医学生教育工作。邀请学校的解剖学老师在微信公众号上发表"致刚踏入医学殿堂者的一封信"，很大程度上拓宽学校对于医学生的入院教育的内容。报道部分捐献者事例（见图3），得到了捐献者家属良好的反馈、普通民众的尊敬和较高的阅读量。报道将捐献者无私奉献的行为让更多人了解并缅怀，有助于传递遗体捐献是充满意义、伟大的这一价值观念。公众号下的留言可直观的反应公众对于捐献者肯定和尊敬，给捐献者家属安慰和鼓励。转载医学科研相关文章以及遗体器官捐献的广告转载，不仅丰富了微信公众号的内容，也增加了微信公众号内容的宣传面。

左国良——一位走在时代思想前列的大体老师

（原创）2017-12-10 遗爱在人间 遗爱在人间

精选留言

写留言✎

周启（鲁速。红会志… 1
老人家生前是一位土改干部，思想开明，反对封建迷信。一直以来，他带头破旧俗。虽然不是共产党员，但他一直紧跟共产党。老人经常对儿女们说："今后我死了，要把遗体无偿献给国家，一切封建旧俗，铺张浪费你们都不要搞。"
2017年12月11日

风雨路人 1
记得学院刚搬到桐梓坡路时，有位老人找过来问我们院可不可以接受遗体捐赠，他说他死后要捐了自己的遗体，我们听了立马停步注目，对他肃然起敬!然后领导亲自将他送到形态楼。。。因为敬重，所以记得：他是个子不高但人精神，一身农民打扮但干净清爽。。。向大体老师致敬!!!
2017年12月11日

左国良
91岁 双峰县杏子铺镇沿河村人
2017年11月25日凌晨五点离世
逝世后捐献了眼角膜和遗体

图3　微信公众号对遗体捐献者事例报道

目前公众号尚处于试行阶段，已经积累一定的公众影响力和订阅人数，后期将进行官方认证、登记方式优化、增加管理人员并与各级红十字会、湘雅医学院官方公众号联动宣传，通过红十字会现场活动以及湘雅医学院人体形态馆科普活动，进一步向公众推广公众号，最终形成受公众认可的、功能齐全的遗体捐献推广平台。

（三）在人体形态馆进行科普教育和宣传遗体捐献知识

没有遗体捐献就没有中南大学人体形态馆，该馆承担科普、宣传、惠民于一体的科普职能。形态馆不仅带给民众人体形态结构的知识，而且引导人们对生命进行思考，并向作出奉献的人们表达感谢和尊敬，深刻地认识到没有遗体捐献就没有如今的解剖知识和宝贵成果。在人体形态馆里，民众更容易接受遗体捐献及其相关知识，遗体捐献的概念更加容易让人接受并深入人心，让民众切实感受到遗体捐献的意义和成果，理解遗体捐献作为一项公益事业对于医学事业有着巨大贡献的内涵。

（四）发放调查问卷并改进宣传工作

从2017年7月起，为了解湖南省民众对于遗体捐献的了解程度以及对遗体捐献的看法和建议，同时宣传遗体捐献，湘雅医学院在长沙市街头随机选取人群发放调查问卷和宣传手册，在收获市民建议的同时对线上宣传内容进行改进，达到线上线下工作互补的效果，在微信公众号上同步推出了一些内容更有针对性的原创文章，进一步明确公众号的定位人群，增强宣传效果。后期将调查数据统计整理，形成总结性的工作报告并对宣传工作中的不足加以改进，在遗体捐献工作中体现对民众的人文关怀，调动湖南省民众对遗体捐献的积极性。

二、完善遗体捐献工作流程

（一）建立并完善遗体捐献接收流程

遗体捐献的推广与完善的遗体捐献工作流程有密切关系。目前我国遗体捐献接收站为数不多，这就意味着其他地方的捐献者仍然"捐献无门"，极大地限制了遗体捐献登记及相关问题的咨询工作[2]。长沙市目前建立起了较为完整的遗体捐献体系，各医学院校与各级红十字会共同进行遗体捐献的接受工作，中南大学湘雅医学院配有专人负责遗体的接收。当湖南省内有捐献者在逝世前向红十字会表达了捐献意愿，能保证及时完成捐献者遗体的接受工作，并拟定完善的遗体捐献协议书，保证捐献者家属对整个遗体捐献流程的了解，规范捐献和接受双方的责任和权力。同时遗体捐献工作与爱尔眼科长沙眼库合作，遗体捐献与角膜捐献同时进行，在捐献者同意的情况下提高了捐献者遗体的利用效率，同时为医学教学和器官移植作出贡献。

（二）提升遗体捐献中的人文关怀

遗体捐献是一项延续人生价值的事业，对捐献者及其家属的尊重和关怀是对其无私精神应有的，也能促进大爱氛围的形成。遗体捐献工作不仅需要完整的接收流程，更应该体现人文关怀，这样才能形成完整的遗体捐献体系。我国生命伦理学专家邱仁宗先生也认为，即便是尸体，因为有过生命，因此有尊严，它是一个人生前人格权的延续，应该被尊重[3]。提升人文关怀对于改变社会舆论氛围、传递正能量、给予捐献者及家属精神慰藉有着重要作用。在泰国，解剖部门在年度结束时举行的火葬仪式上使用"皇家火焰"。这一仪式，尤其是皇家火焰的使用，赋予了捐助者及其家属，特别是社会经济地位低下的人，至高无上的精神荣誉[4]。为了提升遗体捐献工作中的人文关怀，为捐献者家属提供安慰，我们设立遗体捐献纪念堂为捐献者家属告别遗体、缅怀逝者提供场地，并由学院领导主持致词，对捐献者及其家属表达感谢和尊敬（见图4）。纪念堂可以给家属精神安慰和荣誉，让普通市民了解遗体捐献、传递无私奉献的正能量，同时可作为医学伦理教育基地，医学生掌握他们的身体捐赠者的背景可以用来帮助学生获得更多的同理心，并能更深入地理解病人的经历[5]。

图4 潘爱华教授和捐献者家属共同参与遗体捐献告别仪式

除了给捐献者家属提供遗体告别场地外，长沙市红十字会在明阳山福寿苑陵园设立了湖南省首个市级的捐献缅怀纪念广场，湖南省红十字会建立了凤凰山遗爱人间公益陵园，并于每年清明开展缅怀活动，供市民、红十字会工作人员、医学院校师生缅怀纪念，向捐献者表示敬意和感谢，这不仅向民众展现了遗体捐献是一项高尚、值得尊敬的行为，促进人们对遗体捐献不良印象的改变，也对医学生有着教育作用，提醒他们对捐献者常怀感恩之心，起到了医学伦理教育的作用。

三、遗体捐献工作的规划和发展方向

（一）推进立法与工作规范化

随着遗体捐献宣传工作的开展以及社会意识形态的进步，人们对遗体捐献的了解和关注势必会逐步上升，用法律将遗体捐献工作规范化势在必行。2015年正式实施的《南京市遗体和器官捐献条例》扩大了遗体、器官捐献执行人范围，南京市遗体、器官的捐献及登记数量均创了历史新高[6]。据统计，截至2014年底，上海全市累计登记捐献38704人次，其中，遗体登记捐献32278人次，累计实现遗体捐献7881例。这些遗体捐献成果很大程度上得益于条例的颁布施行[7]。通过立法能明确医学院校和各级红十字会工作分配，明确遗体捐献程序、遗体保存与管理制度，确定遗体捐献性质，落实捐献和接受双方权利、义务等，从而更好地维护捐献者及其家属的意愿。通过法律确定统一的遗体使用和分配的监督机制，实现工作公开透明，打消公众的疑虑，为捐献者提供一道安全保障。

（二）提高现行遗体捐献工作质量

湖南省目前已建立起完整的遗体捐献体系，但工作细节方面仍有许多可以提升之处。

第一，湖南省从事遗体捐献工作人员主要由省、市红十字会、各大医学院校个别工作人员或老师构成，人手严重不足，工作人员往往承担着接受遗体、活动策划、遗体捐献宣传、安抚捐献者家属等多项工作，因此完善遗体捐献工作队伍的建设迫在眉睫。工作人员队伍中不仅需要有关医学院校的代表，同样需要具有摄影、写作、绘画等不同类型专业的人才，以及具备新媒体技能的人才进行分工合作，以便完善遗体捐献的宣传、咨询、接收、人文关怀等各个方面的工作。

第二，加大宣传力度。目前湖南省遗体捐献宣传力度较小，宣传活动次数较少，且宣传的针对性不足，参加宣传活动的人群基本为器官捐献遗体捐献供者家属及红十字会、医院、医学院校代表，对于普通民众的影响力较小。民众观念的改变是一个长期的过程，从调查中可以得出，大部分人并未对遗体捐献表示明确的反对和支持，说明民众对于遗体捐献的排斥主要来自不了解和不信任，从人们对于遗体捐献的接受到实行，需要时间的磨合，同样需要宣传的推进。通过加大宣传力度，如增加大型宣讲会次数、社区宣传次数，向民众普及正确的遗体捐献知识，拍摄遗体捐献主题的公益广告，并在电视上或网络上投放，潜移默化地改变人们的观念，以逐步提高湖南省遗体捐献登记数和捐献数。

第三，增加农村及偏远地区的遗体捐献接收站数目。目前接收站往往只设立在大城市内且较少，对于农村地区的人来说了解及咨询遗体捐献的途径极少，大部分农村地区的人对于遗体捐献抱有错误的观念，农村社会环境中"人是生要完肤，死要厚葬，尸体解剖为大逆不道"等封建伦理、迷信思想及宗教势力影响较大，遗体捐献有不孝、不吉利之举，是后续无人，在其他宗族面前低人一等的表现[8]。而且从接收站到农村地区进行遗体接收需要较长的时间，给捐献方和接收方都带来不便。增加遗体捐献接收站也有助于提高遗体捐献工作质量，如各街道红十字会，能将遗体捐献的宣传工作真正深入民众，破除人们落后、错误的观念，推广先进的、现代化的丧葬观，同时为遗体捐献的咨询、登记、接受提供方便快捷的渠道，减少"捐献无门"现象的发生。

（三）继续加强人文关怀建设

法制的健全、捐献体系的规范和完善只是促进人们愿意捐献遗体的外部条件，真正推动人们捐献的是精神层面的改变，目前我国遗体捐献工作开展的最大阻碍是封建落后思想以及人们对于捐献后遗体不能得到妥善对待的担忧。增加市内纪念场所的建设，如纪念堂、纪念碑，遗体捐献者的躯体在医学中发挥价值，他们的精神在这里得到升华，社会群众可以在这里见证他们的奉献与价值[9]。同时在各大医学院校内加强医学伦理教育，从学生时代培养医学从业者的医学道德，不仅使医学生学习时尊重捐献者，更是让他们形成正确的生命观和价值观，为日后从医工作打下良好的基础。医学伦理学教学还可以提高公众对身体捐献过程的认识和支持，因为学生被教导要尊重尸体标本[10]。当遗体捐献在公众心目中不再是伤风败俗、有失体面的形象，而是受人尊敬、延续生命价值的高尚行为时，遗体捐献率必然会得到显著提高。

总之，加大遗体捐献宣传力度，完善和规范遗体捐献工作流程能够助推湖南省遗体捐献事业，推动医学教育的发展，为培养优秀的医学人才打下扎实的基础。

参考文献

[1]杨颖. 公民遗体器官捐献态度及孝道信念研究[D]. 硕士学位论文. 广州：广州中医药大学，2015：1.

[2]柯荔宁. 遗体捐献障碍分析及改进对策[J]. 福建医科大学学报（社会科学版），2007（1）：14 - 17.

[3]柏宁，孙福川，岳长红. 我国遗体捐献现状及其制约因素的研究[J]. 中国医学伦理学，2005（4）：63 - 64.

[4]Techataweewan, N., Panthongviriyakul, C., Toomsan Y., et al. Human Body Donation in Thailand：Donors at Khon Kaen University[J]. *Annals of Anatomy-Anatomischer Anzeiger*, 2018（216）：142 - 151.

[5]Gerwer, J., & Gest, T. R. Survey of Body Donation Programs in the US Concerning the Use of Donor Personal Information with Medical Students[J]. *Clin Anat*, 2017（4）：445 - 449.

[6]顾小萍，吴彬摄. 南京市去年遗体捐献登记首破500例[EB/OL]. 中华慈善新闻网. 国内新闻. （2016 - 03 - 31）[2018 - 03 - 11]. http：//ccn. people. com. cn/GB/n1/2016/0331/c366510 - 28241562. html.

[7]施捷. 上海市红十字会举办遗体捐献纪念日活动[EB/OL]. 新民网. 新民头条. （2015 - 03 - 01）[2018 - 03 - 11]. http：//shanghai. xinmin. cn/msrx/2015/03/01/26926194. html.

[8]张祥，白永，曹珍珍，等. 昆明医科大学遗体捐献工作30周年的总结和思考[J]. 医学与哲学，2017（15）：29 - 31.

[9]张露青，等. 后续服务和纪念方式对遗体捐献意愿的影响[J]. 南京医科大学学报（社会科学版），2017（2）：112 - 116.

[10]Zhang, L., et al. An Ethical Solution to the Challenges in Teaching Anatomy with Dissection in the Chinese culture[J]. *Anat Sci Educ*, 2008（2）：56 - 59.

构建"一体化"工科人才创新能力培养体系探索与实践

——以中南大学软件学院为例

师雷宏　　史建权　　刘名阳　　罗 俊　　刘珍珍　　谢怀平

摘 要： 创新是一个民族进步的灵魂。高校在双一流建设和双创视域下，要创新教育理念，切合实际注重培养学生创新能力，探索构建"一体化"工程人才创新能力培养体系。机制保障、搭建平台、发挥主体、多元协同是提升大学生创新实践能力有效机制和路径。

关键词： 创新能力；一体化；培养体系；机制路径

创新是一个民族和国家不断前进的动力和源泉。创新创业教育已成为推动和深化高等教育综合改革的突破口，并将对中国高等教育的发展产生深远影响，同时也为推动大众创业、万众创新和建设创新型国家提供人才支撑。

习近平总书记指出："创新是一个民族进步的灵魂，是一个国家兴旺发达的不竭源泉，也是中华民族最鲜明的民族禀赋。"[1] 十八届五中全会提出："坚持创新发展，必须把创新摆在国家发展全局的核心位置，不断推进理论创新、制度创新、科技创新、文化创新等各方面创新，让创新贯穿党和国家一切工作，让创新在全社会蔚然成风。"[2] "勤学、修德、明辨、笃实"[3] 是习总书记对青年大学生的谆谆教导和殷切希望，也为高校培养什么样的一流人才提供了目标引导。

2014 年，李克强总理在夏季达沃斯论坛上提出："大众创业、万众创新的双创是推动发展的强大动力。"[4] 2015 年国务院办公厅印发的《关于深化高等学校创新创业教育改革的实施意见》（以下简称《意见》），进一步明确指出"深化高校创新创业教育改革是国家实施创新驱动发展战略、促进经济提质增效升级的迫切需要，是推进高等教育综合改革、促进高校毕业生更高质量创业就业的重要举措。"[5] 这些举措可以看出党中央和政府对大学生双创教育的重视。国内高校在《意见》出台后迅速响应，加强了对创新创业教育和实践的力度。

作为国家示范性软件学院，中南大学软件学院一直面向国家战略、面向行业需求，对准双一流建设目标，把培养一流的、德才兼备的，拥有高素质、创新创业能力强的软件工程高端人才作为人才培养的重点和努力的方向。学院在实践中注重理念创新、发挥双主体作用、多元协同形成合力，始终以学生学业成功和发展作为追求目标；并努力探索和构建"一体化"大学生创新实践能力培养模式，取得了不俗的业绩，学生自主学习能力、分析问题、

基金项目： 中南大学 2017 年就业指导课题阶段性成果"多元协同视域下学生可雇佣能力培养研究"，项目编号：JYKT1710。

作者简介： 师雷宏（1972 -），男，陕西兴平人，中南大学软件学院助理研究员，主要从事大学生思想政治教育与管理、就业职业与创新创业教育、学风建设等研究；史建权（1964 -），男，河北唐山人，中南大学软件学院高级工程师，主要从事继续教育、大学生思想政治教育研究；罗俊（1992 -），男，江西吉安人，中南大学软件学院助教，主要从事大学生网络思想政治教育研究；长沙，410075。Email：csu_slh@163.com。

解决问题的能力得到进一步提升；学科竞赛的成绩不断刷新、核心竞争力不断增强；学生就业质量不断提高、人才培养质量不断提高，为教学改革、双一流建设和促进高等教育内涵式发展提供一些经验和思路。

一、厘清认识，创新理念

学院对标双一流建设要求，把创新创业教育和学生创新实践能力培养、学科竞赛作为人才培养的一项重要工作和任务，更是将其作为培养卓越软件工程英才核心素质、能力和竞争力的有效手段和载体，是一流人才培养体系的重要一部分，是国家示范性软件学院办学理念的落实与践行。

二、探索"五位一体"的学生创新实践能力培养体系

（一）与思政教育相结合，塑造学生远大志向、社会责任意识和良好的品行

强烈的社会责任感和自觉的实践意识是获得创新创业灵感、驱动创新创业行动的前提。学院开展"同学习共进步，共话中国梦"主题班会，注重把"爱国、敬业、诚信、友善"核心价值观，"知行合一、经世致用"的校训精神和"向善求真唯美有容"的校风及软件学院的"家文化"融入学生成长和发展过程中，从学生入学教育、年级大会、主题班会、干部党员会议、座谈会、日常谈心和交流、毕业最后一堂课、毕业生专题职业与发展活动中，启发和引导学生向善向上、团结互助、勇担责任。从2013年持续开展的无人监考已成为学院对学生进行诚信自律教育的一大载体和亮点，以无人监考为龙头，软件学院不断完善学风建设体系，逐渐形成了一系列有特色、有成效的诚信、自律教育品牌，如一周三节课、无手机课堂、学霸讲堂、自习打卡和三导（引导、辅导、督导）学等。并先后涌现出身残志坚、励志成才典范莫天池，天池之翼团队以及潘仲傅等道德模范。

（二）与学风建设相结合，夯实学生创新实践能力的基础

学院通过搭建因材施教平台，建立学生学业发展与服务中心，为学生开展学业交流、学习指导、学风建设提供了良好的基础和成长保障，构建了多层次、多阶段、多方位的服务体系，建立学业导师库，发挥朋辈互助作用。由专业老师自愿组成学业专家导师团队，辅导员和管理人员组成成长导师团队，优秀校友、知名学者组成发展导师团队，对学生的成长和发展进行全方位指导与帮扶。组建了学校首个由班级学习委员组成的尚学团，开展每周两小时的学习交流研讨活动，解决班级和同学的学业问题并分享经验；组建班级课程学习小组、寝室互助学习小组，开展常态化的学习交流与帮扶工作。学院开展学情调研，了解学生学业发展上的所困和所需，为学业发展服务提供参考，并通过定期的基础课程、重点课程辅导、重点学生重点指导和帮扶，提高学业发展辅导的针对性和实效性，勤学好学尚学的风气已形成，学生学业成绩不断提高，为双创教育和实践打下了内部基础。

（三）与求职就业相结合，提升学生的就业竞争力和远景驱动力

培养学生创新创业能力的现实需求是提升学生就业竞争力，提高学生就业满意度，为学生更好的职业发展提供远景驱动力。学院按照早规划、早动员、早准备的"三早"思路，

结合学生成长和发展需求，对接企业对人才的要求，依托实习就业服务中心，分层分类分阶段对学生实施精准指导。通过团体辅导、职业规划大赛、职业道德与法律讲座、企业家讲坛、优秀校友和优秀学长沙龙等方式，把学业发展指导融入就业力的提升教育中，提升学生的就业竞争力、就业的质量和职业素养。

（四）与校企合作相结合，提升学生工程实践能力和实战能力、职业素养

为产业、行业和企业培养合格的创新型软件工程人才是示范性软件学院的使命和责任。为了保证学院所有本科生都能参与企业实践，学院与国内多家著名 IT 企业开展了校企合作。同时，通过产学研项目合作、校企互动交流、组织学生实地参访企业运营和文化的"百企百站"等活动，吸引学生积极参与，零距离感受、体验企业文化，使学生更加清晰地认知企业对创新人才的要求和需求标准，增强学生的创新创业的动机和实践愿望，更加明确努力的方向。

三、以生为本，多元协同探索学生创新能力培养机制与路径

学院紧贴学生特点和需求以及人才培养目标，坚持以生为本、因材施教、协同发展的理念，按照高度重视、搭建平台、分类分阶、发挥主体、多元协同的工作思路，以创新创业教育和学科竞赛为抓手和载体，大力推进大学生创新实践能力培养。

（一）高度重视：为竞赛工作提供有力保障

院务会每年至少两次开展学科竞赛工作相关工作，每次都有学生培养方面的议题；学院成立了由院长任组长，副书记、副院长任副组长的"双创"教育工作委员会和行业企业人员参与的"双创"教育指导委员会；建立学工、教务、系、实验室、企业沟通和协调机制；学院建立激励机制，使学科竞赛与教师年度绩效考核挂钩；每年补贴指导老师、带队老师和参赛学生的差旅费作为兜底；引入"光云科技""深圳开立生物医疗"等社会资源设立创新实践基金 2 个；备赛期间实验室和办公场所优先使用，并做好相关服务；软件学院全体老师参与指导学生项目和学科竞赛；教师担任班导师，主要任务之一是通过项目指导和竞赛指导培养学生的创新实践意识和能力；学工办专人负责创新创业和学科竞赛；学校创新创业办从业务、资金、条件、人员等方面给予了不少的支持。组织的重视与大力支持为学生创新实践能力培养和学科竞赛的有序有效开展提供指引和根本保障。

（二）搭建平台："331"层递式多元协同平台，助力学生创新能力发展和全面成长

面向国家战略、产业、行业和企业对人才的要求，结合学生个性化成长与发展需求，中南大学软件学院构建了"331"学生创新实践能力发展平台。第一个"3"是指三个中心，包括学生学业发展中心、学生创新创业中心（大学生科协）、校企合作与实习就业中心；第二个"3"是指三个室，包括开放实验室、科研工作室（科研实验室）、企业创新实验室；"1"是指软件工程实践创客空间。

第一，三个中心。学业发展中心以分享、互助和自主学习理念，培养学生学习力和可迁移能力为目的。

学生创新创业中心（大学生科协）以组织创新创业教育活动，推广科普知识与技术，培养创新创业意识与思维为目标，举办 IT 文化节，开设创新创业沙龙和 IT 技术文荟，组织

专业技能比赛、学科竞赛和创新创业大赛、创新创业项目申报等。

校企合作与实习就业中心主要对接企业的需求，感知企业文化，培养学生职业素养、知识和职业道德，举办企业家讲坛、分类求职指导与技巧培训、百企百站企业参访体验活动等。

第二，三个实验室。开放实验室是 24 小时对学生开放的，它可以为学生提供自主学习和科研项目开展场所。目前，已有超过 1000 人次学生参加开放实验室的自主学习和项目研究。

科研工作室（实验室）主要根据学生的发展方向领域开设。目前，学院已经设立 20 多个科研工作室。工作室设立的两个基本条件是有团队、有项目，对于进入三、四年级的学生，可以根据自己的主攻方向，选择不同的工作室提前体验科研和项目开发角色。目前，累计有 500 余人次进入过工作室，并在工作室里锻炼了科研、创新创业能力和工程实践能力，为学生的就业与发展提供了良好的支撑。

企业创新实验室是为增强学生实战能力、工程实践能力，并零距离感受企业要求，与企业合作成立的工作室。合作企业提供项目需求和资金资助，通过招标形式确立学生团队，企业为每个项目配备指导老师，学生团队每月提交项目进展报告，企业老师每月进行指导，并组织项目团队到企业现场学习、交流。目前已经和三家知名企业建立企业创新实验室，累计有 100 余名学生参与创新实验室的项目实践。

第三，一个创客空间。在学校支持下建立了软件工程实践创客空间。创客空间的主要功能有两个：一是为学生创意产生提供环境与支持。创客空间里，学生可以自由创意和发挥，并通过实践变成成功的或者是失败的产品，学生的智慧得以释放，磨砺学生受挫意识。二是为学生的项目或者竞赛作品提供孵化。在企业导师和学校导师的指导和帮助下，完成项目的开发与商业指导，获得了较好的商业机会。目前，已经孵化出了 3 个大学生科技公司。

（三）分类分阶：提高工作的针对性和实效性

第一，竞赛分类。根据竞赛的重要性、关联性、成熟性、影响力将竞赛分为 ABC 三类，有侧重的选择投入。

A 类为国际、国家级政府、学术界有份量的竞赛，如英特尔杯全国大学生软件创新大赛、中国大学生服务外包创新创业大赛、国际数学建模大赛、国际大学生程序设计竞赛、"互联网＋"比赛、挑战杯竞赛、中国高校大学生计算机大赛、英语大赛等等。B 类是一些学术协会、省级比赛以及行业内的大赛。如华为杯软件创新大赛、阿里数据挑战赛、花旗杯金融大赛等。C 类为其他企业级赛事、新设立的大赛等。

第二，学生分类。根据学生的兴趣点和参赛的题目类别给与相应的指导，比如喜欢程序比赛的学生成立国际大学生程序设计竞赛协会、对服务外包感兴趣的学生成立服务外包协会等，并匹配相应的指导老师指导。

第三，分阶训练。根据学生三个年级的学业特点和任务进行训练。如一年级学生侧重学科、基础知识的掌握，那么开展以学习内容为重点的学科程序竞赛和设计竞赛，夯实他们的基本功；通过培训、经验分享等熟悉竞赛、学习如何选题、组队等激发学生的兴趣。二年级尝试参赛，结合学科任务和特点，设立应用性较强的赛题或者往年的题目，组织学生训练，选拔优秀者组队（和高年级混编）参赛。三年级进入实战阶段，通过引导学生进入企业顶岗实习和参加国家级学科竞赛和综合性的工程项目训练，提升学生综合素质和能力，特别是进一步升华学生的实践应用能力，为高质量就业和发展打下坚实的基础。

（四）发挥主体：发挥教师主导、学生主体作用

挖掘学生潜能，建立全方位、多元立体的滚筒式学生创新能力提升自运行模式，构建"四化"——系统化、科学化、品牌化、常态化的自主、自助辅导与服务体系。学生既是参与竞赛的主体，又是竞赛的最大受益者。学院多渠道向学生宣传学科竞赛的意义，动员和引导广大学生积极参加各类学科竞赛，鼓励组建专业科技社团，吸纳更多学生参与；培养骨干分子发挥带头和示范作用，采取同学教同学、老队员带新队员的方式形成梯队，有计划、有步骤地进行普及性训练、专业化培训、实战化集训，极大地调动学生群体参与学科竞赛的积极性，以主人翁的态度积极主动地投身到学科竞赛活动中去，锻炼和提升自身的创新创业能力。

一是组织专门化。成立专门学生机构——软件学院大学生科协（学生创新创业服务中心）专司大学生创新创业实践和学科竞赛的服务工作。二是指导类别化和常态化。分阶段、分层次、分类别给予学生以指导与辅导；学院大学生科协通过 1 + N（团体辅导）、N + N（交流分享）、1 + 1（点对点辅导）、高年级指导低年级、参赛获奖者指导准备参赛者。低年级通过专业课程竞赛、参加活动感受氛围，引导学生学好专业并为参赛做准备。三是指导科学化。学院编写了学科竞赛指南、竞赛培训讲义，含竞赛类别、参赛时间、要求、经验分享、科学训练方法等。四是服务立体化。建立线上、线下的信息服务。线上培训、辅导、交流，网站、QQ 空间经验、技术分享。五是活动品牌化。家文化、创新实践文化，通过 Internation Technology（简称 IT）文化节、IT 技术训练营、素质拓展等学生们自己的节日活动和自我培训教育和实践，使 IT 融入到每个学生脑海、心中、行动中，极大地激发了学生人人想创新、人人向往创新实践兴趣。六是集训实战化。全程化、精细化、标准化、目标化指导学生参加竞赛。基于实际项目和实战比赛标准，搭建由老师、普通学生进行挑刺式刁难的实际环境，给队员以历练。七是运行滚筒化。一轮竞赛的结束正是新一年备赛的开始，获奖的学生、团队的经验、心路历程通过"他山之石可以攻玉""竞赛你我他"活动、事迹材料展播、竞赛手记、培训等形式通过线上、线下，组织和自主结对等形式又开始，周而复始，犹如滚筒，生生不息。

（五）制度引导、激励：确保工作的有效开展

为使学科竞赛规范、有力、有效的开展。制定了一系列规章制度，如《中南大学软件学院大学生创新创业基金管理办法》《中南大学软件学院大学生学科竞赛实施办法》《中南大学软件学院创新创业项目管理条例》《中南大学软件学院大学生科协章程》《中南大学软件学院学生参赛规程》，引导、激励学科竞赛工作全过程、全方位的有效开展。

经过多年的探索与实践，中南大学软件学院已经形成了特色鲜明的、基于学生发展的、以培养大学生创新实践能力为目标的一体化培养体系，效益和成果显著。学生就业率达99%以上，并且60%毕业生实现高质量就业。用人单位给予岗位适应能力较强、务实、扎实、具有较好的创新意识和能力等高评价。以 2016 年为例，在创新创业训练项目实践中，共有30支创新创业团队，共有128人参与项目申报，最终成功申报了28项创新创业项目，其中包含11项国家级立项，17项校级立项，共有49名同学获得27项省级以上奖项，其中

包括 19 项国家级以上奖项，8 项省级以上奖项。以学科竞赛为载体的一体化学生创新能力培养模式已成为本院的亮点和品牌。发挥了品牌的示范、带动和辐射作用，不断延展科技竞赛平台的宽度和深度，从而引导和催生学生对学习重要性的认同以及对学习知识的兴趣，形成一种共同的价值取向和努力进取的良好氛围。学科竞赛的示范性和导向效应，有效地推进了学科建设和专业教学，促进课程体系、教学内容和方法的改革，倡导了理论联系实际的学风。通过开展学科竞赛、增强了学生的动手能力和工程训练，提高了学生的创新能力和解决实际问题的能力，探索出一条培养创新型人才的有效途径。

参考文献

[1]新华社.习近平谈创新[N].人民日报海外版,2016 - 03 - 01(9).

[2]新华社. 授权发布:中国共产党第十八届中央委员会第五次全体会议公报[EB/OL]. 新华网. 高层. (2015 - 10 - 29)[2018 - 01 - 06]. http://www. xinhuanet. com/politics/2015 - 10/29/c_1116983078. htm.

[3]习近平.青年要自觉践行社会主义核心价值观——在北京大学师生座谈会上的讲话[EB/OL].中华人民共和国中央人民政府门户网站.新闻. (2014 - 05 - 05)[2018 - 01 - 06]. http://www. gov. cn/xinwen/2014 - 05/05/content_2671258. htm.

[4]新华网.李克强力推"大众创业、万众创新"[EB/OL].中华人民共和国中央人民政府门户网站.新闻. (2015 - 09 - 10)[2018 - 01 - 06]. http://www. gov. cn/xinwen/2015 - 09/10/content_2928395. htm.

[5]姜耀东.创新创业教育是高校改革的突破口[N].人民政协报,2017 - 03 - 01(30).

课程建设

高校双语教学课程体系的构建研究
——以金融学为例

危 平　　杨明艳　　金紫怡　　吴东丽

摘　要： 金融学专业是高校最早实施双语教学的学科之一。但双语课程设置普遍不规范、不严谨，缺乏系统性研究和指导。调研显示，湖南省四所高校的双语课程设置呈现开设数量高校分布不均和目标定位不明确，开设种类和时间趋同，开设连贯性不足，缺乏专业英语的支撑等特点。在适用性和循序渐进的指导性原则下，金融学双语教学课程体系可以采用分层次分阶段的横纵向模式结构进行构建，其设计点充分体现课程性质、课程内容、课程难度和课程逻辑的差异化，强调符合学生的认知规律，从而保证课程体系的系统性、连贯性和知识体系的完整性。

关键词： 双语教学；金融学；课程体系

伴随着双语教学在各高校的推广和因此而产生的对理论和实践指导的需求，近年来，学者在双语教学的理论与实践方面进行了不懈的努力与探索。在理论层面，有对双语教学的涵义、教学目的[1]、教学意义[2]、教学理念[3]、教学内容[4]等问题的研究；在实践层面，则对教学模式[5]、教学方法[6]、教材、师资水平、教学评估[7]107-109和教学管理[8]等现状问题关注较多。在研究方法上，早期研究以理论探讨为主。近年来有以问卷调查为主的实证研究，虽然数目有限，但出现了上升的趋势。例如，庞继贤和吴薇薇对英语课堂小组的任务类型进行实证研究。[9]陈思本通过问卷和访谈的形式调查学生对双语教学的感受。[10]莫海霞则对湖南师范大学的学生进行问卷调查和访谈，研究双语教学的现状、问题和对策。[11]姚芳通过调查学生对于双语教学效果的反映，探究了双语教学的模式。[12]卡塔芝娜·奥赞斯卡 – 波尼科维亚（Katar Zvna Ozanska-Ponikwia）对 102 名波兰双语教学者进行调查，研究个人特征对于双语教学的影响。[13]其他还有部分一线教师基于教学实践中的观察和反思的教学经验总结，如朱强探讨了国际金融课程在试行双语教学中碰到的问题。[14]陈皓[15]、卢有红和彭迪云[16]等人探讨了金融专业双语教学的模式、师资、教材等问题。这些都为双语教学理论和实践的深入提供了有益的基础。

但总的来说，现有双语教学研究理论探讨重经验介绍，轻系统建构；重争论，轻实证研究。这些研究成果缺乏对双语教学在整个教育系统中的宏观把握，也缺乏对双语教学规律的揭示，因而在指导实践中存在局限性。[17]

同时，尽管不同层次的高校开展双语教学的力度和广度不一样，但目前大多数教学效果不是很理想[7]142。很多学者[18]探讨了效果不佳的产生原因，归纳起来，主要有：双语教师

基金项目： 湖南省普通高等学校教学改革研究项目"高校金融学双语教学的课程体系、教学内容和教学手段优化研究与实践"，项目编号：湘教通 – 2012（401）。

作者简介： 危平（1975 – ），女，福建三明人，商学博士，中南大学商学院金融系副教授、硕士生导师，从事银行学、公司金融研究；杨明艳（1989 – ），女，湖北仙桃人，中南大学商学院金融学专业硕士研究生，从事金融学研究；金紫怡（1991 – ），女，湖南常德人，中南大学商学院金融学专业硕士研究生，从事金融学研究；长沙，410083。

的英语水平、学生的英语水平、学生的专业基础、教学方法、教材的选择、教学质量评估方法、语言环境等。这些探讨主要是围绕双语教学具体实施过程中涉及的教师、学生和教材等因素，而双语教学课程体系的构建问题没有得到足够的重视。[19]课程体系是教学实践的指南针。要开展双语教学就必须对双语教学的课程设置进行科学论证。[20]91金融学专业是最早实施双语教学的学科之一，本文在对湖南省四所代表性高校的学生和老师进行访谈和调研的基础上，分析了金融学专业双语课程设置的现状和存在问题，提出系统性构建双语课程体系的策略。

一、湖南省四所高校金融学专业双语课程设置的现状分析

调研高校为中南大学、湖南大学、湖南师范大学和湘潭大学，其中，中南大学和湖南大学是教育部直属的全国综合性重点大学、国家"211工程"和"985工程"院校，湖南师范大学是国家"211工程"大学，湘潭大学是全国综合性重点大学，这四所高校包含了一本院校的主要类别，具有较好的代表性。

我们采取随机抽样的方法，对这四所高校的大学一年级至四年级学生，进行随机抽样访谈，并对部分老师进行访谈。主要从金融专业的培养方案、双语课程的设计以及老师和学生对于课程设置体系的反馈三个方面进行开放式调查和访谈，以分析目前湖南省高校金融学专业双语课程设置的现状和存在的问题。

在对调研和访谈的数据及内容进行汇总后，进行系统的统计和分析，具体的调查结果及分析如下。

表1、表2为截至2014年6月各高校金融学专业双语课程的设置情况，其主要特征如下：

表1　湖南四所高校金融学专业双语课程设置情况

学校	双语课程总数	占专业课程比例*	开设时间	课程性质**
中南大学	8	22%	大二至大三	专业必修（2）专业选修（6）
湖南大学	4	20%	大二至大四上	专业必修（2）专业选修（2）
湖南师范大学	3	8%	大二至大三	专业必修（1）专业选修（2）
湘潭大学	2	10%	大二至大三	专业必修（2）

数据来源：调研

注：*专业课程是自大二开始的金融学专业课程总数，包括专业必修课和专业选修课。＊＊括号内为课程开设门数。

（一）双语课程开设数量高校分布不均和目标定位不明确

表1显示，四所高校金融学专业开设的双语课程平均占到了专业课程总数的15%，已经超过了教育部最早规定的5%－10%的目标。但学校之间差异较大，985高校如中南大学和湖南大学在双语课程的开设上比较积极，而其他两所高校相对滞后。

目前各高校对于双语教学的目标定位不明确。各高校双语教学管理办法都仅对双语教学的授课基本要求和师资要求等作出明确界定，但未对教学目标和具体科目提出指导性意见。因为双语教学师资人员的局限性，课程建设的途径单一性依赖双语任课教师的自由申请，本

科生院负责审核批准。具体而言，从教师或校方的角度看，存在为完成双语教学开课指标而一哄而上的情况；从学生角度看，大部分学生错误地将双语课程学习目标理解为英语水平的强化，突出对专业术语的英文解释，而忽略对专业核心知识和核心理论的学习和理解。

表 2　双语课程列表

课程名称	开设时间	课程性质	课时	开设该课程的学校总数
国际金融学	大二上	必修	48－80	3
保险学	大二，大三上	必修	51－80	2
国际金融函电	大三上	选修	32	2
国际结算	大三上，大三下	必修/选修	48	2
证券投资学	大二下	选修	40	1
金融学	大二上	必修	96	1
宏观经济学	大二上	必修	96	1
商业银行经营学	大三上	必修	48	1
企业战略管理	大三下	选修	48	1
比较金融制度	大三下	选修	32	1
期货期权	大三上	选修	40	1
现代金融业务	大三下	选修	48	1
金融工程	大三	选修	51	1
电子商务	大四	选修	48	1

数据来源：调研

（二）双语课程开设种类和时间高校趋同

表 2 显示，四所高校的双语课程以专业选修课为主，且集中在大二至大三阶段开设。课时较短，在统计的 14 门课程中，有 10 门课程的课时都在 48 课时以下（含 48）。在访谈中，学生普遍反映，既要消化全英文教材，又要疏通知识点，无论是在课堂授课还是在自主学习中，双语课程的难度明显大于普通课程，需要更多的时间来学习。但在课时限制下，不少教师会压缩信息，减少授课章节，或者删减知识点，造成课堂信息量的不足。另一方面，因为语言和理解上的问题，学生跟不上教师授课进度，为了保证大部分学生能够理解授课内容，老师不得不放慢进度，这也大大削减了课堂信息量，影响教学效率。由于双语教学课时的不充足而导致教学效果差的现象普遍存在于四所高校中。

（三）双语课程开设连贯性不足

双语教学的连贯性有助于保证双语教学的效果。宋哨兵等认为双语课程的选择原则应该以奥苏伯尔的学习迁移理论为指导，根据认知结构的三个特征即可利用性、可分辨度和巩固程度为原则，尽可能选择学生已掌握的知识为基础、为阶梯的课程，选择与学生过去的认知结构相接近、相衔接、相融合的课程，就能比较容易地完成知识的迁移。[21]但从表 2 中现有课程来看，知识结构和内容的"迁移"过渡不明显，缺乏"体系"。

（四）双语课程缺乏专业英语的支撑

国内"保持型双语教学"[20]90的主导模式，意味着有效的双语教学应是从以母语作为教学用语向以外语作为教学用语逐渐过渡的过程。由于专业英语为学生提供了用英文描述的专业框架知识，包括基本专业词汇、主要理论体系和一些经典案例等，能在一定程度上起到专业英语导论的作用。但目前各高校金融学专业还是遵循早期培养方案的模式，在大三才开设专业英语课程（表3）。调研中，学生普遍认为专业英语课程设置时间滞后，降低了对专业双语课程的学习效率。

表3　金融学专业英语课程开设情况

学校	专业英语课程	开设时间	课程性质	学时
中南大学	现代金融业务	大三下	专业选修	48
湖南大学	剑桥商务英语	大三上	专业选修	48
	金融专业英语	大三下	专业选修	64

数据来源：调研

二、金融学双语教学课程体系的构建策略

（一）两大原则指导体系构建

一是适用性原则。双语教学并不适用于所有学科已经成为共识，但具体是哪些专业、哪些课程，目前各高校都还没有系统的指导意见。同时，即使是合适开设双语的课程，也应该允许双语方式根据内容有所调整。李希光教授认为，双语教学传授给学生的不仅仅是英语，还必须是专业的核心知识和核心理论，因此最好能中英文并举[22]73。他在清华大学开设国际新闻学时，用英文讲评《纽约时报》、美国有线电视新闻网（Cable News Network，CNN）和美国广播公司（American Broadcasting Company，ABC）这些西方主流大媒体，而用中文讲评《人民日报》和中央电视台等。适用性还表现在学校所制定的课程体系应该要适合本校的实际情况，要根据本校的资源而定，要在本校行得通，不然所制定的课程体系只是流于形式。这涉及到开设双语课门数、上课班级人数、教材使用版本等细节考虑。在课程体系成型前，要对本校双语教学师资、各专业学生英语接受水平、学校硬件配套设备等情况进行调研，根据本校实际情况制定相应的课程体系。

二是循序渐进的原则。这是从两个层次提出的，首先是课程内容要由浅入深。金融专业的课程主要包含两大模块：其一，建构学生经济学基础知识的课程，如宏观经济学、微观经济学、高等数学、管理学、基础会计等；其二，建构学生专业知识结构的课程，如财政学、国际金融学、货币银行学、金融市场学、财务管理学、证券投资学等。双语教学课程体系要根据课程的内在逻辑关系和难易程度合理地进行设计。其次是双语教学模式要从低层次过渡到高层次，课堂的外语使用比例逐渐提高。随着学生英语水平的提高和专业知识的积累，逐渐上升到较高层次的双语教学模式，在条件成熟时，可在高年级选择几门课程进行全外语型授课。通过这种循序渐进、稳步推进的方式，使学生从心理、能力和英语思维上逐步适应双语教学模式。[23]

（二）分阶段纵向构建课程体系

在两大原则的指导下，建立分层次分阶段的横纵向模式结构的课程体系。首先是分阶段的纵向课程体系。即基于大学四年进行阶段性设计，保证系统性、连贯性和知识体系的完整性。这包含几个设计点：

一是专业基础课不宜开设双语教学，而在专业必修课和选修课中选择合适的课程。金融学专业大学的课程按课程性质可分为专业基础课、专业必修课和专业选修课三大板块。专业基础课主要包括微观经济学、宏观经济学、高等数学等内容，帮助学生为以后的专业学习打好扎实的基础，相当于一棵树的根须部分；专业必修课是学生必须学习的专业课程，包括金融学、金融市场学、计量经济学、商业银行经营学、保险学等内容，相当于一棵树的茎干部分；专业选修则是学生根据自己的兴趣偏好选择的课程，包括期货与期权、金融风险管理、行为金融学、现代金融业务、项目融资等内容，相当于一棵树的叶子部分。大一学生英语水平有限，而专业基础知识的掌握至关重要，若此时贸然开始双语教学，学生适应起来可能会有困难。通过对湖南几所高校的调研，大部分学生都表示，在没有一定的专业知识积累的情况下直接接受双语课程不仅会很吃力，更重要的是容易导致学生难以理解课程内容、失去学习信心和热情，最后造成既没学好专业知识也听不懂英语授课的"双输"的局面。专业选修课的学生则大都出于自愿原则选课，具有较高的英语水平，是双语开设的理想教学对象。

二是金融计算和金融理论适合双语，金融实务和实践中英并举。金融学的专业必修和选修课程，根据内容又可以分为金融理论、金融实务、金融计算和金融实践四个类别。由于金融理论（金融学、国际金融学、金融市场与金融机构等）和金融计算（金融计量学、金融工程、计量经济学等）的国际通用型较强，引入双语，有利于与国际制度、规则和惯例接轨，从而培养符合国际标准的、熟悉金融国际前沿知识和工具并能有效应对国际金融竞争的高级复合型人才。金融实务（期货与期权、证券投资学、项目融资等）和实践课程（投资分析模拟、银行经营模拟等）行业情景性较强，需要对我国相应的监管制度与文化进行较好的诠释，如果开设双语，适合中英文交叉使用。

三是难度很大的课程不宜设置双语课。像金融计算与编程、金融风险管理等课程难度大，如果设为双语课程，很多学生接受起来会有困难。调研中，50%以上的学生认为双语课程越学越难的时候对他们的自信心打击最大。而学生的自我效能感越低，双语教学的效果越差。[24]因此，双语课程具体的开设情况，各学校应根据本校学生英语水平进行调整。若学生水平总体比较高，其自我效能感也会很高，学生将会愿意参与到双语教学中，挑战自我，这样可开设难度较高的课程，激发学生的学习兴趣，反之则要"量力而为"，在课程设置中尽量减少学生的习得性无助感。

四是设置双语教学的课程应已经有优秀的英文原版教材或者有高水平的双语教材。采用英文原版教材有诸多好处，能让学生系统地学习西方的经济学理论和实践成果，接触理论前沿知识，锻炼在东方形象思维和西方逻辑思维间进行自由转换的能力，在学习专业知识的同时提高学生的英语水平。湖南四所高校的调查显示，双语课程使用的教材都是外国的原版教材。但必须承认，英文原版教材教学内容和语言难度比较高，与我国学生认知水平和英语水平不能实现有效的衔接。[25]因此，使用英语原版教材的同时应推荐学生配套一本适合的中文参考资料，方便学生学习。目前外文教材严重缺乏，原版购进成本很高，而组织教师编写的周期太长，并且质量和实用性也难以保证。较好的解决办法是教育部遴选出国外的优秀教材，购买版权，再翻印成册。[26]但高校课程设置不一，种类较多，且原版教材更新速度快，这就要求国家加大力度来推动国外优秀教材的引进。

最后是阶段性分布的安排。大一阶段，主要任务是储备大量的专业知识、培养良好的专业素养，暂时不宜开始专业课程的双语教学。但建议可以开设金融英语基础课程，这包括公共英语和专业英语基础课（如商务英语、金融英语），为以后的双语学习打好语言基础。这里的专业英语起到了衔接大学生公共英语和双语教学的桥梁作用。[27]大二阶段，每个学期可以开设一到两门双语教学，但这个时候的双语教学，应该采用维持式双语教学的初期教学模式——即老师多用汉语带领学生解读教材，教学语言采用汉英结合的方式来使学生逐步适应双语教学，培养学生自主阅读教材的学习能力，帮助学生积累词汇、养成良好的逻辑思维。英文教材应选择国内有中文翻译版的教材，方便学生在阅读英文有障碍时可以进行中英文对照，帮助理解。大三阶段，每个学期可开设两到三门双语课，此时上升到高层次的双语教学，即维持式双语教学的后期模式——使用英文原版教材，课堂授课以英文为主甚至完全采用英语作为教学语言，考试作答也以英文为主。"输出"能力的强化使学生能灵活应用所学，以国际化的逻辑思维进行基于专业研究的英语交流。到大四阶段，由于学生忙于考研、就业和出国，参加专业学习的学生数量有限，建议只在部分专业选修课（主要是金融实务课程）里开设双语教学课程，目的是保证部分专业方向高级课程与前期课程在内容上的有效衔接，为学生提供进一步深入学习的机会。总的来说，学生学习是个逐渐积累的过程，不能一蹴而就，由易到难，由浅到深，才符合学生的接受规律。

（三）分层次横向构建课程体系

分层次的横向课程体系设计考虑的是学生英语水平的差异性和课程内容的差异性，与分阶段的纵向体系是相容的、不冲突的，并在分阶段纵向体系的框架下实施。所谓分层次，一是指在一门金融课程的教学中，可分设双语教学课和中文教学课，这是为了满足学生的不同需要。立夫（Betty L. Leaver）和斯特赖克（Stephen B. Stryker）在其内容依托式教学中就特别强调，课程设置必须符合不同学生群体的需要。[28]有些学生的英语基础较差，要适应双语教学需要耗费很大的时间和精力，投入产出比很低，中文授课是个更明智的选择。二是指针对难度不同的双语课程，教师可以根据学生的平均英语水平或者内容的需要来调整授课中英语的比例。教师在双语教学中进行语码转换[29]，有利于学生理解，促进双语课堂的管理。[30]例如对大多数学生而言，期货与期权与国际金融学比，难度更大，因为包含了大量的衍生品定价理论和应用的内容。国际金融学可在平时授课中多用英文，考试用全英文作答，而期货与期权则在平时需要穿插更多的中文，考试可选择英文试题、中文作答的方式。分层次体系还要厘清双语教学课程与母语开设课程的关系。傅淑玲等[22]74、刘兆龙等[31]、王维翊[32]等学者的双语教学经验证明，双语教学课程和母语开设课程是一种互为补充、互相促进的关系，具体表现在两个方面：

第一，母语开设课程保证双语课程知识的准确输入。母语教育是双语教学的语言基础，学生在母语教育中获得了母语学习的能力，如拼音、造句、朗读等，才能将英语与汉语的相同语言现象实现快速正迁移，取得快速、高效的学习效果。[33]母语课程可以为学生学习双语课程提供相关的基础背景知识，这有助于他们准确理解难度高一些的双语课程内容，根据二语习得理论，这更有利于学生的专业学习。

第二，双语课程知识是母语课程的拓展和延伸，利于增强学生的学习兴趣，提高母语课程的学习效果。通过双语课程原版英文教材的学习，学生可以亲身感受西方经济学家简洁、严谨的思考方式，理解与认知世界前沿金融知识与金融现象，借鉴和学习先进的金融学研究方法和实践成果。从另一个角度、用另一种语言学习金融学，会产生意想不到的效果，使学生对金融学产生浓厚的兴趣。

三、结　语

　　我国高校以金融学为代表的部分专业双语教学已经取得一定进展，但双语课程设置普遍不规范、不严谨，缺乏系统性研究和指导。调研显示，湖南省四所高校的双语课程设置呈现开设数量高校分布不均和目标定位不明确，开设种类和时间高校趋同，开设连贯性不足，缺乏专业英语的支撑等特点。因此，有必要构建双语教学的课程体系，为双语教学实践提供指引。这就需要回答在各专业的特定培养目标下，到底哪些课程适合开展双语教学，哪些不适合？课程的先后修读关系是什么？双语课程与母语开设课程的关系如何？以及如何保持双语教学的连贯性以保证知识结构的一体化？针对金融学双语教学课程体系的构建，本文提出了适用性和循序渐进的指导性原则，和分层次分阶段的课程体系的构建策略，期望能对我国双语教学的规范化、标准化、完善化起到一些积极的作用。

（原载《现代大学教育》2015 年第 5 期）

参考文献

[1]张立巍. 我国双语教学的动因探究及启示[J]. 中国成人教育,2010(1):132 – 133.

[2]史锋. 双语教学在中国实行的逆向思考[J]. 中国大学教学,2011(8):17 – 20.

[3]戴理达. 沉浸式双语教育中隐性课程嵌入的动因与路径[J]. 教育探索,2013(5):27 – 29.

[4]谈多娇. 高等学校双语教学的关键环节[J]. 教育研究,2010(10):91 – 94.

[5]沈庆丰,吴非晓. 中外双语教学模式探析[J]. 教育与职业,2014(18):115 – 116.

[6]周红. 双语教学手段在管理类课程中的实证研究[J]. 教育与职业,2014(5):154 – 155.

[7]陈志国,蒋玲.理工科大学双语教学的探讨[J].现代大学教育,2005(2).

[8]何伟. 重庆高校双语教学探讨[J]. 中国教育学刊,2014(6):118 – 119.

[9]庞继贤,吴薇薇. 英语课堂小组活动实证研究[J]. 外语教学与研究(外国语文双月刊),2005(6):424 – 430.

[10]陈思本. 大学生对双语教学的反应——对一所理工类大学的调查[J]. 高教探索,2007(3):83 – 85.

[11]莫海霞. 普通高校双语教学的现状问题及对策——以湖南师范大学为例[D]. 硕士学位论文.长沙:湖南师范大学教科院,2009.

[12]姚芳.大学英语教学与双语教学衔接问题的思考[J].江西财经大学学报,2011(4):124 – 129.

[13]Ozanska-Ponikwia,K. What has Personality and Emotional Intelligence to do with "Feeling Different" While Using a Foreign Language?[J]. *International Journal of Bilingual Education and Bilingualism*,2012,15(2):217 – 234.

[14]朱强. 国际金融双语教学中的问题及改进策略[J]. 文教资料,2005(25):71 – 72.

[15]程皓. 国内高校金融专业双语教学的比较优势[J]. 中国大学教学,2008(4):39 – 41.

[16]卢有红,彭迪云. 金融学专业课程双语教学实践中的问题与思考[J]. 科技广场,2009(10):206 – 207.

[17]吴平. 五年来的双语教学研究综述[J]. 中国大学教学,2007(1):37 – 45.

[18]武敬杰,等. 影响双语教学实施效果的因素及对策[J]. 中国大学教学,2008(5):64 – 65.

[19]郑大湖,戴炜华. 我国高校双语教学研究十年:回顾与展望[J]. 外语界,2013(1):54 – 61.

[20]张同利. 加强高校双语教学的探讨[J]. 中国高教研究,2007(5).

[21]宋哨兵,来娜.双语教学的探索与研究[J].杭州师范学院学报(医学版),2005(3):226 – 228.

[22]傅淑玲,等.关于双语教学的调查分析与思考[J].现代大学教育,2003(4).

[23]陈雪红,等.基于国际化战略的高校金融学课程体系建设[J].黑龙江教育(高教研究与评估),2013(2):47-49.

[24]吕丰华.双语教学中的学生自我效能感问题研究[J].教育探索,2012(3):140-142.

[25]李小红.我国高等教育双语教学的误区与应对策略分析[J].教育与职业,2014(15):173-174.

[26]周春,经承学.高校实施双语教学过程中面临的困难及对策[J].广西民族大学学报(哲学社会科学版),2007(28):107-108.

[27]丁年青.基础 桥梁 彼岸——试论高校普通英语、专业英语及双语教学的关系[J].中国外语,2004(2):4-8.

[28]Leaver, B. L., & Stryker, S. B. Content-Based Instruction for Foreign Language Classrooms[J]. *Foreign Language Annals*,1989(3):269-275.

[29]Tien,C. Y. Conflict and Accommodation in Classroom Code-switching in Taiwan[J]. *International Journal of Bilingualism Education and Bilingualism*,2009,12(2):173-192.

[30]Andersson, I., & Rusanganwa, J. Language and Space in a Multilingual Undergraduate Physics Classroom in Rwanda[J]. *International Journal of Bilingual Education and Bilingualism*, 2011,14(6):751-764.

[31]刘兆龙,等.高校双语教学实证分析[J].中国大学教学,2012(5):58-60.

[32]王维翊.经济学专业双语教学调研情况分析[J].山西财经大学学报,2012(4):186-186.

[33]欧卫红.论母语教育、外语教学与双语教育的关系[J].教育探索,2008(4):44-45.

理工科大学生
人文素质课程需求调查与分析
——基于"学生兴趣"与"工作情境"双视角

熊勇清　　郭 杏　　郭 兆

摘　要：应用课程需求分析理论，从学习者主观需求和工作情景需求两个视角以及课程目标、课程内容、课程实施三个维度调查分析了理工科专业人文素质课程的需求内容与结构。理工科专业开设人文素质课程符合学习者主观需求，也符合未来工作情景需求，但是人文素质课程的内容设置和教学方式亟待改进。理工科专业在校大学生主观需求和未来工作情景需求之间存在一定的差异，不同专业和层次的理工科专业学生关于人文素质课程的实际需求也存在差异。理工科专业人文素质课程要从"边缘化"向"基础化"转变，从"单一化"向"多维化"转变，从"理论性"向"实践性"转变，从"标准化"向"订制化"转变。

关键词：理工科专业；人文素质；课程需求；学生兴趣；工作情境

现代科学技术的交叉融合不仅要求现代工程师掌握扎实的工程技术知识，同时也要具备良好的人文素养。为适应这一发展趋势，现代工程教育要实现工程科技教育与人文素质教育的完美结合[1]。在工程技术人才培养过程中加强人文素质教育受到了理论界和实践界的高度重视，麻省理工学院（Massachusetts Institute of Technology）创办之初就把人文文化课程纳入到工程技术课程体系并作为其办学目标[2]，加州理工学院（California Institute of Technology）也一直非常注重工程技术人才培养过程中的人文素质教育[3]，剑桥大学（University of Cambridge）一直信奉着人文教育的宗旨并认为科学精英需要"智"性和"感"性上的平衡[4]，康奈尔（Ezra Cornell）提出在进行科学教育的同时，要把人文教育与实用教育紧密联系起来[5]。李政道认为科学与艺术是一个硬币的两面，谁也离不开谁[6]。王姝指出工具化、实用化的倾向造成了人文素质教育的萎缩，加强理工科大学生的人文素质教育迫在眉睫[7]。

近年来我国多数高校都在理工科专业开设了一定数量的人文素质教育课程[8]，但在课程内容、教学方式以及教学支撑条件等方面都存在着一些不同认识，实际效果也有很大差别。为更好地总结理工科专业人文素质教育的基本规律，为科学设置理工科专业的人文素质课程提供科学依据，我们有必要深入了解现代工程技术人才人文素质的实际需求以及高校理工科专业人文素质课程教学的现实情况。现有研究较多的是从宏观层面关注人文素质教育与工程技术人才培养的关系，针对课程内容、教学方式等微观操作层面的研究比较少见。已有的一些课程需求的调查研究，也主要是针对在校大学生进行的，存在一定片面性。与已有研究不

基金项目：湖南省普通高等学校教学改革研究项目"面向卓越工程师人文素养培育的课程体系建设研究"，项目编号：湘教通【2012】401。
作者简介：熊勇清（1966－），男，江西临川人，管理学博士，中南大学商学院教授、博士生导师、副院长，从事管理理论与组织行为、高教管理研究；郭杏（1990－），女，湖南常德人，中南大学商学院硕士研究生，从事管理理论与组织与行为、区域经济研究；郭兆（1973－），女，湖南岳阳人，管理学硕士，湖南工业职业技术学院经济管理系副教授，从事财务会计、教育管理研究；长沙，410208。

同的是，本研究聚焦于课程设置这一微观操作层面，从"学生需求（学生兴趣）"与"企业需求（工作情境）"两个视角同时切入，针对在校大学生和在职工程技术人员两类不同群体同时开展调查，以期从操作层面提出人文素质课程建设的相关建议。

一、课程需求调查的理论分析与研究设计

课程需求分析（Needs Analysis）是一种通过访谈、观察和问卷等手段研究分析课程需求，并在此基础上进行课程设置的方法[9]。这种方法注重实际需求，有效地克服了传统课程需求分析方式的一些弊端。本研究应用这一方法调查分析理工科专业人文素质课程的实际需求。

（一）课程需求调查的"两视角三维度"

高校课程设置要充分考虑学习者需求[10]和工作情景需求[11]，包括课程内容、课程结构、教学设施三个方面[12]，人文素质课程设置一方面需要了解在校大学生对于人文素质课程的主观态度和期望，另一方面也需要了解未来工作情景对其知识结构的客观要求。据此，为全面把握人文素质课程的现实需求，本研究同时从"学生态度兴趣（学生需求）"与"未来工作情境（企业需求）"两个视角切入，并重点从"课程目标（必要性）""课程内容""课程实施（教学方式）"三个维度对人文素质课程的需求进行分析，如图1。

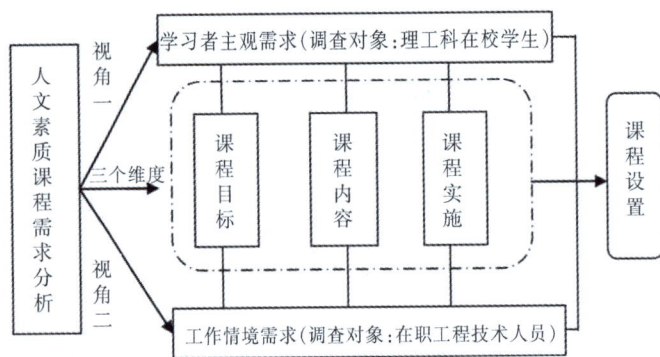

图1　人文素质课程需求分析的"两视角三维度"框架

第一，学习者主观需求视角（在校理工专业学生的态度和兴趣）。分析学习者的需求和目的是课程设置的首要环节[13]，理工科在校学生是人文素质课程的接受者和参与者，在制定人文素质课程体系时，必须首先考虑到在校学生对于课程内容的实际需求。这一调查视角主要包括：人文素质课程现状的评价、人文素质知识的重视程度调查、人文素质课程开设内容和开设方式的评价等等。

第二，工作情景需求视角（在职工程技术人员的态度和期望）。人文素质课程体系的设计应该注重社会需求[14]。在校理工科大学生由于缺乏实际工作经验和社会阅历，其主观需求不一定都符合企业和社会的实际需求，存在一定的片面性。在职工程技术人员具有较好的实际工作经验和社会阅历，他们对于人文素质课程的态度和期望，通常来自于实际工作中亲身体验，在一定程度上代表了企业和社会的客观需求[15]。因此针对在职工程技术人员开展调查，有利于接通地气，更好地符合社会实际需求，有效地弥补了针对在校学生调查的一些片面性。

（二）调查样本来源及问卷设计

第一，调查样本的来源。应用分层抽样法分别收集在校理工科学生和在职工程技术人员的样本数据。在校大学生调查样本为某高校材料科学与工程、冶金与环境、物理与电子、机电工程、信息科学与工程、资源与安全工程、能源科学与工程、粉末冶金、地球科学与信息物理、数学与统计等 10 个理工科专业全日制在校本科生，共发放调查问卷 250 份，收回有效问卷 223 份。在职人员调查样本为某高校在职 MBA 学员，这些学员为来自 A 地区多个不同行业和企业的工程技术人员和管理人员，具有较好的代表性，共发放问卷 150 份，收回有效问卷 104 份。样本构成如表 1。

表1　调查样本构成情况表

样本类别	样本数	项目		人数/占比（%）	项目		人数/占比（%）
全日制本科生（理工科）	223	性别	男	163/73.1	年级	大一	33/14.8
			女	60/26.9		大二	132/59.2
		专业	理科	56/25.1		大三	54/24.2
			工科	167/74.9		大四	4/1.8
在职工程技术人员	104	性别	男	69/66.3	工龄	5 年以下	26/25
			女	35/33.7		6-10 年	30/28.8
		岗位	技术岗	54/51.9		11-15 年	30/28.8
			管理岗	50/48.1		15 年以上	18/17.3

第二，调查问卷的设计。依据"两视角三维度"分析框架，本研究从"必要性""课程内容""教学方式"三个方面设计问卷，如表 2。

表2　需求调查问卷结构及问卷信度分析结果

调查维度	（Ⅰ）基本信息（A）	（Ⅱ）理工科专业人文素质课程的现状及需求（B）		
		课程地位认识（B1）	课程内容需求（B2）	课程教学方式（B3）
全日制理工科本科生	性别、专业及年级	人文素质知识的学习有助于科研、设计等专业知识的学习和应用（B11）；人文素质知识的学习有助于个人的成长和发展（B12）；理工科大学开设人文素质专门课程的重要性（B13）；	法律道德类课程（B21）；经济管理类课程（B22）；历史文化类课程（B23）；语言文学类课程（B24）；艺术审美类课程（B25）；心理卫生类课程（B26）	理论教学（B31）；实践演练（B32）；案例教学（B33）；专题讲座（B34）；情景表演（B35）
	问卷信度（α系数）	0.709	0.734	0.696
在职工程技术人员	性别、岗位及工作年限	人文素质对解决工程、技术问题的重要性（b11）；人文素质对职业发展的重要性（b12）；	法律道德类课程（b21）；经济管理类课程（b22）；历史文化类课程（b23）；语言文学类课程（b24）；艺术审美类课程（b25）；心理卫生类课程（b26）	理论教学（b31）；实践演练（b32）；案例教学（b33）；专题讲座（b34）；情景表演（b35）
	问卷信度（α系数）	0.689	0.703	0.737

问卷采用李克特（Rensis Likert）五点量表法，并在小样本试测基础上修改完善形成正式问卷。信度分析表明，克朗巴哈系数（Cronbach's α）均在 0.7 左右，问卷具有较好的一

致性。进行单样本 t 检验，检验值设为 3.0，显著性水平 α 设为 0.05，求得 t 值的绝对值大于 1.96 且指标均值高于 3.0，可以认定其达标。

二、课程需求调查结果与数据分析

（一）在校大学生和企业在职人员普遍赞同在理工科专业开设人文素质课程

关于课程必要性调查的描述性分析及单因素方差分析结果如表 3。第一，理工科大学生和企业在职人员普遍认识到人文素质知识有助于科研能力提升和个人的成长发展，高年级学生和较长工龄在职人员认识更为强烈。

首先，64.6% 的在校大学生"完全赞同"人文素质知识的学习有助于科研、设计等专业知识的学习和应用。同时，从大学一年级到大学四年级，重要性评价均值从 3.75 上升到 4.63。75.3% 的大学生"非常赞同"或"赞同"人文素质知识有助于个人的成长和发展。同时，我们也可以发现，从大学一年级到大学四年级，重要性评价均值从 3.75 上升到 4.15。76.3% 的大学生"非常赞同"或"赞同"理工科专业应该开设专门的人文素质课程。同时，从大学一年级到大学四年级，重要性评价均值从 3.25 上升到 4.17。

表3　课程必要性的描述性分析及单因素方差分析结果

调查对象及调查项目[1]	I：描述性分析						II：单因素方差分析（按年级/工龄）					III：单因素方差分析（按专业/岗位）		
	赞同人数占比（%）					均值	均值				F 检验[4]	均值		F 检验
	完全赞同	较赞同	一般	较不赞同	完全不赞同		L1[2]	L2	L3	L4		L5[3]	L6	
在校学生 B11	64.6	28.7	4.9	0.9	0.9	4.55	3.75	4.45	4.48	4.63	2.63	4.57	4.50	0.39
B12	32.7	40.8	25.6	0.9	0	4.05	3.75	4.02	4.05	4.15	0.40	4.57	4.55	1.38
B13	38.6	37.7	20.2	2.2	1.3	4.10	3.25	4.09	4.00	4.17	1.71	4.14	4.08	0.18
在职人员 b11	18.3	67.3	10.6	3.8	0	4.00	3.77	3.87	4.20	4.22	3.18*	3.99	4.03	0.10
b12	64.4	32.7	2.9	0	0	4.62	4.42	4.60	4.60	4.94	3.52*	4.64	4.57	0.34

注：①各代码对应的调查项目参见表 2，其他表格中，不再一一说明；

②在校大学生划分为大学一年级（L1）、大学二年级（L2）、大学三年级（L3）和大学四年级（L4），在职人员分别按照工作年限划分为 5 年以下（L1）、6-10 年（L2）、11-15 年（L3）和 15 年以上（L4）；

③在校大学生划分为理科（L5）、工科（L6），在职人员划分为技术岗（L5）、管理岗（L6）。

④*表示显著性水平 P < 0.05，存在显著差异；**表示显著性水平 P < 0.01，存在非常显著的差异；其他表格同，不一一说明。

其次，85.6% 的企业在职人员"赞同"或"非常赞同"人文素质知识有助于解决工程、技术问题。并且随着工作年限的增长，其重要性评价均值从 3.77 上升到 4.22。64.4% 的在职人员"非常赞同"人文素质对于职业发展非常重要，并且随着工作年限的增长，其重要性评价均值从 4.42 上升到 4.94。

第二，不同专业在校大学生和不同岗位的企业在职人员对于课程地位的评价存在一定的差异。

首先，从在校大学生角度的统计分析显示，在人文素质对于科研、设计等专业知识的学习和应用方面，虽然理科和工科的大学生的评价均值均在4.5左右，但理科大学生对其重要性评价均值为4.57，高于工科大学生。在人文素质对于个人成长和发展方面，理科大学生对其重要性评价均值为4.57，高于工科大学生。在理工科大学开设专门的人文素质课程方面，理科大学生对其重要性评价均值为4.14，也高于工科大学生的评价。

其次，从企业在职人员角度的统计分析显示，在人文素质解决工程技术问题的认识上，管理岗的在职人员的评价均值为4.03，高于技术岗的在职人员的评价。在人文素质对职业发展的重要性的认识上，技术岗的在职人员的评价均值为4.64，高于管理岗的在职人员的评价。

（二）在校大学生和企业在职人员关于人文素质课程内容安排方面的认识存在一些差异

关于课程开设内容调查的描述性分析及单因素方差分析结果如表4。

表4　课程开设内容的描述性分析及单因素方差分析结果

调查对象及调查项目	I：描述性分析						II：单因素方差分析（按年级/工龄）					III：单因素方差分析（按专业/岗位）		
	赞同人数占比（%）					均值	均值				F检验	均值		F检验
	完全赞同	较赞同	一般	较不赞同	完全不赞同		L1	L2	L3	L4		L5	L6	
在校学生 B21	19.3	39.0	22.4	13.0	6.3	3.52/5	3.88/6	3.54/6	3.30/5	3.00/4	2.14	3.46/5	3.68/6	1.72
B22	21.1	20.8	26.9	10.3	0.9	3.71/4	4.00/5	3.65/5	3.67/4	3.75/1	1.25	3.65/4	3.87/5	2.32
B23	30.9	49.8	16.1	3.1	0	4.09/2	4.42/1	4.10/3	3.93/2	3.00/4	5.95**	4.06/1	4.15/3	0.58
B24	30.9	48.9	17.9	2.2	0	4.09/2	4.27/3	4.12/2	3.93/2	3.50/2	2.41	4.01/2	4.30/2	6.77**
B25	36.3	43.9	17.9	1.3	0.4	4.14/1	4.30/2	4.19/1	4.00/1	3.25/3	3.00*	4.06/1	4.38/1	7.86**
B26	26.5	47.5	17.5	7.2	1.3	3.91/3	4.09/4	3.97/4	3.69/3	3.25/3	2.43	3.91/3	3.90/4	0.00
在职人员 b21	14.4	41.3	32.7	6.7	4.8	3.54/6	2.82/5	3.85/6	3.45/4	3.75/5	3.64*	3.48/6	3.66/5	0.77
b22	28.8	49.0	19.2	2.9	0	4.04/4	4.09/2	4.26/1	3.86/3	4.13/3	1.94	4.00/4	4.11/2	0.50
b23	33.7	51.0	15.4	0	0	4.18/1	4.27/1	4.15/2	4.14/2	4.50/1	0.75	4.23/1	4.09/3	1.08
b24	28.8	56.7	12.5	1.9	0	4.13/2	4.00/4	4.09/4	4.14/2	4.38/2	0.50	4.14/2	4.09/3	0.17
b25	16.3	53.8	26.9	2.9		3.84/5	4.00/3	3.79/6	3.86/3	3.63/6	0.47	3.86/5	3.80/4	0.13
b26	29.8	50.0	20.2	0	0	4.10/3	3.82/4	4.12/3	4.16/1	4.00/4	0.75	4.03/3	4.23/1	1.83

第一，在校学生和企业在职人员总体上赞同设置六大类型人文素质课程，但是个别课程评价值相对较低。

首先，历史文化类（B23）和语言文学类（B24）课程评价值相对较高，法律道德类（B21）课程评价值列最后一位。在校学生和企业在职人员对于历史文化类课程（B23）和语言文学类（B24）的课程重要性都给予了较高评价，其评价均值都在4以上，但是对于法律道德类（B21）课程评价值都较低，其评价均值都在3.5分左右，列六大类课程最后一位。

其次，艺术审美类（B25）、经济管理类（B22）和心理卫生类（B26）课程重要性评价存在差异。在校大学生将艺术审美类（B25）课程列为首位，评价均值为4.14，企业在职人员却将艺术审美类（b25）课程列为第5位，其评价均值仅为3.84；在校大学生对于心理卫生类（B26）课程评价较低，其评价均值为3.91，然而企业在职人员对于心理卫生类

（b26）课程评价相对较高，其评价均值为 4.1；在校大学生对于经济管理类（B22）课程评价均值仅为 3.71，然而企业在职人员对于经济管理类（b22）课程的重要性评价均值为 4.04。

第二，不同年级在校大学生和不同工作年限的企业在职人员对于课程重要性的评价存在差异。

首先，在校大学生对于人文素质课程需求程度随着在校年限的增长呈下降趋势，然而企业在职人员对于人文素质课程需求程度总体上随着工作年限增长而呈上升趋势。在校大学生中，大学一年级到大学四年级对于人文素质课程需求程度的评价值分别为 4.16、3.93、3.75、3.29，随着年级增长依次递减，这种变化趋势与前文统计结果显示的随着年级增长，在校大学生对于人文素质课程地位认识逐步增长刚好形成反差，表明高年级学生人文素质课程已有一定基础，并且随着专业学习任务的加大，对于人文素质课程的实际需求在下降。与在校大学生不同的是，企业在职人员随着工作年限增长，对于人文素质课程内容需求程度的评价值逐步增长，充分表明随着实际工作阅历的增长，对于人文素质在解决工程技术问题中的重要性认识更加深刻。

其次，不同年级大学生和不同工作年限的企业在职人员对于课程开设具体内容的排序存在差异。低年级大学生大多将历史文化类（B23）、艺术审美类（B25）和语言文学类（B24）人文素质课程列为首选课程，经济管理类（B22）和法律道德类（B21）课程列在最后或相对较后的位置，高年级学生尤其是大学四年级学生则将经济管理类和法律道德类课程列为首选课程，表明高年级大学生面临大学毕业和工作选择，对于人文素质课程的需求更加注重实用性。企业在职人员中，经济管理类（b22）课程被各工龄段企业在职人员列为首选，其他类别的人文素质课程，不同工龄段企业在职人员存在一些小的差异。

（三）传统的理论教学方式受到普遍质疑，实践演练和案例教学等教学方式受到普遍欢迎。

课程教学方式的调查统计结果及单因素方差分析结果如表5。

表5　人文素质课程教学方式调查结果描述性统计及单因素方差分析结果

调查对象及调查项目	Ⅰ：描述性分析						Ⅱ：单因素方差分析（按年级/工龄）					Ⅲ：单因素方差分析（按专业/岗位）		
	赞同人数占比（%）					均值	均值				F检验	均值		F检验
	完全赞同	较赞同	一般	较不赞同	完全不赞同		L1	L2	L3	L4		L5	L6	
在校 B31	10.3	30.5	42.6	12.1	4.5	3.30/5	3.27/5	3.30/5	3.35/5	3.00/3	0.19	3.25/5	3.32/5	0.02
学生 B32	33.2	44.8	18.4	3.6	0	4.08/1	4.21/1	4.12/1	3.93/2	3.50/1	1.76	3.91/2	4.13/1	3.15
B33	31.8	41.7	22.0	2.7	1.8	3.99/2	4.06/2	4.01/2	4.07/1	2.75/4	9.47*	4.05/1	3.97/2	0.36
B34	18.4	36.8	33.2	7.6	4.0	3.58/4	3.85/4	3.58/4	3.44/4	3.25/2	1.26	3.50/4	3.60/4	0.46
B35	28.7	35.0	25.1	9.4	1.8	3.79/3	3.94/3	3.83/3	3.65/3	3.50/1	0.74	3.75/3	3.81/3	0.14
在职 b31	2.9	33.7	44.2	14.4	4.8	3.15/5	3.18/5	3.06/5	3.22/5	3.13/4	0.22	3.09/5	3.29/5	1.19
人员 b32	44.2	47.1	7.7	1.0	0	4.35/2	4.55/1	4.24/2	4.43/2	4.00/2	1.68	4.30/2	4.43/2	0.81
b33	50.0	40.4	8.7	1.0	0	4.39/1	4.18/3	4.38/1	4.49/1	4.13/1	1.09	4.35/1	4.49/1	0.93
b34	24.0	57.7	15.4	2.9	0	4.03/4	3.91/4	3.97/3	4.12/3	3.88/3	0.55	3.99/3	4.11/4	0.75
b35	24.0	58.7	14.4	2.9	0	4.04/3	4.36/2	3.88/4	4.06/4	4.13/1	1.39	3.96/4	4.20/3	2.78

第一，在校学生和企业在职人员更为认同在人文素质课程教学过程中采用"实践演练"和"案例教学"等教学模式，传统的理论教学模式认同度相对较低。

首先，在校学生和企业在职人员对于实践演练（B32）和案例教学（B33）两类教学方式都给予了较高评价，其评价均值都在4以上。传统的理论教学（B31）方式评价值较低，其评价均值都在3.3分左右，并且在校学生和企业在职人员均将理论教学方式列在最后一位。显而易见，人文素质课程教育不同于一般的专业理论课程教学，不仅仅是理论知识的传授，更重要的是一种素质和能力的培育，因此实践演练和案例教学应该成为人文素质教育的主流方式。

其次，在校学生和企业在职人员对于专题讲座（B34）和情景表演（B35）这两类教学方式也给予了较好的评价，其综合评价均值接近4，人文素质课程教育模式应该改变传统理论教学的单一模式，积极探索多元化的教学模式。

第二，不同年级的在校大学生和不同工作年限的企业在职人员对于教学模式的评价差异不明显。

首先，不同年级的在校大学生对于课程教学模式的评价差异不明显。大学一年级学生和二年级学生的评价依序为：实践演练（B32）、案例教学（B33）、情景表演（B35）、专题讲座（B34）、理论教学（B31），大学三年级学生的评价依序为：案例教学（B33）、实践演练（B32）、情景表演（B35）、专题讲座（B34）、理论教学（B31），大学四年级学生的评价依序为：情景表演（B35）、实践演练（B32）、专题讲座（B34）、理论教学（B31）、案例教学（B33）。总体上看，不同年级学生对于人文素质课程教学模式的评价没有显著差异。

其次，不同工作年限在职人员对于课程教学模式的评价差异不明显。5年以下工龄企业在职人员评价依序为：实践演练（b32）、情景表演（b35）、案例教学（b33）、专题讲座（b34）、理论教学（b31），6至10年工龄和11至15年工龄企业在职人员评价依序为：案例教学（b33）、实践演练（b32）、专题讲座（b34）、情景表演（b35）、理论教学（b31），15年以上工龄企业在职人员评价依序为：案例教学（b33）、情景表演（b35）、实践演练（b32）、专题讲座（b34）、理论教学（b31）。总体上看，不同工作年限企业在职人员对于人文素质课程教学模式的评价没有显著差异。

三、理工科大学生人文素质课程设置的建议

第一，从"边缘化"向"基础化"转变：明确人文素质课程在理工科教育中的基础性地位。

从调查结果来看，无论是在校大学生还是企业在职人员，都高度认识到人文素质知识的重要性，但对于人文素质教育的现状都感到不满意，理工科人文素质教育课程建设中并没有得到真正的重视，关键原因就在于没有从源头上确立人文素质课程在人才培养中的基础性地位。我国理工科专业课程设置的"功利性"尤为突出，理工科高等教育不能停留在如何做事的"功利性"教育上，人文素质教育也不能仅仅成为理工科人才培养目标中的"噱头"，理工科教育在强调科学教育的同时，同样要高度重视培养学生良好的思想道德和社会责任感，教会学生如何做人，修炼做学问的深厚根基和恒久内力，这才是现代工程技术人才培养

的目标和方向。

第二，从"单一化"向"多维化"转变：构建"显隐结合"的人文素质教育多维化教育课堂。

人文素质教育是一项系统工程，不应仅仅停留在开设人文素质课程这样一个"显性"平台建设方面，要构建从课堂内到课堂外，从人文素质课程本身到相关专业课程有机融入等多维教育平台。"校园文化""教师行为""校园建筑风格"等等属于人文素质教育的隐性平台，对于学生人文素质的培养有着十分重要影响。此外，要积极倡导在相关专业性课程教学过程中有机融入人文素质教育，任何一门学科的产生和发展都离不开一定的人文社会背景和科学家孜孜不倦的探索与追求，专业课的教师同样需要注重挖掘专业课程中的科学精神和人文道义，并与专业知识一道传授给学生，将单一的专业知识学习过程转变成为丰富的科学人文主义的知识构建过程。

第三，从"理论性"向"实践性"转变：建立理论教学与专题实践教学相结合的教学体系。

在校学生和企业在职人员更为认同在人文素质课程教学过程中采用"实践演练""专题讲座"和"情景表演"等教学模式，传统的理论教学模式认同度相对较低。因此，理工科大学生人文素质不仅要有法律道德、经济管理、历史文化、语言文学、艺术审美和心理卫生等方面理论知识的系统介绍，同时还应该包括学术讲座、校园文化活动和社会实践教育等等多种形式的人文素质教育专题活动，各类专题活动有助于培养理工科大学生的合作精神、竞争意识、沟通交流能力，也有利于提高理工科大学生公共意识、规范意识和自律自谦精神。

第四，从"标准化"向"订制化"转变：建立适应不同培养对象需要的"订制化"课程体系。

不同专业在校大学生和不同岗位的在职人员对于人文素质课程内容需要方面存在一些差异，从课程设置的科学性和系统性视角出发，人文素质课程需要强调课程体系的"顶层设计"和教学过程的"标准化、规范化"，但与此同时，还必须特别重视不同专业、不同年级和不同层次学生的"个性化"需求，允许学生在"标准化"课程模块中，跨专业、跨年级"订制"课程，课程模块也需要根据学生"订制"偏好和社会需求动态调整，以满足更多学生关于人文素质知识的多样化需求。

（原载《现代大学教育》2015 年第 1 期）

参考文献

[1]华中理工大学课题组.国外高等工程教育中的人文教育[J].高等教育研究,1997(4):86－93.

[2]蒋建湘,庞青山.发达国家高等工程教育中的人文素质教育[J].江苏高教,1997(1):74－76.

[3]罗家祥.麻省理工学院、加州理工学院的人文学科与人文教育[J].高等教育研究,2008(3):102－104.

[4]陈·巴特尔,等.剑桥大学何以造就科学精英[J].清华大学教育研究,2013(2):50－56.

[5]Cornell,E. *Address at the Inauguration of Cornell University*[M]. New York：Cornell University Library,1952：73.

[6]李政道.艺术与科学[J].文艺研究,1998(2):80－89.

[7]王姝.人文学科的困境及其应对策略[J].现代大学教育,2013(2):17－21.

［8］吴启迪. 发展高等工程教育,推动国家创新体系建设［J］. 高等工程教育研究,2006(5):1 - 2.

［9］West, R. State of the Art Article:Needs Analysis in Language Teaching［J］. *Language Teaching*,1994(27):1 - 29.

［10］Brindley,G. The Role of Needs Analysis in Adult ESL Programme Design［C］//Robert, K. J. ,et al. The Second Language Curriculum. Cambridge:Cambridge University Press,1989:63 - 78.

［11］陈冰冰. 大学英语需求分析模型的理论构建［J］. 外语学刊, 2010(2):120 - 123.

［12］钱大军. 学习权视野下的大学本科课程设置［J］. 教育发展研究,2013(21):98 - 103.

［13］Numan,D. *The Learner-centered Curriculum:A Study in Second Language Teaching*［M］. Cambridge:Cambridge University Press,1988:57.

［14］徐高明. 社会需求视野下的大学课程变革策略—基于江苏省六所大学的调查［J］. 高等教育研究,2013(12):66 - 71.

［15］姜嘉乐. 提升我国高等工程教育质量的若干战略思考［J］. 高等工程教育研究,2013(1):1 - 8.

运动训练专业学科建设与发展研究述评及展望

张卫强

摘　要：采用文献法，对相关研究进行了全面梳理，我国运动训练专业学科建设与发展相关研究总体上呈现出以下不足：未充分考虑专业体育院校和综合普通高校办学资源与环境的异同，未充分考虑优秀运动员和普通生源、现役运动员和退役运动员之间的差别，未将专业理论课和术科课加以有效整合而是将二者完全割裂开来。根据不足提出以下几点建议：拓展办学思路，根据社会发展和市场需求制定培养目标和培养方案，审视并定位运动训练专业学生之"实践能力"，开展运动训练专业理论课"课内外一体化"教学改革研究。

关键词：运动训练专业；学科建设；培养目标；理论课教学

运动训练专业于 1957 年首设于北京体育学院，"设立的初始目的是为我国当时并不发达的各级竞技体育训练队伍培养高水平的运动员和教练员"[1]。虽然在六七十年代运动训练专业一度废弛，但 1977 年我国恢复高考后，该专业又重新招生。此后经过近 40 年的学科建设与发展，截至 2018 年，全国共有 90 余所高校开设并招收运动训练专业本科生。运动训练专业是体育院校和部分普通高校体育学科建设的重要组成部分，多年来已为我国培养了大量高水平竞技体育人才，但无论是培养目标、办学策略、培养方案，还是课程设置、人才培养与就业等等，均需重新审视。鉴于此，本文拟从运动训练专业学科建设与发展之"宏观指导策略""理论课教学与改革"及"国内外比较与借鉴"三个视角对运动训练专业相关研究的国内外文献及其研究情况作简要梳理和评述，为该专业的建设和发展提供借鉴。

一、关于宏观指导策略的研究

宏观指导策略主要是指培养目标、办学思路等；宏观指导策略研究是指对某一专业、学科的培养目标、办学思路进行回顾、总结、归纳，并依据社会发展适时地进行调整或修订。不难理解，宏观指导策略及其研究水平决定着学科的建设与发展水平。

培养目标是指不同层次、不同类型、不同专业所要培养的人或人才方向、规格和各种要求[2]。对于任一专业，其培养目标均是该专业教学及改革的核心问题，同时也是课程设置的依据和归宿。运动训练专业自上世纪五十年代创办以来，其办学或培养目标一直随着我国社会、经济及体育事业发展的需要进行着一定的调整。总体而言，我国高校运动训练专业培养目标的发展历程大致分为培养目标的初步确立阶段、培养复合目标的发展与完善阶段、培养多元目标的成熟阶段三个阶段[3]。该专业设立最初是以培养高水平教练员和运动员为主要目标，以后逐渐演变为"培养具备竞技运动方面的基本理论和基本知识，掌握从事专项运动

基金项目：中南大学教育教学改革研究项目"运动训练专业理论课'课内外一体化'教学改革研究"，项目编号：2017jy61。

作者简介：张卫强（1977－），男，山东菏泽人，博士研究生，体育教研部讲师，主要从事公共体育教学及改革研究；长沙，410083。Email：1071866072@qq.com。

训练的基本能力，从事运动训练教学、训练、科研、管理等方面工作的高级专门人才"（1998 年，国家教委颁布的《普通高等学校本科专业目录和专业介绍》）。虽然"由于所培养人才在学期间缺乏高水平运动训练及竞赛氛围的感染，理论与实践联系不紧密，实践能力有限，毕业后难以真正成为运动训练的'高级专门人才'"[4]85，但近 20 年来，这一版本培养目标一直指导着我国高校运动训练专业人才的培养。此外，虽然不同学校关于培养目标的具体表述有所不同，但都"万变不离其宗"，没有根本脱离上述目标的基本内涵。

近年来，某些学者对我国运动训练专业的培养目标及办学思路进行了审视和反思。有学者认为，"运动训练专业培养目标的模糊与混乱是制约其发展的主要因素之一"[5]25，就其总体而言，在培养目标上存在"定位不够明确、方向过窄、界限不明显等问题[4]85-86"。有学者分析，现阶段影响高校运动训练专业培养目标的因素主要有社会对运动训练专业人才培养质量的要求、就业市场的现实状况和发展趋势、学校自身的教学资源、高等教育改革的政策导向、高校运动训练专业不同的招生要求等 5 方面[6]147-149。针对运动训练专业培养目标存在的问题及影响因素，有学者认为，"运动训练专业培养目标应由'单一目标'向'多目标'转变[4]85-86；人才培养规格应由'专门'型向培养'通才'型人才方向发展"[7]。鲁长芬等认为，"以培养初级教练员为本位，使教练员、运动员、专项教师等多元目标并存，是运动训练专业培养目标整合的理性抉择；'初级专门人才'人才规格的定位是适应高等教育的改革趋势的；培养身心全面发展、适应性强的'通才'，不仅是运动训练专业发展的最高理念，而且也是整合的最终目的"[5]125-128。鉴于"我国一些省属高校运动训练专业人才培养模式的发展，多数正处于由专才教育向通才教育发展的转型期，未来会向通专结合模式发展"，宋信勇提出"我国高校运动训练人才培养模式的发展途径：逐步构建以素质教育为核心，知识教育为主线，能力培养为重点，人文精神为支撑，专业教育为基础的口径宽、适应广、能力强、素质高的复合型人才培养模式"[8]。

培养目标的定位是高校运动训练专业教育的核心内容，也是教学及改革的根本出发点和最终目的。为适应社会对体育人才的需求，高校运动训练专业的培养目标应逐渐多元化，立足于培养体育复合型人才或体育高级专门人才。培养目标也应做到与时俱进，适应社会的发展，准确定位人才培养的规格，设置科学合理的课程体系。[6]147-149鉴于运动训练专业和体育教育专业具有根本的区别，运动训练专业人才的培养模式与体育师资专业人才的培养模式就应有所区别，即要实现运动训练专业人才培养目标，知识结构应偏重实用，课程设置偏重实践，培养方式要求灵活，教学方法要求得当[9]；此外，运动训练专业应适度增加社会实践课时间并逐步完善实习内容，"实习应以培养能力为核心，以提高岗位职业能力为主线，以掌握'科学选材能力'、'指导训练能力'、'指挥比赛能力'、'管理运动队能力'等为内涵"[10]。

二、关于理论课教学与改革的研究

运动训练专业学生均为国家二级运动员及以上，运动水平较高，实践能力较强，但他们的文化水平及理论功底普遍较差也是不争的事实。鉴于此，运动训练专业理论课教学与改革理应引起广大学者的关注。但现实却是令人遗憾的！

关于运动训练专业理论课的研究文献为数不多，主要包括：关于运动训练专业理论课课堂教学[11]和学生学习总体状况[12]206-207的调查与分析[13]86-88、关于运动训练专业某一门理论课的教学[14]及改革探讨[15]、关于运动训练专业（某一门课程）教学过程性评价的初步探讨[16]、关于运动训练专业术科课（某一门课程）理论教学的研究[17]、关于运动训练专业[18]（某一门课程）教材建设的探讨[19]，等等。

叶小瑜经过调查发现，"运动训练专业学生具有思维跳跃性强、注意力易分散；专项基础好、文化基础差；反应敏捷、争强好胜意识强；自我约束力差，易产生厌学情绪等特点"，提出，专业理论课程教学应"针对其特点灵活设计课堂导入，引发学生的兴趣；巧妙安排上课节奏，保持学生持续的注意力；正确运用激励手段，引导学生培养自我约束能力"，最终达到提高专业理论课课堂教学质量的目的。[13]86-88石尧经调查发现，目前"（烟台大学）运动训练专业学生理论课的学习现状每况愈下，09级学生学期测评成绩普遍低于入学成绩，学习积极性下滑，自主学习能力缺失，严重地影响了体育学院的教学质量"。[20]有学者对运动训练专业基础理论教学进行了关注，运用翻转课堂教学模式进行了实验研究，实验结果表明：翻转课堂教学模式提高了学生基础理论课的成绩并得到了学生的认可和接受；通过翻转课堂教学模式的教学，使学生对基础理论课的学习产生了兴趣，提高了学生学习基础理论课的自信心、自主性和主动性，同时能将理论知识和实践技能相结合，使理论知识得以内化。[21]

虽然关于运动训练学科的研究文献数以百计，但整体而言，专业理论课教学与改革尚未引起专家学者的关注与重视，主要表现有三：第一，相关研究文献偏少，研究质量较高且有一定推广实用价值的文献更是少之又少；第二，大部分文献仅就某一门课程的教学改革进行初步的探讨或短时期的实验而缺少长期、系统的教学实验与跟踪研究；第三，研究多是局限于课堂"就理论论理论"，而没有与课外实践活动相联系。

张文才认为，"高等体育院校是培养体育人才的重要部门。近年来随着社会经济的快速发展，社会对体育复合型人才的需求和体育人才就业市场的激烈竞争，使得运动训练专业的发展面临着巨大的竞争压力和严峻挑战"，但"目前存在的'重术科、轻学科'、'重实践、轻理论'的教育思想，很难培养出高质量的体育人才"，为此，张文才提出，"根据运动训练专业学生特点，加强对理论课教学改革的研究，对于培养全面发展的体育人才具有非常重要的理论与现实意义"。[12]206-207

三、关于国内外比较与借鉴的研究

近年来，有些学者对中外体育院校运动训练学科培养目标、教学计划、课程设置状况、人才培养等进行了对比研究，以期借鉴国外体育院校运动训练学科建设的先进经验，为我国体育院校运动训练学科建设及改革与发展提供依据。

刘波认为，"德国体育院校运动训练专业课程设置具有课程门数较多、理论课比例较大的特点，学生有较大的选择空间，对学生的运动水平要求不高，进行典型的通才教育"，基于此，提出优化我国运动训练专业课程体系的首要目的（即发挥运动训练专业的特长，使运动训练专业的毕业生更有针对性地就业）和具体思路（确立多元化的培养目标；增加学生选课的自由度和开发特色课程等）。[22]能力本位教育（Competency-Based Education，CBE）

即以能力为本位的教学模式，是 20 世纪 70 年代美国休斯顿大学（University of Houston）在教育心理学家布鲁姆（Benjamin Bloom）提出的掌握性学习模式和反馈教学原则的基础上，开发出的一种突出能力培养的教学体系"。杨小永等认为，加拿大运动训练专业能力本位教学模式的特点主要有"分析专业能力，按能力本位教育确定办学理念；按能力本位教育要求开发与设置符合教练员职业岗位要求的课程；学习策略的选择与实施；采用课程嵌入式评价法；对教师提出的更高要求等"，提出从 5 个方面思考我国运动训练专业的改革："从重知识传授向重能力培养转变；优化课程结构，整合课程内容，规范课程名称；从以教为中心的教学模式向以学为中心的学习模式转变；确立过程性评价和总结性评价相结合的评价方式；加强师资队伍建设，形成教师团队，为学生的发展共同负责"。[23]唐伟认为，"整体上看，国外一些院校，尤其是教育较发达国家的体育类院系都普遍注重普通基础课的教育，其开课范围广泛、门类多样，非常注重学生实践能力的培养，所以拥有比较完善的课程体系，这可以为我国运动训练专业的发展提供非常有益的参考"，鉴于此，唐伟认为，"我国和俄罗斯表现出了'专一型人才'教育模式，但也正在向美国和日本的'全面型人才'教育模式发展"。[24]

鲁长芬等在认真分析和把握美国体育院系课程改革特征的基础上，结合我国的实际，提出了运动训练专业课程体系改革的理论框架和理论依据，预测了专业培养目标从"单一目标"向"多元目标"过渡的必然趋势，突出强调了运动训练专业课程体系改革的三大要点，即基础课程模块强调"厚基础"，专业课程模块突出"专业特色"，选修课程模块强调"宽口径"。[25]吕季东对美国三所大学运动训练专业本科教学计划中的培养目标、课程设置状况等进行分析，提出"修订我国运动训练专业本科教学计划时，应使培养目标多元化，学历教育与资格认证相结合，加强通识教育，优化课程设置，并进一步加强对学生实践能力的培养"。[26]陈立农等对中美部分体育院校运动训练本科专业教学计划中的课程设置状况、人才培养目标等方面进行对比分析之基础上，提出"修订我国运动训练本科专业教学计划时，应使培养目标多元化，学历教育与资格认证相结合，加强通识教育，优化课程设置，并进一步加强对学生实践能力的培养"。[27]黄菁从培养目标、课程类别、课程比例、课程内容、课程认证五个方面论证了纽约州立大学科特兰分校（SUNY Cortland）与我国某高校运动训练专业课程设置上的异同，由此提出我国运动训练专业课程改革的建议：课程设置应注重培养学生实践经验、课程设置应紧扣培养目标与专业特色，有针对性、强化通识课，提高课程科学研究含量、加大自主选修课比例，充分发挥学生自主性。[28]

就运动训练专业学科建设与发展而言，以美国、德国、加拿大等为代表的发达国家运动训练学科建设更注重培养目标的多元化、注重学历教育与资格认证相结合、注重理论与实践相结合，加强对学生实践能力的培养、注重并加强通识教育、注重充分发挥学生自主性，增大选修学时，减少必修学时、注重开发特色课程，等等。上述经验均值得我们借鉴。

四、总结与展望

（一）研究总结

回顾运动训练专业学科建设与发展的相关研究，虽取得了一定的研究成果，但总体上呈现出以下不足：

第一，未充分考虑专业体育院校和综合普通高校办学资源与环境的异同。当前，我国开设体育专业（含运动训练专业）的高校总体上可以分为两类，一是专业体育院校（含师范院校的体育院系），如北京体育大学、上海体育学院、华东师范大学等，二是普通高校尤其是综合性大学，如浙江大学、中南大学、中国矿业大学等。纵观 30 余年来的运动训练专业学科建设与发展相关文献亦不难看出，绝大部分学者的研究也主要是围绕这两类高校而展开。但颇为遗憾，也让人十分费解的是，对于专业体育院校和综合普通高校的办学条件、环境、资源等的差别，以及由此造成的培养目标、办学策略、课程设置等的异同，均未见学者进行关注。专业体育院校和综合普通高校的不同是显而易见的，如果忽略了二者的差别，在高水平竞技体育人才的培养上必将陷入千篇一律、人云亦云的境地。

第二，未充分考虑优秀运动员和普通生源、现役运动员和退役运动员之间的差别。目前，根据《2018 年普通高等学校运动训练、武术与民族传统体育专业招生管理办法》和《关于进一步做好退役运动员就业安置工作的意见》（体人字〔2002〕411 号），我国运动训练专业的生源主要分为两类：一是优秀运动员。即获得全国体育比赛前三名、亚洲体育比赛前六名、世界体育比赛前八名和获得球类集体项目运动健将、田径项目运动健将、武术项目武英级和其他项目国际级运动健将称号的运动员，可以免试进入各级各类高等院校学习；二是普通生源。即虽达到一级、二级但相对于专业运动员而言其运动水平偏低的学生运动员，这类运动员均为健将以下水平，多在普通高中就读，通过正式高考进入高校学习。优秀运动员又可分为现役运动员和退役运动员，前者虽已获得免试资格也已进入高校就读，但仅仅限于形式，入校学习几无可能；后者已离开专业运动队，且进入学校就读。很显然，优秀运动员和普通生源、现役运动员和退役运动员是截然不同的，在制定运动训练专业培养目标和培养方案时，必须充分考虑他们之间的差别，尽可能做到区别对待，因材施教。

第三，未将专业理论课和术科课加以有效整合而是将二者完全割裂开来。课内外一体化教学虽已提出多年，但许多学者并未完全理解其丰富内涵，绝大部分一线教师在实践中也未贯彻其精神实质。就运动训练专业理论课而言，课内外一体化教学既包括"课内"又涵盖"课外"，"课内"是指"课堂理论教学"，"课外"是指针对专业理论课的"课外实践活动"。就运动训练专业术科课而言，课内外一体化教学既包括"课内"又涵盖"课外"，"课内"是指"术科外堂教学"，"课外"是指针对专业术科课的"理论学习活动"。无论是专业理论课还是术科课，贯彻"课内"和"课外"并重的教学思路，就是最大限度地提高学生理论联系实际（或理论与实际相结合）的能力，从而达到最终提高学生的实践能力的目的。贯彻专业理论课课内外一体化教学，就是克服"就理论论理论"式"课堂理论教学""就术科论术科"式"术科外堂教学"的不足与局限。

（二）研究展望

第一，拓展办学思路，根据社会发展和市场需求制定培养目标和培养方案。我国自上世纪 50 年代开设运动训练专业（北京体育学院运动系）以来，经历了初创和初探时期、停滞时期、恢复发展阶段、基本建设阶段、课程研制的规范发展阶段、课程研制的深化发展阶段 6 个发展阶段[29]。目前，该专业日趋成熟，但总体而言，在培养目标设定方面存在着一定的困惑：我国运动训练专业的培养目标太窄，容易和体育教育专业培养目标相混淆。把运动训练专业的主修方向作为专业而培养，使运动训练专业的人才很难适应社会和体育事业发展的需要，只能和体育教育专业的毕业生竞争体育教师，给运动训练专业的人才培养和就业都带来了困惑。[30]当前，我国开设运动训练专业的学校越来越多，从而导致运动训练专业毕业生的素质参差不齐，其就业竞争越来越为激烈。因此，如何充分发挥并彰显运动训练专业的办学特色，使运动训练专业的毕业生更有针对性地就业，是运动训练专业面临的一个实际问题。[22]77-80基于此现实考量，必须拓展办学思路，根据社会发展和市场需求制定培养目标和培养方案，并设置"前瞻性较强的学科"，开设针对性较强的课程，例如，私人健身教练、体育旅游工作者、特殊儿童体育、残疾人运动训练的教练员等学科。[12]206-207

第二，审视并定位运动训练专业学生之"实践能力"。无论是国外发达国家（主要指美国、德国和加拿大等）还是国内，目前运动训练专业教学与改革的主要趋向是注重理论与实践相结合，加强对学生实践能力的培养。钟华认为，就运动训练专业学生实践能力而言，"学生的体育教学目标的能力欠缺，体育教学设计评价能力有待提高；学生掌握运动员选材能力较弱；学生制定训练计划时，对运动员的生理负荷以及其个别差异考虑不周全；学生对秩序册编排的能力需要加强；在临场执法中，学生自身的心理素质以及抗干扰的能力存在差距；学生制定运动健身处方的能力不强；体育科研能力差、毕业生对就业政策、就业形势不甚了解等"，实践能力不仅仅指学生的术科能力（水平），还应包括学生运用理论的能力和实践工作的能力；实践能力不仅仅是运动技术本身，而"应着重强调技能形成和发展的理论知识"以及运动水平提高背后蕴含的深层次规律等等，为提高学生的实践能力，应"明确运动训练专业培养目标和方案，树立学生实践能力的培养观念；优化运动训练专业课程设置；加强素质教育，突出实践能力的培养；完善高校就业指导工作"，[31]应"加大学生自由选课的程度，改善学生的知识结构，增加社会实践的比例"[32]。

第三，开展运动训练专业理论课"课内外一体化"教学改革研究。长期以来，我国运动训练专业理论课教学主要围绕"课内"进行，基本忽略了"课外"板块，即授课方式为"局限于课堂教学的就理论论理论"而忽视了课外实践部分，这就必然造成学生专业理论学习"无兴趣、不深入、没体验、欠火候"的尴尬现象，从而形成运动训练专业学生"术科水平突出、文化水平较差、理论功底欠缺、实践能力不足"的局面。从另外一个方面来讲，运动训练专业的主干理论课如运动解剖学、运动生物化学、运动生理学、运动心理学、运动训练学等均为"应用型课程"，"就理论论理论"的教学模式本就是不科学的，当然也是不可取的。

因此，立足于我国运动训练专业学科建设与发展的实际，在运动训练专业理论课教学实践中，增强运动训练专业理论课的"实践取向"，重视专业理论课的课外实践并探索出"专业理论课课外实践活动的有效模式"，实行"课堂理论教学"和"课外实践活动"并重的教改思路，开展运动训练专业理论课"课内外一体化"教学改革研究，积极倡导专业理论课"理论讲授"和"课外实践"（即"课堂理论教学"和"课外实践活动"）相结合的教学理念，最大限度地使得"课内"和"课外"相结合，积极探索"课内外一体化"教学模式，以提高运动训练专业学生理论学习的主动性和积极性，对于运动训练专业学科建设以及学生发展和就业无疑具有重大的现实意义。

参考文献

[1]王红雨,张庆文.我国体育院校运动训练专业人才培养模式的现状与建议[J].体育科研,2007(6):85-87.

[2]潘懋元,王伟廉.高等教育学[M].福州:福建教育出版社,1995:37.

[3]荆光辉,李献君,杜鹏,等.我国高校运动训练专业培养目标定位的研究与思考[J].湖南师范大学教育科学学报,2008(1):92-95.

[4]李靖.运动训练专业培养目标的探析[J].西安文理学院学报(自然科学版),2005(4).

[5]鲁长芬,苏震,王健,等.我国高等体育院校运动训练专业培养目标的整合研究[J].山东体育学院学报,2006(1).

[6]李洪玉.高校运动训练专业培养目标的定位与改革[J].北华大学学报(社会科学版),2012(5).

[7]邹国忠,张健,张世林,等.对我国体育院校运动训练专业培养目标的定位思考[J].南京体育学院学报,2001(2):10-12.

[8]宋信勇.对我国省属高校运动训练专业人才培养目标的审视与思考[J].武汉体育学院学报,2013(11):86-89.

[9]钟秉枢,袁作生,程建平,等.面向竞技体育主战场,加强运动训练专业的建设[J].北京体育大学学报,2003(3):394-396.

[10]王兴,朱百顺,蔡犁,等.体育院校运动训练专业办学新思路探析[J].上海体育学院学报,2005(1):86-91.

[11]陈艳.运动训练专业学生文化学习现状调查及对策分析[D].硕士学位论文.长沙:湖南师范大学,2014:4.

[12]张文才.高等体育院校运动训练专业理论课教学改革的研究[C]//中国体育科学学会.第九届全国体育科学大会论文摘要汇编:4.上海:第九届全国体育科学大会,2011:206-207.

[13]叶小瑜.高校运动训练专业体育理论课堂教学设计研究[J].体育科技,2009(3).

[14]程志清.关于运动训练专业《运动解剖学》课程内容改革的研究[C]//中国体育科学学会运动生理与生物化学分会.2016年全国运动生理与生物化学学术会议——运动?体质?健康论文摘要汇编.无锡:中国体育科学学会运动生理与生物化学分会,2016:438.

[15]赵金良,张瑞萍,刘宏赛,等.运动生物化学灵活教学方式在运动训练专业的实践研究[J].四川体育科学,2015(1):54-58.

[16]许亚丽,石晓兰,林靖宁.《运动生物化学》教学过程性评价在运动训练专业的实践初探[C]//中国体育科学学会运动生理与生物化学分会.2016年全国运动生理与生物化学学术会议——运动?体质?健康论文摘要汇编.无锡:中国体育科学学会运动生理与生物化学分会,2016:392-393.

[17]张春燕,赵芳.高师运动训练专业篮球专修课理论教学内容的研究[J].广西民族大学学报(自然科学版),2016(1):105-108.

[18]张日辉,张绍礼,张肃.关于体育院校运动训练专业《运动生理学》教材建设的探讨[C]//中国生理学会.中国生理学会第十届全国生理学教学研讨会论文摘要汇编.北京:中国生理学会,2012:100.

[19]翁锡全,蓝道忠,林文弢.我国运动生物化学课程教材内容体系的发展与特点分析[C]//中国体育科学学会运动生理与生物化学分会.第四届(2016)全国运动生理与生物化学学术会议——运动?体质?健康论文摘要汇编.无锡:中国体育科学学会运动生理与生物化学分会,2016:391-392.

[20]石尧.烟台大学运动训练专业理论课学习现状及分析[J].当代体育科技,2016(8):28-29.

[21]布如宁.翻转课堂教学模式运用在运动训练专业基础理论教学的效果研究[D].硕士学位论文.宁夏:宁夏大学,2017:36.

[22]刘波.德国运动训练专业课程设置及对我国的启示[J].上海体育学院学报,2011(4).

[23]杨小永,王健.加拿大运动训练专业能力本位(CBE)教学模式的特点与启示[J].天津体育学院学报,2009(6):510-514.

[24]唐伟.国外体育院校课程改革对我国运动训练专业课程体系发展的启示[J].搏击·体育论坛,2012(6):50－51.

[25]鲁长芬,王健.从美国体育院系课程改革看我国运动训练专业课程体系的改革[J].西安体育学院学报,2003(1):96－100.

[26]吕季东.美国运动训练专业本科教学计划的特点与启示[J].上海体育学院学报,2007(1):76－81.

[27]陈立农,范乾辉.中美体育院校运动训练专业本科教学计划的比较研究[J].运动,2009(1):87－89.

[28]黄菁.SUNY Cortland 与我国运动训练专业课程设置的对比及启示[J].西南师范大学学报(自然科学版),2016(2):173－178.

[29]鲁长芬.对我国高等体育院校运动训练专业课程研制的探讨[D].硕士学位论文.武汉:华中师范大学体育学院,2003:4－7.

[30]陈小伟.成都体育学院运动训练专业课程改革探析[J].四川体育科学,2010(3):102－105.

[31]朱雯.江苏省运动训练专业学生实践能力培养研究[D].硕士学位论文.苏州:苏州大学,2012:1.

[32]王红雨,张庆文.我国14所体育院校运动训练专业人才培养模式的现状与对策研究[C]//中国体育科学学会.第八届全国体育科学大会论文摘要汇编:1.北京:中国体育科学学会,2007:886－887.

顺应"双一流"建设大潮
打造一流的药理学教学团队

杨芝春

摘　要：世界一流大学和一流学科建设（简称"双一流"）是今后我国高等教育发展与改革的重点任务。药理学是连接基础医学与临床医学的桥梁学科，在建设"双一流"学科的过程中，打造一支一流的教学团队是药理学科建设的重点内容。

关键词：双一流；药理学；教学团队

建设世界一流大学和一流学科（简称"双一流"）是中国高等教育领域继"211 工程""985 工程"之后的又一国家重大战略决策，其目的旨在推动一批高水平大学和学科进入世界一流行列或前列，使我国高校人才培养、科学研究、社会服务和创新水平能够适应现代化发展需要，使高校真正成为知识发现和科技创新的重要力量、先进思想和优秀文化的重要源泉、培养各类高素质优秀人才的重要基地，在支撑国家创新驱动发展战略、服务经济社会发展、弘扬中华优秀传统文化、培育和践行社会主义核心价值观、促进高等教育发展等方面发挥重大作用，为实现"两个一百年"奋斗目标和中华民族伟大复兴的中国梦提供有力支撑。在"双一流"建设过程中，一流师资队伍建设、拔尖创新人才培养、科学研究水平提升、创新优秀文化传承与着力推进成果转化是核心内容。

药理学是研究药物与机体间相互作用规律及其药物作用机制的一门科学，它不仅是衔接基础医学与临床医学的桥梁学科，更是促进医学与药学融合的主干课程，药理学的发展对于更好地指导临床用药以及推动新药创制与研发具有重要支撑作用。在"双一流"建设的大环境下，药理学不仅承载着创新性医学人才培养的需求，也担当着促进基础科研成果向临床新药转化的重任。传统的药理学教学模式，往往以"理"为本，侧重于传道解惑，向学生解释清楚书本的理论便算大功告成。这种宣教模式，虽然不影响医学生、药学生对基础知识的掌握，但培养出来的人才更易流俗于技术娴熟的"巧匠"，而不是具有奇思妙想的"大师"。如何以"人"为本，培养既掌握坚实药理学专业知识，又具有自主学习力、思考力及执行力的新型医药人才是关乎我国医药事业长足发展的重要命题；而要实现创新性医药人才培养的目标，首要的任务便是打造一支一流的药理学教学团队。

一、以师资队伍"国际化"为目标，完善教师评价体系

Quacpuarelli Symonds（简称 QS）世界大学排名、美国新闻与世界报道（U. S. News

作者简介：杨芝春（1977－），女，湖南邵阳人，中南大学湘雅药学院药理系副教授，主要从事代谢药理研究；长沙，410078。Email：yzhichun@126. com。

World Report，US NEWS）全球大学排名、泰晤士高等教育世界大学排名和世界大学学术排名（ARWU）等最具代表性的大学排行榜显示，近几年我国高校排名整体呈上升趋势，但距世界顶尖级学校尚存在较大差距。分析以上四个世界大学排名指标体系发现，教师队伍在各大学排名指标体系中均有 85% 以上的直接影响，是建设世界一流大学的重要组成部分，要建设世界一流大学必须有一流的教师队伍[1]28-30。由于各个学校发展的起点不同，在明确学校的发展定位，适度控制师资规模的同时，提高准入门槛，考察学位"含金量"，减少本校留任，提高外聘比例，吸引优质"海归"，推动师资国际化等优化师资队伍结构。目前师资队伍国际化主要举措是促进本土教师出国学习、研修以及引进国外师资为主。我校药理学系近年来除了推动骨干教师前往剑桥大学（University of Cambridge）、约翰霍普金斯大学（Johns Hopkins University）等国际一流学府进修外，还积极引进国外终身教授回国授课，这在一定程度上开拓了药理系师资队伍的国际视野。但是，这种单向性输入属于追赶性发展，按世界一流大学师资流动机制看，良性的输入和流出呈双向互动才是一流大学的特征。打造一支高水平的，对内"下得厨房"，对外"上得厅堂"，能够在国际药理学讲坛自信从容、侃侃而谈的师资队伍是未来业界努力的方向。

评价教师水平的好坏主要在于建立正确的评价机制。我国大学现有的学术评价体系主要建立在内部指标评价基础上，每个学校各自为政，自己设标准评价自己；甚至同一个学校不同学院评价指标体系都有显著性差异。这种评价体系行政指令、主观色彩浓厚，并不符合世界一流大学和学科发展需求[1]28-30。因此，建立稳定、健康的评价机制对于指明正确的努力方向、调动广大教职员工积极性具有不可或缺的作用。在具体操作上，可以委托专业的外部评估机构，基于国际化的评估标准，对师资队伍的发展状况，包括教学效果、论文质量、成果转化、社会影响力变化等进行诊断，明确优势和薄弱环节，有助于指明应保持或改进的方向。近年来汤森路透 Essential Science Indicators（简称 ESI）学科排名的影响力越来越大，一定程度上为判断学科科研软实力提供了评价依据。我校药理与毒理学专业自 2011 年 ESI 排名进入前 1% 以来，一直呈现上升趋势，然而离 1‰ 还有很大差距。因此，一方面要采取有效措施加快科研产出，另一方面在选择投稿杂志时，也应适当考虑对 ESI 排名的影响。由于标准化评估体系单纯以数据评价人，易出现标准固化、僵化甚至落后于发展等不足。因此，还应引入同行评价机制，邀请具有国际视野的、活跃在教学科研第一线的一流学者进行评估，保证评价能够客观公正及与时俱进。

然而，古语有云："师者，所以传道授业解惑也"，师者最根本的任务并不只是为了发几篇高水平的文章，拿几个大的科研项目，更是为了教书育人，培养好下一代。"正人先正己"，一个优秀的教师，首先应该是一个三观正确、品格高洁的人。然而，现有的大多数评价体系主要还是以文章、基金这些硬指标为导向，难以从师德、师风、教书育人的效果等软性指标方面进行全面、客观地评价。另外，我们常常强调对学生要"因材施教"，因为每个个体的潜质千差万别，千篇一律的教学模式只会将学生打造成为流水线上的产品，闪耀不出个体独特的光芒。那么，对于教师，又何尝不需要做到"物尽其用，人尽其才"呢？每个教师作为独立的个体，其优势与劣势不尽相同。例如，有些人科研思维很棒，适合潜心静修，做些大的原创性项目；有些人教学能力突出，善于抽丝剥茧，将复杂的问题逻辑化、简单化、清晰化，学生接受度高；有的人公关才能突出，善于与外界，尤其是国际业界同行沟通交流。那么，我们在评价一位教师是否优秀，够不够教授资格的时候，是否也应该引入个性化的评价指标呢？因为一个良好的教学团队要想可持续发展，离不开各种人才的互相配合，共同促进；纯粹以"科研"等单一指标论天下的评价体系，容易重科研而轻教学，滋生功利之心。就好比在行军打仗的过程中，对方是世界一流的陆战部队，于是我们就将自己的"海陆空"不同兵种一股脑都投放陆地作战，无法人尽其才，充分发挥团队的最大的潜能。

二、以人文素养为精髓，加强文化传承

随着现代医学的发展，医学生不仅需要拥有坚实的医学基础知识、精湛的医学专业技能，更要有良好的医学人文素养与高尚的医德情操。世界各国都十分重视医学人文素质教育，以适应现代医学模式的转变，一些医科院校把医学人文课程与医学本科专业课程融合，使医学人文素质教育贯穿医学教育的全过程。国内医学院校近年来也愈发注重人文素质的培养，但主要的形式是单独开设相关的课程，与医学专业课程融合度不够，究其原因，可能与社会学科教师缺乏医学知识，医学专业教师缺乏人文素质知识，难以把医学人文知识体系和医学专业知识体系有机地合起来有关。此外，在教学方法上，大多数情况下采用传统的满堂灌讲授方法，课堂互动不够；并且学生受功利主义的影响，对医学人文素质课程重视不够，只抱着应付考核的目的上课。因此，要加强医学生人文素养，一方面要求教师针对人文素质课程特点，开展灵活多样的教学，加强师生互动[2]；另一方面，教师的言传身教影响亦至关重要[3]。

药理学作为中南大学最早挂牌的国家重点学科之一，在老一辈优秀药理学家如叶雨文、陈修以及李元建等教授的传承下，有着严谨、务实、求新的优良传统，那么，如何在新形势下顺应潮流，将药理学的优良传统发扬光大呢？任何优秀的思想、文化都需要宣扬，否则就会随着岁月湮没于时间的长河。汲取优秀传统，加强文化建设，有利于增强文化自信，利用正确的价值观引领知识教育，引导教师潜心教书育人，引导学生勤学修德，形成优良的教风、学风。近几年来湘雅药学院开设了药学新生课，邀请业界专家宣讲药学文化，让莘莘学子能够领略湘雅药学前辈铮铮风骨，弘扬求实创新的药学精神。此外，学院也积极进行文化墙建设，传承历史，展望未来，让浓厚的文化气息充斥学院的各个角落。

三、结语

要建设一流的学科，必须有一支一流的教学团队，坚持立德树人，加强人文与创新教育，推进个性化培养，才能培养出具有历史使命感和社会责任心的创新型药学人才，全面提升医药学子的综合素质、国际视野、科学精神和创造能力。

参考文献

[1]褚洪生，王云海."双一流"背景下大学师资队伍建设路径研究[J].北京教育，2016(11).
[2]任天波，张焜.关于医学人文素质教育的探究[J].中国医学伦理学，2017(4)：516－520.
[3]杜治政.医学生的培养目标与人文医学教学[J].医学与哲学，2015(6A)：1－6.

"新工科"背景下地球物理学学科建设探析

严家斌

摘 要: "新工科"建设是新经济形式下的客观要求。地球物理学专业建设应从地球科学在新经济背景下的社会需求出发,以地球系统科学为基础,提升地球物理学教育支撑服务产业发展的能力,打破学科专业界限、破解学科壁垒,构造应用型、创新型和国际视野人才培养体系。
关键词: 新工科;新经济;地球物理学;专业建设

随着世界范围内新一轮科技革命和产业变革加速进行,综合国力竞争激烈。国家正在实施创新驱动发展战略和"中国制造2025""互联网+""网络强国""一带一路"等一系列重大发展战略,以新技术、新业态、新产业为特点的新经济蓬勃发展,科学技术与经济社会发展的新形势、新任务对高等工程教育提出了迫切要求[1]。培养科学基础厚、工程能力强、综合素质高的工程科技人才,对于支撑服务新经济的发展具有重要的现实意义,建设与发展"新工科"已然成为当前社会产业升级与发展的必然要求[2]。

为了迎接新一轮科技和产业革命驱动着的新经济形成与发展,高等工程教育改革受到空前重视和普遍关注,2017年2月18日,教育部在复旦大学召开高等工程教育发展战略研讨会,新工科建设"复旦共识"的达成标志着我国工程教育改革拉开了帷幕;之后4月8日,教育部在天津大学召开新工科建设研讨会,提出探索建立工科发展新范式,突出了行动计划的问题导向,明确了新工科建设行动路线。6月9日,教育部在北京召开"新工科研究与实践专家组成立暨第一次工作会议",形成"北京指南"。从"复旦共识""天大行动"到"北京指南",标志着以新工科建设为主题的高等工程教育改革进入到一个新的阶段[3,4]。地球物理学是一门根植于地理学与物理学,以地球为研究对象,应用物理学的理论、方法与技术研究地球本体、所处空间与相关天体等及其场的物理结构、性质、运动与动力、能量过程的科学,如何在新一轮的教学改革中面对新经济的发展开展加强学科建设,本文拟对此问题进行初步探讨。

一、地球物理学面对的新经济

在以"互联网+""人工智能""虚拟现实"为显著特征的产业变革和经济结构变迁中,我国经济发展面临着动能转换、方式转变、结构调整的繁重任务,地质与地球物理学科也面临着矿产资源需求的下滑、环境保护压力的增加、页岩气与地热能源等新能源的兴起。

基金项目: 湖南省普通高等学校教学改革项目"以实践或实验为导向的地球科学学生创新能力提升研究——以地球物理学科方向为例"(2017),项目编号:2017-28。
作者简介: 严家斌(1969-),男,湖南常德人,应用地球物理系教学主任、教授,主要从事电磁勘探的科研与教学研究;长沙,410083。Email:cspyry@csu.edu.cn。

因此新工科的建设必须主动布局工程科技人才培养，提升工程教育支撑服务产业发展的能力，迎接未来新技术和新产业国际竞争的挑战，为新产业的发展提供人才支撑。地球物理在地球起源、地震发生机理、地球深部构造探测、资源勘探、自然灾害的预测预防、环境保护、海洋权利的保护、空间探测、军事地质、城市地质、医药地质、农业地质、天体地质等领域有着重要的地位与作用。在国家重大战略一带一路、海洋开发、西部大开发、南水北调、新城镇、新农村建设等领域更是不可或缺。当前，地球物理学已成为地球科学中最具活力的学科之一。

经济的发展，能源是根本，为了造就绿色友好的经济态势，我国的能源结构上将努力提高核能、太阳能、水电、风能等新能源供应比例，努力控制煤炭、石油消费量，提高天然气消费量，把非化石能源等绿色能源占比提高到 25% 左右。同时为了满足工业的需要，确保我国油气资源供应安全，到 2025 年，我国预计进口 6 亿吨油当量的油气资源。在主要的大宗矿产方面，为了稳定国内铁矿石供应能力，避免受国际市场的制约，要确保我国钢铁工业铁原材料综合对外依存度不超过 60%，因此地球物理学新工科建设是新经济建设的有效保障之一。

在市镇建设方面，我国粗放式高速城镇化发展，特别是东部超大、特大城市发展已面临土地资源紧张、交通拥堵、生态环境恶化、空气污染、城市内涝、灾害频发的困境，拓展发展空间唯一的出路是向地下要空间。本世纪以来我国地下空间发展迅猛、规模宏大，已呈现出东中西、大中小城市全面开发的态势。然而浅层空间开发混乱，地下资源浪费严重；地下施工事故频发隐患不断，影响城市整体安全和社会稳定；地质环境破坏严重，生态系统趋于恶化。其主要原因是对开发地下空间的理论、技术、法律、标准、监管体系及统筹协同规划研究不够，对查明地下情况的理论与技术存在瓶颈。国家的城镇建设为地球物理学新工科提出了现实要求。

在面临国家能源与资源的紧缺、市镇发展空间的不足、海洋权利的保障与开发瓶颈、地质灾害频繁发生、极端地质条件下资源开发与工程建设的障碍、劳动力短缺等这些经济新常态的情况下，地球物理学的发展与建设要紧密切合新经济的发展，在地球深部探测、资源与能源开发中，要充分整合、融合和利用建国近 60 年来的已取得的成果和数据，与人工智能技术、互联网+技术及云计算相结合，充分挖掘信息，提高探测效率。地球科学是一门系统科学，在自然灾害的预测预防、环境保护中要打破学科壁垒，加强学科间的联合，如气象学、环境科学、测绘工程等，打造地球科学、地球物理学间立体化建设，迎接新经济的挑战。

二、地球物理学衍生的新工科

新工科的学科专业具有引领性、交融性、创新性、跨界性和发展性等几个特征，可以分为新型学科专业、新生学科专业和新兴学科专业三种类型[5]，地球物理学的新工科是为了满足传统资源与能源的勘探与开发、新型能源的勘探与开发、城市地下空间的勘探与拓展、大型工程的精细勘探等产业工程人才的需要，对现有的地球物理学、地质资源与地质工程、地球探测与信息技术等进行整合、改造而形成的具有新使命的学科专业，是一种新型学科专业，因此在学科专业建设上要具有服务国家战略、满足产业需求、面向未来发展的前瞻意识。

21 世纪的经济是绿色、开放、共享、协调发展的经济。地球物理学的新工科建设首先要服务于现有产业地球深部探测、资源与能源勘查、环境保护与灾害预防等，还要为军事地质、城市地质、医药地质、农业地质及未来的天体地质、环境生态地质、绿色矿业等领域做好知识构架，并为引领未来产业转型升级和创新发展的行业提供支撑。在国家面临资源紧张、勘探深度大、难度大，野外探测劳动力短缺的情况及以互联网＋、人工智能为代表的新经济的不断发展，地球物理新工科包含如下内容，第一，在新经济的促进下形成的利用人工智能技术、云计算、"互联网＋"技术而产生的对已有和未来探测资料的数字化地球物理探测。我国的现代化建设一直以行业化为模块进行独立化的发展，地质、地球物理的观测与勘查尤其如此，在许多地区，地矿行业、石油与油气行业、煤炭行业、冶金行业、核工业行业、建材行业、水电行业、化工行业及地方部门进行了多次不同尺度、不同规模、不同时间、不同手段的卫星、航空、地面、井下等探测。这些资料与数据一方面由于行业规范及行业保护的因素，另一方面由于技术原因，一直以来没有得到整合与融合，成本与效益没有得到充分的体现，当前现代技术的发展为这些信息的挖掘提供了可能，也催生地球物理学新工科的发展—互联网＋地球物理探测。第二，为满足人民日益增长的健康生活的需要，社会向学科发展提出了太空地质资源探测与开发地质、安全地质、旅游地质、医药（健康）地质、环境地质、生态地质等新的需求，地球物理学的发展要具有前瞻性，要向绿色地球物理探测方向拓展。第三，地球物理学要服务于国家的重大战略，一带一路、海洋开发、西部大开发、南水北调、新城镇建设、新农村建设，地球物理学新工科要具有开放性、知识体系要有兼容性。

三、新工科背景下地球物理学人才培养体系

在新经济的发展中，地球物理学要构建新兴工科和传统地球物理学相结合的学科专业"新结构"，完善实施工程教育人才培养的地球物理学"新模式"[6]，打造具有国际竞争力的工程教育"新质量"[7]。针对地球物理工程人才培养与产业发展实际需求脱节，新经济、前沿交叉学科、未来技术领域人才短缺等问题，进一步优化地球物理学科专业结构。借鉴国际主流工程教育标准，明确未来工程人才的能力体系及标准，分析未来地球物理工程人才应具备的素质，明确地球物理工程人才在工程技术、信息技术、经济管理、法律、文化、伦理等重点领域应具备的能力体系。要按照工程逻辑构建模块化课程[8]。打破学科界限，梳理课程知识点，开展学习成果导向的课程体系重构，建立能力达成和课程体系之间的一一对应关系，构建遵循工程逻辑和教育规律的课程体系[9]。

针对当前不同行业（军工、国土、石油、冶金、有色、核工业、煤田、铁路、建材、化工等）对本系统的需求和特点，在地球物理学培养方案与知识结构上各有所侧重的现实需求。要在全面梳理的基础上构造地球物理学新工程专业的课程体系，构建适应新工程专业的知识结构。要突破学科壁垒，注重学科交叉与融合，在地球物理专业 2018 版培养方案中我们突出了大地学的主导思想，把地球物理学、地质资源与地质工程、测绘科学与工作等三个一级学科有机结合，注重地质学类基础，把普通地质学、构造地质学、地理信息系统等这些基础课程列为专业主干课程。弱化了学科界限，保障了厚基础、博通识的知识结构构建理念，使人才的培养具有众多相关领域或学科的共同基础，能够适应未来变化的转换或应变能

力和快速学习的能力。在专业课设置上为了应对社会需求的需要和个性化培养，对课程体系进行了模块化设置：勘探地球物理课程模块、固体地球物理模块、地球物理仪器模块。为了领悟未来地球物理的发展与趋势，培养面向未来的人，设置了航空地球物理、海洋地球物理、环境地球物理、灾害地球物理、城市地球物理等专业选修课程。

地球物理专业2018版培养方案制定中始终在工程教育的实践性、综合性、经济性和创新性是工科人才培养的基本特征为准则，提出了"以实践或实验驱动的教学模式"，强化了实践教学在课程体系中的核心地位，并增设了地质填图与地球物理专业认识实习，实践、实验与实习教学学时占专业培养方案总学时的29%以上。在培养方案的总体设计上以大地学观为导向、以地质学为基础、以综合地球物理重点，以课程体系上以普通地质学、地理信息系统原理、地球物理学导论主线，突破专业藩篱，开放了专业的选修机制，突出了人才培养的综合性和学科交叉性。地球物理学新工科人才的培养，不仅要掌握地质、地球物理等专业知识，还必须具备资源、资产、资本融合等方面的素养。培养的人才要具有国际视野，能对国内、国外工作区域内的生态文明、社区就业、法律制度等等进行了解和学习，能适应复杂的工作环境并展开有效的工作。基于此，2018版培养方案中增设了知识产权法、公共管理学、工程经济与管理等工商、管理课程模块。在课程的教学上倡导了在教师的主导下开展以学生为中心、以自主学习为目的教学手段，完善了创新能力培养的方案。

四、结 论

新工科建设是一个长期而艰巨的任务，是一个动态调整的过程，是一个与时俱进与新经济协调发展的演变。地球物理学的建设不仅在人才的培养上要紧密贴近社会的需求，而且在学科平台建设、实验室建设、教师的引进上全局设计适应新经济态势下对地球物理学人才知识结构的要求。加强学科内涵建设，以产学融合、校企联合培养为依托提高人才培养水平，达到有效服务于新经济的目的。

参考文献

[1]张大良.因时而动 返本开新 建设发展新工科[J].中国大学教学,2017(4):4-8.

[2]陆国栋."新工科"建设的五个突破与初步探索[J].中国大学教学,2017(5):38-41.

[3]林健.引领高等教育改革的新工科建设[J].中国高等教育,2017(6):40-43.

[4]林健.深入扎实推进新工科建设[J].高等工程教育研究,2017(5):18-31.

[5]林健.新工科建设:强势打造"卓越计划"升级版[J].高等工程教育研究,2017(3):7-14.

[6]赵继,谢寅波.新工科建设与工程教育创新[J].高等工程教育研究,2017(5)13-17.

[7]夏建国,赵军.新工科建设背景下地方高校工程教育改革发展刍议[J].高等工程教育研究,2017(3):15-20.

[8]李志鸿,邹复民."新工科"背景下地方本科高校学科建设路径探析[J].福建工程学院学报,2017(5):486-490.

[9]李华,胡娜,游振声,等.新工科:形态、内涵与方向[J].高等工程教育研究,2017(4):16-20.

物联网工程专业的综合改革实践

黄东军　　　高建良　　　刘伟荣　　　王　斌

摘　要： 物联网工程是国家战略性新兴产业相关专业，是典型的新工科专业，受到社会和学校的高度重视。如何把专业办出特色和成效，是广大专业教师大力探索的课题。介绍了中南大学物联网工程专业建设与改革的主要措施、成效和体会，阐述了制订培养方案的着眼点与特色来源，分析了专业课程设置的依据和课程体系的优化方法，描述了加强实践性教学环节的有效途径和实验室建设方式、校企协同育人机制的内容和具体实现、交互式教学方法的应用等，最后给出了专业建设与改革的成效分析。

关键词： 物联网工程；专业建设；实践教学；协同育人

一、背景与建设思路

物联网是现代信息技术发展到一定阶段后出现的一种聚合性应用与技术提升，它将各种感知技术、现代网络技术、人工智能与自动化技术聚合与集成起来，试图全面掌握和控制物理信息空间[1]。物联网改变了人们以往把物理基础设施和 IT 基础设施截然分开的传统思维，将具有自我标识、感知和智能的物理实体通过互联网有效整合在一起，使生产制造、社会管理和日常生活实现互联互通[2]。应当说，物联网承载了人类科技发展的延续和希望。

基于上述背景和人才培养的实际需要，教育部于 2010 年 3 月发出了《关于战略性新兴产业相关专业申报和审批工作的通知》，并于当年 7 月批准设立了首批 30 个物联网工程本科专业，中南大学为其中之一。据了解，到 2017 年底，全国已经有 430 多个物联网工程本科专业[3]。

中南大学是全国首批设立物联网工程专业的学校，由信息科学与工程学院主办，依托计算机科学与技术专业进行建设。2010 年 9 月开始招生，2014 年首届毕业生 60 人，2015 年毕业 86 人，2016 年毕业 56 人，2017 年毕业 59 人，目前在校学生 238 人。中南大学物联网专业建设的基本思路是：主动适应经济与社会发展需要，遵循教育方针和教育规律，按照准确定位、注重内涵、突出优势、强化特色的原则，以人才培养机制改革为核心，以教学团队、课程教材、教学方式、实践教学、教学管理等专业发展的主要环节和关键要素为改革重点，全面推进内涵式发展，打造特色，提高人才培养质量。

二、建设与改革的主要措施

（一）制订特色鲜明的培养方案

一个专业能否办好，首先必须立足学校办学定位，主动对接社会需求和学科前沿，注重

基金项目： 教育部特色专业建设点项目，项目编号：教高函〔2011〕8 号；中南大学教学改革项目物联网工程专业，项目编号：31200 –160060031。

作者简介： 黄东军（1960 –），男，湖南常德人，中南大学信息科学与工程学院教授、博士生导师，主要从事多媒体、物联网和大数据技术研究；高建亮（1979 –），男，湖南岳阳人，中南大学信息科学与工程学院副教授，主要从事物联网和大数据技术研究；刘伟荣（1976 –），男，广东新宁人，中南大学信息科学与工程学院副教授，主要从事物联网技术研究；长沙，410083。Email：djhuang@ csu. edu. cn。

适应新产业、新业态、新技术发展需要，找准专业人才培养目标定位，做好人才培养顶层设计。为此，我们走访了一批国内知名企业，通过召开专题研讨会、组织专门班子开展深入调查研究，先后三次对培养方案进行了系统修订。

第一，明确培养目标。根据学校特点和社会需求，我们确定以培养物联网领域复合创新型高级工程技术人才为己任，要求毕业生具有扎实的自然科学基础、较好的人文社会科学基础和外语综合能力；系统掌握物联网工程领域所需要的电工、电子、计算机、通信和控制等相关学科的基本理论和基本知识；掌握物联网感知与标识、物联网定位、物联网传输与控制、物联网系统设计、物联网软件与应用开发、物联网安全等技术；具备在物联网应用领域从事设计、开发、集成、管理的能力；具有较强的创新意识和一定的科学研究能力。该培养目标符合中南大学的整体办学要求，同时与教育部计算机教学指导委员会物联网教学专家组提出的培养规范一致。

第二，明确专业特色和优势。物联网本身以计算机与网络技术为基础，因此，培养方案必须考虑专业的学科依托。从国内大部分高校物联网专业建设实践来看，依托计算机学科建设物联网专业是基本途径。但是，必须看到物联网是对传统计算机与互联网技术的扩展，它有自身的技术特点，这种特点主要表现为物与物的连通性、软硬件的嵌入性、计算的泛在性。因此，培养方案需要在这三个方面突出物联网本身的特殊要求，从而确立专业特色和优势。以中南大学 2010 版培养方案为例，在物与物的连通性上，安排了传感器与检测技术、RFID 与智能卡、无线传感器网络、近距离无线通信、物联网定位技术等专业核心与特色课程；在软硬件的嵌入性方面，安排了嵌入式系统、嵌入式系统课程设计、单片机与接口等课程；在计算的泛在性方面，安排了 Web 技术、物联网编程技术、物联网平台与标准等特色课程。通过核心课程设置，凸显了物联网工程专业的基本特色和优势。

（二）改革专业课程体系

随着物联网技术的快速发展，我们认识到，专业课程设置需要不断调整和改革，以便进一步强化特色。为此，需要在贯彻教育部物联网专业规范的基础上，进一步增加新的特色课程。

教育部计算机教学指导委员会物联网教学专家组提出的专业规范，将课程分成专业基础、专业核心和实践教学内容体系三部分[4]。专业基础至少包括算法设计、程序设计、数据结构、电路与电子技术、计算机组成原理、操作系统、微机原理与接口、计算机网络、数据库、嵌入式系统；专业核心包括物联网工程导论、物联网通信技术、RFID 原理及应用、传感器原理及应用、传感网原理及应用、海量数据存储、数据处理与智能决策、物联网控制、物联网信息安全技术、物联网工程设计与实施；实践教学内容体系包括核心课程实验、综合课程设计、专业实习和毕业设计。应用知识包括智慧城市、智慧农业、智能交通、智能物流等[5]。

通过认真分析物联网技术的发展趋势，我们在 2016 版培养方案中增加了大数据应用、群智感知、条形码、视频监控与智能识别、移动应用开发、物联网系统设计等课程，同时将物联网编程技术、物联网平台与标准等课程融合到其他课程中。

（三）强化实践性教学环节

既然物联网是一种综合性应用系统和技术提升，那就必然要求切实强化实践性教学环节，大力培养学生的工程实践能力[6]。我们的基本措施是：开设多种类型的实践教学课程，循序渐进地发展学生的工程实践能力；提高实践教学环节的课时比重；增强综合性实践教学内容，训练学生解决实际问题的能力；大力开展创新创业实践活动。

从表 1 给出的 2012 版与 2016 版培养方案的实践教学环节设置可以看出，2016 版实践环节的多样性、综合性得到增强。事实上，实践学时比重也从 31% 提高到了 37%。

表 1　2012 版与 2016 版培养方案的专业实践性环节比较

2012 版	2016 版
认识实习、生产实习、计算机组成原理与汇编课程设计、RFID 课程设计、传感器网络课程设计、嵌入式系统课程设计、毕业设计	认识实习、生产实习、计算机组成原理与汇编课程设计、RFID 课程设计、传感器网络课程设计、嵌入式系统课程设计、毕业设计 新增：物联网定位技术课程设计、程序设计综合训练（上/下）、物联网应用系统设计、创新创业项目、科研训练（本科生导师制）

为了支持上述实践性教学，学校自 2011 年开始，分三期共投入 300 多万元，建成了 RFID 基础实验系统、无线传感器网络实验系统、物联网中间件与定位技术实验平台、智能家居实验实训系统和智能物流实验实训系统，满足了教学的需要。

实验室建设方面，我们主要有两个认识。第一，从基础平台开始，逐步形成融合型物联网实验大平台。由于物联网是一个全新的专业，市场上的教学设备和技术水平虽然在快速增长，但会有一个演进过程。因此，物联网专业实验室建设采取了分期进行、逐层优化、全面融合的策略。第一期建设项目主要包含两个关键性的基础实验平台：RFID 基础实验系统、无线传感器网络实验系统。第二期建设了物联网中间件及其应用实验平台、物联网定位技术实验系统。上述系统或设备的建成，保证了基本的专业教学质量，与教学进程同步推进，避免了设备闲置，并有利于升级改造。第三期实验室建设的目标是，巩固前两期建设的成果，整合、优化现有系统资源，通过集成和优化已有设备、添置必要的新设备和设施，构建集实验、实训、开发与创新于一体的综合性工程实践平台。第二，把实验系统与实际应用结合起来。在建设智能家居实验实训系统的时候，我们没有将其设计成一个孤立的平台，也没有采用某些设备提供商给出的微缩模型方案，而是把应用系统与现有网络平台、计算机终端集成起来了，并将实际控制对象（如窗帘、空调、照明、门禁等）连接到一个统一的网络平台中来。这样，所建设的智能家居系统被直接用于实验室的管理，让学生看到了物联网技术的鲜活应用，还提高了实验室管理水平。目前，所有实验实训平台都发挥了有效的作用，其中 RFID 和无线传感网络基础实验平台使用率最高；物联网中间件与定位技术实验平台、智能家居实验实训系统和智能物流实验实训系统则主要应用于对应课程实验、综合应用设计、毕业设计、专业导论等方面。

创新创业活动是实践能力培养的重要途径。在全校范围内，学校设置了若干资助平台和框架，物联网专业的学生充分利用了这些资源，表现十分活跃。近三年来，本专业学生主持和参加的各类创新与创业项目共计 40 项，其中国家级创业训练项目 9 个，校级创业训练项目 15 个，本科生自由探索计划项目 16 项。这些活动的意义在于，广大学生找到了深度实践与自由发挥的空间；而一些优秀学生也脱颖而出，取得了可喜成绩。仅 2014 年以来，物联网专业的学生共获得各类学科竞赛奖励 79 项，其中国家级一等奖 6 项，二等奖 2 项，三等奖 5 项。

典型实例如，2014 年 7 月物联网 2011 级 01 班罗路遥等同学设计实现的"面向信息安全的快递物流管理系统"，融合了射频识别、视频与水印、微信与短信、加密与认证等技术，以其创新性、软硬件结合性和实用性获得评委的高度评价，荣获"第七届全国大学生信息安全竞赛"一等奖，四名队员全部保送到中国科学院、浙江大学、南京大学和中南大学攻读研究生。

（四）创新协同育人机制

为了培养适应市场需要的物联网专业人才，有必要探索校企合作的协同育人新机制。为此，我们先后与三一重工、中国煤炭科研院、中国移动、上海浦东软件园、中软国际等企业和单位合作，初步建立了专业人才协同培养机制。其中，主要探索了课程内容与职业标准、教学过程与生产过程对接的方式。例如，物联网平台与标准课程的教学内容采用了部分公司或单位的中间件技术，物联网系统设计的实践性教学内容采用了实际工程项目资源（如源码、需求等），而毕业论文（设计）则大部分来自实际的校企合作项目或纵向课题。尤其有一批学生在企业或公司完成毕业设计，工程实践和解决实际问题的能力得到显著提升，充分证明了协同培养机制的优势。

此外，认真抓好生产实习也是落实协同培养机制的重要环节。物联网专业学生已经连续三年赴上海浦东软件园进行生产实习，效果良好。该实习基地结合物联网科技的发展，为学生提供了一整套物联网项目解决方案，包含传感器、嵌入式系统、数据处理与应用系统三个部分，要求学生从硬件、系统软件、应用软件和用户界面等方面，全面理解物联网系统的设计方法。采取学生分组、讲解与实践交替进行、任务驱动的方式，在三个星期内，要求学生完成一个比较完整的应用系统设计。在评价阶段，通过答辩与演示，确定小组与成员的实习成绩。实习期间，我们还把学生带到张江科技园，参观上海交通大学、张江集电港的物联网产业基地，开阔了学生的视野。每次实习回校，无论是学生自己还是教师，都能实实在在感受到学生能力的大幅提升。

需要说明的是，学校对学生实习采取经济资助政策。凡到省外实习，每人补助1150元（三周），省内实习则补助600元（三周）。实习指导教师由来自实习基地的专业人员、本校教师共同组成，队伍稳定，水平较高。学校规定，负责指导实习的教师必须是有高级职称的人员。

（五）加强教师教学能力建设

在七年多的专业建设实践中，我们最大的体会就是要有一支素质高、业务精、作风好的教师队伍，这是办好专业的根本保证。

第一，加强学科带头人和专业带头人建设，发挥其在学科专业建设中的方向引领作用。为此，我们加强了青年教师的教学业务水平、实践指导能力的培养和提升，实施教师到企业挂职锻炼的制度，加强对接产业行业需求的课程进修，增加跟踪学科专业发展前沿的国外访学。3年内，选派了15名优秀青年教师出国留学、国内访学、到知名企业挂职锻炼和参加专业培训，并建立了教师培养培训动态跟踪考核系统，强化信息公开。

第二，加强教学研究，组织教师进行教学研讨，鼓励教师结合专业改革重点、难点问题积极开展教学研究和改革实践。近年来，我们充分利用学校的各类教学改革立项，组织广大教师投身教学研究，充分调动了他们的积极性。

例如，我们组织一批骨干教师编写了全国第一套完整的物联网专业教材。在物联网专业建设过程中，我们较早注意到教材问题。一方面，教育部相关教学指导委员会试图组织国内若干高校编写物联网工程专业教材，但由于种种原因一时难以成套推出。另一方面，各个学校有自己的专业倾向性，课程设置存在差异，而市场上已经推出的物联网教材大多是普及读物，无法满足专业教学的迫切需要。教材的缺乏既是挑战，也是机遇。鉴于中南大学在物联网技术上的优势和积累，我们在专业设置的当年就决定自主开发专业系列教材。通过组织信息科学与工程学院内的相关力量，我们编写了 10 本专业核心课程的教科书。由于国内紧缺这方面的专业教材，因此出版计划一经提出就受到不少出版机构的高度关注，最后由电子工业出版社以"国家级特色专业（物联网工程）规划教材"的名义出版。表 2 是中南大学全国首套物联网专业教材的出版情况。该系列教材的出版不仅满足了教学需要，还显著提升了教师的业务水平。

表2　全国首套物联网专业教材

序号	名称	作者	职称
1	物联网技术导论	黄东军	教授
2	物联网与嵌入式系统	刘连浩	教授
3	物联网与短距离无线通信	董健	副教授
4	物联网与无线传感器网络	刘伟荣	副教授
5	物联网 RFID 原理与技术	高建良	副教授
6	物联网系统设计	桂劲松	副教授
7	物联网安全技术	施荣华	教授
8	物联网定位技术	张士庚	副教授
9	群智感知	鲁鸣鸣	副教授
10	传感器技术	刘少强	副教授

第三，在强大学科基础上建设师资队伍。中南大学是高水平研究型大学，广大教师积极投身科学研究，以"满足国家需求、服务经济建设、培养创新人才"为宗旨，承担了大量科研项目，做出了突出贡献。近 5 年来，计算机学科教师承担国家级科研项目 65 个，省部级项目 85 个，横向课题 60 余个，年均经费 3000 万以上。绝大部分教师都主持或参加过教学研究项目。有大量高水平的论文公开发表，有一批校级及以上科研成果面世。据不完全统计，近 5 年，计算机学科教师发表 SCI 论文 400 余篇，申请发明专利 40 余项，获得授权 20 余项，获得省部级科技一等奖 3 项、二等奖 5 项。

第四，加强职业文化与师德建设。广大教师具有爱岗敬业、教书育人、为人师表的光荣传统，绝大部分教师的教学工作得到学生的高度评价。自 2010 年以来，有 12 人获得中南大学优秀共产党员称号，计算机系多次被评为中南大学优秀党支部、信息科学与工程学院先进党支部、基层组织建设先进集体称号。

（六）改进教学方法和手段

当前，高等教育领域的一个重要发展趋势，就是更新教学观念，改革教学方法，大力开展信息资源和教学平台建设，强化师生互动、生生交流。

第一，改革课堂教学以讲授为主的教学方式，广泛开展启发式、讨论式、参与式和项目化教学改革，加强学生创新能力培养。为此，我们从教学大纲开始，要求将启发式、讨论式等教学设计明确写入课程大纲，并督促落实。目前，所有课程都在探索交互式教学改革，大部分课程都取得了良好成效，有些课程还大胆采用交互式教学支持系统（如多屏显示教学系统），部分课程试验以程序设计为中心的互动教学模式，取得了十分可喜的成效。

第二，依托学校网络教学平台，通过设立"校级开放式精品课堂""精品视频公开课"等项目，鼓励教师积极开发网络教学资源，发挥现代教育技术的作用。近3年来，物联网专业教师积极参与这一进程，资源开发稳步推进，1人荣获湖南省多媒体教学软件设计大赛一等奖，3人获得中南大学十佳课件奖，5门课程获得"开放式精品课堂"计划支持。

第三，采取有效措施，鼓励教师把学科发展前沿、最新研究成果和创新实践经验融入课堂教学，激发学生创新活力。典型的课程包括物联网定位技术、群智感知、物联网系统设计等。实际上这些课程都是直接从教师的科研成果中产生的。

（七）改革教学管理制度

随着人才培养模式的深入改革，管理制度也必然要求相应的变化。

第一，大力推进考试考核内容和方法的改革。在注重基础理论知识考核的同时，加强专业技能、创新创业能力的考核。目前，所有课程都已经根据课程类型、课程性质、课程内容及特点，确定了相应的考核内容、考核方式及成绩评定方式。考核重点是学生获取知识的能力、应用所学知识分析问题和解决问题能力、实践动手能力和创新能力等；考核方式采用多种形式（笔试、口试、答辩、测验、论文等）、多个阶段（平时测试、作业测评、课外阅读、社会实践、期末考核等）、多种类型（作品、课堂实训、课堂讨论、社会调查、竞赛等）等全过程的考核；成绩评定中，加大了过程考核及阶段性考核成绩的比例（原则上≥50%），减少了期末成绩的占分比例。

第二，探索将学生开展创新实验、发表论文、获得专利、修读在线开放课程、参加校外素质拓展和自主创业等折算为学分，将学生参与课题研究、项目实验等活动认定为课堂学习。2016版培养方案已经明确提出了素质教育课程、科研训练课程、安全教育课程的安排和管理办法。

三、专业建设成效

物联网专业的设置，迎合了信息技术发展的大趋势，受到社会的广泛关注。在2011、2012年度的电气信息大类专业的二次专业分配中，物联网报名率位居信息科学与工程学院第一名。2013年以后学校取消大类招生，实行高考填报志愿确定专业的政策，从招生反馈信息看，本专业仍然是热门专业。

毕业生的就业与升学情况直接反映办学成效。物联网工程2010级两个班共60人于2014年6月毕业，他们不仅是中南大学首届物联网专业毕业生，也是国内第一批物联网专业毕业生。当年我们做了一个统计，60名学生全部就业或升学，其中8人保送研究生，6人考上研究生，2人出国留学，其余44名学生全部到IT行业就职。尤其值得一提的是，有一批学生进入国内重要企业，包括腾讯、华为、格力、恒生、步步高、迅雷、TCL、深信服、中国电信等。物联网专业毕业生的突出表现，主要得益于当前物联网技术的发展，反映出专业设置的必要性。但是，我们也深切感受到，他们经过学校培养确实具备了较强的专业竞争力，其专业素质和能力给招聘单位留下了深刻印象。

2015 年毕业生达到 86 人（本届招生数量扩充了一个班），虽然学生人数增加了，但就业质量有进一步的提高。2016 年毕业 56 人，就业形势得到了保持，少数人还有新的突破，进入到微软、百度、阿里等公司。2017 年的就业保持了以往的态势。

由于物联网工程专业建设目标明确，培养方案合理，教学条件优越，科研实力雄厚，2011 年 3 月 1 日，教育部、财政部联合印发了《关于批准第七批高等学校特色专业建设点的通知》（教高函〔2011〕8 号）文件，中南大学的物联网工程专业经单位推荐、相关部门批准，成为战略性新兴产业相关的国家级特色专业建设点。目前，全国共有 9 个国家级特色物联网工程专业。

中南大学物联网工程专业建设也得到一些高校以及相关企业的关注。自 2011 年以来，先后有 50 多家单位来校考察专业建设与教学情况；国内一些媒体也对物联网专业建设情况进行了报道。

四、结论

要把物联网工程这样的新专业办出特色、办出成效，必须根据社会需要和学校条件确定好人才培养目标、建立科学的课程体系并根据技术发展不断优化和调整教学内容。物联网作为一种系统应用和技术提升，必须大力培养学生的实践能力，而强化课程实验和综合性实践教学环节、建立校企协同育人机制、深入开展创新创业活动是行之有效的方法。同时，在整个专业建设过程中，教师队伍建设至关重要。通过项目依托和引领、多样化培训和学科支持，教师的积极性能够得到充分发挥，从而积极投身专业建设和教学方法改革。中南大学物联网专业建设与改革的实践对上述观点提供了支持。

参考文献

[1]Zane Ua, A., Bui, N., Caste Uani, A., et al. Internet of Things for Smart Cities[J]. *Ieee Internet of Things Journal*, 2014(1)：22 –32.
[2]黄东军. 物联网技术导论[M]. 北京：电子工业出版社,2017.
[3]中华人民共和国教育部. 教育部关于公布年度高等学校本科专业设置备案或审批结果的通知[EB/OL]. 中华人民共和国教育部网站. 高等教育司. (2012 –02 –14)[2017 –12 –07]. http://www.moe.gov.cn.
[4]教育部高等学校计算机科学与技术专业教学指导分委员会. 高等学校物联网工程专业发展战略研究报告暨专业规范(试行)[M]. 北京：机械工业出版社,2012.
[5]余琍,赵健,黄传河,等. 物联网工程专业建设与实践教学研究[J]. 计算机教育,2013(15):94 –97.
[6]秦磊华,石柯,甘早斌,等. 基于 CDIO 的物联网工程专业实践教学体系[J]. 高等工程教育研究,2013(5):168 –171.

开放式精品示范课堂的探索与实践

李丽君　　陈晖

摘　要： 以中南大学大学英语开放式精品示范课堂建设为例，从优化视听说教学设计，开放读写译教学组织形式，运用以学生为中心的交互式、问题驱动式、情景模拟式、讨论式和任务式等多元教学方法，构建综合性考核评价体系等角度，进行开放式精品示范课堂的探索与实践。调查证明，学生对精品示范课堂的满意度非常高，改革取得了良好效果。

关键词： 大学英语；开放式精品示范课堂；课堂教学；实践效果

为进一步推动本科课堂教学改革，中南大学自 2013 年起，正式启动开放式精品示范课堂计划。该计划目的在于通过创新和实施新的教学模式，探索和运用新的教学方法，改变传统的灌输式、填鸭式所带来的教师与学生分离、理论与实践脱节、学生被动学习的状态，充分调动学生自主学习和创新学习的积极性[1]，切实提高本科教学质量[2]。2016 年，开放式精品示范课堂计划在全校全面推广，截至 2017 年，建设立项课程达到 298 门。公共基础必修课大学英语是立项课程之一，9 位大学外语部教师参加了开放式精品示范课堂建设，在 2016 级 18 个班级大约 500 名大一学生中，针对大学英语教学设计、教学组织形式、教学方法和考核方式等方面进行改革。

一、大学英语开放式精品示范课堂建设

（一）优化视听说教学设计

大学英语安排在第一学年，分为视听说和读写译两种课型。总学时为 96 学时，总学分为 6 学分，每学期 48 学时 3 学分，其中读写译 16 学时，视听说 32 学时。以往视听说课采用"听－练－说"的教学流程，听力练习放在课内。鉴于教学课时压缩而教学内容不变的客观现实，如果不进行改革，势必导致学生参与课堂互动的机会少。为此，大学外语部在 2016 级新生的视听说课堂开始实施翻转课堂教学：学生课前上机观看指定视频，完成听力自测练习题；课上，通过角色扮演、口头报告、讨论等活动展示自主学习成果，学生参与口语活动的机会大大增加。然而，由于语言的输入全部课外自主完成，受自身认知水平局限和专业学习压力的影响，部分学生并不能深入有效地完成听力网络自学，课前信息量输入不够，造成口语交流时力不从心。

为更好地建设开放式精品示范课堂，我们对视听说教学设计进行了调整，精简了部分与

基金项目： 湖南省教改课题"大学英语开放式教学学生适应困境与对策研究"，项目编号：湘教通〔2016〕400 号；中南大学 2017 年开放式精品课堂计划立项项目，项目编号：中大教〔2017〕42 号；中南大学研究生教育教学改革研究课题"加强外语专业研究生实践和创新能力培养的研究与实践"，项目编号：2015JBG17。

作者简介： 李丽君（1970－），女，湖南衡东人，副教授，从事英语教学、外语教师专业发展研究；陈晖（1973－），女，湖南邵阳人，讲师，从事英语教学、中西文化比较研究；长沙，410083。Email：136164@csu.edu.cn。

单元主题无关的口语活动，增加了视频回看、听说进阶等教学内容，扩大了语言输入。课堂教学分为导入、视频回看、口语活动、听说进阶和单元自评五个步骤。在"导入"阶段，通过提问、微视频等方式有效吸引学生对所学单元主题的兴趣。"视频回看"重新播放学生课前自学内容，教师针对视频内容设问，检测学生课前自主学习情况，同时引导学生关注语言功能和形式，为接下来的语言输出积累知识。"口语训练"要求学生将基于意义的交际活动与有针对性的语言学习形式有机结合，全方位调动学生学习积极性。"听说进阶"聚焦各类考试真题，以考代练，提高学生听说水平。每单元结束时，学生随堂填写自检表，评价所学内容，巩固所学知识。课后，教师布置口语作业，学生根据话题撰写脚本，录成音频或视频，上传至班级 QQ 群或 blackboard 等网络教学辅助平台进行共享交流，供教师点评和学生互评。

（二）开放读写译教学组织形式

读写译教学充分发挥网络教学平台和自主学习中心的作用，实施开放式翻转课堂教学，即在课前、课中、课后三个教学环节，融自主学习、大班讲授、小班交流和课后拓展四种教学组织形式于一体。开放、多维的教学组织形式将线上线下、课内课外学习有机融合，有效解决了课时不足导致输入不够的问题。教学流程如图 1 所示：第一，自主学习。学生课前按要求自主完成线上线下学习，初步熟悉教材内容，为小班交互积累语言素材；第二，大班讲授。通过约课系统，学生自主选择授课教师以及上课内容、时间和地点，预约参加大班讲授。大班讲授以知识传授为主，教师讲解课文重难点，传授读、写、译技能与策略，解答学生自主学习中遇到的问题，帮助学生理解和消化教材内容，强化自主学习效果，为后一环节的小班互动交流夯实基础；第三，小班交流。小班交互式课堂是传统教学模式的翻转，是学生展示自主学习成果，实现人际交流，提升表达水平的训练场和检测验收场。学生通过师生之间、生生之间的讨论、互动和交流等交互式学习，进一步加深和内化对知识的理解和吸收；第四，课后拓展。学生课后通过完成单元自测或小组合作项目或通过批改网进行单元主题写作，提升英语综合应用能力和批判性思维能力。

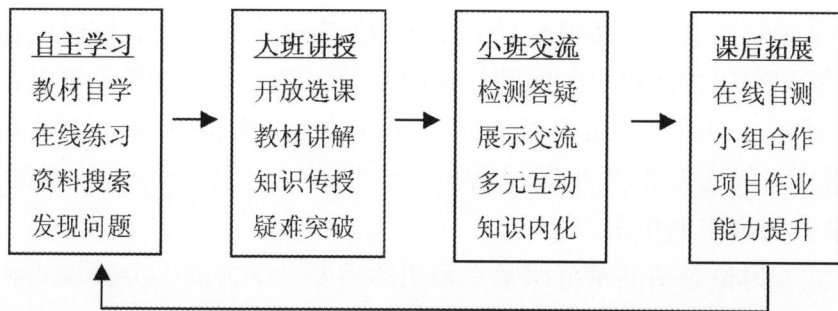

图 1　大学英语读写译开放式翻转课堂教学模式流程图

（三）运用以学生为中心的教学方法

教学方法是影响教学效果的直接因素。以教师讲授为主的传统方法限制了学生的主观能动性，制约了学生思维发展，课堂教学效果不佳。在这次开放式精品示范课堂改革中，紧紧围绕"让学生主动学习"这一核心目标，对传统的教学方法进行大胆改革，采用"以学生为中心"的多元交互式、问题驱动式、情景模拟式、讨论式、任务式等教学方法。

第一，多元交互式。以网络教学平台和自主学习中心为依托，交互式教学贯穿大学英语开放式精品示范教学的全过程，体现在各个教学环节，"课前导学→线上学习→网上约课→大班面授→课堂学习→网上提交作业→在线测评"等一系列螺旋形上升的多维、立体化的交互过程，包括人机互动、人人互动、线上线下、课内课外互动等多个层面。在课堂上，通过开展随堂小测试、口头报告、角色扮演、辩论、话题研讨等教学活动，学生充分展示、应用自主学习成果，实现输入输出交互、学用交互。

第二，问题驱动式。我们根据具体教学内容，设计了每个单元的"课前导学"，导学内容多以问题的形式呈现，在问题的驱动下，学生课前预习目标明确，学习效率提高。同时，为培养学生的问题意识和合作学习能力，教师指导学生结成合作学习小组，在课外自主学习过程中发现问题、提出问题，通过在线互动交流问题、解决问题。在课堂教学过程中，常常通过教师提问、学生发问，启发学生思考，提高学生课堂参与度。以读写译教材第四册第一单元 Nike Needs to Raise Workers' Minimum Wage, not Minimum Age 为例，教师首先提出两个与学生生活息息相关的问题 "How many students are wearing Nike products?" "Why did you choose Nike?" 吸引学生注意力，激发学生学习兴趣。然后，从针对课文理解的展示性问题入手如 "What wrong behaviors has Nike been accused of ?"，逐渐过渡到提出思辨性问题如 "Are you still attracted to the Nike products after learning about its unfair labor practice?" "What are the qualities a responsible enterprise should have?" 让学生讨论、辩论。无论是"由浅入深"对课文语篇结构的提炼与归纳，还是"出深入浅"对课文重难点的探讨和解答，再到"由浅入深"的思辨性问题的观点争锋，整个教学过程以问题为驱动，在教师积极引导下，环环相扣，学生作为主体全程参与并实践每个环节，极大调动了学生的积极性。

第三，情景模拟式。模拟真实情景的语言学习既可以激发学生学习兴趣，提高学习愉悦度，又是学生将来在真实场景下语言输出的预演[3]。我们根据教学实际情况，寻找合适的切入点，设置了现实交际中合理的情境，灵活使用角色扮演、小组讨论、演讲、辩论等活动，让学生立足模拟的语言环境，解决现实生活中的实际状况。仍以读写译教材第四册第一单元为例，在学生完全理解课文后，模拟耐克公司新闻发布会，回答记者针对耐克公司海外工厂的工作环境、劳资纠纷等方面提出的问题。课前，学生们上网搜索相关资料，对海量信息进行归纳、总结、提炼，为模拟发布会做好充分准备。在课堂情景模拟过程中，扮演"媒体记者"和"耐克公司代表"的学生唇枪舌剑，全情投入，体验英语的实际运用，感受到"做中学""学中做"带来的快乐。

第四，讨论式。讨论是精品示范课堂常采用的重要教学方式，分预设式和即兴式。在预设式讨论教学中，经历四个阶段："提出问题/话题、指导预习、开展讨论、点拨总结"，即教师预先设计好与单元主题紧密相关的讨论话题，学生课前预习思考，在课堂上经由教师组织引导就问题或话题发表见解，教师就讨论结果作一定总结。有的讨论则在课堂的具体情境中即兴发生，即兴讨论具有开放性和不可预测性，因而比预设式讨论更具挑战，更能调动学生参与的积极性。例如，针对学生关于 Sharing Bicycles 的口头值日报告，教师随即抛出问题 "What else can be shared?" "How to share it safely and efficiently?"，学生们脑洞大开，运用举例、数据、个人经历等方法作为论据，从不同角度不同侧面，探讨共享的利与弊以及解决问题的办法，课堂氛围十分活跃，全体同学积极参与讨论。讨论式教学使学生由"被动学习"向"主动学习"转变。

第五，任务式。任务教学法是一种以使用交际任务和互动任务作为单元，来进行教学内容的计划和传授的教学方法[4]。在教学中，我们实施了以主题为中心的任务教学法，结合教学内容与目标，围绕单元主题和语言功能形式设计具有实际意义的任务，任务设计由简到繁，由易到难，层层深入。每个任务通常包含多个微型任务，构成任务链，任务与任务之间犹如阶梯，相互依存，节节升高，符合语言学习和学习者认知发展规律。学生以个人、结对或小组形式完成各项任务。以视听说第三册第三单元 Part D 为例，教师通过介绍 BBC 专访成龙的视频，引入任务 Celebrity Interview，与学生一起探讨话题，并推荐英文网站供学生准备任务。学生以小组合作形式来执行任务，首先，各组确定感兴趣的名人，上网搜索其信息，加工、提炼素材，形成框架，撰写名人传记，然后各组交换传记，比较任务完成情况，在这一阶段，教师着重介绍传记的基本要素和撰写技巧，并提供有用的词汇和短语。最后，各组汇报演出名人面对面访谈节目，展示任务结果，其他小组学生观摩、记录，并发表评论。在完成任务的过程中，学生学习的动机被激发，语言能力通过每一项任务（搜索知识→理解材料→写作传记→学生互评→名人访谈→观摩问答→师生评论）逐步发展，教学呈阶梯式地层层递进。

开放式精品示范课堂采用灵活多样的教学方式，调动了学生自主学习的积极性，活跃了学习气氛，同时也加深了学生之间、师生之间的沟通交流，在课堂上形成了一个良好的自主开放式互动学习氛围。

（四）构建综合性的考核评价体系

考核作为检验学生学习效果的重要手段，是教师获取教学反馈的主要方法，更是教师进行教学反思的主要依据[5]。此次改革，我们建立了一套多元、开放的综合性考核评价体系，更加科学合理地考察学生能力。成绩评定加大了过程考核及阶段性考核比例，减少期末成绩的占分比例。

表1 考核方式

教学环节	考核内容	成绩比例（%）	总评成绩100%
课前学习	网上自主学习记录	25	过程成绩60%
	大班讲授考勤记录和课堂表现	25	
课堂交流	随堂小测试、口头报告、课堂讨论、作品展示	50	
课后拓展	课后作业、作品（音频、视频等）		
期末测试	口试、笔试	100	期末成绩40%

如表1所示，总评成绩包括过程成绩和期末成绩，过程成绩占60%，过程考核贯穿于教学过程的各个环节：网络自主学习、大班讲授、小班课堂表现和课后拓展，采用网络自主学习记录和学习进度、学生课堂口头报告、随堂测试、课堂讨论、课堂纪律、课外作业等多种形式，重点考核学生英语自主学习能力和语言输出能力。期末成绩占总评成绩的40%，由口语能力测试和期末综合卷两大部分组成，口试采用期中计算机辅助口语考试和期末面试相

结合的测试形式，机考包括朗读、复述和单人演讲，面试分为问答、讨论与辩论，口语考试主要考核学生的朗读复述能力、描述能力、思辨能力和跨文化交际能力。期末综合笔试为闭卷考试，包括写作、听力、阅读、中国文化中译英等内容，重点考核学生的英语综合运用能力。

这种全方位的综合考核方式虽然在一定程度上加重了教师的工作量，却显著提高了学生的学习积极性和主动性，对于日常学习起到了重要监督作用。

二、教改反馈

（一）学生反馈

学期结束后，笔者通过匿名问卷调查，了解到学生的感受和对教学的评价。问卷包含两大部分，第一部分内容涉及"教学理念""教学设计""教学方法""考核方式"和"教学效果"5个维度，采用"非常不同意"到"非常同意"的李克特五级量表形式，分别计1到5分不等的分数。针对量表中的反向题，采用反向计分法，分值越高，表明学生对开放式教学的满意程度越高。第二部分为开放式问答，调查学生对教学改革的建议。共回收有效问卷111份，结果显示，学生对开放式精品示范课堂的满意度非常高（问卷各项均值都在4.2以上），对精品示范课堂教师教学理念（均值为4.72）和教学方法（均值为4.65）认可度最高，其次是考核方式和教学设计。关于教学效果，学生同意"大班教学加深了对课文的理解，为小班互动夯实了基础"（均值为4.02），认为"精品示范教学效果好，经验值得推广"（均值为4.03）。

对改革的建议综合起来主要有三条：第一，专业学习压力大，挤压了课外时间，希望适当减轻英语课前自学任务；第二，精简大班教师讲授内容；第三，教师加强对学生网络学习策略的指导，提高自主学习效率。

（二）同行反馈

教改过程中，本院同仁进入改革试点班级随机听课达50人次左右，绝大部分听课老师对课堂教学效果综合评价为优秀，他们在学院的教师QQ群、微信群和"中南大学课堂教学质量考评表"上纷纷留言，如"课堂活跃，内容设计充实合理、教学形式丰富多样""课堂气氛活跃，学生参与度高""很成功的视听说课""超级赞"等等表达对开放式课堂的充分肯定和较高评价，精品课堂的开放灵活课堂教学组织形式和教学方法尤其给听课教师留下了深刻印象。

三、结语

大学英语是中南大学非英语专业学生在本科教育阶段必修的公共基础课程，一直本着"以人为本，以学生为中心，以英语的实际使用为导向，以培养学生英语应用能力为重点"的教育理念，力求改革与创新。经过一个学期的课程改革实践，课程在以交互式网络教学辅助平台和自主学习中心为支撑的基础上，通过优化教学设计、开放教学组织形式、实施多元灵活的教学方法和改革考核评价体系等举措，大大激发了学生学习兴趣和自主学习的动力，培养了学生的综合素质，逐步形成了具有中南特色的大学英语开放式模式，为进一步深化大学英语教学改革提供了新思路新途径，因此具有很好的借鉴性和推广价值。在改革中，教师的教育教学理念不断更新，对课堂的认识越来越清晰，形成了新型的师生关系，课堂的授课能力和组织管理能力都得到了改进。为充分发挥课程效能，还需要继续从教学队伍、教学手段、教学环境等方面开展更系统深入的改革和创新。

参考文献

[1]张鸿,艾延龄,李周,等.《材料结构分析》开放式精品示范课堂建设探讨[J].长沙铁道学院学报(社会科学版),2014(3):216-217.

[2]赵玲,邓敏,谢树春,等.《空间分析》开放式精品示范课堂建设探索[J].现代测绘,2015(2):60-64.

[3]周丽敏,余斌.情景模拟教学法在英语视听课中的应用研究[J].河北经贸大学学报(综合版),2015(4):110-112.

[4]Richards , J., & Schmidt, R. *Longman Dictionary of Language Teaching and Applied Linguistics*[M].Beijing: Foreign Language Teaching and Research Press, 2009.

[5]余润兰,曾伟民,周洪波,等.专业系列课程的开放式精品示范课堂的探索与实践[J].创新与创业教育,2016(1):110-113.

模拟电子技术开放式精品示范课堂的建设与实践

罗桂娥　　王磊

摘　要： 结合中南大学开放式精品示范课堂的建设内涵，以模拟电子技术精品示范课堂的申请与认定为契机，围绕基于开放式精品示范课堂教学平台的构建，课堂教学模式的设计，课堂教学方法的创新等方面对模拟电子技术开放精品示范课堂的教学进行了改革探索与实践。

关键词： 模拟电子技术；精品示范课堂；开放式教学平台；教学模式改革；教学方法创新

根据我国高等工科教育改革基本精神，为了全面提高本科教育质量，国家教育部提出了在全国高校开展精品课程建设，即具有一流教师队伍、一流教学内容、一流教学方法、一流教材、一流教学管理等特点的示范性课程[1]。中南大学出台了一系列力度较大的教学改革措施，其中于2013年开始启动的"开放式精品示范课堂""精品在线开放课程""信息化教学设计""精品示范课堂的认定"等开放式精品示范建设工作就是针对本科教学开展的一次覆盖面广泛的改革探索与实践。其目的是通过更新教学理念、创新教学模式、探索与运用新的教学方法，调动学生在教学过程中的主体地位，明确教学活动应从学生的需求出发，打破传统教学的"满堂灌""填鸭式"、单一片面地以知识为中心的教学方式所带来的教师与学生分离、理论与实践脱节、学生被动学习的状态，使学生可以接触到大量的优秀教师资源，体验先进的教学方式，学习做人和做学问的方法，提高学生的学习兴趣与学习积极性。把学习的主动权交给学生，充分调动学生自主学习的积极性，培养学生自主学习能力、创新创业能力与批判思维能力，切实提高本科教学质量。

开放式精品示范课堂的内涵[2]是"开放""精品"与"示范"。其核心是精品，形式是开放，操作上具有示范辐射作用。所谓"开放"是指教学方式、教学资源与教学场地、教学过程与考核形式的全开放；所谓"精品"应包括科学的教学设计、精选的教学内容、灵活的教学手段和多维的教学方法；所谓"示范"是指对应课堂理念先进、特色突出。一是具有操作性、推广性和可借鉴性；二是具有稳定的教学团队，能发挥引领和辐射作用。

以开放精品示范课堂的内涵作为切入点，重点从基于开放式精品示范课堂的交互教学平台的构建、教学模式探索、教学方法改革等方面，对模拟电子技术开放式精品示范课堂的教学进行了改革与探索。

一、基于交互学习的开放式精品示范课堂教学平台构建

模拟电子技术开放式精品示范课堂的实施离不开教学平台，在课程建设中应该以国家精

课题来源： 中南大学计划立项项目"模拟电子技术 B 开放式精品示范课堂"，项目编号：160050032；中南大学信息科学与工程学院十三五期间教学成果建设重点培育项目。

作者简介： 罗桂娥（1962 –），女，汉，湖南株洲人，工学博士，中南大学信息科学与工程学院教授、系主任，主要从事智能仪器与虚拟仪器、电路综合设计、数字图像信号处理研究；王磊（1978 –），男，河南平顶山人，工学博士，中南大学信息科学与工程学院讲师，主要从事计算机视觉、计算机图形图像处理研究；长沙，410083。Email：luoguie@ csu. edu. cn。

品示范课程的要求来进行精品示范课堂的建设。如何以网络为载体实现优质资源的共享，如何体现信息时代的模拟电子技术课程特征，如何通过网络资源进行交互学习。所以，规划、设计、建设好网上资源是开放式精品示范课堂的必然要求。

为了推进教学研究与课程建设，提高教学质量，模拟电子技术课程教学团队对教材、教案、课件、题库、网络教学、教学手段、多媒体、教学方法等多方面共建共享教学资源。为了方便教师打造自身的特色与优势资源的利用，学校还引进了一个开放的"毕博"网络构架，每门课程，或者说每位教师不必去花心思进行网站开发，只要专心研究本课程的特色及教学需要即可。

根据模拟电子技术的课程特点，借助"毕博"网络构架，采用模块化结构构筑了基于交互学习的模拟电子技术开放式课程教学平台，其架构如图1所示。模拟电子技术开放式课程平台架构的设计原则如下：

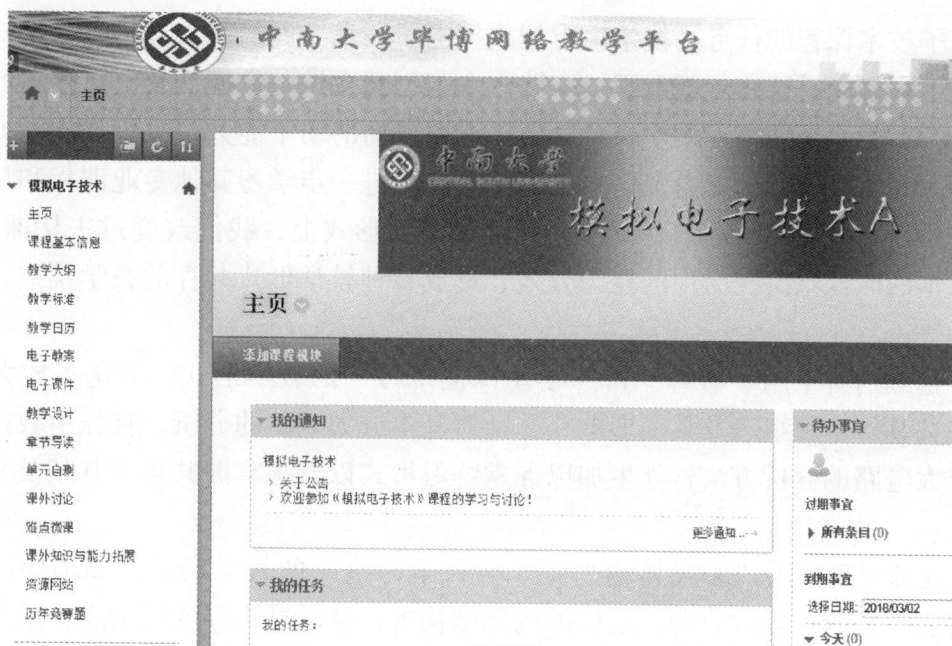

图1　模拟电子技术的开放式课程平台架构

（一）课程资源丰富，集开放、互动与资源共享于一体

学生课程学习所需的教学资源随时随地可以从网站查阅及下载，便于资源的师生共享。如构架中的电子教案、电子课件、教学大纲、教学标准等。

（二）教师创建资源可以量身定制，可以随时增删

在图1中，主要对主页、课程基本信息、教学大纲、教学标准、教学日历、电子教案、电子课件、章节导学、单元自测、课外讨论、难点微课、课外知识与能力拓展、资源网站、历年全国电子设计竞赛题等等电子资源进行构建。随着时代的发展，资源可以任意添删，便于与时俱进，便于新技术、新知识的引入。

（三）便于师生交互及生生交互

与以往网站资源的不同点在于引入了课程互动环节。如引入了"课外讨论区"模块。

在该模块中采用问题导引来引导学生参与课程话题的讨论。每章都有多个话题，老师将把供大家思考的问题和主题发布在讨论区中，而且讨论区将是模拟电子技术课程的活动中心。每位学生既可以在模块里提取话题进行相互讨论，也可以自己创建话题邀请大家讨论。其目的是希望大家能通过引导式讨论互相学习。老师会帮助大家了解材料，推进活动的开展，每个同学对课程主题论坛都要积极参与，做出贡献。希望每个人都是知识的共同创造者。

（四）便于检验所学的知识与能力拓展

通过在每章引入"单元自测"，可以检验对所学章节基本知识、基本理论的掌握程度。对学有余力的同学，网站结合课程特点与全国大学生电子设计竞赛，提供了各种课外知识与能力拓展的交流平台。

二、课堂教学模式的精心设计

模拟电子技术课程的任务是使学生掌握模拟电子技术方面的基本理论、基本知识和基本技能，树立工程理念、工程创新意识、实践观念与创新意识，掌握低频电子电路的分析方法和设计方法，科学系统地培养学生在低频电子线路方面的动手能力，工程设计能力、应用能力、分析问题和解决问题的能力及创新思维能力。为进一步学习其他专业课程和从事有关的工程技术与科研工作奠定较好的基础。在课程的组织形式上，我们改变过去从课堂到课堂、从课本到课本的以课堂讲授为主的授课方式，形成多种教学形式共存的教学模式，主要有如下几种：

第一，基础内容采用"教师主讲＋学生课堂练习"的教学形式，如基本放大电路有共射、共集、共基等多种组态及其变形电路，针对基本放大电路的分析，首先由教师主讲引入基本共射放大电路的分析方法，学生加以课堂练习形式以熟练掌握共集、共基及其变形放大电路的分析。

第二，内部机理采用"多媒体动画＋学生自学讨论"的教学模式，如半导体的基础知识、二极管、三极管、场效应管、运放的内部结构等，纯课堂讲授比较枯燥，采用的多媒体动画＋自学讨论形式可以帮助学生理解元器件的工作原理及外部特性，以提高学习的积极性。

第三，难点内容采用基于"问题引导"的贯穿式教学形式，对每一章节进行章节导学，对难点问题及容易混淆内容均以"问题引导"做牵引，让学生带着"问题"进行有的放矢的学习。

第四，综合内容采用基于"项目驱动"的案例教学形式，对放大电路、波形发生、信号调理、直流稳压电源等，结合全国大学生电子设计竞赛题（如"宽带放大器的设计""滤波器的设计""多种波形的产生电路""逆变电源"等等）以电子作品的形式作为案例，可以提高学生的学习兴趣。

第五，系统内容采用基于"大班上课＋小组讨论"的研究式教学形式：对实用模拟电路的分析与设计，选取一些小模拟系统作为"微型课题"。将学生3～5人组成一个学习小组，教师指导学生设计课题方案，参阅相关文献资料，开展相关调研，最终完成课题设计与分析。

第六，基于"互连＋网络资源"的自主学习形式：在教学中强调文本学习与网络学习相结合，把教师的讲授内容、思考讨论题目全部上传，让学生自主进行学习。进行课堂教学模式改革的目的就是要变学生被动地位的传统教学为先学后教、先思后问、先问后讲这种以学生为主体的新式教学模式。

三、课堂教学方法的创新

在传统教学方法的基础上，将"启发引导＋互动式"教学策略贯穿于整个教学过程，适当加入演示、讨论式、主动探究式、对比归纳、翻转课堂、实践、项目驱动等多元、多维教学方法。

下面以"波形发生与信号转换电路"[3]一章内容为例（见图2），说明本章课堂教学方法的设计。

（一）"启发引导＋互动式"教学方法

在模拟电子技术课程教学中，将"启发引导＋互动式"教学相结合的教学策略贯穿整个教学过程。

启发式讲授：第一，以"问题引导"为导向，培养思考能力，调动学生的学习积极性。第二，以"问题/实践"而解惑：波形发生是集成运放的非线性应用，通过该电路与信号运算电路进行对比，领悟运放的线性应用与非线性应用分析方法的不同之处。第三，以"规律"而求知：在波形发生的课堂讲解过程中，要始终贯穿一条主线——幅值平衡条件与相位平衡条件的分析，无论是正弦波还是非正弦波，无论是RC正弦波振荡还是LC正弦波振荡，无论是变压器反馈式，还是电感三点式、电容三点式LC振荡电路，分析时其知识点也有其内在规律，让学生了解并掌握这些规律，才能使他们学好这些知识要点。第四，以"旁征博引"而激发求知欲：将全国大学生电子竞赛的知识点之一（多种波形发生器的设计）就是本章的知识点来激发学生的求知欲望，鼓励更多的同学参加到校赛、省赛与国赛之中，提升自身工程实践能力与创新潜能。

互动式教学：以"问题引导"为导向，调动互动课堂气氛。第一，以"活跃互动"而导课，本章内容属于运放的非线性应用，教学中要力戒"为难"情绪。第二，以"问题/实践"而启思，在本节教学过程中，通过设置多处思考题进行提问，引导学生关注理论相关知识点，启发学生沿着正确方向思考问题，实现课堂内师生互动。

（二）演示教学法

结合PPT动画，结合Multisim仿真工具演示正弦波的起振与振荡平衡过程，通过PPT动画及仿真演示期待解决难以想象的起振问题；结合微课演示非正弦波的产生与正弦波产生的不同之处，使难的问题生动形象化。

（三）讨论式教学方法

由问题引导展开学习讨论。其目的是充分挖掘课程参与者的学习潜能，最大限度多角度、多层次地深化对某一主题的认识，真正达到"学有所获、教学相长"。如：在学会RC振荡电路的分析之后，如何进行LC振荡电路的分析？针对幅值平衡条件与相位平衡条件进行讨论：第一，幅值平衡条件与相位平衡条件在LC振荡电路中是如何满足的？第二，

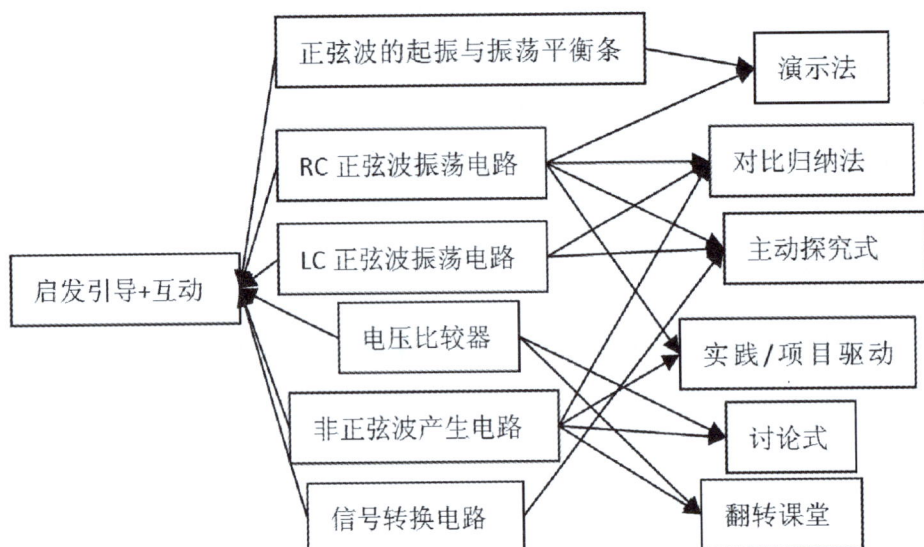

图 2　波形发生与信号转换电路的教学方法设计

变压器反馈式、电感三点式、电容三点式三种 LC 的相位平衡条件应该如何判断？第三，RC 振荡与 LC 振荡所产生正弦波的频率范围有何不同等等。通过讨论让学生总结分析方法。

（四）主动探究式教学方法

创设问题情境，引导学生进行思考，深入理解知识点。如：要使振荡频率稳定为什么要采用石英晶体振荡器？比较器是运放的开环或者正反馈应用，如果运放开环可以组成简单比较器，如果运放引入正反馈可以构成滞回比较器，这两种比较器的分析方法有何异同？这两种比较器应用范围有何不同？如：有了正弦波，如何将正弦波变换成方波，有了方波，又如何将方波变换为三角波等等。

（五）对比归纳教学法

如对比 RC 正弦波振荡电路的分析方法，归纳 LC 正弦波振荡电路的分析方法，推广非正弦波发生电路的分析方法。通过对比归纳找相似事物的内在联系，从而快速波形发生电路的分析方法。

（六）翻转课堂教学法

在学生掌握了单限电压比较器电路的分析技巧后，采用"学生讲，师生问，老师评"的教学模式进行滞回比较器、窗口比较器的分析。通过师生交互主讲，让学生有机会参与到课堂知识的讲解以及章节知识的总结过程中，调动了学生的整体学习积极性和提高了他们自主学习能力，通过小组成员通力合作，在班级内形成了良好的学习氛围。

（七）实践、项目驱动教学法

模拟电子技术课程的工程实践性及应用性都很强，所学即所得，实践、项目驱动教学法有利于培养学生的工程实践能力及创新思维潜能。通过制定课后作业，使学生巩固、丰富和完善所学知识，培养学生工程意识。如：如何利用两片集成运放产生 4 种不同的波形？通过项目引导学生自主学习、搜集有关资料，通过积极思考，自己体会、发现概念和原理。如：查阅全国大学生电子竞赛题目中"高频振荡电路"要测量哪些性能指标，要用到哪种仪器进行测量？

四、结束语

开放式精品示范课堂计划是中南大学教学改革的重要环节，是一种以学生为根本的教学理念的引领，是对传统"满堂灌"教学模式的一种根本性颠覆。在模拟电子技术精品示范课堂的建设与实施过程中，我们有如下的几点心得：

（一）开放式精品示范课堂的内涵是"开放""精品"与"示范"。其核心是精品，形式是开放，操作上应该具有示范辐射作用。只有深刻领会精品示范课堂的内涵并结合课程特点才能让课堂教学碰撞出"火花"。

（二）教学理念的更新打开了思想的羁绊，教学模式的变革、教学内容的设计、教学方法的创新、考核形式的变革、稳定的课程教学团队、教学资源的共享共建是精品示范课堂的关键所在。

（三）将"启发引导＋互动式"教学相结合的教学策略贯穿整个教学过程，适当引入演示法、基于问题驱动的研讨式、主动探究式、对比归纳法、翻转课堂、实践、项目驱动法、基于互连＋网络的自主学习结合起来等多元、多维教学方法，有利于学生工程实践能力、创新思维能力及批判性思维能力的培养，有利于全面提升课程教学质量。

参考文献

[1]范爱萍.加快电子技术精品课程建设的几点思考[J].电气电子教学学报,2005(4):16－19.
[2]中南大学本科生院.中南大学"开放式精品示范课堂"的基本要求[EB/OL].中南大学.校内通知.(2016－03－03)[2017－09－09].http://tz.its.csu.edu.cn/Home/Release_TZTG/.
[3]罗桂娥,李力争.模拟电子技术[M].北京:中国水利水电出版社,2014:38－107.

创新应用实践驱动的交互式课堂教学模式研究

黄东军　　周芳芳　　夏佳志

摘　要：随着新技术与新经济的飞速发展，高等教育正经历一场变革。就课堂教学而言，传统的以传授专业知识为主的教学模式，正被以培养创新创业能力为核心的互动式、启发式教学所取代。计算机专业以多媒体原理与系统设计课程为依托，落实学校"开放精品课堂计划项目"要求，提出以应用设计实践为核心的交互式课堂教学模式。该模式贯彻理论密切联系实际的基本原则，充分发挥案例、项目、群组、示范、启发、引导和综合评价等教学要素的作用，通过精心选择和设计教学内容，采用讲练结合课堂教学方法、实施项目驱动引导和综合学习评价等措施，教学效率显著提高，学生学习积极性、主动性明显增强，批判性思维和创新实践能力得到提升。

关键词：课堂教学模式；应用设计实践；任务驱动；交互式

一、研究背景

笔者在高等学校讲授多媒体技术、程序设计、图像处理等专业课程有十多年了。在长期教学实践中，我们深切体会到，高校的专业课程教学（也包括很多理论课程教学）一直受到理论与实践脱节的困扰。从教学内容来看，大部分教科书是从国外著作翻译或转述过来的，过于偏向理论描述。客观地讲，这些教材在教学中发挥了积极作用，然而，由于不提供系统的程序和应用设计方面的指导，对原理的解释大多停留在抽象层面，学生虽然接触了很多概念和技术，但还是不能发展出工程实践能力；最终对理论的掌握也逐步退化，严重妨碍了优秀人才的培养。

从教学方法来看，传统课堂教学给人的印象是，教师在讲台上演讲（可以非常有激情），学生听（可以很认真地聆听，但是很多时候做不到），当然，完全可以有互动。例如，教师提问，然后请学生回答，或者把学生请上讲台来代替老师讲课，或谈谈他们的学习体会，报告学习过程，等等。我们并不否认这些教学方法或模式的合理性。但是，使人感到困惑的是，这种教学模式似乎走到了极限，无论想出什么招数，在这样一个以教师为中心的教学模式下，我们无法实现真正的师生融合。这样的教学模式，我们重复了一遍又一遍，也培养了大量学生，而且他们中间不乏优秀者。但是，我们无法忽视，从统计意义上看，学生的动手能力、工程实践能力、工程组织能力、项目交流能力总是处于一种不尽如人意的状态，学生抱怨，教师责备，社会也有反映。例如，计算机专业的学生程序设计能力总是难以提

基金项目：中南大学 2016 年"开放精品示范课堂计划"项目，项目编号：2016 – 75。

作者简介：黄东军（1960 – ），男，湖南常德人，中南大学信息科学与工程学院教授、博士生导师，主要从事多媒体、物联网和大数据技术研究；周芳芳（1980 – ），女，湖南衡阳人，中南大学信息科学与工程学院教授，主要从事可视化技术、机器学习和大数据研究；夏佳志（1984 – ），男，湖南宁远人，中南大学信息科学与工程学院副教授，主要从事多媒体技术、游戏开发研究；长沙，410083。Email：djhuang@ csu. edu. cn。

高，大量学生不得不到社会上的教育机构进行培训。当然，学校层面还通过其他一些渠道做了很大努力，例如设立各类创新创业项目，促进了学生实践能力的培养。但是，我们必须承认，高校课堂教学的主体作用并没有充分发挥出来。这也正是当前"新工科"关注的问题之一。

随着信息与互联网技术的发展，高等教育正经历一场变革。就课堂教学而言，传统的以传授专业知识为主的教学模式，正被以培养创新创业能力为核心的互动式、启发式教学所取代[1]。本文所提倡的以核心原理为主线，融知识、技术、标准、平台与应用设计于一体的新型多媒体技术阐述框架，可以看成是顺应这一趋势的积极尝试。

二、教学理念

实际上，广大教师一直在探索新的更有效的教学设计。例如，加强实践性教学，主要办法是增加实践性学分数，但是，我们看到，实践的深度和广度，仍然无法适应数字媒体技术本身的发展。究其原因，主要还是教学与应用系统设计脱节，这是一个根本性弊端[2]。

一方面，一些教师试图在比较偏向原理的教学中，通过增加实践性内容来改善教学设计，如提供专门的实验课时就是普遍的做法，或者增加课程设计。但是，我们必须认识到，这些做法并没有从根本上改变传统教学以原理为核心的特点（仍旧是以口头讲述为主，课后进行一些实验，根深蒂固地把实验和实践看成是辅助性的）。另一些长期从事多媒体技术专业教学的老师意识到第一种教学模式的弊端，因此推出以培养实践能力为主要目标的教学设计，如多媒体技术实验教程、多媒体案例教程等。这些教学设计试图大力培养学生的实践动手能力，这是值得称道的。但是，由于学时等条件限制，这些教学设计又一定程度上忽视了原理与关键技术的阐述，而且大都以传授多媒体工具软件（如 Photoshop）的使用方法为主。结果，使得计算机专业类的多媒体技术教学演变成了技能教育。

我们认为，如果一所大学是以培养高级专业技术人才（如卓越工程师）为目标，就不能偏执于单纯的理论，也不能以工具性技能教育为主体，而应当构建一种融核心原理和关键技术于一体的教学设计架构。原理应当深入到核心，而关键技术则是核心原理的直接体现，这不同于以传授专业知识为核心的传统教学，也不同于以工具软件使用为主的技能教育。总之，我们希望建立一个以核心原理为主线，融知识、技术、标准、平台与应用设计于一体的新型多媒体技术教学框架。要实现这样的教学设计，关键是开发教学内容和改革教学方法。

三、教学内容设计

我们的基本理念是，大力开发和传授理论与实践密切融合的教学内容，切实做到理论讲授依托工程实践，拒绝空洞，而工程实践也有坚实理论的指导和观念培育。

基于上述理念，我们在近几年的教学探索中，积极把原理知识的阐述与更加底层化的核心技术应用设计紧密结合在一起。通过精心设计和内容选材，基本上做到了每一个核心原理介绍都会有相关的关键技术应用设计与之配套。

具体而言，在介绍音频编码原理过程中，我们会展示 PCM 样本合成、音频转码、语音识别等音频数据处理的深度应用设计方法；在介绍和分析无损数据压缩原理和技术之后，我们会给出详尽的实用代码分析和应用指导；在介绍数字图像原理、图像数据格式的过程中，我们会展示图像的底层显示应用、高斯滤波（卷积运算）、透明融合、基于图像的自然现象模拟（水波纹、火焰等）像素级操作（注意，是像素级别的操作，不是简单调用封装好的函数），这些设计都融合了巧妙的算法原理和技术；在介绍视频编码原理与数据格式过程中，我们会展示视频播放、视频特效（字幕、淡入淡出、多视频融合等）、视频捕获、YUV视频转码、视频对象检测与跟踪等特色与底层内容；在介绍网络多媒体原理和技术过程中，我们会展示流媒体应用系统搭建、基于套节字的远程桌面图像传输等应用设计。

站在专业的立场上看，我们所设计的这些教学内容和实践训练，不仅充分展现了现代数字媒体技术的核心原理，而且深入触及关键技术（其实，在计算机领域，高层的组件与封装技术，总是掩盖着大量真正核心的东西，这是公认的事实），这样的教学设计体现了综合性、启发性和创新性，具有较高的学习价值，对科学研究也有一定的训练意义。

我们坚信，只有这样，才能实现培养高级专业技术人才的目标。

四、改革课堂教学方法

要实现上述融核心原理和关键技术于一体的教学设计架构，不仅要有切实体现该教学设计理念的内容，更要有合适的教学方法，在教学实践中不断总结和探索，并力求取得真正的成效。

本课程教学采用的方法是：坚持用实践来统领教学，实施以应用设计为基本依托的互动式课堂教学模式。具体做法是，直接在课堂上，以程序设计实践为核心，通过案例和任务驱动，把原理和技术融合在一起，积极推行"干中学"的教学方式，课堂教学看上去是一个讲练结合的过程，并且始终把实践放在第一位，理论原理围绕实践阐述，教师不断地引导学生理解原理，并通过启发式示范推进教学的展开，同时要求学生主动完成和落实教师提出的实践任务，还原理论，并利用群组进行互动促进。

上述教学过程既不同于传统的以讲授为中心的教学，也不同于单纯的实验课。它是一种以实践为依托、理论与实践密切结合、在引导和启发中推进的融合式深度长程教学。它已经很大程度上改变了课堂教学的面貌。

在我们的课堂上，学生把笔记本电脑带到教室是常态，教师边讲理论知识，边进行程序案例演示；学生要在教师引导下开展关键技术应用实践；并且，我们会有计划、有目的地组织协同应用设计、课堂小组讨论和交流等（这吸收了传统互动教学的优势）。而对于有些理论性较强的内容，如无损数据压缩算法、数字视频编码原理与标准、网络多媒体基础等，可能讲授占用较多时间，但也需要结合实际应用加以理解和掌握。

实际上，在课堂上进行多媒体应用设计是一个挑战，技术性很强。首先，教师需要做好充分的上课准备，对于计划解决的问题及其编程方案，自己都要事先做一遍，确保无误。因为一旦在课堂上陷入某种困局，不仅会让教师难堪，而且也浪费时间。当然，对于有些探索性课题（例如，学生在课堂上突然提出的问题），在恰当控制时间的前提下，教师可以尝试当堂编写程序，或者组织学生试探解决，并说明允许失败。其次，还要注意把时间和精力用在核心技术上。就是说，对于一些比较复杂的应用系统设计，可以采取组装程序的办法，快速搭建应用系统框架（我们主要采用 Visual Studio 2015 平台和 Win 32 API 程序模式），然后在关键部分采取现场编码的方式展开。以典型图像处理算法为例，我们在课堂演示、组织学生编程实践的时候，先把除关键代码以外的辅助性源代码通过 text 文件发给学生，然后引导学生从 text 文件中复制各个模块的基本代码（如打开图像文件操作）以便搭建可运行的程序框架，最后与学生一起集中力量编写核心算法实现代码。实践证明，这种方式能够有效平衡课堂时间限制与编程实践需要之间的矛盾。

必须指出，除课堂上的讲练结合教学以外，整个教学过程还包括课后消化吸收、自学、以小组为单位的课后深入研究等。

五、改革考试考核办法

毫无疑问，当我们推行一项完整的教学改革设计时候，必然包含考核方式的相应改革。

第一，试卷考试仅占 30%～40%；第二，实施以群组（3～5 人）为单位的工程实践展示、汇报、交流和考核评价，占 30%；第三，读书学习报告考核，占 20%，规定必须阅读主体教科书，并鼓励批判性独立思考；第四，实验报告，10%。我们的课程也包含了实验室的大型实验（主要是流媒体系统、视频会议系统）。

上述综合性考核，不仅激发了学生的热情，而且更加客观准确地评价了学生的表现。

六、成效与评价

经过两年多的改革实践与探索，我们的教学受到学生的热烈欢迎，取得了显著的成效。

第一，学习成绩普遍得到提高。我们多次用内容相同的试卷进行对比测试，结果显示，通过上述教学训练后的学生成绩，要明显好于采用传统教学方法的效果，学生对知识的理解更加准确、更加深入。

第二，激发了学习积极性和主动性。我们的课程吸引了大批学生选修，已经成为最受欢迎的课程之一，每次选课系统开放前 5 分钟，学位就一抢而空；有时候甚至出现了 3 个教学头；一些没有选到课的学生还打报告，请示学院增加学位。学生表示这门课给予他们的是货真价实的知识和技术。

第三，动手能力、创新能力显著增强。由于整个教学始终紧扣能力的培养，通过示范、模仿、尝试、拓展性实践、以小组为单位的综合应用设计等，学生的实践能力逐步得到提升，获得感很强。在作品展示阶段，学生踊跃上台演示和介绍自己的作品，对同学和老师都是很好的教育。

我们有理由相信，本项目所提出的理念和教学模式有积极的推广价值和示范意义。至少，在计算机科学与技术领域，类似的程序设计、操作系统、数据库、大数据应用、软件工程、数据可视化技术、机器学习等，这样一些以实践和原理紧密结合为特征的课程，完全应当摆脱传统的以讲授为核心和主体的教学设计，转而采用以学生实践为基本依托的、理论与实践密切融合的教学模式，充分发挥案例、项目、群组、示范、启发、引导、综合评价等教学要素的作用,如此,有望取得突破性教学改革成效。

当然,事情不会很简单,师生的付出是免不了的,但在一种富有成效的愉快体验中,事情会好办得多。还必须指出,学校开创性推进"开放精品课堂计划项目",为我们反思传统教学方法,大胆创新提供了支持。

七、结论

第一,本文提出了融核心原理和关键技术于一体的教学设计架构。该模式既不同于传统的以讲授为中心的教学,也不同于单纯的实验课。它是一种以实践为依托、理论与实践密切结合,在引导和启发中推进、融合式的深度长程教学(整个教学体现该特征)。

第二,关键是改革传统课堂教学方式,实施以应用设计为基本依托的互动式课堂教学模式,通过案例和任务驱动,把原理和技术融合在一起,理论原理围绕实践阐述,引导学生理解原理,主动完成和落实教师提出的实践任务。

第三,需要切实开发服务于上述教学理念和模式的教学资源,为学生提供一个全方位、优质、高效的学习环境与实践平台,包括基于新的教学理念编写的教科书、应用设计的范例和代码、网络教学资源,以及学生自己不断积累起来的作品。

第四,需要采取更加有效、客观、公正、有利于激发学生学习积极性的课程考试考核办法。

参考文献

[1]陈殿兵,杨新晓. 指向核心素养发展的课堂教学模式研究[J].黑龙江高教研究,2017(6):169 – 173.
[2]陈佑,清吴琼. 课堂教学中如何指导学生进行探究——大学研究性课堂教学模式的分层构建[J]. 中国大学教学,2012(11):59 – 62.

线上线下相融合的开放式精品课堂探索

奎晓燕　　郭克华　　刘卫国　　杜华坤

摘　要："互联网＋"背景下，现代教育技术飞速发展，教育现代化和教育信息化的有效融合，为支撑探索未来课堂提供了有利基础。智慧教育、慕课、翻转课堂、网络学习空间、教育大数据、线上线下融合的多维教学模式不断兴起，新型教学模式也产生了新的问题，如何做好传统课堂和未来课堂的衔接？如何在有限的学时情况下让学生吸收更多的知识，掌握更多的技能？文章以计算机基础课程教学为例，对线上线下相融合的开放式精品课堂进行探索，旨在有效融合线上线下丰富的教学资源，为提升高等教育教学改革提供思路。

关键词：开放式精品课堂；教育现代化；教育信息化；教学改革

　　教育信息化的发展对高校课程教学改革产生了重大的影响，也使高校教师面临着严峻的挑战。互联网、大数据、云计算、物联网技术的飞速发展，给计算机专业的一线教师提出了新的挑战，计算机基础课程的教学必须进行改革才能适应现代教育技术的发展。必须从分析"计算机基础"系列课程的教学现状入手，结合未来课堂的概念和要点，结合不同专业学生的特点，探究如何运用"互联网＋"背景下未来课堂的新概念新方法新手段来改革课程，真正实现线上线下教学的有机融合，推进高等学校计算机基础教学改革。

　　对于未来课堂，国内外文献至今均没有给出统一概念。相似概念还有未来教室、智慧教室、下一代学习空间等。陈卫东在综合分析了国内外多个定义后认为[1]，未来课堂（Future Classroom）是相对于传统和现代课堂而言的[2]，是在以人本主义、互动、环境心理学等相关理论和智能空间、云计算、人体工学等技术的支持下[3]，以互动为核心，以充分发挥课堂组成各要素（人、技术、资源、环境和方法等）的作用，实施教与学[4]，以促进人的认知、技能和情感的学习与发展的教与学的环境与活动。

　　我国未来课堂相关研究虽然起步较晚，但在现代教育技术的发展和支持下，目前，无论是在理论还是实践方面均取得了一些进展。近年来，上海交通大学和华东师范大学等研究团队所研究和实践的未来课堂环境舒适、装备先进、操控便利、资源丰富、交互实时、教学灵活，该项目已在上海、苏州、广州等多处落地，基于未来课堂的实践探索已经越来越多，教

基金项目：湖南省 2017 年普通高等学校教育教学改革研究立项项目"基于可视化技术的大学计算机基础系列课程教学改革与实践——以《数据库技术与应用》课程为例"，项目编号：湘教通［2017］452 号；中南大学 2016 年精品教材项目"《数据库技术与应用实践教程——SQL Server 2012》"，项目编号：中大教字［2016］55 号；中南大学 2017 年开放式精品示范课堂计划立项项目"数据库技术与应用"，项目编号：中大教字［2017］42 号；中南大学 2017 年新工科研究与实践项目"新工科背景下面向非计算机类工科专业的《物联网基础及应用》课程建设"，项目编号：中大教字［2017］82 号；中南大学信息科学与工程学院 2016 年教学成果建设重点培育项目"基于可视化技术的非计算机专业数据库课程教学改革与实践"，项目编号：2016JG03，2016JG08。

作者简介：奎晓燕（1980－），女，云南玉溪人，工学博士，中南大学信息科学与工程学院副教授，硕士生导师，主要从事计算机应用技术、数据库技术研究；郭克华（1980－），男，湖南常德人，工学博士，中南大学信息科学与工程学院副院长，教授，博士生导师，主要从事教育信息化和大数据研究；刘卫国（1963－），男，湖南邵阳人，理学博士，中南大学信息科学与工程学院教授，硕士研究生导师，主要从事网络技术、数据库技术研究；长沙，410083。Email: xykui@ csu. edu。

学设计和应用也越发深入和成熟。

一、未来课堂与传统教学的衔接

相比传统课程而言，未来课堂强调的是一种互动，是将线上线下的教学资源进行有机的融合，这离不开现代教育技术的有利支持。在未来课堂模式中，知识传授过程在课前由学生独立或协作完成，知识内化过程则在课上由教师根据教学内容使用不同的学习策略来完成。未来课堂的学习策略也可针对这两个阶段的不同分为课上、课下的学习策略。目前很多高校的计算机基础教学大部分还停留在传统的"灌输式课堂"教学模式，它以"知识讲授主导课堂"为普遍现象。探索以现代教育技术平台为支撑的网络教学资源，进行线上自学、网上辅导和线下组织课堂教学相结合的线上线下教学改革与创新，能充分有效利用现代网络资源的优势，共建和共享优秀的教学资源，同时可满足不同层次学生的学习需求，方便学生自学教学知识内容。而课堂教学即线下学习可以大量减轻教师的重复性工作，在这种新型教学模式下，一方面能够拔高学生能力，另一方面可以有效提高教学质量和教学效果，符合未来高等教育课程教学的发展趋势。在"互联网＋"模式下[5]，传统课堂需要进行深入改革[6]，才能适应时代发展的需要[7]。

学生在开放式精品课堂的模式下，将更多地获得学习主动权；然而，如果学生不配合教师的改革，缺乏主动性，不积极参与教学过程，不能积极提问，改革的效果将大打折扣。另一方面，在教与学当中，教师扮演引导角色，教师能否正确引导学生？能否激起学生的学习兴趣？未来课堂需要教师的积极引导、学生积极互动共同来完成。教师通过提问、分组讨论、作业布置、作业分析等来考查学生的学习效果，与传统模式相比，教师的主导地位削减了，从主导变为引导，主导地位转移给了学生。

二、基于开放式精品课堂的翻转学习

翻转课堂（The Flipped Classroom）作为一种新型的教学形式，是对传统教学模式的一种革新。翻转课堂，盛行于西方，学生通过网络在家里网上学习，学习老师上传到网上的视频知识讲解。到校后对学习过程中遇到的困难疑惑在课堂上交流，教师点拨解惑[8]。计算机基础课程的教学是以实践、操作性为主的实验课程领域，采用的教学模式和教学方法要能有效激起学生的学习热情，设计合适的教学过程来提高课堂教学效果，最终有效培养学生的协作能力和实践技能，实现信息技术与高校课程的有效整合。基于未来课堂的翻转学习，必须分析翻转课堂的优势及面临的挑战，对于应用为主的实验课程，要充分考虑其实践性，将课堂上下的学习环境搭建起来，基于"问题为核心，任务为驱动"来建立翻转课堂教学模式。基于未来课堂的翻转学习可对协作学习、基于项目的学习、探究式学习等学习方法提供较传统课堂更好的支撑，使这些能提升学生高阶思维能力、创新能力的学习方法得以发挥最大效应，满足当前社会对计算机类人才培养的需求。传统课堂经过有针对性的设计，制作成视频等素材上传到网络平台后，就可以构建翻转课堂，融合现代教育技术，形成混合式课堂，如图1所示。

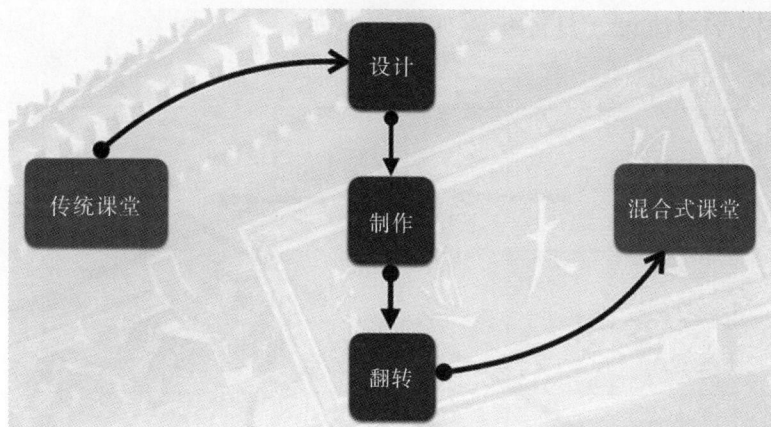

图1 传统课堂到混合式课堂的变革

　　构建开放式精品课堂可以为学生创设有利于协作学习的情境。例如，一线教师在进行教学改革时，在开放式精品课堂中配备可以自由移动随意进行拼接组合的桌椅设备，尽量选择多种不同颜色，根据小组学生数量打造不同的形状组合，座椅设备的高度可以根据教学需要和学生的喜好进行动态调节，根据情境创设来调节教室的光线、窗帘颜色和背景墙颜色等，这些设计均基于人本主义理念。此外，无线网络环境及个人的移动数字设备也为师生、生生交互提供了便利。教师需要在协作学习中发挥主导作用，例如，在分组前，教师需要依据学生的不同特点进行分组，不能把学习成绩优异、积极性高的学生都分为一组，同样也不能把学习成绩差、积极性低的学生都分到一组，这样势必会更加影响他们的学习效果。进行分组时，教师需要考虑学生之间的差异，将不同层次的学生进行优化组合，不能让同一层次的学生都分到一个组里，而应该在同一组里有多个不同层级的学生，充分发挥不同层级学生合作学习的优势，让组内学生都能积极探索问题、参与互动。在协作学习过程中，教师需要实时观察每个学生的学习进展，适时地为学生提供脚手架，帮助其构建知识。教师将学习目标、具体要求和评价指标提前告诉学生，让学生在最开始就明确自己的学习任务以及应该达到的学习目标，进行有针对性地学习和合作。构建翻转学习的三要素如图2所示：

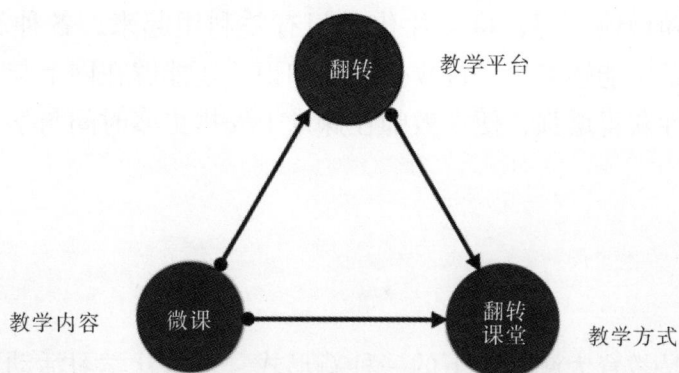

图2 基于开放式精品课堂的翻转学习三要素

　　构建开放式精品课堂时，必须牢牢把握教学内容、教学平台和教学方式这三个要素，强调网络教学与线下教学的有机融合，将数字化内容与网络资源进行有效整合，教师的线下课堂教学需要重新建构学习流程，具体步骤如图3所示：

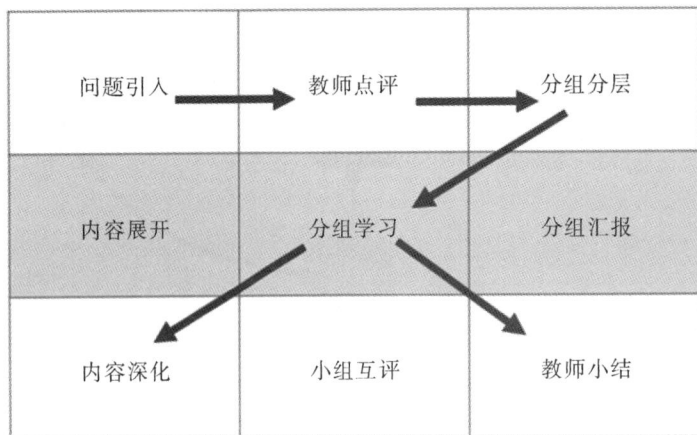

图3　基于未来课堂的线下教学过程

在传统教学中，学习是一个"信息传递 + 吸收内化"的过程，课堂上在教师的主导下，进行师生、生生互动交流；课堂下学生主要靠自己独立完成老师布置的作业和任务。由于课后没有老师的指导，这个"吸收内化"往往让学生感到失落、挫败，渐渐失去学习的热情和积极性，长此以往，无法获得学习的满足感和成就感。基于开放式精品课堂的翻转学习能够对学生的学习过程进行重新构建。课前，学生通过教师提供的视频和在线辅导获得"信息传递"[9]，课堂上，通过师生和生生活动来获得"吸收内化"[10]。通过这种方式，教师在课前就能了解学生的学习状态和面临的学习困难[11]，便于在课堂上进行有针对性的指导和帮助[12]，课堂上学生的互相交流能够有效促进"吸收内化"[13]。

开放式精品课堂的引入，引起课堂内外时间的调整，教师角色的变化引发学生获得学习的主动权和决定权，在课堂有限的时间内能够更专注地进行学习，将时间用来进行师生、生生探讨，以便更好地找到解决问题的方法，获得对知识点更深层次的理解和把握。课堂不再是把大部分时间用来给教师讲授知识点，而是用来进行交流互动和讨论探讨，学生在课后通过网络资源实现随时随地地学习，将碎片化时间有效利用起来，各种教学视频、讲座、音频、电子书等资源让学生能够多途径接收全面的知识，还能够在网上与老师同学进行讨论交流，学生学习的主动性获得增强，便于教师在课堂上安排更多时间与学生交流探讨，有效提升教学质量和效果。

三、结束语

开放式精品课堂是教育大潮改革下的一种新形式，可以让学习活动更加多样灵活，可以让学生更加激情主动，结合了混合式教学、探究式教学、启发式教学的很多优点和特色。新工科背景下，"互联网 +"时代，巨大丰富的在线课程和教学资源，能够为精品课堂的完善和改革提供坚实的基础和保障。颠覆了传统教学结构和教学过程的开放式课堂，将引发教师角色、教学方法、教学工具、教学手段、教学模式、课程建设等方面的一系列变革。

总之，开放式精品课堂是现代教育技术在计算机技术和互联网技术飞速发展下的产物，给师生提供宽松的学习空间，获得传统教学模式下无法取得的教学效果，但是在计算机基础课的教学改革中如何有效展开，如何提升协作学习和探究式学习等问题值得我们在改革实践中不断深入思考。

参考文献

[1]周春红,赵媛.未来课堂支持下的翻转课堂学习策略研究[J].广西广播电视大学学报,2016(2):50-53.

[2]马秀麟,赵国庆,邬彤,等.大学信息技术公共课翻转课堂教学的实证研究[J].远程教育杂志,2013(1):79-85.

[3]陈卫东,叶新东,许亚锋,等.未来课堂:智慧学习环境[J].远程教育杂志,2012(5):42-49.

[4]马健.影响教师接受未来课堂的关键因素研究[D].硕士学位论文.上海:华东师范大学,2014:.

[5]阮士桂,郑燕林.可视化工具支持的翻转课堂面授教学—以"教育传播学"课程为例[J].现代教育技术,2017(1):101-107.

[6]卜彩丽,张文兰,张宝辉,等.面向教师培训的翻转课堂探究—以"PPT课件制作"课程为例[J].现代教育技术,2017(1):81-87.

[7]周雨青,万书玉."互联网+"背景下的课堂教学—基于慕课、微课、翻转课堂的分析与思考[J].中国教育信息化,2016(2):10-12.

[8]丁建英,黄烟波,赵辉,等.翻转课堂促进教育信息化进程[J].中国教育信息化,2014(2):27-29.

[9]刚蕾,徐爽,唐强,等.关于"翻转课堂式教学"的探讨[J].考试周刊,2016(77):153-153.

[10]李国栋,普春霞,杨耀文,等.基于翻转课堂模式的药用植物学(上篇)教学改革初探[J].中国民族民间医药,2016(13):87-90.

[11]许梅,滕爱杰.翻转课堂在民办高校大学英语翻译教学中的应用[J].赤子:上中旬,2016(1):120-120.

[12]张露.中等职业卫生类院校微课程的开发与制作研究[J].中国培训,2017(7):.

[13]乔锦全."翻转课堂"——中职数学教学[J].思维与智慧,2016(23):53.

面向思维能力培养的离散数学课程建设研究

郑　瑾　　黄东军　　宋　虹　　沈海澜

摘　要：思维能力的培养需要通过完善的课程体系来实现，教学内容、教学模式、课外实践环节以及考核方式是课程建设中的基本要素。离散数学是计算机科学与技术等相关专业的重要基础课程，但是，传统的离散数学教学往往过于数学化，导致学生学习兴趣不高，学习效果不理想。论文探讨了计算机专业本科生的以面向逻辑思维和计算思维能力的培养的"离散数学"课程的课程建设及课程教学改革的针对性措施。

关键词：逻辑思维；计算思维；离散数学；课程建设

离散数学是现代数学的一个重要分支[1]，研究离散对象的结构及其相互关系[2]。离散数学的主题主要包括数理逻辑、集合论、图论、组合数学、数论、抽象代数、自动机理论等。离散数学被看做计算机的数学，是计算机类各专业的核心基础课程，也是计算机类专业许多核心课程（如数据结构、编译原理、数据库原理、人工智能等）的先导课程，因此，学好离散数学对于计算机及相关专业的学生具有重要意义。在实际教学实践中，由于课程内容比较抽象，学生缺乏学习兴趣，要学好离散数学有一定的困难，教师在选择教学内容和教学方法时也存在一些问题，从而影响教学效果。

中南大学计算机及相关专业包括计算机科学与技术、物联网、信息安全、智能科学与数据科学及大数据专业，都只开设了 3 学分的离散数学基础课程。但是，作为研究型综合性大学的计算机类专业，学生要夯实数学方面的基本素养，这不仅需要掌握有关逻辑与证明、集合、函数与关系、代数、图与树等方面的基本知识，还需要提高数学思维能力，并且强化与计算机专业知识的联系，提升学生的计算思维能力。在确定离散数学课程的教学目标后，课程组老师在多次研讨的基础上，为达到教学目标，在只有 3 学分（48 学时）的限制下，课程组老师在教学内容、教学模式、课外实践环节以及考核方式等方面进行了分析研究，形成了面向思维能力培养的离散数学课程的教学与考核方案。

一、面向思维能力培养的"离散数学"教学内容与教材选取

由于离散数学课程[3]对计算机类专业很重要[4]，很多高校都对离散数学课程的教学改革做了许多探索[5]，近年来教师对培养学生的逻辑思维能力[6]、系统建模能力、计算思维能力也越来越重视[7]，根据离散数学所具有的特点以及中南大学课程体系的设置情况，课程组老师对传统的离散数学教学内容进行了调整，指导思想是让学生不仅学会一些特定的数学

基金项目：2017 年中南大学本科教育教学改革研究项目资助，项目编号：　　　。

作者简介：郑瑾（1970 -），女，四川巴中人，中南大学信息科学与工程学院副教授、硕士研究生导师，从事自然语言处理，机器学习研究；黄东军（1960 -），男，湖南常德人，中南大学信息科学与工程学院教授、博士研究生导师，从事多媒体技术，大数据处理研究；宋虹（1975 -），女，江西宜春人，中南大学信息科学与工程学院副教授、硕士研究生导师，从事信息安全研究；长沙，410075。Email：zhengjin@ csu. edu. cn。

知识并知道怎样应用，还应教会学生怎样建立数学逻辑思维，强化学生的计算思维能力培养。本课程力求将数学推理、离散结构、算法思想、应用与建模这 5 个重要的主题交织在一起，引入大量应用实例和课外实践环节加强思维能力培养。

为达到教学目标，课程组老师首先对教材进行分析与选择。经过对国内外著名教材的分析，针对学生特点、教学目标和课程的学时限制，选择了方世昌编写的《离散数学》。该教材离散数学基本知识点清晰，便于学生对基本知识点掌握，但是，缺乏离散数学应用实例。因此，同时还选择罗森（Kenneth H. Rosen）编著的《离散数学及其应用》（英译本）[8]作为首选参考教材，将其作为教材的补充。课程组选择其作为补充教材主要基于它有如下特点：例题、习题非常丰富；内容非常全面，完全覆盖了离散数学内容，完全符合教育部计算机科学与技术专业规范对离散数学课程的要求；与计算机专业课程的联系非常紧密，列出了许多在计算机后续课程（如数字电路设计、数据库、人工智能等）中应用离散数学知识的内容；提供了很多"写作项目"（writing projects）和"编程项目"（computer projects），可作为离散数学课程课外实践任务设计题目。这些特点正好弥补了国内教材的不足。

课程组老师在教学中，综合利用教材和参考书，例如，对于数学推理，主讲数理逻辑，同时，要补充数学归纳法，不但给出这种证明的许多不同类型的实例，还详细讨论数学归纳法为什么是有效的证明技术以及数学归纳证明法的局限性。课程组老师从参考书中精选了其中的一些应用案例作为教学案例，也选择了一些编程项目作为课外实践项目；同时，规定学生必须阅读其中部份重要章节，并提交课程学习报告。

二、面向思维能力培养的离散数学案例式教学模式

就教学方式来说，由于离散数学概念多，定理多，知识点比较散，概念容易混淆。但在教学中却应减少概念、定理的抽象讲解时间，而需要补充相关的大量典型应用实例，融会贯通，以体现离散数学相关内容在数学推理、数学建模、问题求解中的应用，其出发点是帮助学生理解，同时激发学生的学习兴趣。

提高学生学习兴趣是提升教学效果的重要手段，因此，在教学过程中，增加了相关数学发展史介绍，增加一些在数学尤其是离散数学方面做出卓越贡献的数学家、计算机科学家的介绍，甚至他们的照片，以增加学生的认同感，增加教学的趣味性。事实也证明，这确实有助于增加学生学习兴趣。

在有限的教学时间内，既要保证学生对离散数学基本知识点的理解掌握，又要培养学生使用离散数学解决计算机等其他领域实际问题的能力即计算思维能力，这就对教学案例的选取有较高要求。根据每个知识点的侧重点不同，在教学过程中主要选择与计算机领域新技术、实际问题相关联的问题，同时，也会补充一些在其他行业利用离散数学建模求解的问题，以课堂讲解、课外作业的形式完成案例教学。

例如，在讲授数理逻辑时，为了培养学生认识到数理逻辑与计算机实践的联系，综合利用命题符号化、命题推理知识，还增加了逻辑电路图设计实例。只需要向学生介绍最简单的三种逻辑门：非门、与门、或门，即可完成具有实际功能的逻辑电路设计。如下例：

例题 1：设计一个简单的表决器，表决者每人座位旁有一按钮，若同意则按下按钮，否

则不按按钮，当表决结果超过半数时，会场电铃会响，否则不会响。试以表决人数为 3 人的情况设计表决器的逻辑关系（求主析取范式），以及表决器电路图。

答案：

第一步，设输入信号：P1，P2，P3 分别表示表决人数为 3 人时的表决信号，当按了按钮时，其值相应为 T，不按时，其值为 F。

第二步，依据题意得到命题公式：（P1 ∧ P2 ∧ P3）∨（P1 ∧ P2 ∧ ¬ P3）∨（¬ P1 ∧ P2 ∧ P3）∨（P1 ∧ ¬ P2 ∧ P3）。

第三步，根据命题公式画出电路图。

虽然学生在学习离散数学前尚未学习过数字电路、数字逻辑等相关课程，但是电路设计直观性强，对预备知识要求较少，只需要掌握三种逻辑门电路的输入、输出特性即可，无需关心内部电路原理。所以电路设计实例的引入效果较好，不仅训练了学生综合运用命题翻译、分析的知识点，还为以后学生学习数字电路奠定了基础。

在讲授知识点"关系"时，教学中的首要目标是让学生把握关系的实质，选用的实例多用来说明关系在计算机领域的应用。如关系数据库，以常见关系数据库 SQL Server 为例，使学生意识到关系的本质就是一些 n 元组的集合。关系的运算本质可转化为矩阵运算，在举实例时，先介绍矩阵运算在计算机加密解密、压缩、图像处理以及机器学习、深度学习等方面的应用，激发学习兴趣，而后介绍相关矩阵运算的计算机实现方法。

对于关系中的重要知识点，例如，计算关系传递闭包的 Warshall 算法，要求学生自己编程实现，同时，安排写作课题，例如，描述关系数据库的基本原理，关系数据库与其他类型的数据库相比，使用范围有多广？让学生的学习不仅仅局限于教材内容，达到扩充学习的广度与深度。

在介绍抽屉原则时，引入问题：任意六个人，怎样证明其中三个人认识或者不认识？通过实例的引入，不但可以强化知识点本身，更重要的是让学生意识到，离散数学的知识是有用的，从而激发他们的学习兴趣。值得说明的是，在讲实例时，尽量少用教材上的实例，如果只引用教材上的实例，学生对听课越来越没有兴趣，严重影响学习积极性。学习积极性是提升学习效果的基础保证。

如在图论的第一堂课开始时，就抛出这样一个问题：一个寝室 5 个人，是否可能其中每个人与另外三位同学合得来？从教学经验看来，如果没有图论建模的相关知识，绝大多数同学是无从回答这样一个简单问题的。但是，一旦有了基本概念，如节点的度的概念，建立图模型，学生就能轻易得出问题的答案。教学案例的具体性和趣味性将直接影响学生学习积极性，从而影响教学效果。例如，在讲完欧拉图基本概念后，引入下面关于珠子的教学案例。

例题 2：有一条用彩色珠子做的漂亮项链。每个珠子由两种颜色组成，相继的两个珠子在邻接处共享一种颜色：（green | red）（red | white）（white | green）（green | blue），有一天，项链线断了，珠子撒了一地。收集了地上的珠子，但无法肯定是否收齐。想知道用目前收集的珠子是否能够联成项链。

答案：图建模方式，用节点表示颜色，用连接颜色的边（每棵珠子有两种颜色），建立此图模型后，原问题就转化成图中是否存在欧拉回路问题。

在教学过程中，采用研究型教学模式，需先由学生建立图模型，从学生建立的模型结果，来逐步分析和引入有效的数学模型。

同时，在教学实践中，为了让学生对案例的主要算法有直观的认识，我们与学生一起编写了一些算法的演示系统。例如，图1给出了求一个加权图的最小生成树的鲁斯卡尔（Kruskal）的算法演示动画系统（截图），图2给出了用迪杰斯特拉（Dijkstra）算法求加权图的最短路径的算法动画演示系统，它们可给出该算法求解的每一步中间结果，从而使学生对该算法的运行有直观的理解。实践表明，这种演示对学生理解算法有比较大的帮助。

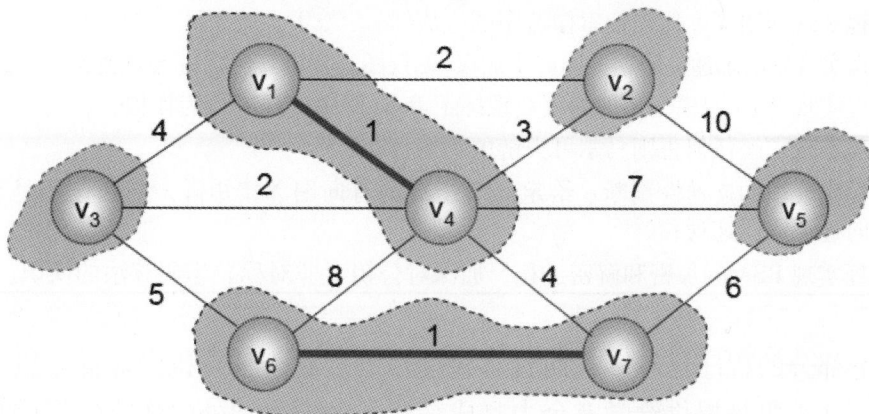

图1 最小生成树算法演示

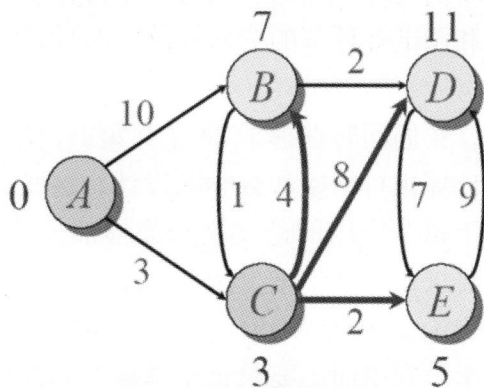

图2 Dijkstra 算法演示

三、面向思维能力培养的"离散数学"课外作业与实践环节

目前，离散数学课时安排一般都不提供上机实验课时，而在讲课中引入的大量应用案例，大多是可以在计算机编程实现的。如果仅仅让实例停留在上课时的讲解，还是无法进一步调动学生的自主性和动手能力。而分析问题建立模型，并设计算法以及算法实现才是计算思维能力训练的关键步骤。因此，鼓励学生以课外作业的方式，完成相关计算机实验，并且将该课外成绩作为平时成绩考核的重要指标之一，通过这种方式激励学生参与能力培养的热情。具体实行上，根据知识点分布，共设计了12个课外实验，主要是离散数学的应用问题，如表1所示：

表 1 课外实践项目

实验编号	实验内容
1	练习使用布尔检索：使用百度的高级搜索，使用布尔检索组合各种查询条件；
2	十字路口的模拟交通灯设计；
3	编程实现 Warshall 算法计算关系的传递闭包；
4	编程实现由偏序集合构造全序集合（即拓扑排序算法）；
5	编程实现构造一个偏序集合的哈斯图；
6	编程实现 Dijkstra 算法求最短路径问题；
7	编程实现利用深度优先搜索构造图的生成树；
8	编程实现中国邮递员问题，即对于加权/无权图，找出其包含每条边至少一次的最小回路；
9	编程实现 Petri 网模型，即编程实现标记 Petri 网中变迁的行为模拟；
10	编程实现求解任何正则马尔可夫链的均衡分布；
11	编程实现图的连通性判断：给定 n 个结点的有向图邻接矩阵，判断该图是否为强连通、单向连通或弱连通；
12	编程实现 RSA 的加密和解密过程，加深对公钥（非对称）密码算法的认识。

其中，图论部分的程序题较多，而且有些题目难度对于计算机专业低年级本科生来说难度较大。但是，这主要是提供给学有余力且成绩优秀的学生课外选作。这样题目难度层次拉开，有难有易，不仅可以供不同层次学生选作，而且可以激发学生的挑战意识。上述课外实验题目也是在教学过程中不断调整、增加的。通过分组协作实现资料的查询、数学模型的建立、算法的设计、编程实现和调试等环节的全面训练，对计算思维能力的培养是一个非常重要且关键的环节。

为了拓宽学生的知识面，我们同时选择了 24 个典型的离散数学应用，这 24 个离散数学应用主要由国际知名大学的计算机科学家和数学家设计，这些经典应用揭示出一些非常经典的数学模型和应用案例。由于每个应用的论文文档篇幅都很长，都至少在 20 页以上，而且都是英文撰写，因此，我们要求每个学生至少选择一个应用精读，要求学生将应用论文全文翻译成中文，课程结束前提交论文中文 WORD 文档，同时，为了检验学生对应用的理解与掌握程度，更重要的是扩大学生知识面，要求每个学生对其选择的应用做专题报告，同时提交报告文档。当然，专题报告需要大量的时间，这部份只能在课外加时完成。我们已在两届学生中应用该教学模式，从反馈结果来看，效果都非常好。学生反馈在这个过程中，既得到了锻炼，同时知识面得到了有效扩充。

四、融入思维能力培养的离散数学课程考核方式

为了考查教师的教学效果和学生对知识的掌握程度，通常采用考试作为教学活动必不可少的重要环节，这在一定程度上可激发师生的教学积极性，提高教学与学习效果。因此，随着本课程课外实践训练环节的加强，我们对课程考核方式进行了相应的改革。目前采用综合考查的多元成绩评定考核方式。理论教学环节采取平时考查与期末考试相结合的方式。平时考查包括课堂考查、作业（课堂与课后思考题、课堂讨论）等方面，其成绩占课程总评成绩的5%，平时不定期的课堂小测验占课程总评成绩的10%，课外实践环节包括编程环节与

大型经典应用论文阅读占课程总评成绩 20%，课外实践考评学生对基本算法的编程能力和阅读理解与自主创新能力。期末考试占课程总评成绩 60%，还有一个内容就是写作项目，学生自主从参考教材中选择一个写作项目，深入某个应用或知识点，这需要查阅大量的学习资料，完成一个学习报告，这一部份占课程总评成绩 5%。这种考核方法更能全面地反映学生在学习过程中知识掌握和知识应用方面的综合学习情况。

五、结语

离散数学主要由数理逻辑、集合论、图论、代数组成，各部分内容来源于不同的数学分支，采用的模型和处理方法差别较大，但是，这些内容的教学目的从根本上是一致的。我们从面向思维能力培养的角度审视这门课程，把握离散数学教学内容与计算思维之间的联系，重点强调教学内容的选择、教学案例的设计以及课外实践任务与考核方式等教学过程的实施，在教学中真正将知识作为载体，实现思想、方法的传授。培养学生运用离散量的结构及量之间的关系来构建问题的抽象模型，并在此基础上设计算法编写程序解决实际问题的能力，这种能力正是训练和培养计算思维能力的关键。

参考文献

[1]耿素云，屈婉玲. 离散数学[M]. 北京：高等教育出版社，2004.
[2]方世昌. 离散数学[M]. 西安：西安电子科技大学出版社，2005.
[3]路美秀，王玉山，巫小蓉. "离散数学"教学中计算思维能力的培养[J]. 计算机教育，2013(5)：47–50.
[4]周晓聪，乔海燕. 面向思维能力培养的离散数学课程教学研究[J]. 计算机教育，2015(15)：27–30.
[5]李敬明，胡贤德，刘运，等. 基于计算思维构建离散数学课堂教学方案设计研究[J]. 普洱学院学报，2015(31)：124–126.
[6]教育部高等学校计算机科学与技术教学指导委员会. 高等学校计算机科学与技术专业人才专业能力构成与培养[M]. 北京：机械工业出版社，2010.
[7]蒋宗礼. 计算机类专业人才专业能力的构成与培养[J]. 中国大学教学，2011(10)：11–14.
[8]Rosen，K. H. 离散数学及其应用[M]. 徐六通，杨娟，吴斌，译. 北京：机械工业出版社，2014.

国家级特色专业物联网工程的课程体系研究

高建良　　黄东军

摘　要：物联网工程专业是在国家大力发展战略性新兴产业的背景下设立，这将有效促进物联网方向高级工程技术人才的培养。但是如何优化核心课程体系是物联网工程专业建设面临的关键问题。中南大学物联网工程专业从 2010 年开始建设，在 2011 年被教育部确定为国家级特色专业。从高等工程教育理念出发，结合中南大学国家级特色专业物联网工程建设的经验，对物联网工程专业核心课程体系建设进行了横向和纵向的分析研究。首先，通过与相关专业进行横向比较，充分吸收国内外高校相关课程体系的长处，设计了优化的物联网工程专业的核心课程体系。其次，从网络层次方面纵向分析了物联网工程核心课程体系的优化策略。所述方法可为高等院校物联网工程专业的核心课程体系建设和优化提供有益参考。

关键词：物联网工程专业；课程体系；工程教育

一、物联网工程新专业建设背景

物联网工程专业是国家以战略性新兴产业为背景提出的专业，得到了学术界、工业界与社会的广泛关注和支持[1]。2010 年 3 月教育部发出《关于战略性新兴产业相关专业申报和审批工作的通知》，指出在"加大战略性新兴产业人才培养力度，支持和鼓励有条件的高等学校从本科教育入手，加速教学内容、课程体系、教学方法和管理体制与运行机制的改革和创新，积极培养战略性新兴产业相关专业的人才"。自 2010 年 7 月 12 日，教育部公布了获批的高等学校战略性新兴产业相关本科专业名单，其中物联网工程专业 30 个。中南大学是首批建设物联网工程的高校之一，并于 2011 年确定为国家级特色专业。此后，物联网工程专业广受欢迎，目前全国开办物联网工程专业的高校已经超过 350 所。

但是，物联网工程专业的核心课程体系建设面临着很大的挑战和困难。物联网工程专业致力于培养物联网领域的高级工程技术人才，目标人才需要掌握物联网技术与工程领域所需要的电工、电子、计算机、自动化和通信等相关学科的基本理论和基本知识；掌握物联网感知与标识技术、物联网信息处理技术、物联网体系结构、数据传输与安全技术；具有物联网系统的硬件、软件设计和开发能力；具备在物联网系统及其应用方面进行综合研究、开发和集成的能力[2]。

物联网工程专业作为一个新兴专业，其核心课程体系建立的时间较短，教学实践表明还有很大的优化空间。本文正是基于这种迫切需求，研究探讨该专业核心课程体系的建设与优化。

作者简介：高建良（1979 - ），男，湖南岳阳人，工学博士，中南大学信息科学与工程学院副教授，信息科学与工程学院计算机系副主任，主要从事物联网和大数据研究；黄东军（1960 - ），男，湖南常德人，工学博士，中南大学信息科学与工程学院教授、博士生导师，主要从事物联网和多媒体研究；长沙，410083。Email：gaojianliang@ csu. edu. cn。

二、核心课程体系研究的主要内容

（一）与相关专业的横向比较

物联网涉及的领域非常广泛，从技术角度，主要涉及的现有专业有：计算机科学与技术、自动化、通信工程、电子科学与技术、遥感与遥测、精密仪器等。

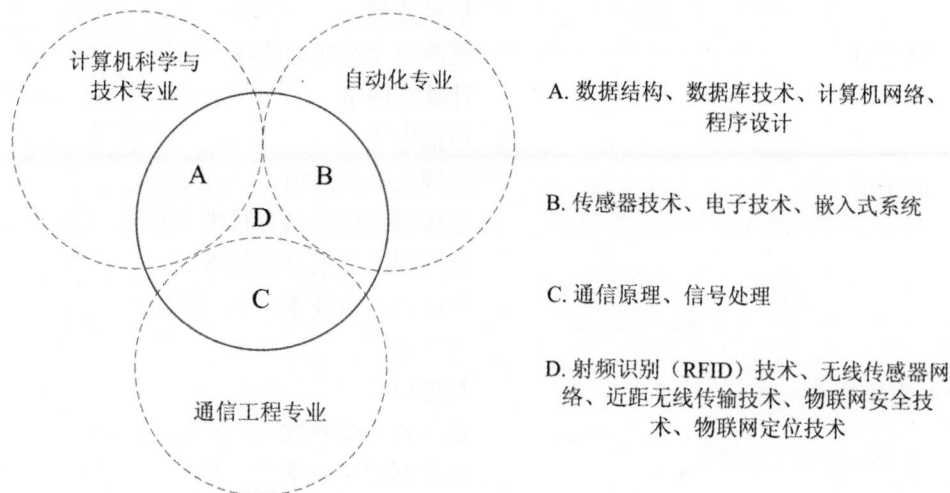

A.数据结构、数据库技术、计算机网络、程序设计

B.传感器技术、电子技术、嵌入式系统

C.通信原理、信号处理

D.射频识别（RFID）技术、无线传感器网络、近距无线传输技术、物联网安全技术、物联网定位技术

图1　物联网工程与相近专业的比较

与以往的专业设置相比，如何合理安排相关课程并形成具有物联网工程专业特色的知识体系，特别需要有针对性的进行核心课程体系的设计与优化[3]。目前多所高校物联网工程专业的核心课程体系设计面临着如何区分于已有的信息科学相关专业。这些相关专业的核心课程无疑是物联网工程专业核心课程体系的一个重要来源，但是如何选择、建设和扩展都是物联网工程专业核心课程体系建设的重要问题。

本文以最相关的三个专业：计算机科学与技术、自动化和通信工程专业来进行比较分析。如图1所示，物联网工程的主要课程是由这三个专业的部分已有课程以及新设课程组成（图1中分别用A、B、C、D四个区域表示）。物联网工程专业从计算机科学与技术专业课程中，主要可以借鉴的课程包括：数据结构、数据库技术、计算机网络、程序设计等；从自动化专业可以借鉴的课程包括传感器技术、电子技术和嵌入式系统等；从通信工程专业借鉴的课程有通信原理和信号处理等。作为物联网工程的新设课程，可以包括：射频识别（RFID）技术、无线传感器网络、近距无线传输技术、物联网安全技术、物联网定位技术等。

（二）纵向层面构建课程体系

物联网工程专业从下到上可以分为：感知层、网络层、应用层，另外还包括公共支撑技术，如表1所示。感知层主要是获取物联网的底层数据，包括传感器技术和射频识别（RFID）技术，另外还可以考虑加入信号处理等课程。网络层主要包括组网和通信的课程，包括短距离无线通信技术、计算机网络、通信原理等。应用层主要包括与应用相关的技术课程，包括无线传感器网络、多传感器信息融合技术、物联网大数据分析技术、物联网定位技术、云计算等[4]。公共支撑技术包括的课程有程序设计、嵌入式系统开发、物联网安全技术和数据库技术等。

表1 物联网工程层次性专业课程

物联网工程分层结构	课程设置
感知层	传感器技术
	射频识别（RFID）技术
	信号处理
网络层	短距离无线通信技术
	计算机网络
	通信原理
应用层	无线传感器网络
	多传感器信息融合技术
	物联网大数据分析技术
	物联网定位技术
	云计算
公共支撑技术	程序设计
	嵌入式系统开发
	物联网安全技术
	数据库技术

这种分层结构是对物联网课程体系的梳理，并不是通信协议的分层结构。一门课程也非严格意义的只包含这一层次的内容。例如射频识别技术包含感知层的内容，也包含网络层甚至应用层的知识内容。

（三）重点核心课程分析

针对物联网工程专业核心课程进行建设，下面对射频识别（RFID）技术、无线传感器网络、物联网与嵌入式系统开发、物联网与短距离无线通信技术等核心课程的进行具体分析。

射频识别（RFID）技术[5]：射频识别主要运用信息科学和计算机手段，通过无线通信的方式将不同的物体进行互联。互联是物联网的基本属性，RFID技术与应用课程也属于本专业最重要的核心课程之一。本课程从射频电路、射频识别和射频识别应用三个层次构建RFID课程知识体系，很好的结合了物联网的特点。

无线传感器网络：无线传感器网络是信息科学领域中一个全新的发展方向。无线传感器网络将网络技术引入到无线智能传感器中，使得传感器不再是单个的感知单元，而是能够交换信息、协调控制的有机结合体，实现物与物的互联，把感知触角深入世界各个角落。该课程可从传感器网络的角度理解物联网。

物联网与嵌入式系统开发：嵌入式系统是把计算机直接嵌入到应用系统之中，它融合了计算机软/硬件技术、通信技术和半导体微电子技术。为了更好的理论结合实际，本课程可结合具体物联网实例展开，并采用先进的微处理器进行实验设计。通过该课程的学习培养一定的嵌入式系统开发能力。

物联网与短距离无线通信技术：随着通信和信息技术的不断发展，短距离无线通信技术的应用步伐不断加快。只要通信收发双方通过无线电波传输信息且传输距离限制在较短范围（几十米）以内，就可称为短距离无线通信，这在物联网中是广泛采用的技术。本课程包括WiFi、蓝牙等多项主流的短距离通信技术，并结合物联网的实际应用进行内容组织。

（四）实践环节的设计

实践环节是培养高层次技术人才的关键一环[6]。现有的各个实践教学环节本身需要提升和强化，本文建议物联网工程的实践环节可从三个方面开展：

第一，课内实验。具有理论和实践相结合特点的课程，需要安排一部分课时进行课内实验，课内实验与理论学习交叉进行。例如无线传感器网络、射频识别技术、嵌入式系统、物联网定位技术等课程，都需要 6 - 10 课时的课内实验以利用该课程的学习和理解。

第二，课程设计。为重点课程设置相应的课程设计，集中安排 1 - 2 周的时间进行一个项目的设计开发。例如针对射频识别技术的课程设计要求完成一个基于射频识别技术的物流系统。其他嵌入式系统、定位技术内容均可开发相应的课程设计，培养学生的实践能力。

第三，专业实习。为了培养物联网工程人才，核心课程体系中需要有 1 - 2 个月实际的专业实习安排。在这个环节中，学生直接与相关企业的技术人员合作，探讨和解决相关的技术问题，更好的理解和升华所学的专业知识。

三、结 论

自 2010 年教育部批复设置物联网工程专业以来，物联网工程专业核心课程的建设和优化一直是物联网工程专业建设的重要课题。结合中南大学国家级特色专业建设经验，通过本文的研究，可以系统地构建物联网工程的核心课程体系，包括物联网工程专业核心课程体系与已有相关专业的横向融合，以及物联网工程核心课程的纵向分层次优化。另外，针对物联网工程教育的需要，本文还提出了三层次的实践环节设置，完整地构建了物联网工程核心课程体系。

参考文献

[1]黄东军. 物联网导论[M]. 2版. 北京:电子工业出版社,2017:1 - 3.

[2]刘云浩. 物联网导论[M]. 2版. 北京:科学出版社,2017:261 - 270.

[3]高建良,贺建飚. 物联网 RFID 原理与技术[M]. 2版. 北京:电子工业出版社,2017:43 - 52.

[4]彭力,谢林柏,吴治海. 物联网工程新专业本科人才培养方案研讨[J]. 计算机教育, 2013 (15):77 - 81.

[5]孔锐,张冰. 物联网工程专业实验课程设置探索[J]. 实验技术与管理, 2014(2): 179 - 182.

[6]Jianliang Gao, Jinfang Sheng, & Zuping Zhang. Big Data Processing: A Graduate Course for Engineering Students[J]. *International Journal of Engineering Education*, 2018,34(2): 497 - 505.

中南大学教学改革论文集

基于知识地图的专业课程体系构建和动态更新系统研究

——以热工自动化专业方向为例

朱小军　　孙志强　　周新宏

摘　要： 依据专业培养目标制定本科阶段专业课程学习体系是达成本科专业教育预期目标的基础，但目前在专业课程体系设计和动态调整中存在不少问题。专业课程体系的基本模型，以及专业课程之间、课程和知识点之间、知识点之间的耦合关系，在此基础上，设计了基于知识地图技术，构建专业课程设计辅助系统的方法和架构，该辅助系统的建设为专业课程设计者、任课教师和学生提供了可视化的设计、修订和学习工具。

关键词： 专业课程体系；知识地图；知识点；可视化

高等教育是培养专业人才的教学活动。高等教育的任务是培养具有创新精神和实践能力的高级专门人才，本科教育应当使学生比较系统地掌握本学科、专业必需的基础理论、基本知识，掌握本专业必要的基本技能、方法和相关知识，具有从事本专业实际工作和研究工作的初步能力。[1]完成本科阶段专业课程教育是高等教育培养人才的核心任务之一。

专业课程教学的实施过程就是依据专业培养目标，制定出符合本专业培养要求的课程体系，并按部就班地进行课程教学和课程实践，从而实现专业人才培养目标。课程体系的建立和课程内容承载了教学活动所必须传播的专业知识、专业技能和专业思维，只有构建涵盖基础理论、专业技能，并能够紧跟学科发展和社会需求的课程体系，才能够培养出合格的专业人才。为此，不少学者就此进行专门研究。田俊华[2]利用潜在语义分析方法对教育技术学本科专业课程体系的课程设置进行分析，发现当前部分学校该专业的课程设置存在偏离专业方向、课程过于宽泛且陈旧等问题。张英楠等[3]针对药学专业人才培养的需要，进行了以学科核心知识点来构建课程体系的尝试。章献民[4]等通过对电子信息类专业知识的梳理，并采用知识图谱的方法来重构该专业的课程体系。李丽君[5]等以车辆工程专业为例分析了工科课程之间的耦合关系，并指出将耦合关系直接展示的重要性。刘敏[6]等利用知识地图理论进行了情报学硕士研究生课程体系的研究。

专业课程自成体系，并随着学科发展和应用领域的扩展、教学手段优化和教学方式转变的需要而不断发展，中南大学每四年进行一次本科生培养方案的修订、每年进行课程教学日历的调整，从而确保人才培养目标的实现。目前在本科培养方案的修订、课程体系的构建和

基金项目： 湖南省教育厅教改项目"基于知识地图的大学生专业学习导引模型研究"，项目编号：2016jy13。

作者简介： 朱小军（1968－），男，江苏泰州人，中南大学副教授，从事热能系统及节能评价研究；孙志强（1980－），男，河南步陟人，中南大学能源科学与工程学院教授、博士导师，从事多项流理论与测试、热设计与传热优化等研究；周新宏（1971－），女，河南灵宝人，中南大学档案馆副馆长，从事思想政治理论与方法研究；长沙，410083。Email：xjzhu@csu.edu.cn。

动态调整中，大多是采用调查、分析和开会沟通的方式进行，缺乏一个系统化的技术手段加以辅助，这不仅降低了动态调整的时效性，也使得部分修订和调整系统性不够。知识地图是一种展示、耦合知识点的有效手段，利用知识地图构建课程体系修订和课程知识点动态调整的辅助系统，能够有效提升课程体系修订的系统性、课程知识点调整的时效性。

一、课程体系构建和教学中目标性、耦合性和时效性问题

依据专业人才培养的学科基础知识、专业知识和专业技能要求，课程体系大多分为学科课程、专业课程、实验课程以及特色课程，并进行必修和选修的划分。课程体系的构建本身是一种系统性工作，需要在既有课程体系的基础上，综合考虑本学科以及相关学科的发展、学科应用领域的扩展以及社会对人才需求的变化来实施。但在具体修订和课程讲授的过程中，往往出现以下缺陷：

第一，现有课程体系和具体培养目标存在差距，绝大多数工科专业以培养本专业领域的工程设计、运行管理、技术开发和科学研究的人才为目标，因不同人才目标之间的知识结构存在差异，受教学时间限制，绝大多数课程体系中并未按人才类型划分进行课程设置，现行的课程体系大多集中于专业技术人才培养，通过课外研学、创新创业项目实践以及本科毕业论文设计等学习和实践过程，能够弥补学生在本科阶段特定方向的知识。

第二，由于学生对整体的专业学习和培养目标认识不够，在学习过程中缺乏对所学课程的知识结构认知，导致主动学习的热情和积极性不高，处于为学习而学习的状态。

第三，专业课程之间存在着固有的知识系统性和知识点耦合，课程体系制定者和任课教师对具体课程知识点的认识可能存在偏差，这种偏差将影响到知识传授的系统性，存在部分知识点在不同课程重复讲授，而另一部分又被忽略，目前缺少能及时总结并反馈到课程修订中的辅助技术手段；另一方面，学生在学习过程中发现的知识系统性和知识点耦合问题，不能及时有效反馈到课程体系的修订中。

第四，课程体系的修订工作量大，有一定的周期性，一次修订后，基本保持不变，直接导致课程体系时效性不够，社会对人才的需求和新技术的应用不能及时反应到课程设置中。

知识地图是一种知识管理和知识学习导引的有效方法，可以将相关知识以"知识节点""概念"的形式有效地组织起来，可视化地展现，并在未来的学习和工作过程中不断丰富、扩展。利用知识地图及相关技术，建设一个课程体系设置者、任课教师和学生共同参与的课程体系规划和动态修订辅助系统，将有助于提高课程体系构建的目标性、耦合性和时效性，进一步提高专业课程体系构建的质量。

二、知识地图的概念及课程设置应用

（一）知识地图的概念

"知识地图"是一个被不断演进的概念，自 1988 年由情报学专家布鲁克斯（Bertram Claude Brookes）提出以来，其内涵和外延在持续发展。最初知识地图被认为是某一门类知识体系的结构图，不论其具体表现（结构图、流程图、地图、数据库等）如何，它是一种

知识分布指南，其主要功能是人们可以通过知识地图的指引，找到所需的知识。1999 年，G. Group 认为知识地图指的是一种知识的呈现方式，如知识的分类、层次性等；2001 年埃普勒（Eppler）定义了知识地图的可视化层级结构；2002 年，安吉拉（Angela）认为知识地图是知识节点以及节点之间链路连接的展示；2005 年，T. H. Ong 等定义如何利用知识地图通过可视化地图的形式揭示知识资源之间的关系；2009 年，Mu 等认为认为知识地图可以被用于知识获取、文本处理、观点的交流，并可以进行相应的检索。

知识地图作为一种知识组织工具，可有效地帮助用户组织、管理、检索知识，分析知识之间的关系，了解知识结构的现状、制定未来知识发展计划。当前在不同的知识视角指导下，知识地图在很多知识领域、管理领域得到研究和应用，在教育领域的应用也越来越多。

在学校教学中的应用，一般会使用概念地图。概念地图作为一种认知工具，建立在以图式为主的学习理论基础上，在学习与教学中有比较高的应用价值。概念地图可以将人类某一领域内的知识元素按其内在关联建立起一种可视化语义网络，里维罗斯（Vega-Riveros）等使用概念地图显示本科生的学习地图、用思维导图启发记忆，引导学生进行思维创造。

（二）知识地图在课程设置中应用的可行性

在专业课程体系及教学内容方面，利用知识地图的知识可视化功能，将本科生专业课程体系中的课程目录、章节内容以及知识点之间的层次关系、前置及后续关联等相关性，可视化地展现出来，并提供知识节点和课程关系查询、内容编辑等功能，从而开发出一个专业课程体系设置及动态修订辅助系统。基于该系统，课程体系设置者可进行课程设置分析，任课教师能查询分析任教课程及相关课程的耦合性并进行教学内容动态调整，学生可查询课程内容及知识点关系进行选课和课程学习的预习及前置知识复习。

三、专业课程体系及课程内容动态更新系统架构

（一）专业课程体系设计的原则

依据高等教育本科阶段人才培养的任务和目标，本科毕业生需具备本学科专业的基础理论和知识、必要的基本技能和方法及相关知识，具有从事本专业实际工作和研究工作的初步能力。课程设置直接影响到大学教育培养人才的质量、规格和要求能否达到预期目标。因此，课程体系的设置，需要完成教学目标的制定和教学次序及学时的安排，在课程体系总体架构设置方面需遵循以下原则：

第一，学科专业理论的基础性、系统性和完整性原则。工科专业知识具有严谨的内在逻辑结构和理论体系，学科课程和专业基础课程的设置必须遵循学科自身的知识体系，基础性的理论课程最为重要。课程和教学内容需按照学科专业知识体系和内在逻辑进行组织，从易到难，逐步加深，从而将本学科专业的知识结构、理论基础和研究方法传授给学生。

第二，专业知识应用能力培养的工程型、实践性和社会性原则。工科毕业生需具备应用本专业进行实际工作的初步能力，专业课和选修课的设置需要和相应的岗位能力相适应，以专业工程设计的初步知识需求为专业课程内容，并结合相应的专业实验课、专业实践课，构成学生工程设计和专业知识综合应用能力的培养课程。随着专业学科及相关学科的发展以及社会对人才需求的变化，专业课程的设置和具体课程教学内容需要与时俱进，进行必要的

调整。

（二）专业课程体系模型

依据专业课程体系设置的原则和具体专业内容，将课程在培养进程上分为基础类课程、专业类课程、专业方向类课程，基础类课程是指和专业相关的公共基础理论、学科基础理论以及基础技能课程。在专业理论和专业能力上分为理论类课程和技能类课程（见图1）。

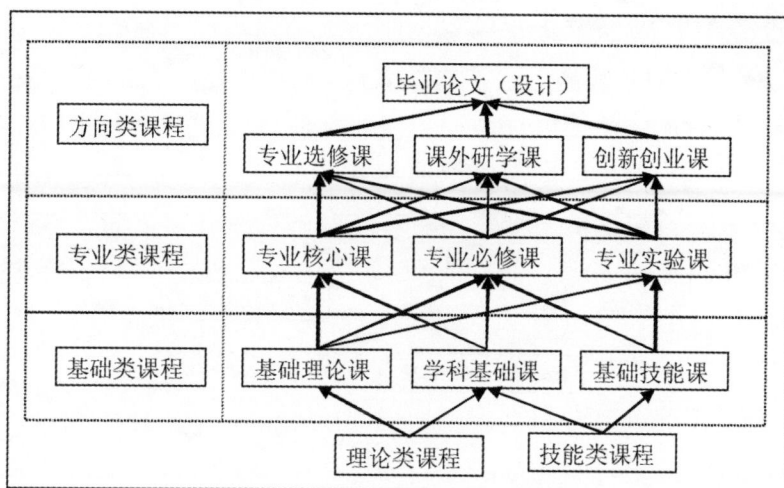

图1　工科类专业课程体系模型

在具体专业课程知识点和教学内容的制定上，需遵循以下原则：

第一，课程名称和教学目标的一致性。每门课程都有其对应的教学目标，包含了具体的知识点集合，这些内容往往通过教学章、节和教学日历的形式加以概括呈现，名称和内容的一致性可有效避免知识点和知识结构传授的模糊性，使教师和学生能够清晰地通过课程名称和概要了解课程内容，从而使教师明确必须传授的知识内容，学生有明确的学习方向和课程知识结构的学习。

第二，课程内容的独立性。课程内容的独立性是指课程本身和相关课程之间需要进行内容和知识点的分隔。由于知识点之间存在耦合性，这种耦合性导致部分内容，特别是基础理论和技术在不同课程中重复出现，导致学时浪费。在课程内容设置时，需进行课程边界划分，在明确课程知识结构的同时确定核心知识点，保证课程的相对独立性，将有助于降低教学内容的重叠现象。

第三，课程及内容的适应性和发展性。课程内容大都需要适度的系统性和完整性，能够将本课程所必须包含的知识结构和知识点传授给学生，但由于学科专业自身及相关学科在不断发展，社会对专业人才的需求时有变化，导致从课程名称到课程内容需要适应需要，进行调整，这种调整包含了对课程的增删、名称的修改。在确保专业核心知识结构和知识点不变的基础上，通过对知识点的增删和整合，在保证课程体系系统性的同时，使教学内容具有适应性和发展性。

（三）热工自动化专业方向专业课程体系设计

目前课程体系的设置是融合了层次和树形知识结构来分类构建，从内容上按照通识课程、学科课程、专业课程以及个性化方向课程来设置，从时间上按照课程之间耦合关系

（前驱、关联、包含等关系）分学期来安排（见图2）。

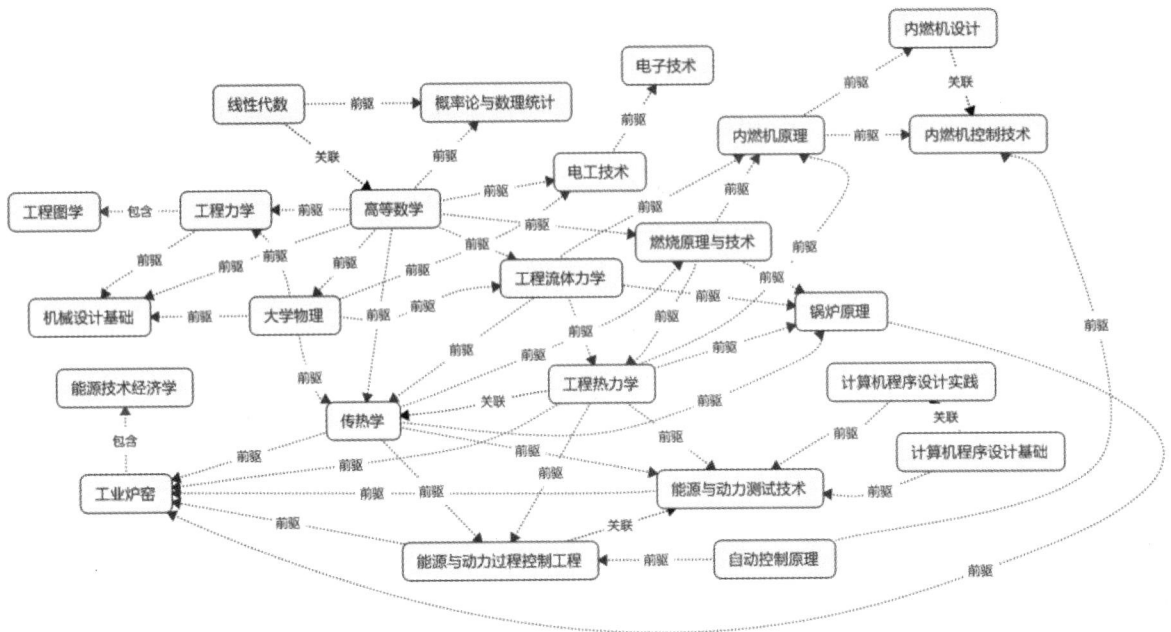

图2　热工自动化专业课程体系及耦合关系图

（四）课程体系设计和动态调整系统架构

依据课程设计及动态调整的需要，将系统分四层设计，分别是：展示层、服务层、业务层和数据库层（见图3）。在该架构的辅助系统中，课程体系设计用户、任课教师用户和学生用户，通过系统展示层的用户界面，进行课程信息查询选择、课程地图调用和编辑等操作，用户的请求将传递到服务层，服务层调用业务层对用户的操作请求做出响应，并完成对既有课程地图的调用、课程地图的增删等操作。业务层实现知识点索引、课程索引以及知识点之间、知识点和课程之间、课程和课程之间的耦合关系的管理功能。数据库层提供知识点、课程以及用户等数据的存储服务。

图3　专业课程设计及动态调整系统架构图

四、结束语

知识地图能够将隐性的知识结构进行可视化表达，基于知识地图将专业课程体系设计和动态调整中隐性知识可视化呈现，有助于课程体系设计者建立起整个专业课程体系的模型，分析课程体系中存在的问题，实现快速调整，并避免对专业课程体系系统性和完整性的损坏；任课教师可利用知识地图制定教学计划，并根据需要，在保证核心知识完整传授的基础上，增加教学内容的适应性修改，并提高课程教学的互动性；学生利用该系统，能快速建立起专业学习内容的整体架构，梳理出课程之间、课程和知识点之间的关系，实现主动学习。将知识地图较好地应用到课程体系设计中，还需要对专业知识点进行深入的分析研究，建立起专业知识库，这一点需要投入更多的精力继续完善。

参考文献

[1]中华人民共和国教育部.中华人民共和国高等教育法[EB/OL].中华人民共和国教育部网站.政策法规司.(2015 - 12 - 28)[2017 - 12 - 21]. http://www. moe. edu. cn/578/A02/2fs_left/s5911/moe_619/201512/t20151228_226196. html.

[2]田俊华.教育技术学本科专业课程体系的构建研究[J].电化教育研究,2017(1):122 - 128.

[3]张英楠,王春梅,安丽萍,等.药学专业主干课程知识点体系建设与实践[J].中国城乡企业卫生,2017(6):53 - 55.

[4]章献民,杨冬晓,杨建义,等.电子信息类专业课程体系的改革实践[J].高等工程教育研究,2017(4):178 - 181.

[5]李丽君,刚宪约,葛文庆,等.相关课程耦合知识内容的教学研究[J].教育教学论坛,2018(5):184 - 186.

[6]刘敏,关家麟.基于知识地图理论的情报学硕士研究生课程体系研究[J].情报理论与实践,2010(12):63 - 67.

临床病毒学及检验课程建设探究

侯　珏　　张文玲　　高　戈　　阎祖炜

摘　要： 为提高高校医学检验技术专业教学效果和学生的综合能力，探索更合理的课程设置方案，中南大学湘雅医学院在医学检验系新开设了临床病毒学及检验课程。笔者探讨了该课程的课程性质、课程准备、教学内容、方法的设计、具体实践方法与教学效果等，为提高教学质量及后续深入改革奠定基础。

关键词： 临床病毒学；检验课程；教学改革；课程建设

培养高素质医学检验人才，适应医学发展和时代需求，是医学教育改革的重要目标。课程体系的改革是医学教育改革重要内容之一，积极探索医学检验专业医学课程改革，对于提高教学质量以及培养具有扎实理论知识和实践能力的检验医学人才有重要意义。病毒学是一门与人类生活密切相关并且应用越来越广泛、影响越来越深远的一门学科。现有资料表明，人类传染病约75%是由病毒引起，而且某些自身免疫性疾病、肿瘤等的发病也与病毒有关。近年来新的病毒不断出现，有的甚至引起暴发流行病毒性疾病，潜在威胁严重，引起了全球的极大关注。因此，对病毒感染的正确诊断以及开展病毒及相关的科研工作有重要意义。在医学检验技术专业学生中将病毒学部分从临床微生物课程中分开，增设临床病毒学及检验这门课程，将有助于加深学生对病毒及其相关疾病的认识和理解，重视并更好地掌握病毒及病毒感染的实验室诊断。

一、课程的性质

临床病毒学是将医学微生物学与临床微生物学中的病毒学内容综合而成的一门课程，是医学检验专业的必修课程之一。通过本课程的学习，加深学生对病毒基本理论及临床病毒性疾病的认识，同时为今后进行病毒及相关研究和检验打下坚实的基础。

二、师资队伍建设

师资队伍建设是保证教学质量的核心[1]。教研室全体老师在开课前通过阅读中外书籍以及期刊杂志等加强病毒理论知识的系统性学习，并将病毒相关的一些新进展，以讲座形式在全系教师中进行学习。在实验带教方面，教研室原有老师中有在病毒实验室工作多年的老师，有在临床工作多年的教师，他们有丰富的病毒相关疾病的知识以及熟练的实验室技能。通过教研室有经验的老师以传帮带的形式，以及外出进修、参观学习等方法，在开课前全体教师及教辅人员都完成病毒的实验室诊断技术规范化培训，确保人人能操作规范并熟练掌握。

作者简介： 侯珏（1971－），女，湖南长沙人，中南大学湘雅医学院医学检验系副教授，主要从事临床微生物和临床免疫学研究；张文玲（1973－），女，湖南永州人，中南大学湘雅医学院医学检验系教授、博士生导师，主要从事临床微生物和临床免疫学的教学和科研工作以及鼻咽癌研究；高戈（1978－），男，湖南长沙人，中南大学湘雅医学院检验系讲师，硕士生导师，主要从事临床微生物和临床免疫学机制研究；长沙，410083。Email：houjuelhy@163.com。

三、教材及教学大纲建设

现采用人民卫生出版社医学微生物学与临床微生物学检验技术两本教材的病毒学部分综合而成理论教材的，并计划逐步积累经验后编写独立的理论教材。组织老师参阅本系原编写的实验指导及其他一些院校培训资料等，同时结合医院检验科以及科研院所实际所需，进一步完善并重新编写临床病毒学及检验实验教材。提前制订新教学大纲，将该课程定性为医学检验专业的主干课程之一，总共 32 学时，其中理论和实验各 16 学时；总学分 1.5 分。明确课程的任务、性质、目的要求、具体学时分配、课程内容体系、进程安排及教学组织实施方式等，确保教学过程能心有成竹，有条不紊进行。

四、实验室建设

（一）实验室环境条件改善

为与标本病毒实验室检测相配套，新建二级生物安全防护的实验室，并通过专家组验收，以确保实验操作过程中生物安全。

（二）生物安全防护培训

生物安全防护意识的培训是医学检验技术专业学生重要培养内容之一，必须重视，相关教师及教辅人员主要是从事微生物专业教学和科研工作的教师，对于微生物的危害程度及生物安全要求比较熟悉，相关教师及教辅人员之前都接受了省组织的生物安全防护正规培训，通过考试并获得合格证书，已具备较强的生物安全防护意识及技能；并以系为单位多次在全系师生中开展生物安全教育和学习，提高师生生物安全防护意识。

五、课程教学方法

（一）理论部分教学

临床病毒学开设成独立学科，国内兄弟院校还少有，故主要还参考我国台湾地区及国外一些有经验的院校的授课内容设置。授课分为理论和实验两部分，课时比为 1:1，理论部分以教师讲授为主，采用以问题为基础（Problem-based Learning，PBL），讨论式教学等教学方法，丰富课堂内容，加强师生互动。授课内容包括总论和各论，并插入相关新进展，以便使学生能紧跟学科前沿。

（二）实验部分教学

医学检验技术专业是实践性很强的专业，实验部分教学也是本课程亮点之一。实验课内容设计，根据目前病毒学检验常用的方法，并参考医院检验科以及科研院工作人员的建议，实验部分内容包括病毒学检验基本技术的训练，无菌器材的准备，培养基的制备；病毒分离培养鉴定的全过程，包括敏感细胞的选用、细胞复苏、传代；病毒的接种，观察细胞病变效应，病毒的鉴定，病毒株、细胞株的保存等。实验过程贯彻以学生为主体，在病毒分离培养鉴定的全过程中，学生们都会动手操作以保证人人都学会。教师为主导，带教老师全程放手不放眼，都将进行严密的监管，并在试验中反复强调无菌观念和生物安全防护观念。通过实验课的训练，学生将掌握病毒分离培养鉴定的全过程的实际操作和技术要领，实验失败或结果不佳则重做，因课时限制，在课堂中的操作时间不够，采用开放实验室形式加强练习，熟练掌握，这样使学生真正学会，并且提高了实验室的利用率。

本课程学习中，将生物安全防护的教育纳入实验课教学内容之一。学生在开始实验前先以讲座的形式进行生物安全防护的教育，教师在教学中还会反复传授生物安全防护的知识，并会在实验课或理论课中适当穿插一些反面事例，强调生物安全防护重要性，加深印象，带教老师在实验过程中全程进行严密监管。

六、教改意义及教学效果

将临床病毒学及检验建成一门独立科目，使学生对于病毒及其与临床的关系认识更加深刻，更重视病毒学的学习，理论知识掌握更扎实。病毒学实验对于无菌操作，生物安全防护要求更高，比如试验中有实验材料、培养基，细胞株等任一出现污染，将导致实验无法获得成功，学生经历试验失败后，印象更深刻，这样反复试验过程中，学生规范化操作技能、生物安全技能以及无菌操作意识都大大提高[2]。生物安全防护意识是医学检验技术专业学生职业素质要求，是岗位能力的需要[3]。通过病毒学实验这一有效的训练过程，对检验学生以后工作中减少职业暴露有重要影响。在实验过程中，学生初步学会了两项重要技术，细胞培养技术及病毒分离培养鉴定技术，实用性强，而且是科研工作的基本技术，这样为将来从事检验以及科研等工作奠定基础。通过病毒学实验，加深学生对于理论知识的理解和运用，学生完成病毒分离培养鉴定后，对病毒性疾病的微生物学诊断就能很好的很容易理解和掌握了，对于病毒的生物学特性亦能更好地理解和掌握，减少对理论知识的遗忘，而且对于学生动手能力及学习兴趣都有很好的提升作用。病毒的分离培养与鉴定为病毒感染的诊断、防治及流行病学调查提供了科学的依据，掌握病毒分离培养鉴定技术，提高了学生的综合能力和未来工作中的竞争力，使学生能更好的适应临床与科研需要。

七、结语

在国内率先开设临床病毒学及检验课程，对于如何更好地在医学检验专业学生中进行课程的设置提供参考。今后的教学实践工作中还需不断探索、完善，比如，组织编写临床病毒学及检验教材以更好地适应教学要求，加强与学生的互动，完善实验室的病毒库，细胞库，实验课及课外实验中如何更好地安排利用好时间等，在课程实施过程中，不断总结积累经验，通过教师和学生对课程评价意见，找出存在的不足与问题，及时发现问题，解决问题，使课程体系不断更新和完善，从而提高教学质量，提高学生综合能力。

参考文献

[1]顾明远.学习和解读《国家中长期教育改革和发展规划纲要(2010-2020)》[J].高等教育研究,2010(7):1-6.
[2]景嵘,景明.探讨微生物检验科生物安全存在的防护措施[J].临床医药文献杂志,2015(30):6337-6338.
[3]何惠珍.微生物检验人员生物安全防护探讨[J].中国社区医师,2016(4):183.

教学改革

"传统专业"专业课程教学方式与手段的改进和探索

——以地震勘探原理为例

熊章强　　张大洲

摘　要：地球物理勘探与其他新型专业相比存在知识更新速度较慢的特点，同时在课程教学中涉及到大量复杂而繁琐的数学公式。学生在学习过程中存在畏惧心理，学习兴趣也不高的现象。针对这种情况，在地震勘探原理这门课程的教学过程中将重要的知识点与目前发展比较前沿科技紧密结合，并增加了相关的实验环节，引入数值模拟技术。从而带动了学生学习的积极性。

关键词：地震勘探；前沿科技；实验环节；数值模拟

　　应用地球物理学是综合运用数学、物理学、计算机技术和数字信息分析处理技术研究地球重力场、磁场、电磁场和地震波场变化规律的一门学科，它分析和解释地下三维空间的地学信息，服务于资源勘探、工程勘查及环境监测、自然灾害防治等领域。地球物理勘探的专业课程有电法勘探原理、地震勘探原理、重力与磁法勘探原理等。与目前发展迅速的计算机、互联网、人工智能、生物科技等领域相比，地球物理勘探属于地质勘探业，其专业属于典型的传统专业，知识更新速度较慢。在课程教学中需要讲解相关的物理定义和定理等理论，涉及到大量复杂而繁琐的数学公式，尤其对于电磁法勘探原理、地震勘探原理等专业课程而言，这些定理和公式自从建立以来总体上变化不大。因此，教师在课堂教学中展开发挥的余地就很小。现在的生活节奏较快，大学生普遍不像十多年前或几十年前的学生那么学习沉稳和静心，大多对于专业课中的这些定理、公式的学习有一种抗拒心理，感觉学习这些知识时非常枯燥。由于这些专业课实际上又是以后相关专业课程如电磁法勘探、地震勘探等数据处理与解释的基础，在这种情况下如何能够让学生对所学的课程感兴趣，能够为后续专业课程的学习打下良好基础[1]，是这些"传统专业"专业课在目前教学中面临的一个比较严峻的问题[2]。针对上述问题，我们在地震勘探原理这门课程的教学过程中进行了教学方法和手段的探索与改进，将重要的知识点与目前发展比较前沿科技紧密结合，并增加了相关的实验环节，引入数值模拟技术，把一些比较抽象的物理现象通过数值模拟的方法以动画形式展示出来。通过以上这些方法的实施提高学生的学习兴趣，对于这些传统专业课的教学起到了较好的效果。

一、重要知识点与前沿科技紧密结合

　　地震勘探原理课程教学中有一个非常重要的知识点就是波动方程的推导，波动方程是研

基金项目：湖南省普通高等学校教学改革研究项目，项目编号：200910；2017 年中南大学开放式精品示范课堂计划项目，项目编号：2017042。

作者简介：熊章强（1963 - ），男，湖南宁乡人，教授、博士生导师，主要从事地球物理勘查的教学与研究；张大洲（1979 - ），男，甘肃榆中人，中南大学地球科学与信息物理学院讲师，主要从事地震勘探及地球物理学教学和研究；长沙，410083。Email：xzqxzq666@163.com。

究弹性波形成的物理机制和传播规律的一个基本方程，它是由牛顿第二定律推导而来，是地震勘探最基础且非常重要的一个公式。掌握波动方程的推导及应用，对于后续的地震勘探原理和数据处理的学习是十分关键的。但是由于波动方程的推导较为复杂，形式较为抽象，实际上，在真正弄清楚地震勘探到底能解决什么地质问题之前，学生对于该方程的使用也是非常迷茫的。针对这种情况，我们在课堂教学讲到某个知识点时将当前与此相关科技的最新发展的情况给学生进行介绍，从而提高学生对学习该知识点的兴趣。比如，在讲授波动方程的用处时，我们就给学生解释 2017 年清华大学和南方科技大学等科研团队参与合作的项目"非线性地震模拟"在美国丹佛举行的全球超级计算大会（SC2017）上获得国际高性能计算应用领域最高奖"戈登·贝尔"奖[3]。该项目就是利用求解波动方程，首次实现了对 1976 年唐山大地震震源附近平面 320 公里×312 公里范围，40 公里深度以浅空间区域，地震发生后 150 秒内地震波的精确传播。该项目获得的模拟结果分辨率可达到 8 米，频率可达到 18 赫兹。由于分辨率和频率越高，对地震模拟刻画就越精确，从而能模拟地震的震级越大。此之前，美国团队在"泰坦"超级计算机上运行的地震模拟，分辨率和频率只有 20 米、10 赫兹。如此之高分辨率精确模拟，使科学家可以更好地理解唐山大地震所造成的影响，并对未来地震预防预测等研究具有重要借鉴意义。

上述的"非线性地震模拟"所使用的最基础的公式就是波动方程，因此，要让学生知道要想取得举世瞩目的成就必须把基础打牢，必须搞清楚那些经典的、复杂的物理定理和数学公式。这也印证了一句谚语"万丈高楼平地起"，试想如果这些科研团队的成员当初在学习专业课程时没有打牢基础，就不可能有今天的成就。

二、课堂教学中引入数值模拟方法

在传统专业课的课堂教学中，一些概念或名词都是比较抽象的，如果老师只是在讲台上讲，学生理解也不会很深刻，且老师讲解起来也比较费力。针对这种情况，我们将数值模拟方法引入到地震勘探原理课的课堂教学中[4]。数值模拟就是利用有限差分、有限元等数值方法求解波动方程，以获得已知地质模型中地震波的传播。通常情况下，我们利用数值模拟方法模拟地震波的激发及传播过程，即根据给定地下介质的结构模型和相应物理参数来模拟地震波的传播过程，从而研究地震波在地下介质中的传播规律。由于模拟过程中可直观、形象、动态地显示地震波动力学和运动学传播特征，非常容易调动学生的学习兴趣和求知欲望，可以收到事半功倍的教学效果。比如在讲解地震波场的基本知识这一节课程中，教学大纲的要求是要让学生掌握地震波的传播特点，这些知识点中一些名词如波前、波后、球面波、平面波等都比较抽象，学生通常只能对这些概念死记硬背。在学习地震纵、横波的传播特点时，对于地震波在界面处发生的反射、透射、折射以及波形转换等，由于学生对弹性波场的概念没有直观的认识，所以学习起来就有一些困难。在这种情况下，我们就可以利用开发的地震波场实时模拟软件，只需设置好模型和参数，软件将以动画的形式动态展示地震波在岩土介质中传播的全过程。通过数值模拟技术，可以将一些抽象的地震波动力学和运动学传播理论进行直观、形象、动态的展示，提高学生的学习兴趣，使学生能够较好地理解和扎实地掌握地震勘探的基本理论，对于学生掌握知识要点领确实有很大的帮助。

三、采用启发式教学，理论联系实际，培养科学思维能力

地球物理方法最终是要解决各种地质问题（地质调查、工程地质勘查或寻找金属、非

金属矿产等），因此在制定教学计划时设置了生产实习环节，也就是利用课堂所学的知识针对实际的地质问题进行数据的采集、处理和地质解释，从而进一步巩固和深化课堂理论[5]。为了能使学生从理论学习顺利地进入后续生产实习，我们在地震勘探原理课程教学大纲设计时加入了地震反射波法和地震折射波法实验。在讲完地震反射波法勘探和地震折射波法勘探原理后立刻开展实验，使同学们将知识从理论转化为实际操作。了解两种地震勘探方法在野外的观测系统是如何布设的，除了对比两种地震勘探方法原理上的不同以外还要对比两种方法在实际数据采集方面的不同。通过分析两者的异同点，进一步增加对知识点的掌握。在学习了理论知识，又参加了实验操作后，老师需要采用启发式教学方式、最大限度地调动起学生对用物探方法解决地质问题的积极性，更好地发挥学生在教学中的主体作用。从而培养学生发现问题、分析问题及解决问题的能力[6]。

例如，在高速公路或者铁路隧道修建前一般都要对隧道经过地段的覆盖层厚度进行勘查，尤其是对隧道的进出洞口地段，主要是为了准确设计隧道的开挖方式和支护方式。要解决这个问题，除了钻探技术以外，地球物理勘探方法是获得覆盖层深度最有效手段。但是地球物理方法众多，单地震勘探方法就有多次覆盖反射波法、折射波法、面波法、弹性波 CT 成像法等。如何选择合适的方法是非常重要的，这与所要探测的地质地球物理条件是密切相关的。因此只有对地震勘探不同方法原理及使用地质条件有全面和深入的理解后才能选择合适的方法解决实际地质问题。针对这样的情况，老师采用"引而不发"的启发式教学肯定是最佳方式，可以收到最佳的教学效果。首先，老师可以向学生提出第一个问题，即覆盖层和下伏基岩有何差异？地震勘探是以地下介质的弹性差异为前提的，学生非常容易想到两者之间肯定是有弹性差异，也就是覆盖层波速较低，下伏基岩波速较高；接着老师还可以提出第二个问题，采用什么方法来确定覆盖层深度？不同的物性差异可以采用不同的物探方法，学生又可以非常容易想到：利用上下岩层间地震波阻抗的差异可以采用地震反射波法，利用岩层之间地震波速度差异可采用折射波法。老师可以继续进行引导：从理论上分析，对于覆盖层厚度的探测可以利用地震反射波法和地震折射波法。但对于一项工程勘察项目就要考虑经费和效率，同学们都已经参加了地震反射波法和折射波法的实验，哪一种方法的效率高，花费少。大家通过对比分析后来最终选择所用的地震方法。老师顺着这个思路，就可以和他们一起设计具体的物探施工方法了。运用这种"引而不发"的启发式教学方式，学生通过自己的亲身观察、分析，找出问题的答案，既为学生提供一个观察、分析问题的思维空间，又提高了学生发现问题、分析和解决问题的能力。

参考文献

[1]李作玲.专业基础理论课的特点和课堂讲授方法[J].承德师专学报,1990(4):76-80.

[2]黄峰,雷芳芳.专业基础课程中的创新创业教育探索与实践——以《自动控制原理》为例[J].教育教学论坛,2017(44):145-146.

[3]赵婀娜,王伟健,侯文晓,等.超算应用,中国何以卫冕[EB/OL].人民日报.科技.(2017-11-21)[2018-03-02].http://paper.people.com.cn/rmrb/html/2017-11/21/nw.D110000renmrb_20171121_1-15.htm.

[4]张大洲,熊章强."地震勘探原理"教学中引入数值模拟方法的探索[J].创新与创业教育,2014(5):54-56.

[5]熊章强,朱德兵,严家斌,等.提高地球物理学科野外实践教学效果的探索与实践[J].中国地质教育,2012(4):14-16.

[6]贾建秀,杜晓娟,黄航,等.应用地球物理课程实验与实践教学体系建设研究[J].实验室研究与探索,2008(9):88-91.

"互联网 +" 语境下高校外国文学经典教学探究

纪海龙

摘　要：随着互联网的迅速发展与普及，"互联网+"已成为包括教育在内的各行业的发展潮流。互联网使高校外国文学经典的地位和传统的外国文学经典教学方法受到了冲击，但也为教师和学生提供了诸多便利。新语境下，教师需要更新观念，改革教学方法与内容，利用新技术，通过录制微课，建立班级学习微信群以及外国文学经典教学公众号、改革考核方式等途径，推动外国文学经典教学发展。

关键词：互联网+；外国文学经典；教学模式

　　互联网曾被誉为是 20 世纪人类最伟大的发明。作为一种新形式的媒介，一经出现，它便极大地改变了人们的生活方式，深刻地影响了人类社会的文明进程。加拿大著名传播学者马歇尔·麦克卢汉（Marshall Mcluhan）曾说道："技术变革不只是改变生活习惯，而且要改变思维模式和评价模式。"[1]21 世纪，人类历史已然进入互联网乃至移动互联网时代。计算机、平板电脑、手机等成为了人们日常生活的重要部分，"互联网+"成为了包括教育在内的各行各业的发展潮流。因此，如何正确看待技术变革对教学的影响，利用现代技术为教学服务，成为了一个重要话题。

一、互联网对文学经典及文学经典教学的影响

　　历史地看，人类传播大致经历了口头传播、文字传播、电子传播几个阶段。每一次媒介的变革都给人的表达和审美形态带来了巨大影响。对于文学而言，媒介变革的影响体现在文学的语言形态、审美属性、价值功用乃至接受方式等层面。口头传播时代，文学创作与传播主要依赖于口头语言。文字传播时代，文学成为文字的艺术，印刷术的发明更是大大促进了文学活动发展。互联网诞生于 20 世纪 60 年代末的美国，20 世纪 90 年代风靡全球。它将不同的计算机通过计算机信息技术手段联系起来，组成了一个世界范围内的庞大网络系统。作为一种信息媒介，网络的产生深刻地改变了人们的日常生活模式，被喻为是继报纸、广播、电视之后的人类社会第四大新闻传播媒体，也即"第四媒体"。来自中国互联网信息中心（China Internet Network Information Center，简称 CNNIC）发布的第 41 次《中国互联网络发展状况统计报告》数据显示，截至 2017 年 12 月，我国网民规模已达 7.72 亿，手机网民规模达 7.53 亿，互联网普及率为 55.8%。[2]在这样一个网络时代，传统的文学作品必然会受到影响。

　　例如，互联网使文学的承载形式更加丰富。文学经典可以以电子书的形式呈现给读者，

基金项目：中南大学 2017 年教育教学改革项目以及中南大学文学与新闻传播学院 2017 年教育教学改革项目成果，项目编号：2017jy70。

作者简介：纪海龙（1984 -），女，辽宁建平人，中南大学文学与新闻传播学院副教授，主要从事 20 世纪中外文学关系研究；长沙，410083。Email：109084059@ qq. com。

读者则不再像过去那样受到时空和资源限制，Kindle 等各类便捷的电子书阅读器使读者可以随时随地进行阅读活动。这样就缩短了文学经典与读者的距离，使文学经典的阅读人群更加广泛。文学经典还可以以音频、视频的方式呈现出来，形式上更加吸引受众。这也意味着网络时代文学的接受方式发生了变化，由传统的以印刷为介质而变成了电子屏幕，以往的"阅读"变成了现在的"观看"，从而有了所谓的"读屏时代"之说法。但是，值得注意的是，互联网对传统经典文学的冲击更是巨大的。网络文学、电子游戏、娱乐新闻而非经典文学作品往往是受众的首要选择。就网络文学而言，可以说，互联网的诞生催生了网络文学这一新兴文学样式的产生与蓬勃发展，对传统文学产生了巨大影响。同样来自上述《中国互联网发展状况统计报告》中的数据显示，截至 2017 年 12 月，我国网络文学的用户规模已达 37774 万，较之 2016 年 12 月增长了 13.4%。[2]网络文学而非传统的文学经典成为了越来越多人们阅读的首要选择。然而，现阶段的网络文学质量良莠不齐，鱼龙混杂，大量作品题材雷同、情节拖沓，为吸引读者目光甚至掺杂暴力、色情等内容，降低了人们的审美水准。微博、微信等新的信息传播、交流平台又将人们带入了所谓的"微时代"。"微时代"里，阅读进一步朝向碎片化、零散化、通俗化方向发展，经典作品的正统地位受到影响。此外，网络世界里流行的主要是一种消费主义、大众文化观念，这里，"经典"反而成为一种需要被解构之物。诸种因素作用下，经典文学越来越被人们所漠视，成为网络时代相当程度上被"边缘化"之物，这种趋势在高校中非常明显。例如，众多大学生对诸如《甄嬛传》《三生三世十里桃花》等网络作品的了解程度，远大于《红楼梦》《西游记》《包法利夫人》与《仲夏夜之梦》这些经典作品。

然而，网络时代中，那些经典文学作品是否真的已经过时了？或者说网络时代是否已经不再需要经典文学作品了呢？答案当然是否定的。这就需要了解到底什么是经典文学作品。先看"经典"，现代汉语词典将其释义为"具有典范性、权威性的著作"，英文 classic，意思是最优秀、最杰出的、传统的、不朽的。因此，经典文学作品就是指那些文学作品中的杰作、名著，是经过了时间检验的、熔铸了人类历史文明和文化精华的重要作品，曾经影响了人类文明的进程。文艺理论家童庆炳认为经典作品具有原创性、历史性、深刻性、现实性、未来性等特点，提倡高校教学必须注意要回归到文学经典本身的教与学；李泽厚也提倡"回到原典"。因此，任何时代，文学经典都不会过时，它们是人类智慧的结晶，承载着人类文明优秀的文化传统，是一个民族、国家文明与文化的最好注脚。在流行文化、消费主义观念盛行的时期，尤其需要文学经典作品提升学生的审美判断力与人文素养，树立起正确的价值观。因此，网络时代，强调文学经典的重要价值非常重要，这个时代人们仍然需要"诗意地栖居大地"。高校作为向大学生进行文化传播的窗口和平台，尤其需要注重文学经典的讲授。外国文学经典是世界文学宝库的精华，是世界文明的重要组成部分，当然也是高校大学生应该学习和了解的重要部分。习近平总书记就一直强调要吸收借鉴人类一切优秀文明的成果。因此网络时代高校外国文学经典怎样讲授，成为了一个非常有意义的课题。

二、外国文学经典教学现存问题

事实上，技术本身并无对错，问题在于如何加以使用。新的时代、新的媒介带给人们的不只是挑战，还有新的机遇，它促使人们产生新的思维，运用新的方法。网络时代的到来，使外国文学经典的地位和高校外国文学经典的教学受到了冲击，但是也为教师和学生提供了更加优质、便捷的共享资源，提供了更加便利的交流平台等。而互联网乃至移动互联网与课堂教学的有机融合，已经成为高校教学的必然发展趋势。新的语境下，抱怨学生不读经典、不学经典没有意义。教师需要做的是紧跟时代、面对现实、设计教学方案，激发学生阅读兴趣与热情，使其体会到文学经典的永恒魅力。不过，纵观现在高校外国文学经典作品的教学，仍存在一些突出问题。而且，某种程度上看，正是这些问题的存在，深刻地影响了学生对外国文学经典作品的阅读与接受，促使学生认为这些经典作品已经"过时"。

首先，教学理念陈旧。相当多的教师并未随时代发展而更新教学理念，拒绝变化，思维僵硬落后。例如，一些教师的讲义仍停留于 10 年甚至 20 年前，没有吸收学界最新的研究成果，对经典的生动性、深刻性没有反映。20 世纪意大利最著名的小说家卡尔维诺（Italo Calvino）在谈到什么是经典作品时，说道："一部经典作品是一本每次重读都好像初读那样带来发现的书，一部经典作品是一本即使我们初读也好像是在重温我们以前读过的东西的书。"[3]这就是说经典作品具有深邃性和永恒性，既具有历史性，也具有现实性。经典作品产生于特定的地域与历史时段，当然是特定时代状况的反映。但是经典作品同时也是指向未来的，它博大精深，任何时代都有其意义存在。例如，莎士比亚《哈姆雷特》中对于"生存"与"死亡"问题的探讨、福楼拜《包法利夫人》对爱情与婚姻问题的探讨、卡夫卡《变形记》对人"异化"问题的探讨等，并不会过时，任何时代都能给人以巨大的启发。教师需要做的是找到经典文学与现代思维的交叉点，以现代眼光审察、阐释经典作品，给学生以重要的人生启迪。

其次，教学方法过时。一些教师仍像过去一样"填鸭式教学"，凭借一本教材、一支粉笔讲完一堂课，没有采用任何的启发式、案例式教学方法，没有任何的互动与讨论。互联网时代，新鲜事物本就容易对学生产生诱惑，大量新的信息雪片一样涌向学生，不断刺激学生神经，吸引学生注意力。如果教师不改变陈旧的教学方法，学生必然会分散注意力，成为课堂上的"低头族"。

再次，教学技术手段落后。技术手段本就是为课堂教学辅助所用，合理运用可以大大提高教学效率，提高学生注意力。例如，制作精良的 ppt 不仅可以减少教师板书时间，同时可以为课堂起到提纲挈领的作用。再比如，流行的一些课堂软件，可以提供学生签到、师生交流和生生交流等功能。但是，一些教师墨守成规，拒绝使用新技术手段，ppt 甚至多年都没有换过任何内容，课堂过时，跟不上互联网时代课堂发展的潮流与趋势。

此外，考核方式死板。部分老师仍然一直选择"平时考勤成绩 + 期末闭卷考试"的方式，进行学生成绩评定。闭卷考试尽管可以考察学生知识点是否掌握，但是非常死板，很多学生只是为了通过考试而死记硬背。文学是人学，直接与人的思想情感联系在一起，做法僵硬反而容易引起学生的反感，也不适应互联网时代多元的发展路向需求。

因此，互联网时代，有必要对高校外国文学经典教学的模式进行探索和改革，以适应时代发展需求。适宜的教学模式能够展示外国经典文学作品的魅力，提高学生的审美判断力和人文素养；有利于学生形成开阔的视野和宏观的眼光，自觉以当今全球化时代世界文学视野与总体知识的眼光，看待东、西方文学，了解世界各民族文学、文化，明白我国文学、文化的独特性以及重要性；有利于其他类似课程如中国古代文学经典教学、中国现代文学经典教学汲取成功的经验；对改革课程考核方式是一种有益的尝试；对新语境下互联网技术与课堂的有机融合也是一种颇有价值的探索。

三、"互联网+"时代外国文学经典教学的方式

那么，"互联网+"时代中，外国文学经典教学可以采用哪些有利的方式呢？

首先，教师应该进行教学内容和方法改革，做到传统经典与现代精神的结合。教师可以根据授课对象、课时等，选择古希腊神话、悲剧，塞万提斯《堂吉诃德》，但丁《神曲》，莎士比亚《哈姆雷特》《仲夏夜之梦》《麦克白》《奥赛罗》，歌德《浮士德》，卢梭《忏悔录》，福楼拜《包法利夫人》，卡夫卡《城堡》等等外国文学经典作品，研究其深层精神意蕴，思索采用怎样合适的教学方法如案例式教学法、启发式教学法、讨论与讲授相结合等方法，配合制作精良的 ppt，以及视频、音频等，并用现代意识阐释这些经典文学作品，从而给学生以深刻启迪，在教学内容和方法层面上进行改革。如可将古希腊神话与中国神话进行对比，分析两类型神话的区别，并引申出中、西思维方式、文化传统的差异；从堂吉诃德对理想的坚持角度分析《堂吉诃德》，并与同学探讨他们怎样看待理想和现实的关系；从人类认识能力的来源与局限角度分析《奥赛罗》，并与学生探讨我们怎样获取和分析日常各种信息，讨论怎样看待网络转载和回帖等；从生存和死亡的意义角度分析《哈姆雷特》，引导学生珍惜时间，珍惜生命。

其次，建立授课微信群，申请外国文学经典教学公众号。教师可在授课班级中建立外国文学经典教学微信群，要求学生加入该群，课前将所需资料、教学要求以及 ppt 等材料发布到微信群里，课后在群里和学生互动，并且鼓励生生互动，探讨问题，检验教学效果等。建立微信公众号，发布课程学习相关的视频、文章等，吸引学生注意力，促进学生对课程内容的理解。例如，下一节教学安排为索福克勒斯《俄狄浦斯王》赏析，教师可提前 1 周在微信群里发布教学信息，提醒学生阅读作品；提前 3～4 天发布有关索福克勒斯生平介绍、作品创作背景等内容。课堂上，教师可以采取提问等方式检验学生是否已经阅读相关资料。课后，教师可引导学生继续思考诸如斯芬克斯之谜等问题，并进行讨论和答疑。微信公众号则可配合授课内容，发布一些有关古希腊文化背景文章。

再次，录制微课。一般认为，微课是指"时间在 10 分钟以内，有明确的教学目标，内容短小，集中说明一个问题的小课程。"[4] 微课的优势在于可以作为教师课堂授课的有益补充，弥补课堂教学时间限制等缺点，并且录制起来也较为方便。目前，微课已经成为诸多老师所喜爱的方式，并有展示微课设计成果的网站如"中国微课网"等。教师可以根据课程安排，录制相关微课，内容包括作者简介、作品内容简介、时代背景等。例如，讲授《荷马史诗》时，可以录制有关史诗作者问题的"荷马问题"；讲授莎士比亚作品时，可以录制有关莎翁身份悬疑的微课等。录制好的微课可以发布到课程微信公众号上。

第四，改革课程考核方式。考核可以引入"外国文学经典戏剧展演"的方式，并配合读书笔记、课程论文等作为最终成绩。戏剧本就是外国文学经典的重要组成部分，戏剧表演的考核方式，可以最大限度地调动学生的积极性，促使学生阅读、理解原著，并作出合理的

改编，锻炼其理解、创作和表达的能力。教师可在班级中分组，约 10 ~ 15 人为一组，要求组内明确分工，每人必须参与，教师全程跟踪指导，期末时组织汇报表演，邀请评委打分。也可以根据具体情况，要求学生提交制作、剪辑好的视频作业。优秀作品可以推荐、发布到互联网上，调动学生参与的积极性。目前，已经在中南大学文学院组织过三次此类活动，效果良好，学生参与度和热情度非常高。期末考核可以采取读书笔记或课程论文的方式，重点考察学生独立思考、创新的能力，考察学生理解和表达能力，要求杜绝抄袭现象。教师需要认真批改，并向学生反馈作业意见。

美国著名的媒体文化研究者和批评家尼尔·波斯曼（Neil Postman）在《技术垄断：文明向技术投降》一书中，曾提出人们要以强烈的道德关怀和博爱之心去抵抗技术垄断，而进行古典艺术的教育是重要途径之一。外国文学经典是人类文明精华的重要构成，互联网时代中，教师需要做到的是更新观念、与时俱进，充分利用技术优势为教学服务，寻求传统经典与现代思维最佳的结合点。

参考文献

[1]麦克卢汉,M. 理解媒介——论人的延伸[M]. 何道宽,译. 北京:商务印书馆,2000:99.

[2]中国互联网信息中心. 第41次《中国互联网络发展状况统计报告》[EB/OL]. 中华人民共和国国家互联网信息办公室. 首页. (2018 - 01 - 31)[2018 - 03 - 04]. http://www. cac. gov. cn/2018 - 01/31/c_1122347026. htm.

[3]卡尔维诺,I. 为什么读经典[M]. 黄灿然,李桂蜜,译. 南京:译林出版社,2015:3 - 4.

[4]黎家厚. 微课的含义与发展[J]. 中小学信息技术教育,2013(4):11.

"双一流"建设背景下运筹学课程
开放式教学改革与实践

夏伟怀

摘　要: "双一流"建设对于促进我国高等教育的内涵式发展和增强国家的自主创新能力具有十分重要的意义。在分析了"双一流"建设的内涵与核心任务和本科课程性质与特点的基础上,着重从教学理念、课程资源、教学设计、课堂教学和考核评价等五个方面论述了运筹学课程的开放式教学改革与实践,认为开放式教学方式是实现"双一流"大学创新人才培养目标的有效途径。

关键词: 双一流建设；运筹学课程；教学改革；开放式教学

2015 年 11 月 5 日国务院印发《统筹推进世界一流大学和一流学科建设总体方案》的通知[1],新政策旨在优化教育布局,引导和支持高等学校的学科结构,打造一批具有世界影响力的一流大学和一流学科,进一步提升我国高等教育的综合实力,推动我国实现从高等教育大国向高等教育强国的历史性转变,实现我国高等教育的跨越式发展,为国家的建设培养一流人才。"双一流"建设对于促进我国高等教育的内涵式发展和增强国家的自主创新能力具有十分重要的意义。以改革为动力和以学科发展为基础的"双一流"建设对我国高等学校人才培养能力提出了更高的要求,进而给高等教育教学带来了新的挑战。运筹学是交通运输类和经济管理类诸多专业的一门重要专业基础课程,在解决现实管理系统领域复杂问题的过程中发挥着重要作用。如何对运筹学课程进行深层次的教学改革,提高教学质量,适应"双一流"建设创新人才培养的要求是一个值得深入探讨的重要课题。为此,我们在运筹学教学过程中进行了积极的探索和尝试。

一、"双一流"建设的内涵及核心

"双一流"建设的总体方案明确指出"到 2020 年我国要有若干所大学进入世界一流大学行列,若干学科进入世界一流学科前列"[1]。一流学科是高等院校在长期办学的过程中逐渐形成的、具有明显优势的、社会公认度较高的学科。一流大学的建设必须有合理的学科结构[1],一流大学需要通过一流学科来提升知名度[2],吸引更多优秀的师资和学生生源[3],以一流学科为标杆带动其他学科的发展[4],提升大学的整体水平和竞争力[5]。

习近平总书记在全国高校政治思想工作会议上强调,只有培养出一流人才的高校,才能够成为世界一流大学。办好我国高校,办出世界一流大学,必须牢牢抓住全面提高人才培养能力这个核心点,并以此来带动高校其他工作。同年,在教育部第 26 次咨询会上,刘延东

课题项目: 中南大学开放式精品示范课堂计划建设项目,项目编号:中大教字〔2013〕54 号。

作者简介: 夏伟怀(1965 -),女,湖南长沙人,工学博士,中南大学交通运输工程学院副教授,主要从事运输与物流系统优化研究;长沙,410083。Email: xiawh@ csu. edu. cn。

同志指出，要落实习近平总书记"扎根中国大地办大学"的指示：提高人才培养能力，要向课堂教学要质量，向社会要教学资源；要建设学校质量文化；要推广三大先进理念；工程教育质量标准要与国际实质等效等。陈宝生部长也表示：立德树人要落实在提高本科教学水平上[6]。

事实上，近年来，世界一流大学都已经开始瞄准本科教学。如 2016 年英国教育部发布的《英国高等教育白皮书》指出，知识经济体的成功体现为教学卓越、社会流动和学生选择。白皮书的"教学卓越框架"提出：围绕以学生为中心提升教学质量，确保每一个学生得到良好的教学体验，鼓励原创思维，推动参与，为在全球范围内工作做准备。美国的哈佛大学、斯坦福大学、麻省理工学院等超一流大学纷纷回归本科教育，启动本科教学改革[7]。2015 年发布的《斯坦福大学 2025 计划》中提到：新一轮本科教育改革的关注点不应仅仅指向大学应该教什么，也要关注大学应该怎么教；也要关注学生应该怎么学、学得怎么样；且从掌握知识、磨炼能力、培养责任感和自适应学习四个维度提出了 21 世纪本科教育目标。2016 年麻省理工学院发布的《高等教育改革的催化剂》中指出：必须打造以学生为中心的教育，单个的变革主体是不够的，必须让全体教师、大学的高级管理层、学科和专业负责人、科研团队都参与进来。要让学生学会反思、讨论（与同伴和专家）、学科思维、自学和掌握学习；推动教学方法改革，改革传统的课堂教师授课的被动学习，倡导主动学习、探究式学习、项目学习、从做中学、实践学习、问题导向学习、自我学习、同伴互学和团队学习等等。

总之，"双一流"大学建设就是要以立德树人为根本，以创新型人才培养为目的，以推动国家发展为动力，不断提升高校拔尖创新人才培养的能力。

二、运筹学课程的性质与特点

运筹学是交通运输工程、物流工程、工程管理以及经济管理类等专业本科普遍开设的一门重要的专业基础必修课程。它是从定量分析的角度研究交通运输、工商管理等相关领域各项管理和经济活动中如何运用科学的方法进行统筹安排，合理利用资源、并使其经济效益达到最优的决策科学。[8]该课程旨在为学生学习专业课程奠定必要的理论基础，培养学生系统优化的思维方法和逻辑推理能力，使学生能够运用模型技术、数量分析及优化方法分析解决各类系统优化问题，全面提升学生应用运筹学知识分析解决实际问题的能力。课程特点主要有：

第一，运筹学作为管理工程类（或偏管理类）本科专业基础课程，涵盖了解决对应领域复杂工程问题的原理、方法，内容分支多且抽象，逻辑性强，对于该类专业学生来说学习难度较大。

第二，多学科的交叉性、综合性。运筹学是一门应用科学，它广泛运用现有的科学技术知识和数学方法，如综合运用经济学、心理学、物理学、化学中的一些方法解决实际中提出的专门问题，为决策者选择最优决策提供定量依据。

第三，注重实际应用。运筹学是在实际生活中产生并应用到实际生活中的一种寻求问题的最优解决方案的方法，它为解决实际问题而产生并发展。

第四，系统性和最优性。它以整体最优为目标，从系统的观点出发，力图以整个系统最佳的方式来解决该系统各部门之间的礼害冲突。对所研究的问题求出最优解，寻求最佳的行动方案，所以它也可看成是一门优化技术，提供的是解决各类问题的优化方法。

三、运筹学课程开放式教学改革

基于以上关于"双一流"大学建设的核心任务分析，结合运筹学课程在本科专业人才培养过程中的地位和作用以及课程的特点，我们从教学理念、课程资源、教学设计、课堂教学和考核评价等系统性地进行了开放式教学改革与实践。

（一）改变传统旧观念，树立新型教学理念

新型的课程教学改变"以教师为中心，以教材为中心，以课堂为中心"的传统观念，树立"以学生为主体，以学生发展为本，以教师为主导"的新型教学理念，不断拓展课程教学在培养学生创新思维、个性发展、可持续发展和终身学习能力中的功能与作用[9]。

（二）课程资源的整合优化与再开发

按照"基于教材、高于教材、突出特色"的指导思想，依据运筹学课程知识点的关联性和逻辑性，通过对教学内容的凝练与升华，将教学大纲规定的 13 章教学内容整合优化成为 8 大教学模块，并编写了涵盖 8 大专题模块的运筹学教案。教案中除了基本内容和要素以外，重点就课程内容特点明确了各专题模块教师精讲、师生交互主讲和学生主讲的内容细节，以及互动交流的方式等。针对每一模块的具体内容，设计编写了包括教学/学习目标及要求、学习思路与方法建议、学习要点提示、重点难点解决方案、主动思考与课前准备、延伸阅读等内容的学习指导材料（或称导学材料）；根据内容细节精选相应的辅助教材、训练习题、学科前沿链接等资源。与此同时，依托教材资源和学情分析，突出"激发兴趣""培养能力""获取便捷"与"持续更新"等资源特色，对教学内容进行了再开发。如：通过情景的创设、探究性问题的设置、引导性案例的编制等方式激发学生的学习兴趣，帮助学生形成学习动机；采用由浅入深、由简单到复杂、梯度递进、层层发散的研讨专题（基础型、综合型和应用实践型），并提示新旧知识之间联系的线索，帮助学生建构所学课程知识意义，培养学生综合解决问题能力；通过运筹学在线开放课程（MOOC）建设，引入优质慕课资源，充分利用现代互联网技术和教育信息共享平台，提升资源的时效性和获取的便捷性；将教师的科研成果和学生作业、研讨、竞赛、获奖等优秀作品深度融入资源系统中，实现运筹学课程资源的持续更新。

（三）教学过程的开放式设计

教学设计是在正确的教育理念指导下，关于"教什么"和"怎么教"的一种方案设计，它是教师根据学科教学的原理和教学目标要求，运用系统的方法，对参与教学活动的诸多要素所进行的一种行之有效的分析和策划[10]。它是整个教学过程必不可少且十分重要的环节。传统的课程教学设计往往局限于课堂教学，开放式课程教学设计则贯穿于整个教与学的全过程。

运筹学课程基于全面质量管理"过程决定质量"的设计理念，展开了"全过程、全方位"的教学设计。针对课程每一专题模块遵循学生认知规律，进行了课前引导学习、课堂教学、课后辅导和成绩评定（分别简称"导学""讲学""辅学"和"评学"）等四个环节的全过程教学设计；之后，根据学情分析和教学内容对每一环节展开全方位设计，如从学习内容的回顾总结、学习要点提示、学习思路与方法建议、主动思考和课前准备等进行"导学"设计；从学习新课、总结与拓展、板书设计、课堂调查与评价、课后反思等进行"讲学"框架设计，而"讲学"的实施细节更详细地体现在"课堂教学设计"之中；从作业辅导、自学辅导、研学辅导和拓展学习等进行了"辅学"设计；从过程评价和期末考核两方面进行"评学"设计。实现教学改革与考试改革同步推进，不断优化教学全过程设计以确保教学质量与学习效果。

（四）多元开放式的课堂教学

"多元开放"主要指在运筹学课堂教学实践过程中授课主体的开放、授课内容的开放、以及授课方法与手段的开放等。

运筹学课程授课主体除了任课教师以外，还有学生和教学团队成员。以教学资源为基础，根据教学设计的进度安排，学生主讲或汇报自主完成或学习小组（每组 5~6 人）协作完成的课外研学专题，并展开讨论。团队成员是将个人涉及本课程相关知识的科研成果与学生分享，启迪学生的创新思维。

课堂教学根据课程内容特点及匹配的教学资源，采用了讲授法、案例教学法、启发探究法、类比归纳法等多种教学方法，融入计算机、黑板、多媒体课件及移动设备等教学手段。多种教学方法和手段的融合，进一步提高了教学效率，在原有学时（64 学时）基础上，完成全部教学任务后还留出了近 20 课时（占总学时的 30% 以上），插入 9 大双向互动专题（温故知新、加深理解研讨、通过特殊例子发现问题、通过类比分析发现问题、计算软件使用实践、学生主演、探究身边的运筹学问题、综合性研讨和企业案例分析等）引导学生自主学习、主讲和研讨活动等；与此同时，借助"探究性的设问与答问""教学花絮""热点新闻""温故知新"等方式和方法营造课堂氛围。

（五）课程成绩的综合评定

学生成绩评定作为开放式教学的一项重要配套内容，运筹学课程采取量性与质性相结合、多主体的弹性评价机制，课程成绩评定体现出多形式、全过程、多类型和多主体等多元开放特点。其中，过程评价由教师给学习小组评价打分，学习小组以教师给出的小组成绩为基准，开展学习小组之间和小组成员之间的相互评价，根据每一个学生实际完成的任务成效决定成绩。通过教师（包括讲座教师、实训导师）、学习小组和小组学生等不同的评价主体，来评价学生在整个课程学习过程中的知识、技能或能力（特别是表达和交流能力）、态度、团队协作等。期末成绩则通过年级统考确定，考试采用"开卷"形式，试题内容较为灵活、综合性较强，重点考查学生的思维逻辑和运用运筹学知识分析问题和解决问题的能力；评卷由任课教师按统一标准集体完成。学生课程总成绩由 40% 的过程成绩和 60% 的期末考试成绩综合确定。

四、实践效果及问题

坚持以学生为中心、以教师为主导、以质量为本、以提高学生的综合能力为目标，不懈地进行教学改革，使得这门理论性和逻辑性都很强的、学习难度较大的专业基础必修课程深受广大学生欢迎，学生的学科成绩普遍得到提高，而且班级内的两极分化现象明显减弱。近 3 年学生学习该课程情况的统计分析表明：有超过 95% 的学生参与了课外专题研讨活动；无论是"大班"还是"小班"教学，均有超过50%的学生上讲台讲演；以教学班为单位，期末总评平均成绩均在80分左右，标准偏差由原来的15~20（2014年16.83）降到10以内（2016年9.22）[11]。

经过长期的教学改革与实践，运筹学课程已经形成了"基础课程教学 – 综合能力训练 – 毕业论文指导 – 科研创新能力培养"一体化开放式的教学模式，使学生能系统地掌握运筹学课程的基本内容和思维方法、具有了较强的知识迁移能力。与此同时，学生的综合素养得到明显的提升，正如学生写道："运筹学课程开放式教学给了我们一个崭新的学习体验，在科研学术与实践工作能力得到提升的同时，我们看待相关问题的思想方法和角度也得到了潜移默化的优化。思想上的提升和洗礼，是我们同学高度认可这样的教学方式的根源所在。"

然而，开放式教学的重点在于如何有效地组织学生积极参与、互动、互学，引导、帮助和促进学生在"学中做""做中学"，进而在探究问题和解决问题的过程中学会综合利用知识、内化和自主构建学科知识意义。因此，对于像运筹学这类基础性强、覆盖面广的本科专业基础课程，解决指（辅）导教师的多元化、开放式问题显得尤为重要。

五、结语

"双一流"大学建设给高校创新人才培养提出了更高的要求，给大学教育教学带来了新的挑战。运筹学课程教学改革的实践表明，开放式教学方式不失为一种培养拔尖创新人才的有效途径。诚然，开放式教学方式的实施，无论对教师还是对学生都提出了更高的要求。不仅要求教师有丰富的专业知识和扎实的理论基础，还要求教师密切联系实际，有丰富的社会实践经验，有良好的自身修养和高尚的人品。不仅要求学生学习掌握已有的理论和方法，而且要求学生学会辩证的逻辑思维方式，具有批判性和创造性；不仅在学业上学有所获，而且具有优良的道德品质和社会交往能力等等，所有这些也正是"双一流"大学建设所要求的。

参考文献

[1]国务院.统筹推进世界一流大学和一流学科建设总体方案(国发〔2015〕64号)[EB/OL].中国政府网.政府信息公开专栏.(2015 – 11 – 05)[2018 – 03 – 04].http://www.gov.cn/zhengce/content/content_10269.htm.
[2]王严淞.论我国一流大学本科人才培养目标[J].中国高教研究,2016(8):13 – 19.
[3]钟秉林,方芳.一流本科教育是"双一流"建设的重要内涵[J].中国大学教学,2016(4):4 – 8.
[4]王文嫒,郭宗侠."双一流"背景下理工类本科人才培养[J].教育教学论坛,2017(36):96 – 97.
[5]马陆亭."双一流"建设不能缺失本科教育[J].中国大学教学,2016(5):9 – 14.
[6]吴岩.一流本科 一流专业 一流人才[EB/OL].360个人图书馆.高等教育.(2017 – 12 – 04)[2018 – 03 – 04].http://www.360doc.com/content/17/1204/17/44943135_709867344.shtml.
[7]张永军.世界一流大学的教学模式及教学方式变革[C].中国教育学会比较教育分会学术年会暨庆祝王承绪教授百岁华诞国际学术研讨会,2010.
[8]夏伟怀,符卓.运筹学[M].长沙:中南大学出版社,2010:1.
[9]林静.高校新型课堂教学模式的选择及实现方法[J].中国大学教学,2016(9):74 – 77.
[10]赖绍聪.如何做好课程教学设计[J].中国大学教学,2016(10):14 – 18.
[11]符卓,夏伟怀."运筹学开放式精品示范课堂教学改革研究"报告[R].长沙:中南大学,2016:3.

"双一流"建设视阈下医学检验形态学教学改革

顾孔珍

摘 要：医学检验形态学教学是医学检验专业本科生必修课程中的重点知识，为了提高四年制医学检验专业学生的学习兴趣，提高医学检验形态学教学的教学质量，我们对形态学教学进行了多方面的教学改革：建设形态学图库，建立多终端学习模式、加强师资培养、翻转课堂和问题式学习相结合授课模式、创建微教学资源环境、预习－实践－归纳总结－再实践模式实验课授课模式、构建科学的考核体系等，从而提高了教学质量，提升了学生的综合素质，取得了良好教学效果。

关键词：医学检验形态学；教学改革；临床检验基础；临床血液学检验

世界一流大学和一流学科是国家教育核心竞争力的集中体现。"双一流"建设的开展为医学检验专业带来前所未有的战略机遇和发展机会，在自动化仪器飞速发展并逐步占据主导地位的医学检验专业，形态学教学迎来了前所未有的春天。在系领导的鼓励和支持下，我们对医学检验形态学教学进行了一系列的改革。

一、建设形态学图库，建立多终端学习模式

医学检验形态学包括骨髓和外周血细胞学形态、体液中各类细胞和管型形态、细菌和寄生虫等病原生物形态等内容。骨髓、血液、尿液、粪便和其他体液标本中的细胞和病原生物形态所涉及的基本知识、基本技能是任何一种检验岗位都必须具备的，而且所涉及的内容多，范围广，且与多学科交叉。因此，形态学的教学质量，直接影响到学生在实习期间和毕业后从事临床检验工作的能力。形态学辨识需要根据细微结构来进行，变化多样，个体差异较大，具有一定主观性，给教学带来不小的难度。

形态学检查在医学中发挥着举足轻重的作用，例如血液细胞形态学检查（含骨髓穿刺检查）在疾病诊断和预后判断中发挥着重要的作用，结合临床病例资料可诊断、辅助诊断和鉴别诊断各个系统疾病，联合流式细胞术、基因检查、染色体检查等技术诊断各种急慢性白血病、多发性骨髓瘤、贫血和部分出凝血疾病等各种血液疾病。

网络和多媒体的快速发展给形态学教学带来了翻天覆地的变化[1]，这些现代化教学工具将细胞形态由抽象的文字描述变革为形象直观的图像[2]。随着网络实验室等硬件设备的建设[3]，本系从骨髓和外周血细胞学形态开始，糅合传统教学模式和互联网教育模式，拟建立以显微镜、电脑多媒体和手机 App 等多终端学习模式。医学检验专业本科生血液细胞形态学教学主要依托于实验教学，通过实验教学掌握常见病种典型病例的骨髓象和血象特征，发出诊断性、支持性、符合性、排除性等各类报告。骨髓内细胞种类繁多，形态复杂，临床疾

基金项目：罕见血液细胞形态图谱库建设及多终端应用，项目编号：2017jy113。

作者简介：顾孔珍（1975－），女，湖南常德人，医学博士，中南大学医学检验系讲师，主要从事日本血吸虫病诊断研究；长沙，410013。Email：59224075@qq.com。

病谱广，导致血细胞形态变化多端，相似性较高，差异小，难以区分，教学难度非常大。在流式细胞术、基因检查、染色体检查等技术还没有应用到临床之前，有几十年工作经验丰富的临床一线人员也不敢说每个病例都诊断正确，常见误诊的病例报告。细胞形态学知识需要经验积累，在有限的教学时间内，优秀的学生只能掌握基本的方法和技巧、常见病种典型病例的骨髓细胞形态，随着时间的流逝非常容易忘记。多终端学习模式可以让学生通过电脑、多媒体、网络、手机等在课堂内外利用碎片时间反复学习和巩固，达到掌握血液学检验形态学检查的要求，取得良好的学习效果，为临床培养高层次人才，满足临床需求，并为以后的临床实践工作提供可靠的参考资料。此外，手机 App 学习模式还可提高教师自身水平和素质以及用于临床医务工作者的继续教育。形态学图库的建设，利用信息技术以资源共享为核心，打破资源分散、封闭、不足等状况，不仅为理论与实验教学提供丰富的资源，并可将教学资源永久保存，有效解决标本资源问题，节约教学成本，节约教师时间和精力[4]，提高教学效率[5]。

二、加强师资培养

高校教师队伍建设是教育发展的保障，提高办学质量的关键在于教师队伍建设。教师队伍的整体水平标志着一所大学的办学水平。师资队伍质量的高低，决定着高校教育教学质量，是学生培养质量的决定性因素。法国教育家埃米尔·涂尔干（Émile Durkheim）说："教育的成功取决于教师，教育的不成功也取决于教师。"[5]

教师是组织与实施教学内容的主体，是教学活动的组织者、实践者，教学方法的设计者、实施者。一流的教学内容、一流的教学方法、一流的教材、一流的教学管理首先需要有一流的师资队伍。本专业师资队伍建设离不开教师高度的敬业精神和责任感[6]院、系领导的督促和支持，以及学校本科生院和有效管理。中南大学本科生院不定期举办教学方法培训，聘请名校名师为教师们演示翻转课堂、慕课（MOOC）、微课等，为教师提升自身授课水平提供良好的平台。医学检验系领导高度重视师资队伍的建设。2017 年 12 月 8 至 10 日，由教育部高等学校医学技术类教学指导委员会主办的首届"人卫杯"全国高等学校医学检验技术专业中青年教师讲课竞赛在广东医科大学成功举行，本专业选派教师参加此次大赛并获得名次，展示本专业中青年教师教学风采。在参赛之前，系领导多次组织参赛教师进行预讲，全系教师集中进行点评。通过讲课竞赛这个机会，教师开阔了视野，得到了互相学习的机会，不断加强和提升教学能力，将小班化、探究式、互动教学模式不断深入，使教师自身素质和本科生教学质量获得不断提升。

三、教学模式改革

（一）翻转课堂和问题式学习相结合合授课模式

翻转课堂是一种新兴的教学模式，以现代化的信息技术为依托，把学习主动权从教师转移到学生，将传统的课上知识传授和课下知识内化的顺序颠倒过来，将教师和学生在传统课堂中的角色加以转换，打破了传统的教学模式，重在培养学生的自主学习能力，为学生提供具有个性化的学习平台。[7]本学科结合专业特点，部分教学内容采用翻转课堂和问题式学习相结合的新模式进行授课。教师收集临床常见病例和典型少见病例资料（包括病史、查体、实验室检查尤其是形态学检查结果等），设计问题，提前发给学生，学生利用课外时间查询资料，掌握学科知识，制作PPT，在课堂上由学生轮流进行讲授，在讲授过程中，其他学生和老师随堂提出问题，所有人参与讨论。根据课堂表现进行打分，与期末总成绩直接挂钩。实践证明，这种授课模式效果相当好，但需要一定的专业基础知识，绝大部分学生认为基于翻转课堂形态学的教学改革方法能提高自己学习的兴趣、积极性、主动性和自学能力，同时也提高了自身各方面的能力。

（二）创建微教学资源环境

"微课"的核心组成内容是课堂教学视频（课例片段），同时还包含与该教学主题相关的教学设计、素材课件、教学反思、练习测试及学生反馈、教师点评等辅助性教学资源。临床检验基础和临床血液学检验等医学检验专业课程临床性强，无论是课堂授课还是实验教学均按照知识点拍摄临床标准化视频，作为多媒体素材插入在课件中。这些教学视频主题突出、内容具体，将教学内容、教学目标、教学手段紧密地联系起来，有利于教师课后的教学反思、学生的反馈意见及学科专家的文字点评等，构成了一个主题鲜明、类型多样、结构紧凑的"主题单元资源包"，营造了一个真实的"微教学资源环境"。教师和学生在这种真实的、具体的、典型案例化的教与学情景中可实现"隐性知识"等高阶思维能力的学习并实现教学观念、技能、风格的模仿、迁移和提升，迅速提升教师的课堂教学水平、促进教师的专业成长，也提高了学生学业水平。

（三）预习－实践－归纳总结－再实践模式

临床基础检验实验教学[8]，很多高校都进行了教学改革[9]，但是部分本科生教育在教学方法上还存在"灌输式"教学方法，强调"三基"教育而不是培养学生的能力[10]。这种以教师为中心，进行"填鸭式"的教学在部分学校仍然占据主要地位，这种教学模式往往导致学生做实验缺乏积极性，只是机械性地按部就班地完成实验，限制了学生创新精神的培养，严重地影响了实验课的教学质量。[11]液基薄层细胞学（TCT）为近几年出现的子宫颈细胞筛查新技术，标本制备仪器化程度高，来源困难，癌变和癌前病变细胞形态变化大，教学存在非常大的难度。本教研室以这堂课的实验教学为试点，采取"预习－实践－归纳总结－再实践"模式进行授课，取得了出乎意料的教学效果。首先将教师的PPT实验课件发给学生，让学生们提前预习，然后实验课时同学们再观察临床来源宫颈标本TCT涂片，1小时后进行归纳总结，然后再继续观察，最后写实验报告。很多同学认为这种模式的学习效果非常好，还建议其他非形态学课程也做类似改革。

四、构建科学的考核体系

考核是反应教学效果的有效途径，也是考察学生掌握知识和技能的重要方式。临床基础检验课程制定了多元考核方法，课程总成绩由理论考试（50%）和过程成绩（50%）构成。理论考试在期末进行闭卷考试，过程成绩由平时实验成绩、实验考试、期中随堂小测验以及交互式教学成绩四个部分构成。平时实验成绩评定（按百分制打分，总分100分）又分为考勤、实验操作和实验报告三个维度；实验考试制定标准操作评分细则，主要考核学生操作标准化操作技能；期中随堂小测验为一张小试卷，主要考核学生对知识的复习与巩固；交互式教学以问题为中心引导学生自主学习，主要培养学生自主提出问题、运用知识分析问题、解决问题的能力，调动学生的学习积极性，激发学习兴趣。主要从 PPT 制作、科学性、专业性、口头表达、提问、互动讨论六个方面进行考核。整体课程成绩构成关系见图1。

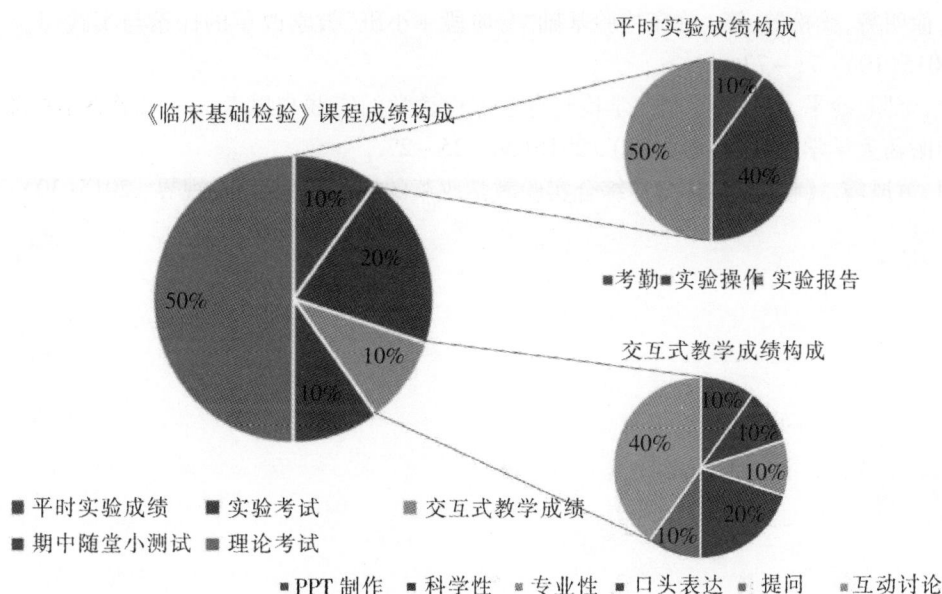

图1　临床基础检验课程成绩评定构成不足之处以及努力方向

　　尽管经过一系列教学改革，但本学科与世界一流学科仍然存在差距，例如形态学教学尚缺乏慕课课程体系，虚拟仿真实验教学尚未起步等。今后须弥补这些不足之处，同时加大教师培养步伐和加大师资培养力度。师资队伍是核心，是事关学校内涵建设和各项事业发展的关键性因素。形态学授课教师需具有良好的基本素质，扎实的现代教学技能，能透彻地理解和灵活应用教育理论和方法，需站在学科发展的前沿，积极开展教学研究，掌握学科发展动态，掌握最新发展信息，使教学水平上一个新的台阶。

参考文献

[1]张淑莉,黄君华,黄凤霞,等.《临床检验基础》实验教学改革初探[J].新西部(理论版),2015(13):143
　　-144.

[2]许子华,张海燕,李晶琴,等.《临床检验基础》形态学数字资源库建设及应用[J].中国医学装备,2017
　　(12):130-132.

[3]顾孔珍.网络实验室和自制多媒体软件在临床血液学检验形态学教学中的应用[J].科教导刊(中旬
　　刊),2017(5):112-113.

[4]湛孝东,唐小牛,李朝品,等.医学寄生虫电子标本库建设及其在实验教学改革中的应用[J].热带病与
　　寄生虫学,2015(2):112-113.

[5]郭晓霞,尚宏伟,路欣,等.加强组织学标本库建设与管理　深化实验教学改革[J].中国高等医学教育,

2014(1)：32－33.

［6］方立超，李艳，黄辉，等.《临床基础检验学》实验教学平台的改革与探索［J］. 国际检验医学杂志，2016
　　（11）：1587－1588.

［7］朱建华，李晟，黄娟，等. 基于翻转课堂理念对诊断学课程教学改革的满意情况调查［J］. 湖南中医杂志，
　　2016(9)：127－128.

［8］郝艳梅，潘少君，张楠，等. 基于现代信息技术的临床检验基础教学探索与实践［J］. 卫生职业教育，
　　2017(11)：4－5.

［9］李婷婷，徐明辉，梁松鹤，等. 临床检验基础"分阶段＋小班"教学改革的探索与实践［J］. 中国高等医学
　　教育，2015(10)：71－72.

［10］乔凤伶，李阳，冷平，等. 四年制医学检验专业课程教学的实践与思考——以形态学检验课程为例［J］.
　　成都中医药大学学报(教育科学版)，2016(3)：25－27.

［11］张淑莉，黄凤霞.《临床基础检验》综合实验教学改革的探讨［J］. 科技视界，2015(30)：218－233.

汽车构造课程教改实践规范

欧阳鸿武　　唐昕　　雷刚　　李向华

摘　要：汽车被认为是改变世界的机器，汽车构造课程从原理、结构和技术性能等方面对汽车构造进行系统解读，是车辆工程专业的核心基础课，也是学生特别感兴趣的课程。本课程教学通常面临两类问题：一是汽车技术更新换代快，教材教具易滞后；二是汽车品牌价值及其核心技术认知难度大。我们在完善汽车构造课程的教改目标及其持续性基础上，明确以完善和更新教学内容、提高教学效率和拆装实习要求作为课程教改的切入点，以深入认知汽车品牌价值和核心技术演化作为课程教改突破口，探讨了相应的教改举措和实施途径。

关键词：汽车构造课程；课程教学；构造；教学改革

百多年来，汽车的大量生产和广泛使用，扩展了人类的活动空间，丰富了人们的生活方式，改变了社会形态。日新月异的汽车技术，造就出充满活力的汽车社会。

汽车很神奇，奇特之处在于组成汽车的零部件，如内燃机与变速器，或电池与电动机，差速器和制动器，方向盘和车轮，以及雨刮、指示灯和喇叭等等，历经千年时光，从无到有、奇妙地组合到一起，构成了丰富多样的汽车品牌和产品。

目前全球每十个人就拥有一辆汽车。按照国际惯例，当每百户居民汽车拥有量达到10%时开始进入汽车社会，达到20%，就进入汽车社会。汽车不仅仅是一种交通工具，它更是社会的组成部分，是人的空间属性的扩展和精神的延伸。上世纪30年代，美国等发达国家率先进入汽车社会，本世纪初我国也进入汽车社会。与此同时，汽车产业作为最具带动性的制造业，经济发达国家无一例外地拥有高度发展的汽车工业和世界知名汽车品牌[1]。目前，全球每年生产和销售的汽车约为9000万辆，2009年以来，中国一直蝉联世界汽车产销量第一，2016年产出近2800万辆汽车，已成为名副其实的国民经济支柱产业。[2]

汽车自问世以来，在改变世界的同时其自身也不断演化，新结构新技术层出不穷，结构愈加复杂，性能逐步提高，更节能更环保更安全更舒适更多驾驶乐趣[3]，轻量化[4]，智能化[5]，能源多样化[6]，产品个性化[7]，品牌技术平台化[8]趋势成为明晰的主流发展方向[9]，形成了丰富多样的汽车世界、充满创新活力的产业文化和实体经济支柱[10]。

一、汽车构造课程教学面临的共性问题

汽车构造[11]是车辆工程专业课程体系中奠定专业基础、衔接学科基础与专业方向的关

课题来源：中南大学开放式精品示范课堂计划项目，项目编号：CSU201317。

作者简介：欧阳鸿武（1964 - ），男，湖南长沙人，工学博士，中南大学机电工程学院教授，从事汽车动力学性能优化和汽车轻量化研究；唐昕（1994 - ），男，湖南常德人，中南大学机电工程学院硕士研究生，主要从事汽车动力学和汽车制动过程优化研究；雷刚（1993 - ），男，河南信阳人，中南大学机电工程学院硕士研究生，主要从事车辆性能优化设计和评价方法研究；长沙，410083。Email：oyhw@ csu. edu. cn。

键课程。多年的教学实践表明，课程教学面临两类共性问题：第一，汽车技术更新换代快，教材教具滞后；车型种类繁多且各具特色，核心技术神秘深奥，而教学时数有限；第二，"两个跨越"难：由虚到实，即从技术原理过渡到结构细节及整车性能难；从有形到无形，即认知具体车型的核心技术及其品牌价值难。前者对应于车企源头创新到形成核心技术，后者对应于车企营销产品创建品牌价值。

经历上百年的演化，汽车外形、结构和性能已今非昔比。燃油直喷技术，制动防抱死系统，车身稳定系统，主动转向系统，电子差速系统，智能驾驶系统等等新技术逐步得到应用。汽车构造课程教学中，全面解析汽车核心技术的奥秘和技术细节、使学生弄懂弄通核心技术的价值成为教学的难点问题，这是教学中的一大跨越。认知品牌价值，理解核心技术和企业文化等要素在品牌产品中的表现及其承载作用，是课程的另一大跨越。品牌，简单说来，就是承诺，是经营者和消费者互相之间的心灵烙印。品牌价值和企业文化是慢变量，需要经历长时间的沉积。回顾汽车发展历程，细细品味不同车型，尤其是经典车型，感受不同汽车品牌的传奇，对汽车的理解才会更深刻。"世事洞明皆学问，人情练达即文章"，认知汽车技术与品牌价值所饱含科学原理和社会文化内涵（车企的 DNA 及其传承模式），感受汽车产业发展的源动力，收获会更多。因此，持续更新教学内容，深化对核心技术和品牌价值及其传承模式的探索，将有助于提升对汽车技术和文化的鉴赏力、对汽车产业发展趋势的判断力，有助于提高专业的办学水平和学生素质。

二、课程教改的基本要求和长远目标

汽车构造课程教学，不仅要全面系统讲解汽车的技术原理和结构性能，还必须紧扣汽车轻量化、智能化、能源多样化的演化趋势及成熟技术平台化的产业发展模式，透析汽车的关键技术及品牌价值。

现代汽车产品更新周期大致为 5 ~ 6 年，新车型相对上一代车型在性能上有所提升，为消除审美疲劳，车身造型也会有新的变化。图 1 为高尔夫轿车升级换代产品的结构和技术变化示意图。车型更新换代，技术上不断精进，品牌价值上不断凝练，离不开车企平台技术和产品市场战略布局。平台凝聚了车企的核心技术和成熟体系，成为汽车产业发展模式。

（一）完善教学内容与提高教学效率

提高汽车构造教学效率主要有三条途径：第一，补充和完善教学内容，更多采用影视方式直观表达，并及时更新教具；第二，基本车系的建立和扩展模式的应用，即"5 + 2"模式，以求达到举一反三的效果；第三，加强实践教学和探索式互动教学，激发学生的学习积极性。

图 1　2016 年第 7 代高尔夫轿车升级换代的结构和技术变化示意图

现有的课程教材体系主要缺乏或需要加强如下三方面内容：第一，汽车发展历史，过去、现在和未来；第二，核心技术与品牌价值；第三，整车生产过程和装备。

教学资料的来源主要是近期的文献资料[12]、新出版的教材或专著[13]和来自车企或某些专门机构制作的网络视频资料。收集资料时，要特别针对上述三方面内容，系统收集整理 5 个基本车系及 2 个用作验证和讨论车系的资料。

（二）实现两个跨越作为教改长远目标

汽车企业的竞争力集中体现在如下两个方面：第一，创新核心技术，总成技术与整车性能；第二，凝练品牌价值，平台建设与文化传承。

车型换代往往基于某一总成技术的进步，体现为核心技术的成熟或升级。图 2 为德国大众汽车公司横置发动机横块化（MQB）平台示意图及其动力系统。以往的教学内容中，技术发展对整车性能的影响缺乏介绍或联系不够紧密，局部的技术进步[14]与整车性能的提高[15]没有直接联系起来，更加缺乏对品牌基因传承的解读。对核心技术的认知是教改的重点内容和难点所在。

品牌价值往往直接体现为核心技术和平台建设上。技术创新实现技术领先，这是车企生存和发展的必要条件，技术落后或缺乏特色技术就缺乏竞争力。我国"中华"牌轿车以及"红旗"牌轿车艰难的发展历程充分体现了技术创新和造车文化创新的重要性：缺乏自主研发的核心技术[16]，就难以创建和实现品牌价值[17]。目前，国际知名车企不断将成熟技术构建完整的技术平台，主要创新成就都集中体现在平台建设上。显然，持续不断的技术创新与技术平台的逐步完善，一方面支撑车企的持续发展，另一方面也诠释了汽车构造课程的教学必须与时俱进，与车企的发展必须紧密联系，直接从车企获得一手资料将是提高教学效率和水平的重要途径。

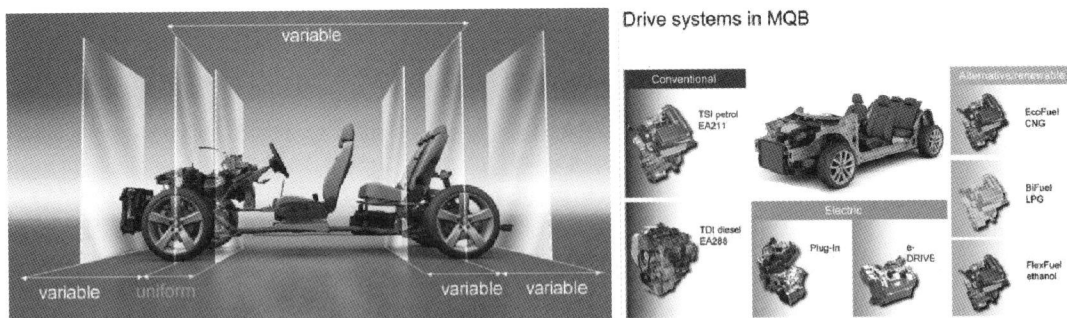

图 2　德国大众汽车公司 MQB 平台示意图及其动力系统

三、"六个阶段三个结合一套演化模式"的教改举措协力推进"两次跨越"

(一) 课程教学的六个阶段

根据课程的特点,将教学过程分为六个阶段:第一阶段是课程导入期,重点明确课程的要求和安排,介绍汽车产业的发展状态,引起学习兴趣,建立坚实的起点;第二阶段,系统讲授汽车结构原理、功能及性能,基本完成教材中的教学内容;第三阶段,以总成拆装实习为核心内容,强调理论联系实际,通过实际动手,加深对汽车技术的认知;第四阶段,系统讲解"5+2"车型体系和车型演化模式,构建对汽车核心技术和整体性能的认知,完成第一次跨越;第五阶段,明确主题,分组进行自主探索和交流,重点是加深对品牌的认知,实现第二次突破;最后一个阶段,复习备考,温故知新,总结提高。

(二) 三种教学途径

课程教学采用课堂教学、实践教学与主题自主探索三种教学途径,三管齐下保障学习质量。第一、第二和第四阶段,以课堂教学为主,完成课程基础知识和车型体系教学;第三阶段为实践教学,及时将实践与理论联系起来,加深对理论知识的消化吸收;第五阶段,通过自主探索,将知识系统化并应用于分析具体问题,提升自主学习的积极性和能力。

(三) 课程教学过程的三个结合

课程教学强调"三个结合":理论与实践相结合,强化拆装实习、整车性能试验、制造工艺认识实习相融合,凸显课程特色和优势;教学与产业发展相结合,紧扣产业发展现实,直接从车企获取第一手资讯和教具;考试 (核) 与教学质量控制相结合,发挥考试的引导作为,激发学生的学习积极性为全面提高教学质量服务。以学生自主学习为本,明确主题,团队合作,以问题驱动探索学习的方式激发自主学习积极性,从理论和实践两方面推动自主探索。课程结束前组织答辩,分项评分,当场给出结果。

实践教学中,基于"示范教学-拆装测绘-性能测试"三个层次,分别进行整车性能测试,总成原理演示和拆装实习,零件结构测绘和品质分析三个方面实验。其中,拆装实验还特别强调:常用和专用工具使用,总成拆装规范,关键或典型零件测绘和技术分析。

（四）汽车车型演化模式的建立和应用

如何针对汽车车型繁多品牌各有千秋的现实情况，在有限的教学课时内完成"两次跨越"？课程教学改革的重要举措是提出基于"5＋2"构建车型体系和车型演化模式，从而全局认知汽车产品定位。"5"指的是图3所示的5款不同类型的典型车系：T型车、路虎、奥迪、普锐斯和威龙。T型车作为现代汽车大批量生产技术的鼻祖；路虎作为开疆扩土高性能越野能力的典范；奥迪作为科技创新引领未来，集成先进汽车技术的典范；普锐斯混合动力驱动技术作为新能源汽车的典范；威龙是车速最高的量产车，作为高性能跑车技术的典范。以这5款典型车型作为汽车车型的"基"，其他各类车型视为"基"的线性组合，基于这一模式可演化出不同汽车产品体系，从而举一反三，推及其余。教学中，通过系统介绍这5款车型的不同定位和发展历程，构建起不同类型汽车技术和性能与市场定位的关联。在此基础上，进一步评述高尔夫这款销量最多的家用轿车以及特斯拉全电动汽车驱动系统的技术特征、产品定位，及其发展历史和演化逻辑，构建起"5＋2"的车型体系教学体系，诠释汽车技术与车型之间的相关性和演化模式。

图3　由5款经典车型构成车系的"基"

（五）持续推进"两次跨越"

第一，适当调整课程体系。认知核心技术到品牌价值的两次跨越，对于理解车企的造车理念及文化，透析不同汽车品牌的独特内涵和个性，对知名汽车企业将核心技术作为产品基因（DNA）植于平台之中，在实现产品多样性、高品质和低成本的产业发展模式有深刻的认识。为了实现两次跨越，需要进一步调整车辆专业的课程体系：汽车构造与车辆专业生产认识实习对接起来，将汽车构造课程教学延伸至为期两周的汽车生产认识实习中，通过对多家车企实地参观学习，课程内容更为体系化，对于实现两个跨越具有重要的支撑作用。实施细则：课程教学分为六个阶段，课程考试从课堂教学、拆装实验和主题探索三方面进行考核，各部分比例为：45∶20∶20∶15，其中，15为作业和考勤，45为期中期末两次考试，两个20分别为拆装实习和主题研讨交流两个部分；拆装实验和主题探索分组进行，3～6人一组，自由组合。

第二，自主探索主题。紧扣核心技术和品牌建设两大要素提出一系列探索主题，学生也可自选题目。如下为参考主题：T型车对当代汽车产业的影响（汽车结构、生产技术与品牌价值）；混合动力汽车的发展前景和启示（普锐斯的市场前景）；红旗车面临的问题和发展策略（我国汽车品牌和汽车产业文化的标杆）；近年来为什么运动型多用途汽车（SUV）市场红火（汽车消费的动向）；乘用车和商用车的结构与技术特征的对比分析；吉普车的技术特点与车型档次分级；经济型轿车的技术特征和发展动向；电动汽车面临的挑战及其发展前景（能否到达预期）；主要国际汽车品牌在我国市场的发展情况；我国自主品牌的国际化。

表 1　课程教学内容安排和实施细则（48 学时为例）

阶段	内容	要求	预期效果和学时安排
1	汽车概述和汽车产业概述	明确课程目标、要求和教学方式了解实验室和实验条件，对汽车形成初步印象，产生兴趣。	导入期（4h）
2	传动系，行驶系，转向系和制动系	课堂教学为主，直接接触现实汽车零件和总成，掌握原理和结构。	建立汽车构造知识体系（20h）
3	分组进行，拆装实习，过程全面考核	实验教学，各总成拆装实习，提高动手能力，透析各总成的核心技术。	理论与实践相结合，助推跨越一（6h）
4	探索教学，品牌车系讲解和典型车系赏析	实施"5+2"教学方案。	了解品牌汽车和汽车产业发展模式（12h）
5	主题探索和相互交流	分组交流讨论品牌文化和技术及产业的协同发展。	实现跨越一和跨越二（6h）
6	考试（期中和期末）	系统复习和备考。	总结提高（考试周）

第三，明确课程教学内容和目标要求。以技术原理－结构性能为主线，紧扣整车性能－总成功能－零件结构的相互关联，运用丰富的实物教具、产品结构图片、汽车视频资料和教材，诠释"整体大于局部之和"的汽车技术集成原理。教学过程，强调"整车－总成－零件"三个结合，"原理－结构－性能"三个关联。在探索汽车奥秘过程中，用先进的汽车质量文化来增进课程教学，凝练大学课程教学的价值，提升大学课程品位和含金量，引导学生的学业和成才：从兴趣发展到热爱，实现质的飞跃。汽车构造教学改革的逐步深入，不仅有助于教（学）好一门课程，夯实基础知识，有利于推动由虚到实、从无形到有形的两个跨越，实现从懂车爱车到敬业爱国的提升。

四、结语

汽车产业具有规模大、产业链长、涉及面广、产品更新换代快、品牌多且各具特色、国际化竞争激烈、受能源环境道路交通安全以及国民经济和社会发展状态等多因素制约的特点，汽车产品呈现智能化、轻量化、能源及车型多样化的演化趋势，以及品牌产品技术平台化的产业发展模式。汽车构造课程教学改革的整体规划基于全面掌握汽车构造原理和技术动态，通过细致解剖 5 个基本车型体系从而形成对汽车产品的全局认知，进而对两个经典车型进行对比分析，将汽车知识体系升华为车型演化逻辑。教学方式上，课堂教学、实践教学和自主探索三种方式相辅相成[18]，将更新教学内容作为基本要求、实现"两个跨越"为长远目标。总之，汽车构造课程持续的、系统的教学改革，有益于提高车辆专业教学水平。

参考文献

[1]Unique Cars and Parts. A Brief History of the Automobile[EB/OL]. (*sine die*)[2016 – 06 – 30]. http://www.uniquecarsandparts.com.au/heritage_automobile.php.

[2]李锋.新常态下中国汽车产业面临的挑战与对策[R]//中国国际经济交流中心.中国经济分析与展望

（2015～2016）. 北京:社会科学文献出版社,2016:10.

[3]范子杰,桂良进,苏瑞意,等. 汽车轻量化技术的研究与进展[J]. 汽车安全与节能学报,2014(1):1－16.

[4]杨艳. 轻量化引领未来汽车技术发展新趋势[J]. 汽车与配件,2014(45):54－57.

[5]郑宝成. 智能汽车及其新技术发展研究[J]. 科技创新与应用,2015(17):31.

[6]欧阳明高. 我国节能与新能源汽车发展战略与对策[J]. 汽车工程,2006(4):317－321.

[7]靳玉涛. 汽车平台及发展趋势[J]. 汽车工程师,2010(7):57－60.

[8]蔡洪明,李跃武,乐志国,等. 汽车平台及通用化研发模式探索[J]. 汽车工程师,2011(11):15－18.

[9]张亚萍,刘华,吴珩晓,等. 浅析汽车平台演进与模块化战略[J]. 汽车工业研究,2015(1):27－31.

[10]李晓赞. 汽车平台战略在大众集团的运用及其应用意义[J]. 时代汽车,2016(3):36－38.

[11]陈家瑞. 汽车构造[M].3版.北京:机械工业出版社,2009.

[12]Hennessy, K., & Hester, B. L. Car: The Definitive Visual History of the Automobile[J]. *Dorling Kinders-ley*, 2011.

[13]Genta, G. The Motor Car: Past, Present and Future[J]. *Springer*, 2014():.

[14]吴佐铭,褚超美,顾健华,等. 双离合自动变速器技术现状及应用前景[J]. 机械科学与技术,2008(11):1351－1355.

[15]王传金,唐进元,李培军,等. 双离合器自动变速器 DCT 的结构特点与工作原理分析[J]. 机械传动,2008(6):94－97.

[16]姚君,金然,韩叔冬,等. 论品牌基因在汽车造型设计中的传承与创新[J]. 包装工程,2012(24):37－41.

[17]赵晓庆. 中国汽车产业的自主创新——探析"以市场换技术"战略失败的体制根源[J]. 浙江大学学报（人文社会科学版）,2013(3):164－176.

[18]Silberman, C. E., & Shanker, A. Book and Film Reviews: Viewing the Classroom Crisis: Defending the Schools: Crisis in the Classroom: The Remaking of American Education[J]. *Physics Teacher*, 1971(7):401－403.

信息化条件下高校小语种专业教学的人文反思

张　峰

摘　要：语言既是交流工具和文化载体，又是文化的组成部分，体现工具性与人文性统一。较之英语专业而言，目前高校小语种教学具有工具性强、人文通识性不足的问题，信息化加剧了这一偏向。针对问题，"文史哲互根"思想有利于相关人员整合知识、创新思维，帮助他们加强人文教育理念，促使小语种教学回归工具性与人文性的统一，实现其从工具手段到人文价值的理念提升。

关键词：信息化；小语种专业教学；人文反思；文史哲互根

　　语言是各民族不同思维方式、审美情趣以及心理认知习惯的集中体现。它除了表意功能外，还是通向文学、历史、哲学的桥梁，既是交流工具和文化载体，又是文化的组成部分，体现了工具性与人文性的统一。近些年来，快速发展的现代教育技术加剧了高校外语教学的工具化倾向，零起点小语种教学表现更为突出。"文史哲互根"思想倡导人文学术还家，反对人文学科条块分隔，有利于"解放我们的观念，调整我们的规范，改造我们的学习"[1]5，帮助小语种教学实现从"工具手段"到"人文价值"的转变，促使其回归本然的工具性与人文性统一。文中的小语种泛指除英语外的其他外语类语言，尤指高校教学中取得一定规模的日法德意西语言。

一、高校小语种专业教学的现状

　　从学的层面看，目前高校小语种专业具有零起点、成人化和英语基础学习三个起步特点。"零起点教学"指小语种学生在入学之前不具备任何的专业基础。"成人语言学习"指学生们在初学专业语言之时介于十七八岁的年龄，他们对母语即汉语的掌握已经达到相当熟练的程度，母体的思维方式已基本形成。"英语基础教学"指目前绝大多数高校招收的小语种专业本科生在入学前至少经过了六年系统的英语学习，不但有了扎实的语言基本功，而且还了解一些英语国家的历史文化知识、英语民族的思维方式及审美习惯等。这些本根特征决定了小语种专业相对独特的教学状况，集中表现为信息技术参与下的语言教学注重专业知识，其人文通识性相对不足。

　　"零起点教学"奠定了小语种学生与老师更加局促紧张的心理状态，一定程度上决定了他们对"有之教"方法的绝对执行。"有之教"指"高校对实际知识和直接功利学术的充分落实……是中外大学所有教学领域的第一个严肃要求。"[2]43对小语种教学而言，"有之教"集中体现在教学大纲的技能性指导以及教师队伍过度专业化两个方面。我们以法语专业为

基金项目：湖南省"十二五"教育科学规划项目"信息化条件下高校小语种学生学习方式变革研究"，项目编号：XJK015BGD086；2016年中南大学教育教学改革研究项目"信息化条件下法语传统教学与在线教学的互补性研究"，项目编号：160010014。

作者简介：张峰（1974－），女，河南内乡人，文学博士，中南大学外国语学院副教授、硕士生导师，主要从事法语语言教学、法国文学与美学研究；长沙，410083。Email：jeanne-zh@qq.com。

例。《高等学校法语专业基础阶段教学大纲》规定，基础阶段法语教学的目的是"使学生掌握法语基础知识，具有听说读写的基本技能和一定的交际能力，并具备初步的自学能力，为提高阶段的法语学习或以法语为工具进行其他专业课程的学习打下良好基础。"[3]《高等学校法语专业高年级法语教学大纲》规定，在法语专业高年级阶段，其教学的目的是"一方面对听说读写译各项技能提出更高的要求，尤其强调培养综合运用语言的能力；另一方面注重扩充语言知识和社会文化知识，培养独立工作能力，使学生毕业后能胜任一般的翻译、教学和其他以法语为工具的工作，并为继续深造打下良好的基础。"[4] 由此可见，两个阶段大纲都是将语言作为交际工具，将教学重点放在语言技能和交际能力培养，强调知识性教学，没有明确体现出语言的人文特性。在大纲指导下，语言知识占据课堂绝大部分甚至是整个内容。即使到高年级，课程设置增加了诸如文学、概况、报刊阅读等内容，但侧重点只是从语言知识转向了社会文化知识。这种用知识补充知识的方法只是"知识简单地、积木式地加减，于人之智慧补益不多"[5]，并不能带来学生人文思想的深化。其次，小语种教师队伍专业性强，通识性相对不足。目前，我国高校小语种专业教师绝大部分是分科教育和语言工具论下的产物，他们从本科到硕士、甚至再到博士都是根正苗红的专业出身。壁垒分明的专业教育在一定程度上限制了他们的知识、思想和视野。

近些年来，以互联网为基础的信息技术快速发展，高等教育随之出现重大变革。《国家中长期教育改革和发展规划纲要（2010－2020）》明确指出："信息技术对教育发展具有革命性影响"[6]。信息技术的确在很大程度上改进了小语种传统教学。从教学环境来看，传统教学活动几乎全部围绕课堂展开；现代教育技术参与后，学生不再受制于课堂，可以随时随地与老师交流，或者借助电子工具自主学习。从授课方式来看，传统教学以教师为主导，以课堂讲授为主要途径；信息化条件下，学生主导课堂，甚至参与课堂讲解，成为决定课堂走向新力量。从授课内容看，传统课堂围绕书本展开，拓展范围在某种程度上取决于相关教师的认识视野；信息化课堂根据学生兴趣在互联网选取相关内容，大量形象生动、可视可感的学习材料为课堂输入新血液。总之，以网络为基础的多媒体教学"优化了外语语言资源的环境，提高了个人学习效率和教学效果……使得教学变得形象化、立体化、生动化。"[7]

二、高校小语种专业教学所面临的问题

（一）教学目标相对单一，专业知识与人文思想分离

在大纲直接指导下，教师以语言技能和交流能力培养为目的展开教学活动，语言所承载的丰富人文内涵被忽略和过滤。学生则在成年理性支配下，目的性更加明确，经常对课堂知识进行二次筛选，语言的人文内涵所剩无几。当然，"有之教作为目的，是中外高校的务实之选；作为方法，是现代性社会对高校的刻意规范"[2]43。但是，教育着眼的是长远未来，是全面型的复合人才。不可否认，听说读写译等知识技能的储备在语言学习中不仅必要而且必须。但这种必须却几乎成了当下的小语种专业学生学习的全部内容。即便到了高年级，文学、历史、哲学等课程一定程度上体现了语言的人文特性，实现了从语言向文化的过渡，但这种过渡在本质上仍是知识的传授过程。并且，受浓厚功利主义影响，这些科目基本不在学生们的主动选课之列。如果强制"被选"，他们经常以应试的功用主义心态追求成绩、凑齐

学分，忽视学科丰富的人文思想。小语种专业教学于是越来越知识化、越来越标准化。

（二）小语种语言学习深受母体思维方式干扰

中国传统以混沌思维、意象思维和直觉思维为主，重视直观经验，强调非理性的感悟，强调事物的整体性和相似性，擅长从整体上把握事物，而西方思维重视逻辑推理，善于把整体事物分成若干个部分进行细致入微的分析，善于借助于概念、范畴形成完备的理论体系。中西不同的思维方式给成年零起点的小语种语言教学带来很大干扰：习惯了具象象形文字的学生不完全能够接受字母文字能指与所指的彻底分离。虽然英语基础在一定条件下对这样的疑惑有所弥补，但母语的思维模式往往具有更大的支配力量。直观体悟式的思维方式使他们很难理解和欣赏字母文字中客观的、白描式的精确之美。在他们形成口语和书面文字的过程中，不仅是表达上的"中式外语"，更多表现出来的是思维的跳跃和不连贯。

（三）现代教育技术参与教学过程加剧了小语种学习的工具化倾向

在信息技术条件下，丰富的网络资源有力补充了曾经有限的教学内容，便捷的学习工具有效延伸了受制于时空的传统课堂，但同时也给语言学习带来新问题。一方面，作为一门新兴学科，现代教育技术本身面临人文精神的缺失，其"对哲学理论的研究尤为缺乏，如人文精神、道德伦理"[8]3。再者，现代教育技术只提供相对完善的教学环境和相对便利的教学工具，其本身"并不能使语言教学和学习变得更快、更好、更容易、更高效"[9]。具体到小语种教学而言，借助于网络的专业教学"在更大程度上扮演着传授知识的工具角色，其"育"的功能并未充分发挥出来，且难以考究评估。"[8]43另外，多媒体教学"打破原有的语言环境，减少了师生之间语言交流机会。使之无从体验现实生活中种种真实的交流环境，因而在实际交际中往往会导致语言书面化，甚至交际失当。"[10]信息技术参与下的外语教学要求学生拥有充分的自觉性和主动性，能根据需要设定自我目标、选择合适的学习方法和学习材料，相关老师则借助网络和多媒体工具引导和辅助学生。此时，学生更愿意选取移动设备作为学习工具，挑拣音感动感强烈的视频音频作为学习内容，选择不受时空局限的在线课堂作为学习方式，结果导致他们对书面文字的感知力和理解力严重下滑，语言知识凌乱、琐碎，缺乏体系性。同时，没有老师与传统课堂的监管，部分自律能力较差的同学势必虚度光阴，达不到应有学习效果，致使语言学习不能齐头并进，学生水平参差不齐。

三、问题的尝试解决

针对小语种教学的现状及存在的问题，笔者建议以"文史哲互根"为思想指导，从以下三方面入手探寻理论与实践层面的解决方案。

（一）在专业教学过程中渗入"文史哲互根"思想，促进人文教育和学科教育的融合

当今高校教学受西方体制影响，学科分类过细，条块分割明显。小语种教学受大环境影响，在拟定大纲、设置课程、教学选课等方面透露出工具理性的功利气息，损伤了语言本根处人文与工具的统一。"文史哲互根"思想要求"融通学科，恢弘大体，原始要终，相互补苴……相互会通，补偏救弊……大处着眼，焦点落墨……固本培元，率然一体"[1]7。语言教学既在专，又在博，既在有用之工具，又在无用之人文。提高专业教师的人文通识水平，打破专业壁垒是当下国内高校小语种教学实现其人文性的核心步骤。相关教师应树立大人文学

科概念，具有解疆化域的学术胸怀和进行跨学科研究的学术精神，在教学中引导学生进行跨界思考。相关人事部门应具有长远发展眼光，从通识与超越的大局出发，欢迎和鼓励跨学科人才进入教师队伍，为人文教育与学科教育的融合营造良好氛围。从操作层面看，教学大纲是教学工作展开的根本性指导。在"文史哲互根"思想指导下重新修订教学大纲是实现教学中语言工具性与人文性统一的理论前提。只有在理论的确立与指导下，实践才有可能沿着正确的轨道得以实施。

（二）整合中西思维方式，促进外语学习与人文精神的交融

"一种较为成功的母体思想方法常常是在特殊文化氛围中生成"[2]43，母体思维与其发生的背景密不可分。中国传统思想根植小农经济，以自然为根，以天人合一为本，在悠久的历史演变过程中形成了重混沌、重意象、重感悟、尚神思、尚通变、尚演化的根性思维特点。在其影响下，汉语语言呈现出以意驭形的语义型特征，具体表现为汉语偏重流动结构、偏重意合的表达模式："汉语语句在行文上看似飘逸不定行云流水而无定法可依，然而以'意'观之，汉语在句法观上则遵循着以意气为主、文辞为辅、意尽为界的文质一统理念，实为无规之法。"[11]源自于古希腊的西方传统思想较早摆脱了对自然的依赖，在超验之思的指引下，形成了重抽象、重体系、重逻辑、尚分析、尚思辨、尚创新的母体思维特点，字母文字也因此呈现出抽象严密、以形制意的语法型特征，具体表现为重核心结构、重形合的语言表达模式。字母文字表达时往往盘根错节，以主句为核心，句中有句，句与句之间经常借助不同的连词按语法逻辑关系层层铺展开来。整个复句看起来形彰意显，虽枝叶繁长却条理清晰。零起点学生的思维模式基于母语，母语以及母语思维的干扰难以避免。同时，应看到中西思维的差异并不绝然对立：非理性因素占主导的直觉思维非汉民族所独有，理性因素占主导的逻辑思维也非西方传统所独有，只是在历史发展过程中，非理性因素对汉民族、理性因素对西方民族的影响更为深远。同样，汉语的意合与字母文字的形合也不是绝对的，只是汉语以意合见长而字母文字以形合见长罢了。随着时间推移，随着教学中有意识地培养训练，学生对相关文化现象的理解越来越深入，他们的思维模式会在结构和内容上逐渐接近目标语的思维模式。在中西语言与文化碰撞与磨合中，兼具两种思维之长是可能的也是必须的。

（三）兼容传统与现代两种教学模式，促进传统教育与技术教育的优势互补

传统小语种教学严格受制于一定的时间和空间，而且，传统教学形式相对单一，内容相对枯燥，过分依赖相关教师，这在一定程度上不利于学生形成自主学习习惯。信息技术带来现代化的教学环境和便利的教学工具，很大程度上弥补了传统教学缺陷。但是，信息化教学带来得繁冗知识容易使学生找不到头绪，在知识海洋中迷失自我。而且，嘈杂的视频音频会分散学生关注力，不利于基础阶段学习，尤其带来深入阅读障碍。传统课堂上，教师直面学生，根据他们的接受和反应适当调整授课内容和方式，教学活动比较容易驾驭。直面交流也有利于培养呵护学生的人文精神。"高校教师的主要任务不仅仅是知识的传递，更在于以教师自身的人格魅力去启发学生，激励思考，教导学生学会学习，学会做人。教师的知识水平、业务能力、思想道德、心理素质，将直接对所教的学生产生多方面影响。"[12]现代化多媒体课堂中师生缺乏面对面沟通，甚至出现教师和学生互不认识的情况，根本无从谈起教师对学生的人文影响。因此，信息化过程中，小语种教学不能放弃传统，不能失去对历史的传承，"失去传承的变革和没有变革的传承都会割断发展的链条"[13]。

四 、结 语

当前高速发展的信息技术虽然在外部环境上加强了语言教学的工具化倾向，但同时也为整合语言工具性与人文性的统一提供了更为广阔的背景和更为便利的途径。针对小语种教学的工具化倾向，我们需要借助以网络为基础的信息化手段，以"文史哲互根"思想为指导，引导教学管理人员、教师及学生树立人文精神观，兼顾传统与现代两种教学模式，既着力于语言教学的信息化进程，又不断然抛弃传统课堂教学，既注重中西思维差异又不绝然对立。在有机合整和主与次、中与西、传统与现代关系的前提下使外语教学回归人文视野、回归它本然的工具性与人文性的统一，实现其从工具手段到人文价值的内在转变。

参考文献

[1]栾栋. 人文学术还家——兼释"文史哲互根"[J]. 学术研究，2007(10).

[2]栾栋. 大学教学方法简说——有、无、化方略解析[J]. 唐都学刊，2008(5).

[3]北京外国语学院. 高等学校法语专业基础阶段教学大纲[G]. 北京:外语教学与研究出版社，2008:1.

[4]北京外国语学院. 高等学校法语专业高年级法语教学大纲[G]. 北京:外语教学与研究出版社，1997:4.

[5]王林，唐子奕. 知识与思想冲突中的高等教育[J]. 求索，2004(4):159.

[6]国家中长期教育改革和发展规划纲要工作办公室. 国家中长期教育改革和发展规划纲要(2010 - 2020)[N]. 中国教育报，2010-07-30(1 - 3).

[7]蔡基刚，武世兴. 引进多媒体网络技术，改革传统的教学模式[J]. 外语界，2003(6):4.

[8]李园. 信息化时代教育技术人文精神的缺失与重构[D]. 硕士学位论文. 南宁:广西师范学院计算机与信息工程学院，2010.

[9]单伟红. 高等教育中现代信息技术与传统方法的优势互补[J]. 华东交通大学学报，2005(6):182.

[10]罗曼荣. 小语种传统教学与多媒体网络教学优势互补性教学模式研究与探索[J]. 辽宁行政学院学报，2012(10):110.

[11]张思洁，张柏然. 形合与意合的哲学思维反思[J]. 中国翻译，2001(7):14.

[12]邵明英. 增强师生互动，提升青年教师影响力[J]. 中国高等教育，2016(18):41.

[13]刘绯绯. 外语教学模式是外语教学法演进的飞跃[J]. 中国俄语教学，2002(4):25.

PBL 教学法与 CBL 教学法在急诊医学教学中的实践与体会

刘作良　　杨明施　　杨兵厂　　肖雪飞　　夏红　　吴琼　　左钰

摘　要：PBL 教学法和 CBL 教学法广泛应用于临床课程的教学中，近年来关于这两种教学法的研究也越来越多。急诊医学是处理和研究各种急性病变和急性创伤的一门综合科学，要求学生熟练掌握急救要点和技巧，根据不同现场情况作出迅速判断和处理。通过 PBL 教学法和 CBL 教学法在急诊医学教学中的对比应用，总结出两种方法各自的优势。

关键词：PBL 教学法；CBL 教学法；急诊医学

　　PBL（Problem-Based Learning）教学法是一种以问题为基础[1]的学习教育方法[2]，在高等医学教育中受重视，广泛应用于临床课程的教学中。其特点是可以促进学生开放式研究，团队合作和和批判性思维能力的发展。CBL（Case-Based Learning）教学法是一种以案例为基础的学习教育方法[3]。近年来关于 CBL 教学法的研究也越来越多，在医学教育领域中也得到了许多教学机构师生的关注和支持。它的特征在于需要教师和学生共同分担责任，并通过事先准备引导学生研究问题、发现问题和解决问题。急诊医学是处理和研究各种急性病变和急性创伤的一门综合科学，要求在短时间内对威胁人类生命安全的意外灾害和疾病采取紧急救护措施；急诊医学教育要求学生熟练掌握急救要点和技巧，根据不同现场情况作出迅速判断和处理。目前国内外对上述两种教学法在急诊医学教学的探讨尚且不多，我们在急诊教学实践工作中初步总结了两种教学方法的特点。

一、实施 PBL 教学法和 CBL 教学法的背景概况

　　教学模式不管是从古至今，还是国内国外，一直是教育领域探讨的热点和难点。模式的创造者希望建构一种严格而细密的教学模式，把价值选择定位在如何快速、高效地使学生掌握知识，接受社会要求，并把一切以传达知识的有效程度作为衡量标准。师生的角色定位历来也是教学模式研究中的关键问题，也用来区分所谓"传统教学模式"和"现代教学模式"。当代随着多学科研究的不断交叉、渗透，多种教学模式在构建过程中交流和碰撞，使教与学、师与生的矛盾越来越突出。但不管是哪一种教学模式，出发点基本包括价值选择、教学目标、师生关系、教学策略等几个内容。而且教育的根本目的就是要培养人不断地领悟世界的意义和人类存在本身的意义。不论是传统意义上的强迫灌输、还是现今欧美推崇的自

作者简介：刘作良（1979 - ），男，湖南安仁人，中南大学湘雅三医院主治医师，主要从事急危重症、急救、脓毒症等研究；杨明施（1961 - ），女，湖南长沙人，中南大学湘雅医学院教授，主要从事急危重症、脓毒症等研究；杨兵厂（1977 - ），男，陕西乾县人，中南大学湘雅医学院主治医师，主要从事急危重症、脓毒症等研究；长沙，410013。Email：iculzl@ sina. com。

由学习作出偏倚或选择，甚至是结合两者，PBL 教学法和 CBL 教学法可能给我们新的思路。两者在教学架构上存在一定的差异，前者更具系统性和基础性，后者一定意义上仍然在传统学科的课程之内[4]。急救医学在国内发展较晚，涉及的灾害救援、伤情分拣、急救技能的综合应用等都是急诊医学、重症医学等学科所不能替代的。教学模式应用研究对于探讨急救医学教育具有深远意义。

二、PBL 教学法和 CBL 教学法在急诊医学教育具体实施

随机抽取 2014 级本科 8 个实习小组，每组 10 人，总计 80 人。其中 4 组实施 PBL 教学法，另 4 组实施 CBL 教学法，教学内容为急救医学教育，时间为学生轮转阶段的一个月。

实施 PBL 教学：分为 5 个重要的教育阶段——提出问题、建立假设、收集资料、论证假设、小组为单位进行总结。学生的学习氛围相对轻松，可以自由表达观点，并且在相互讨论中深化知识增进了解。学生针对案例提出问题，整理资料，时间规定在半小时到一小时内，随后进行小组讨论。教师在学生收集解剖、病理生理、对应临床知识、灾害机制等方面的信息进行鼓励、支持、引导，并对偏离方向的假设、资料收集、讨论等进行纠正。

实施 CBL 教学：让学生采取渐进式探索问题的方式进行临床案例的学习。课前给每位学生发放预习的阅读材料，阅读时间也是在半小时到一小时内，然后是案例讨论。案例开始可以是从临床问题着手，也可以是从案例本身着手。由学生进行现场处置，但是在过程中遇到问题可以随时叫停，叫停者可以是教师也可以是学生。学生商讨后仍无法解决问题时由教师提供帮助，教师再次提出问题让学生思考，做到在课程结束后学生对案例已经没有问题。

三、PBL 教学法和 CBL 教学法评价情况

四组学生在完成全部教学内容学习后，分别在主观和客观两个方面对教学效果进行评价。主观方面根据教学效果调查问卷进行评价。教学效果调查问卷采用无记名方式，针对课堂气氛、师生互动、教学重点是否突出、学习兴趣、时间利用、独立学习能力、综合分析能力、临床技能进行调查。客观方面从理论和操作考试两方面进行评价。前者从急救医学题库中抽取授课内容相关试题，其中选择题 20 道，每题 1 分，填空题 20 道，每空 1 分，案例分析题 2 道，每题 10 分；后者包括两道技能考核内容，每项 20 分。授课结束后，对四组学生教学情况从老师评价、学生评价和考试成绩（包括理论和操作考试）三个方面进行总结。

本研究中数据的分析主要采用 SPSS 13.0 软件，PBL 和 CBL 教学效果的比较主要采用卡方检验，当 $P < 0.05$ 时，组间差距具有统计学意义。

四、PBL 教学法和 CBL 教学法评价结果分析

急诊医学作为临床医学的一个重要组成部分，是一门实践性非常强的学科，而且对于学生的知识掌握度、理论与实践结合度、灵活运用度等多方面都有要求。如果采用传统教学模式，教学主要依赖教师讲授，学生缺少主观能动性，操作能力和团队协作也无法得到提高。PBL 教学法和 CBL 教学法均能够充分调动学生的积极性，提高学生思考问题、分析问题和

解决问题的能力，学生对急救医学的学习效率和认知水平都得到了较大的提升。

表1　PBL教学法和CBL教学法教学效果问卷调查结果

调查内容	支持PBL教学法（学生人数）	CBL教学法（学生人数）	P值
课堂气氛（热烈）	38	36	$\chi^2=0.180$　$P=0.671$
师生互动（紧密）	37	32	$\chi^2=1.686$　$P=0.194$
教学重点（突出）	26	35	$\chi^2=5.591$　$P=0.018$
时间利用（得当）	24	34	$\chi^2=6.27$　$P=0.012$
学习兴趣（增加）	36	33	$\chi^2=0.422$　$P=0.516$
综合能力（提高）	33	37	$\chi^2=1.029$　$P=0.310$
独立学习（提高）	34	38	$\chi^2=1.250$　$P=0.264$
临床技能（提高）	32	36	$\chi^2=0.552$　$P=0.348$

表2　考试成绩对比

考试内容	PBL教学组（平均）	CBL教学组（平均）	P值
选择题	17.38 ± 2.059	16.6 ± 2.706	$P=0.153$
填空题	15.85 ± 2.346	15.4 ± 2.701	$P=0.508$
案例分析	17.35 ± 1.833	16.2 ± 0.349	$P=0.013$
操作技能	32.68 ± 3.422	33.43 ± 3.350	$P=0.325$

（一）PBL教学法

PBL教学法对学生思维由理论向临床转换帮助较大，能够激发学生的学习动机，能够帮助培养学生的自学能力[5]。急诊医学应用以问题为基础的PBL教学法，使得课堂气氛活跃，师生关系融洽，充分发挥教学互动，在发掘学生学习动机和主观能动性方面积极作用明显。并且有助于提高教师综合教学能力。教师在采用这种教学模式过程中，需要根据教学大纲、教学计划、教学任务并结合临床实际设定病例或问题，在指导学生发现问题、解决临床问题的过程中培养学生的临床思维，为学生尽快适应临床工作奠定了基础。在学生讨论期间，指导老师不仅应不断观察学生在学习中的表现，提出行之有效的针对措施，同时要根据学生的特点和需要，帮助学生发现问题，想办法解决问题，进而使学生掌握学习方法，养成自学习惯；并应善于控制讨论场面，传授学习方法、记忆方法、文献检索方法和写作技巧，掌握教学进度、深度和广度；最后对学生的学习过程和结果进行总结、评价和评分。

（二）CBL教学法

CBL教学法则为学生们营造了轻松、主动的学习氛围，使学生们能够自主地、积极地畅所欲言，充分表达自己的观点，同时也可以十分容易地获得来自其他同学和老师的信息[6]。CBL教学法不仅对理论学习大有益处，还可锻炼学生们多方面的能力，如文献检索、查阅资料的能力，归纳总结、综合理解的能力，逻辑推理、口头表达的能力，主导学习、终身学习的能力等。CBL教学法可使有关课程的问题尽可能多地当场解决。在讨论中可以随时纠正自己不正确的观点，加深对正确理论的理解，还可以不断发现新问题，解答新问题，使学习过程缩短，印象更加深刻。而且CBL教学法教学过程中近似模拟了临床工作程序，有利于学生尽快实现从疾病到症状的教科书思维模式向症状到疾病的临床思维模式的转变，进而提高解决临床问题的能力。因此 CBL 教学法在教学中涉及面广，对疾病的发生发展、临床表现、治疗等必然涉及基础与临床多学科知识，有助于学生对所学知识的综合运用。

（三）两种教学模式对比

主观评价，即教学效果调查问卷评价（见表1），在课堂气氛、师生互动、教学重点是否突出、学习兴趣、时间利用几个方面，PBL 教学法相对 CBL 教学法存在优势；而在独立学习能力、综合分析能力、临床技能三个方面后者较前者对学生帮助更大。客观评价（见表2），在理论考试方面应用 PBL 教学法相对 CBL 教学法学生成绩较好，而在操作技能考试方面应用 CBL 教学法相对 PBL 教学法学生成绩较好。

五、讨论

PBL 教学方法和 CBL 教学法作为现今教育领域较为成熟的的教学模式，被国内外越来越多的学者重视，对临床医学教育作用重大，在这次急诊医学教学对比研究中也体现出了各自的特色和优势。相对于传统教学模式，上述两种教学模式在增加学生学习兴趣、提高学生学习效率、培养学生综合能力等方面均有较大优势[7]；但 PBL 教学方法在课堂气氛、师生互动、教学重点突出、理论考试等方面比 CBL 教学法更具优势，而 CBL 教学法在提高综合能力、提高独立学习、提高临床技能、技能操作考试比 PBL 教学法更具优势。临床教师应对教学目标、内容、学时、资源和学生的具体情况等进行综合评估，选用 PBL 教学法或CBL 教学法，甚至是两者的有机结合[8]。尤其是 PBL 教学方法结合 CBL 教学法，值得我们在今后的急诊医学教育中进一步探讨。

参考文献

[1] Bosse, H. M. , Huwendiek, S. , Skelin, S. , et al. Interactive Film Scenes for Tutor Training in Problem-based Learning (PBL)：Dealing with Difficult Situations[J]. *BMC Med Educ*, 2010(1)：52.

[2] Mc Parland, M. , Noble, L. M. , Livingston, G. , et al. The Effectiveness of Problem-based Learning Compared to Traditional Teaching in Undergraduate Psychiatry[J]. *Med Educ*, 2004(38)：859 – 867.

[3] Carder, L. , Willingham, P. , Bibb, D. , et al. Case-based, Problem-based Learning：Information Literacy for the Real World [J]. *Research Strategies*, 2001(3)：181 – 190.

[4] 李韬,韩玉慧,蒋益,等. 医学基础教育中 PBL 和 CBL 两种教学模式的实践与体会[J]. 中国高等医学教育,2010(2)：108 – 110.

[5] 王玲,孙平,杜智敏,等. 药理学教学中以病例为中心教学方法的实践与探索[J]. 中华医学教育杂志,2006(5)：56 – 57.

[6] 夏颖,顾鸣敏. PBL 与 CBL 教学法的比较[J]. 复旦教育论坛,2009(5)：91.

[7] Gongora-Ortega, J. , Segovia-Bemal, Y. , Valdivia-Martinez, J. D. ,et al. Educational Interventions to Improve the Sffectiveness in Clinical Competence of General Practitioners：Problem-Based Versus Critical Reading-Based Learning[J]. *BMC Med Educ*, 2012(1)：53 – 65.

[8] Klegeris, A. , & Hurren, H. Impact of Problem-Based Learning in A Large Classroom Setting：Student Perception and Problem-Solving Skills[J]. *Adv Physiol Educ*, 2011(4)：408 – 415.

大学英语课堂翻译教学的重要性及其实施

邓 煜 王晓东

摘 要：本科生质量稳步提升、英语课时逐步减少，对大学英语的教学目标、内容和方式提出更高要求。翻译教学在一定程度上被忽视，但翻译能力培养不仅能提高大学生语言综合能力，而且对后续教育和未来职业有积极帮助。针对读写译教学课时有限的现状，运用"互联网＋"翻译任务驱动的模式，实现教学时间、空间、内容的拓展，提升学生的翻译能力及英语水平。

关键词：大学英语；翻译教学；课堂拓展；翻译能力

大学英语教改的探索，是为了把它建设成大学生真心喜欢、终身受益的优质课程，更好地满足学生接受高质量、多样化英语教学的需求，更加适应国家经济社会发展对人才培养的要求[1]。

自 2003 年起，全国范围内开展的大学英语教改，着重培养学生的英语综合应用能力（尤其是"听说"），推广基于计算机和课堂的大学英语新教学模式，将形成性评估和终结性评估相结合，注重发展学生的自主学习能力，取得了显著成效。在技术突飞猛进的信息时代，教情、学情与十几年前相比有了很大变化，教学目标也应随之调整。读写译，尤其是"译"需要在大学生英语水平培养体系中发挥更大作用。

一、翻译能力培养：教学目标的升级

重点培养大学生的英语听说能力这一教学目标定位，在一定时期内有针对性地优化了教学资源配置，达到了很好的效果。随着国际化程度及基础教育水平的不断攀升，初入大学的新生整体具备较高的外语水平，"听说核心"的教学已不能完全满足他们的需求，翻译能力培养是大学英语教学重要的补充。

上一轮大学英语教育改革热潮是以听说为核心的：教育部门、出版社和诸多高校大力开展和组织了各种形式的口语演讲大赛或辩论大赛，高调地宣传和巩固了听说的核心地位。教育部高等学校大学外语教学指导委员会于 2009 年至 2010 年在全国高校中对大学英语教学现状进行了较为全面的调查。参加调查的院校为 530 所，接近全国高校总数（1085）的一半，涵盖全国 31 个省市自治区。从参加调研学校的性质和类别来看，"985 工程"高校全部参加，普遍将"提高学生的英语综合应用能力"和"提高学生的综合素养"作为最重要的教学目标。在听、说、读、写、译五项技能中，听、读、说被认为是"最重要技能"及"次

基金项目：中南大学教育教学改革研究项目"互联网＋翻译在大学英语读写译课堂的应用研究"，项目编号：2017jy63；中南大学教育教学改革研究项目"语料库驱动下英语专业写作 1＋1 教学模式构建"，项目编号：2017jy69。

作者简介：邓煜（1978 -），女，湖南常德人，中南大学外国语学院讲师，主要从事翻译教学研究；王晓东（1979 -），男，安徽金寨人，文学博士，中南大学外国语学院讲师，主要从事汉英翻译和翻译能力研究；长沙，410083。Email：wongjason@126.com。

重要技能"的比例分别为 70.5%、55.5% 和 47%[2]。可见"听说核心"的教学理念已经完全融汇入大学英语教学实践中。

进入新时代,《国家中长期教育改革和发展规划纲要(2010 – 2020 年)》要求"加快创建世界一流大学和高水平大学的步伐,培养一批拔尖创新人才,形成一批世界一流学科,产生一批国际领先的原创性成果,为提升我国综合国力贡献力量。"在由此引发的对大学英语新目标的大讨论中,王初明等人主张用专门用途英语(English for Specific Pupursesc,简称 ESP)"逐步取代目前的大学公共英语课[3]。蔡基刚一方面肯定以听说为核心的教学目标是"合理的",一方面也指出这个目标具有阶段性和暂时性[4]21-29,并呼吁我国大学英语教学目标应适时再转移:大学英语教学需要着力培养国家所需要的、在科技领域与国际开展竞争的英语读写能力。在这一点上,根据罗选民的研究,在中国,80% 以上的西方经典著作(不包括文学著作)是由科学、工程、经济、历史、哲学等领域的学者翻译的……任何处于学术前沿的科学家,他往往也是翻译家,他不仅仅自己做研究,还把引进西方的学术思想和先进的科学技术作为己任。[5]可以肯定,将来许多科技翻译人员将来自大学翻译教学,如果我们重视大学翻译教学,就可使大多数的大学生受益。

放眼国内外,对翻译能力及翻译教学的探索也是语言研究的前沿和热点。不少学者从理论和实证的角度探讨了翻译能力的特点、性质、构成以及其习得过程[6],科利纳(S. Colina)构建了教学可行的翻译能力模式,用来指导翻译测试及课堂教学[7]。因为,从本质上来说,翻译就是一个积累词汇,不断锤炼遣词造句能力的过程。而且翻译练习不仅能够提高书面英语的能力,还能通过词句的积累,提升学生口语能力。可以说,翻译能力是学生综合能力中最有表现力的一种能力。

由此可见,以听说为核心的教学目标是合理的,但是这个目标具有阶段性和暂时性[4]21-29。当前大学生的英语学习目标是培养具有跨文化交际能力,以及有国际竞争力的人才。大学生不仅要用英语实现跨文化交流,同时还要用英语学习和运用世界先进科技,在学科和专业领域内具有较强的国际竞争能力,为国家的科技、人文发展服务,所以提高翻译教学在读写译课堂的地位显得异常重要。

二、工具性及人文性并重:教学内容的更新

教学内容的选择与组织是课程建设的重要组成部分,丰富、实用、贴合时代特色的内容更容易激发学生学习的热情,实现教学目标。就翻译教学模块而言,选材既要体现出英语工具性的一面,更要展示语言背后的人文底蕴。

不得不承认,很长一段时间里,对翻译教学的认识存在误区,认为翻译课程是为培养专门的翻译人才开设,对非英语专业学生用处不大;理工科学生只需具备一定的阅读能力,能通过传统媒介或网络途径获取专业信息即可[8]。受此影响,大学英语中"译"的部分,往往被教师有意识忽略;就算开展教学,也只是简单的基本翻译技能传授,内容重文学而轻实用,与市场需求严重脱节,学生兴趣不高,教学效果不佳。

大学英语翻译模块的教学内容应兼有工具性和人文性。工具性的一部分是专业性,属于《欧洲语言共同参考框架》所列举的与语言学习相关联的四个主要领域(公共领域、职场领

域、教育领域和个人领域）之一。翻译教学内容应加强与学生主修专业的关联，突出跨学科性。

大学英语作为一门文科类公共课程，其人文性体现在教学内容可以潜移默化地传输正能量，促进人的健康和全面发展。随着日益增加的国际交流和更多的大学生出国深造，大学英语教学有义务和责任培养大学生的英语跨文化交际能力和国际竞争力。要想培养具有国际竞争力的人才，首先就需要培养学生热爱、深谙本国文化，并能用外语流利、准确地介绍本国文化，即跨文化交际能力。在教学中要突出翻译练习的重要性和多样性，除了单一的句子翻译，补充词组、篇章和不同文体的翻译练习，还要增加有关中国历史、文化传统的翻译内容。

除此之外，学生的文体意识也应该融入到翻译教学之中。学生缺乏语域或文体意识，会犯下语域无用或文体不当的语用失误，需要培养对语言的直感、敏感和灵感[9]。正如何三宁所指出的"翻译课既是实践活动，也是培养翻译的理解意识、功能意识、语言意识、文化意识的过程"[10]。

大学英语四六级考试翻译题型的改革就体现了上述教学内容的要求。从 2013 年 12 月起，翻译题由单句调整为段落、语篇翻译，内容涉及政治、经济、文化、社会等诸多方面。由此可见，翻译能力培养是发展复合型人才的必要条件，也顺应了大学英语四六级考试的导向与要求。

整体来看，通过有效地增加、组织跨学科的教学材料开展翻译教学，不仅能促进大学生听、说、读、写等综合能力的发展，而且对大学生的后续教育和未来工作同样有积极正面的影响。

三、项目驱动与在线协作翻译平台：教学方式的创新

现代信息技术在深度和广度上已全方位渗透入外语教学。两者深度融合的任务之一就是综合利用互联网、大数据、人工智能和虚拟现实技术探索未来教育教学新模式。借助翻译协作网络平台开展任务驱动型教学可以有效解决大学英语翻译课堂时间及空间不足的难题。

大学英语课时有限，视听说教学比重一般又大于读写译，大多数老师因时间不够，基本忽视了对翻译能力的培养。教学方式以传统的词组、句型翻译的机械操练为主，实用性与时代性不足：照本宣科、一字一句翻译的教学无法吸引学生的眼球，纯粹白纸黑字的阅读无法引起学生的兴趣。另外班级大、任务重、动力小，甚至教师能力弱，对翻译作业修改不够，翻译活动仅仅在课堂上模拟，这些教学弊端也让学生无法真正体会到实际应用翻译的过程。

借助现今丰富的学习资源，英语基础学习越来越低龄化，孩子从幼年开始就能接受到系统的英语训练。但是英语翻译主要用于大量正式书面交流，它对专业性和语境理解能力要求很高，因此需要学生成长到一定的阶段才能接受专业性训练。邵有学统计发现中学的外语教学不注重培养学生的翻译能力，中学生为了应付高考而做的练习以选择题为主，因此大学英语教学中很有必要设计翻译题、翻译任务为教学翻译服务[11]。仅仅在课堂上进行模拟，无法让学生真正体会到翻译成果在实际应用过程中的效果，必须通过各种实战训练才能促进翻译水平的快速提升。

近年来，国内互联网引进辅助翻译教学的尝试越来越多，并且取得了不错的效果。周兴华从协作项目流程的几个主要阶段概述并比较了四款主流计算机辅助翻译（CAT）软件的功

能差异[12]。蔡维分类介绍了国内基于互联网的翻译服务平台，并在仰恩大学针对英语专业进行了"互联网＋翻译"实践平台的建设，探索"互联网＋"背景下的高校翻译人才培养模式[13]。曹怀军、贺莺构建了"互联网＋"环境下的双项目驱动型专利翻译人才培养模式[14]。他们发现，通过互联网翻译平台上的练习，将学生课后大量闲散的时间充分利用了起来。尤其是有偿翻译的吸引力较大，学生利用原本打游戏、逛街的时间，既能赚取适当经济回报，同时又提升了英语能力。

在翻译的同时，学生也是在学习各个领域的知识。例如翻译政府类文件能够了解政治领域的知识和新闻；翻译科技类文献可以了解或学习相关领域的专业知识。因为翻译需要斟酌词句的含义，学生在研究的过程中能够收获比语言本身丰富得多的知识。总之，通过引入项目驱动型翻译教学模式，依托真实的语言服务项目，为大学生营造出独立思考、协作共享、自由探索的学习氛围。

四、"云译客"平台：课堂教学的延展

"互联网＋"概念在大学英语课堂翻译教学中的运用，并不是盲目追赶时髦潮流的噱头，而是要切实地求新求变求效能，以顺畅地衔接学生高中所学内容，减少两个教育阶段之间脱节带来的浪费[15]。具体来说，在实际课堂教学执行中，不可避免地碰到各种类型的困难与问题，而"云译客"平台的使用可以充分利用有限课时，并对翻译项目的质与量进行及时有效的控制、评估及反馈。

互联网平台的引入，使得在教学课时不变的前提下，教师可以结合翻转课堂的教学方法，实施基于任务驱动的教学方法，从而拓展课堂，发挥多媒体互联网辅助教学的优势，提高学生的自主学习能力，将大量简单机械的阅读词汇讲解教学内容放在课后、网上进行，适当减少课堂练习。课堂的教学组织基于对课后作业的评估与反馈，通过人机对话、网络教学、在线协作等多种方式，来完成针对学生个体差异量身定做的教学内容，培养学习者的兴趣，提高学习效率。

以翻译协作平台"云译客"为例，该平台界面友好，容易上手，且有详细的使用指导。该在线翻译平台完全免费，且具备翻译术语、翻译记忆功能，辅助英语水平较低的大一学生开展翻译。有些同学对英语完全没有兴趣，该平台也提供翻译项目管理等多元化功能，可以帮助培养他们在未来工程项目中的协作能力。这里不是简单地借用"互联网＋"的流行概念，而是通过"云译客"平台的实践操作教学，形象生动地向学生介绍机器翻译的基本运作流程、术语库及其管理、翻译记忆的概念及如何构建自己的翻译记忆库、本地化技术及翻译项目管理等知识点。这些对于学生而言是切实有用的技能，有利于他们在未来将自己的专业与英语结合，更有利于维持他们以后学习英语的热情与兴趣。

在教学中，"云译客"等平台提供了群组功能，学生加入群组后，可以利用自己的电脑或自主学习中心的机器，自由选择登录地点，不受空间的约束进行小组研讨。此外，平台提供的网络双语资源也为教学开展提供充分的素材支持。教师可以将更多的精力放在翻译任务的选择、理论教学、评价反馈方面。

教学以学生为中心，并不意味着教师是从属的角色，而应充分发挥引导作用。尤其是翻

译任务需要经过精挑细选，并控制规模。学生在每一个学习阶段，其获得的任务量必须是适量且高质量的。针对每个学习阶段，有每个学习阶段的特点与侧重，并且每一次翻译任务之后，必须有评价与反馈，引导学生反思与提高。在每一个翻译任务完成后，学生都必须对自己的作品及同学的作品进行评价，从而找出每一次锻炼中的亮点和不足。而翻译练习最终形成的文字，会在网络平台形成术语库、语料库、翻译记忆等语言资产，为他们未来的工作做好资料储备。只有将教学扎实地贯彻到翻译实践中，保证及时有效的教学互动与反馈，才能保证学生不会因机械式地重复工作而缺乏思考和改进，对新技术带来的兴趣不会减退。

五、结 语

时代的发展，学生需求的提升，对大学英语教学既是挑战也是机遇。重视翻译教学，引入"互联网＋"手段，能够有效地提高教学实效性，促进教师自我发展，激发学生学习兴趣，让大学英语教育能够在课堂外延续，实现翻译教学活动的时代性和传统性结合，并在有限教学时间中增强了教学活动的互动性，加大对学生自主学习能力及翻译能力的培养。从而提高翻译能力在大学生英语水平培养体系中的重要性，体现翻译教学的跨学科、真实性和实用性，培养出跨学科英语人才，最终响应国家语言发展战略，满足国家社会用人需求。

参考文献

[1]王守仁. 坚持科学的大学英语教学改革观[J]. 外语界, 2013(6):9 – 13.

[2]王守仁,王海啸. 我国高校大学英语教学现状调查及大学英语教学改革与发展方向[J]. 中国外语, 2011(5):4 – 11.

[3]王初明. 从外语学习角度看大学英语教学和考试的改革[J]. 外语界, 2010(1):17 – 22.

[4]蔡基刚. 我国大学英语教学目标设定研究——再论听说与读写的关系[J]. 外语界, 2011(1).

[5]罗选民,邵有学. 大学英语翻译教学教材编写探讨——以《新时代交互英语(读写译1 – 4册)》为例[J]. 外语与外语教学, 2009(11):63 – 65.

[6]PACTE. *Cognitive Explorations of Translation*[M]. London:Bloomsbury Publishing, 2011:17.

[7]Colina, S. *Translation Teaching, from Research to the Classroom：A Handbook for Teachers*[M]. New York: McGraw-Hill, 2003:133.

[8]刘晓民,刘金龙. 大学英语翻译教学:问题与对策[J]. 山东外语教学, 2013(5):69 – 73.

[9]王晓东. 从汉英词典词条翻译看口吻传递能力培养——以外研社《汉英词典·第三版》为例[J]. 外语与翻译, 2017(3):25 – 30.

[10]何三宁. 翻译教学中的意识观培养[J]. 上海翻译, 2008(4):55 – 58.

[11]邵有学. 大学英语与中学英语教学的衔接问题及其对策[J]. 黄山学院学报, 2006(6):176 – 178.

[12]周兴华. 计算机辅助翻译协作模式探究[J]. 中国翻译, 2015(2):77 – 80.

[13]蔡维. 高校英语专业翻译实践教学研究——以仰恩大学"互联网＋翻译"实践平台建设为例[J]. 艺术科技, 2017(1):1 – 2.

[14]曹怀军,贺莺. "互联网＋"项目驱动型专利翻译人才培养模式[J]. 上海翻译, 2017(1):46 – 51.

[15]王晓东,范武邱. 美国中学与大学衔接培养学生的政策及执行[J]. 湖南师范大学教育科学学报, 2017 (5):36 – 42.

研究性教学模式在税法课程教学中的实践

刘爱明

摘　要：研究性教学模式是破解"钱学森之问"，培养学生创新能力和素质的重要途径。就税法课程而言，以案例式教学为主线，师生展开情景式、启发式研讨；师生共同收集整理涉税违法案件和企业税务筹划案例库；建设专业援助渠道；参加教师科研和竞赛项目等可以取得良好的教学效果。

关键词：研究性教学模式；创新人才培养；税法课程

一、创新人才培养与研究性教学模式

（一）高校培养创新人才的历史使命

"为什么我们的学校总是培养不出杰出人才？""钱学森之问"是关于中国教育事业发展的一道艰深命题，需要整个教育界乃至社会各界共同破解。2006 年党中央提出了建设创新型国家的战略任务，高等教育在其中肩负着培养学生的创新能力、创业精神，促进学生全面发展的重要任务。传统的高等教育采取对知识的机械记忆、浅层理解和简单应用层面上的教学活动，很难达成培养创新人才的目标。教育部原部长周济曾指出"要推进课程体系、教学内容、教学方法的改革，推进研究性和启发性教学，培养学生的创新意识和实践能力"。实施研究性教学，是深化教育教学改革，培养具有创新能力的高素质人才的重要途径，对于完成《国家中长期教育改革和发展规划纲要（2010～2020 年》规定的高等教育要培养"拔尖创新人才"的任务，更好地提升本科人才培养的质量，造就社会需要的创新人才有重要意义。

创新型人才应具有以下素质特征：第一，以创新意识为中心的自由发展的个性，如具有强烈的好奇心、具有从事创新的兴趣、具有质疑意识和批评精神。第二，以创新能力为特征的发达智力和能力，如敏锐的洞察力、较强的探究能力、良好的创新思维能力和创新成果的转化能力。第三，以创新人格为中心的人格特质，如顽强的意志品质、富有创新的情感和团队合作的智慧等[1]。而研究性教学模式对于培养学生上述素质有重要推动作用。

（二）研究性教学模式的要求

在本科教学中推广研究性教学，是教学方法与模式的重要转变。研究型教学作为一种新型教学模式，应体现为课堂教学的研究性和课外学习的研究性两个方面[2]。前者要求教师在课堂教学中创设一种与科学研究类似的情境或状态，引导学生来探索和追寻新知识，力图把凝练在知识之后的思想、方法和创新过程揭示出来，使学生在获取新知识的同时受到科学研究方法的必要训练；后者是在课堂研究性教学活动之上延伸出的一种独创性学习活动，要求

作者简介：刘爱明（1971－），男，湖南华容人，管理学博士，中南大学商学院副教授、注册会计师、注册税务师，从事税收理论与实务研究；长沙，410083。Email：liuaiming@ csu. edu. cn。

学生在课外学习过程中，在教师的指导下确定相关研究课题，以科学研究的方式主动搜集信息、获取知识、应用知识、解决问题。

它一方面要求教师完善全面的知识架构，促进其娴熟运用新的教学方法和教学手段；另一方面要求学生积极主动地参与整个学习和教学过程，主动思考和寻找课程学习中的问题，并能根据教师的指导开展各项课外研究和实践活动；同时还要求学校管理层积极进行研究性教学的探索，给教师和学生充分的空间及政策和条件上的支持和激励。

2001年，中国教育部大力提倡教授上讲台，就是要使教授的研究成果及时进入教学内容和使教学过程具有探究性。教高［2005］1号文件中首次明确使用了"研究性教学"一语，提出"积极推进研究性教学，提高大学生的创新能力"，标志着以研究性教学为突破口，推动并优化我国本科教育改革成为国家行为。随后，围绕大学研究性教学的研究纷纷展开，在研究性教学的理念、内涵、特征、师资培养、教学过程控制、师生关系建立和学习行为分析[3]等领域取得了一系列的成果。2012年3月15日，教育部和财政部联合发布《关于实施高等学校创新能力提升计划的意见》（教技［2012］6号），要求"健全寓教于研的拔尖创新人才培养模式，形成以创新质量和贡献为导向的评价机制"。

二、税法课程研究性教学模式构建的思路

税法课程是各高校会计、财务管理、审计、财政等经管类专业教学计划中的重要板块，包括两部分内容：一是税收基本理论，即税收的定义、特征、起源、税制要素、税收原则、税收分类、税收管理体制等；二是各具体税种征收管理的基本规定，包括约20个左右税种的征税对象、征税范围、税率、计税依据、应纳税额的计算、征收管理与税收优惠等内容。其研究性教学需要在分析学生学习行为的基础上，解决以下问题：

第一，如何打破单向灌输，以发现和解决问题为主线建立新型师生互动关系。在这里，布置学生在课前就每一个税种可能出现的涉税违法行为进行分析，并查找相关现实案例是重要的途径和方法。

第二，如何围绕案例式教学，使单调、枯燥的税法法律条文变成生动的涉税案例。偷税、漏税具有极高的税务风险，可能导致严重的法律后果。而在法律所许可的范围之内进行适当的纳税筹划安排，同样可以达到减轻、免除或者推迟纳税义务发生的目的。这样的层层提出问题，并引导学生学会利用税收法律规定对企业自身生产、经营活动，筹资、投资和利润分配行为，会计政策和会计方法选择等进行适当的事前安排的纳税筹划理论与实务介绍，必能紧紧抓住学生的好奇心和求知欲，使其从"我得学"变成"我要学"[4]。

第三，如何建立教师科研课题与课程教学内容之间的有机联系，探索引导本科学生参与科研项目的激励机制[5]。老师有一桶水，才可能给学生一瓢水。近年来，笔者围绕税收相关的选题先后完成过硕士、博士论文，承担过省社科基金项目，发表过10余篇学术论文，主编过《税法教程》《税收理论与实务》等教材，出版了专著《企业所得税特别纳税调整研究》，就笔者科研成果结合教材内容布置学生就其中的一些主题进行更深入讨论，进而撰写小论文，参与学校组织的暑期社会调查、创新研究课题等，取得了较好的效果。

第四，如何借助税务机关、会计事务所等社会力量构建研究性教学的专业援助渠道[6]。

可以采取邀请财税专家到学校进行学术交流指导，组织学生参加税务机关组织开展的"高校税收知识竞赛"、财刀网等网站开发的"财税知识竞赛平台"、德勤会计事务所等组织的"税务精英挑战赛（个案分析、论文征文）"等活动，激发其学习的积极性和主动性。

三、一堂研究性教学课程的设计：以消费税教学为例

下面以消费税教学为例，简单说明如何进行研究性教学的实践。消费税是对我国境内从事生产、委托加工或进口应税消费品的单位和个人，就其销售额或销售数量在特定环节征收的一种流转税。消费税的征收范围包括烟、酒、化妆品、贵重首饰及珠宝玉石、鞭炮焰火、成品油、汽车、摩托车、高尔夫球及球具、高档手表、游艇、木制一次性筷子、实木地板、涂料和电池等15个与人们日常生活紧密相关的税目。如图1所示，可以按照以下程序进行研究性教学的组织[7]。

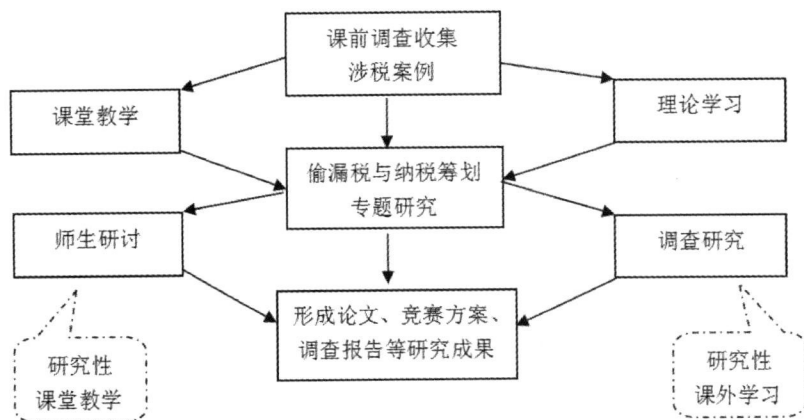

图1　税法课程研究性教学组织方法

（一）课前调查收集相关涉税案例

由于消费税属于特殊调节的税种，其税负较高，相应也是偷漏税的重点。如卷烟生产环节消费税率高达56%，批发环节税率达11%，所以我国卷烟领域的制假贩假、走私贩私现象特别严重。为此，学生可以收集我国烟草企业纳税排行榜和厦门远华特大走私等数据资料；在2008年9月1日起提高大排量汽车消费税税率改革过程中，以及在2009年1月1日起的燃油税改革过程中，汽车生产企业与成品油炼制行业提前确认销售收入避税的案例和国家税务总局对成品油行业进行专项纳税评估的通知、以及某些跨国石化企业和冶炼企业以"调和油""生物柴油"等方式避税等资料[8]。师生共同收集的上述资料可以积累整理为专门的涉税案例库，以备后用。

（二）课堂教学与理论学习

一般来讲，在每次讲授具体税种之前都应安排学生对该税种的基本概念及征收管理的基本要求做预先自主理论学习[9]。这样，在有限的一次90分钟课堂教学时间内，可只安排30分钟左右时间进行课堂教学。如简要介绍消费税在1994年工商税制改革时作为增值税配套税种出台的背景知识；自产自销、自产自用、委托加工和进口应税消费税计税的基本方法；

消费税税目税率调整过程中的政策导向及企业应对的方法等。以卷烟为例，2001年5月起卷烟产品增加定额税率150元/箱，但甲级卷烟比率税率从50%降到45%，这样高端卷烟税负实质上降低而低端卷烟税负增加，为此卷烟生产向高端发展成为趋势。白酒行业也有类似增加定额税率而降低比率税率的过程，企业面临同样的选择。而当木制一次性筷子被征税后，企业会选择竹子作为一次性筷子的原材料。

（三）偷漏税与纳税筹划专题研究

专题研究是研究性教学的重点。这里可以分析企业降低消费税税负的常见手段，如产销账外循环、隐瞒销售收入、不作视同销售、税率变化时提前或推后确认收入以混淆适用税率等，并分析其法律风险。为在降低税负的同时降低涉税法律风险，引导学生思考如何利用消费税只在生产等特定环节一次性征收的特点合理安排纳税筹划方案。企业一方面要降低作为计税价格的出厂价，另一方面又不能造成收入的流失，那么设立控股的关联销售公司来销售自产产品就成为其必然选择。这也是应税消费品行业的普遍选择，可以引用贵州茅台股份公司之类的上市公司年报数据证明这一事实。介绍自2009年8月1日起，国税总局为保全税基而对设立销售公司的白酒生产企业，按销售公司对外售价的50%~70%核定其消费税最低计税价格的管理办法，让学生理解企业避税与政府反避税之间的永不停歇的斗争过程。

（四）师生研讨与调查研究

消费税作为中央税，起着作为宏观调控工具的重要作用。2001年5月起，卷烟和白酒增加定额税率而降低比率税率，体现的政策导向是扶持优势企业对行业"小、散、乱"状况进行兼并整合以增强产业集中度和竞争力。类似这样的结合身边的事例的情景式教学，学生会更理解，也会更加有学习兴趣。在此基础上，可以进一步布置学生调查为什么2001年以来国内中低端白酒企业会经历一个相当艰难的外部环境，进一步收集上世纪末国内白酒行业疯狂的"广告标王争夺战"来理解国家对该行业实行调控的背景。

就高档手表而言，由于其只针对出厂价≥10000元的手表征税，这样围绕10000元这个临界点可以进行产品定价的决策分析，发现定价为12498元的手表其税后所得与定价为9999元的手表是相同的。学生可以进行调查研究，会发现市场上仍然存在定价为10000至12498元的手表，借此向学生说明，税收是影响企业经营决策的重要因素，但决不是最重要的否决性因素，纳税筹划应服从和服务于企业财务管理整体目标[10]。

（五）形成论文、竞赛方案、调查报告等研究成果

上述研究性教学的过程中，一些学生会将调查研究过程和结论进行总结归纳，或形成公开发表的小论文，或作为毕业论文选题，或参加挑战杯创业竞赛、德勤税务精英赛，或形成社会调研报告。甚至有更多来自企业一线的工商管理硕士（MBA）班的学员，将纳税筹划方法运用到企业生产经营实务中，这样充分地将课堂所学知识灵活运用到实践中的做法，是研究性教学活动的良好结果。

四、总结与展望

笔者在近几年的教学过程中不断尝试运用上述研究性教学的思路和方法，取得了较好的教学效果，所授本科税法、税务筹划和工商管理硕士、会计硕士专业学位（MPAcc）研究生

企业税务管理与筹划、企业税务筹划等课程深受学生好评，曾连续四年获评中南大学本科教学质量优秀奖，以及商学院 2009 - 2011 年度教学优秀教师奖。所编写的研究性教学案例《避税与反避税的永恒博弈：以限售股减持为例》获 2013 年度 MPAcc 教指委全国优秀教学案例大奖。

　　研究性教学方法最适合研究型大学或教学研究型大学师生，他们极为重视对学生创新与创业能力的培养，且在培养方案上突出显示学生参与挑战杯全国大学生创业竞赛及其他类似竞赛、发表学术论文等研究创新能力的激励机制，如经费资助、承认学分、专项保研、奖学金等等。在这样的学校，研究性教学活动的开展将得到各方面的支持与配合，将更容易取得成效。一般来说，研究性教学的有效推行需要兼顾师生的利益。对学生而言，除上述激励措施外，还应当关注减轻学生学习负担，提供更好的创新条件和设施；对教师而言，应在考核评价机制上承认其为研究性教学所作出的成绩，形成以创新质量和贡献为导向的评价机制，改变单纯以论文、获奖为主的业绩考核和职称评定方式，建立综合评价机制和退出机制。

参考文献

[1]林瑞.论创新型人才之素质特征[J].中国人才,2008(19):28 - 29.

[2]刘新奇.大班额研究性教学:支撑条件、有效模式与教师角色[J].高教探索,2018(4):112 - 115.

[3]Lynda,F. & Patricia,P.教师新概念——教师教育理论与实践[M].王建平,等,译.北京:中国轻工业出版社,2002.

[4]李小平,郭江澜.学习态度与学习行为的相关性研究[J].心理与行为研究,2005(4):265 - 267.

[5]吴洪富.教学与科研关系的研究范式及其超越[J].高教探索,2012(2):19 - 24.

[6]汪霞.研究性学习资源的开发:专业援助[J].教育科学研究,2008(12):33 - 36.

[7]韩占兵.研究性教学模式在教学中的实践——以《宏观经济学》为例[J].厦门广播电视大学学报,2011(3):39 - 43.

[8]何清.进口商神奇通道:假道生物柴油避税[N].21世纪经济报道,2013 - 06 - 05(17).

[9]陈佑清,吴琼.为促进学生探究而讲授——大学研究性教学中的课堂讲授变革[J].高等教育研究,2011(10):94 - 99.

[10]何晓蓉,刘爱明.基于税收影响的产品营销定价策略[J].财务与金融,2009(1):20 - 23.

移动端网络工具在大学英语写作教学中的使用
——兼论触摸屏时代二语写作教学面临的变化

荣 觅

摘 要： 移动端网络工具如雨课堂、微信（公众号）、石墨文档案可用于大学英语写作教学，移动触摸屏时代的二语写作教学具备实时性、移动性、合作性和混合性方面的新特点，同时对于学习者、教师、学习环境、学习内容和评价方式方面也提出了新要求。移动端网络学习工具应该在有目的的教学框架下使用，融入了移动学习工具的混合式教学能引发教学科研人员对于触摸屏时代的教育更深远的思考。

关键词： 大学英语写作教学；移动端工具；二语写作

智能手机是现代人类日常生活不可缺少的工具，无论是旅游、娱乐，还是支付、银行转账，智能手机都带给人们许多便利。作为"数字原生代"的大学生更是智能手机的重度使用者[1]。与此同时，人们获取和分享信息的内容和方式也发生着变化：短小的信息得到青睐和抢先阅读，触摸屏的阅读体验有助于快速获取信息，分享思想和感悟也成为了一件简单易行的事。这些都改变着学习者阅读、学习和写作的习惯。当一语写作已经发生变化，如何借助移动技术，更新二语写作教学的教学理念，促进二语写作的发展，便成为二语写作教师必须考虑的问题。

我们所说的将移动端工具融入到教学中，不同于移动学习这种利用无线移动通信网络技术以及无线移动通信设备（移动电话、平板电脑、手提电脑等）获取教育信息、教育资源和教育服务的学习形式[2]。融入了移动端工具的教学属于混合式教学，与单纯的在线教育不同的是，它是一个线上与线下、移动端与面授课、师生与生生、知识与应用、过程评价与终期评价有机结合的教学设计。同时与基于 PC 端的混合式教学相比，该设计在实时性、移动性、合作性方面存在差异，更加突出教和学过程的同步性、泛化性、多轮合作性特征。

一、移动端网络工具与二语写作教学

与研究 PC 端技术对于二语写作的促进作用相比，国内外将移动端网络工具运用到二语写作教学和研究中的还不多。国外有研究者从文本交谈（Text Chat）的记录和小组访谈中收集信息，发现使用移动端网络工具来实施小组任务时，如果良好地引导任务并给予学习者语言支持，使用即时网络工具的写作者们的语言准确性会提高，该技术也能促使写作者合作进行纠错性反馈。[3]另一研究者利用手机即时短信（MIM）研究二语写作中的语法、词汇的准确性，词汇及句法的复杂度。80 位以英语为第二语言（ESL）的学生被平均分为实验组和

课题来源： 2017 年中南大学开放式精品示范课程"高级英语写作"。

作者简介： 荣觅（1984 -），女，湖南长沙人，文学硕士，外国语学院讲师，主要从事二语写作研究；长沙，410075。Email：rongmic-su@163.com。

控制组。实验结果发现，瓦次普（Whats App）能增强学习者写作中的语法和词汇的准确性，提高词汇及句法的复杂度。国内有研究者将基于手机移动网络的句酷批改网用于英语写作训练，重点在于学生的"写"，而不在"教""学"结合。[5]另有研究较为概括地谈到可以利用手机辅助访问网络平台写作课程教学，比如可以上网获取英语写作课程资源。[6]然而，目前这些在线课程的建设进度是否能够跟上学生的需求，在线课程内容是否能够对外免费公开，公开的内容是否满足课程要求和教学目标，在这些问题都难以得到肯定答复时，这些意见不具有指导性和参考性。

通过梳理文献我们发现，国外将移动端运用到二语写作的研究进展得更快一些，但是我们的研究还是只能基于本土可及的技术进行。而国内的已有研究，仍流于技术概述，或只关注了写作教学的某一个环节，仍缺乏英语写作移动学习本地化技术的使用介绍及与二语写作教学的具体结合，对于教学的指导性不强。

二、大学英语写作教学中移动端工具的嵌入

近些年来，二语写作研究者纷纷认为二语写作教学应该融合文本、认知和社会三方面的内容，即二语写作教学要给予学生文本上的词汇句型、衔接手段、段落扩展方式等语言使用储备[7]；要实现认知上的主题理解、文体知识、意义生成等从自我到文本的过程；还要促成社会协作上的构思、反馈、修改及分享机会[8]。这三者不是分离的，比如社会协作以文本和认知为基础，但同时又建构着后者。考虑技术的可及性因素（如免费使用、简易操作等），我们结合大学英语写作的教学过程，介绍雨课堂、微信（公众号）和石墨文档三款移动端软件与大学英语写作教学的具体结合。

雨课堂软件有助于将教师的一部分显性讲授提前搬到课前。大学英语写作课上常见的说明文、论说文写作将被视为特定体裁（genre），通过教师的讲解，可让学生更为熟悉这些体裁的构成。雨课堂以PPT为载体，根据课程需要链接网络视频资源，并通过微信贴身推送，这一步骤为后续的翻转课堂奠定基础。

雨课堂的当堂问答互动技术适合句子写作等小的语言单位练习，有助于教师及时了解学生的学习动态，分享优秀习作及点评问题作业。师生当堂全部进入雨课堂，教师布置习题，学生当场作答并提交，教师点开某一习作，全体学生均可以同时瞬间清楚地看到，共同点评。这避免了传统教学中学生把答案写到黑板上但是不清楚、把答案打到教师端电脑里动作又很慢的弊端。而弹幕技术有助于学生反馈难点、抒发学习情感，从而让教师及时调整教学节奏和讲课内容。

微信公众号主要是推送根据写作内容确定的不同主题文章，分为与主题相关的范文和学生优秀习作分享。范文的作用主要是加深学生对于具体话题的主题认识，可能使用的语言积累等。学生优秀习作分享是借用维果斯基（Lev Vygotsky）的最近发展区理念，一般学生与同伴优秀习作之间的差距是这些学生可能的发展水平。另外，习作的分享也营造了"真实读者"的感觉，激发学生写作的动力和读者意识。

有助于协同写作的软件是石墨文档。国外大多借用谷歌文档（Google Docs）、多人即时文件协作平台（Etherpad）等工具助力二语写作教学。然而，对于国内研究现状来说，这些

无法在国内普及。而2006年下半年推出的石墨文档，是一款实时的、基于网络的协作云文档，相当于国内的谷歌文档，但是相比后者与邮件深度捆绑，重心在于满足个人电脑时代的需求，石墨文档更适合在移动端微信上聊天的国人使用。现多用于公司员工联合修改项目。这款软件不仅可供用户在手机上创立、编辑、修改文档，还可以做到多人写作，实时同步；多客户端实时同步；离线编辑，避免冲突；保留修改痕迹。非常适合学生进行同步或异步的协同写作、同伴反馈及修改。

由此可见，这些嵌入教学的移动端网络工具可以实现知识传递、主题激活、语言储备、合作互动、管理分享等教学功能，完成了二语写作从准备到完成、从自我到读者、从自身认知到社会协作的过程。课堂时间主要用于导学，答疑解惑，检测在线学习情况，着重训练重点难点，任务模拟，点评作业等，与线上学习衔接。

三、移动触摸屏时代二语写作教学的特点

（一）实时性

与电脑操作相比，使用移动端更能实现实时性，也与面对面交流更加类似。由于手机的随身可携带性和可移动性，外语写作学习成为了泛在式学习（Ubiquitous Learning）。学生可以通过移动端工具及时获取学习任务，获取资源信息，与教师、同学进行交流，随时解决学习问题，及时自评学习效果。

（二）合作性

移动学习有助于增加合作的频率和次数，比如常见的面对面或者使用邮件合作反馈修改，可能使作文修改变成伤"面子"或者是一次性的动作，而诸如石墨文档的技术可以多次修改，并实现实时保存。如果与微信的语音或者文本功能连用，可以模拟同步或异步的沟通模式，实现多轮修改，节约传统合作模式下多轮修改的时间成本。

（三）混合性

这里的混合性一方面是贯穿写作过程的不同Web 2.0技术手段的混合使用，一方面是在线技术与课堂教学的混合。在教学中选用多种移动端学习工具并不等同于在线教育，而是为了课堂的翻转。写前过程的"雨课堂"承载英语写作知识的传递功能，微信公众号推送与主题相关的、难度与学生英语阅读能力匹配的文章。与之对应的课堂教学针对重点难点进行示范和练习（model & modeling）。学生课后写作借助石墨文档独立完成和协同互改写作任务，事先按照教学目标制订好某一个方面的修改标准。教师查看改后的作业，课堂进行点评。学生将修改后的作文发到微信平台，撰写对新教学模式的反思日记。线上技术和课堂授课是有机结合的，互为依托，步步推进，形成"教－学－练－用－评"一体化的混合教学模式。

四、移动触摸屏时代二语写作教学的改变

（一）学习者

学习者身份由被动的知识接受者，转变为知识的建构者。移动学习的概念本身就意味着，教学模式将学生置于学习过程的中心[9]。学习者自己安排时间获取信息，为自己的学习

负责，按照自身的学习节奏进行学习，创立和分享新信息，与同伴合作，及时了解自己的学习进度和学习效果。学生成为技术使用的学习者和使用者，知识的吸收者和建构者，社会协作的参与者和推动者，学习效果的鉴定者和反思者。

（二）教师

基于无线技术教学的教师角色发生巨大转型。教师要考虑：知识点的选择标准，知识点的呈现形式，资源的选用，个体的学习需求，技术的使用及指导，线上线下课堂的结合，课程定位与学校学院要求的匹配性，课堂活动的设计，学生的评估工作，与学生一起反思二语写作教学等。教师将履行至少四项任务[10]包括，教学任务：保证教学内容的实施；技术任务：解决教学过程中的技术问题；管理任务：保持学习活动与教学目标一致；社会任务：考虑个体需要需求、情感表达。

（三）学习环境

学习环境涉及学生获取（输入）和分享信息（输出）的环境，包括移动端和课堂。学习内容、学习结果、作业要求等应该同时在课堂和线上进行展示，加深学生对于教学各阶段的了解。移动学习应该消除地理界线，营造合作性的学习环境，促进教育中的小组互动[11]，并且这种互动通过线下课堂得以加强。线上线下的每个教学环节要无缝衔接，使教学内容承上启下，教学活动连贯有序。

（四）学习内容

学习内容应向学生全面开放，也应该随着学生的教学需求加以改变。学习内容由传统教学中的书本知识，扩充到技术使用知识、多模态知识、深刻的学习体验、人际互动能力等。学习内容将静态书面知识扩展为数字化多模态内容，将知识吸收逐渐转化为技能使用，将个人认知任务延伸到社会互动能力。

（五）评价方式

首先，基于移动端网络工具在形成性评价方面有明显优势。学习者雨课堂的登录次数、学习雨课件的情况、在雨课件上的答题情况；公众号文章的浏览量、时长；石墨文档上的互动量、互动中的贡献、任务讨论中所输出的语言（Language-Related Episode，LRE）的数量等都应纳入形成性评估内容。

其次，学习者更容易得到教师或同伴及时的反馈，相比于传统英语写作和以邮件为代表的电脑评价，移动端的实时反馈对于学习者及时延续写作学习兴趣、采纳修改意见从而改进英语写作质量，乃至提高英语能力都有积极的作用。

五、对未来教学科研的启示

基于移动端的混合式教学目前面临矛盾的境地，一方面，科研论文、会议、研讨会和工作坊都在讨论着这一新型的学习形式，但另一方面，仍处于课堂的边缘[12]，因为相关实验和尝试课程缺乏与课程设置真正的结合。换言之，基于移动端的混合式课程更多地还是停留在构想和实验阶段，并没有完全融入到实际教学中去。然而，技术的革新必然带来教学理念的变化，否则就跟不上信息时代学习者的需求。在 Mooc 课数量和内容仍然无法充分满足学习者要求的今天，选择合适的移动端网络工具，与课堂教学合理混合，不失为切实可行的教学途径。

　　从科研的角度来说，我们可以探讨学生对于这种混合式教学的适应度如何，满意的因素有哪些，不满意的因素有哪些，对学习效果的自我评定如何；可以实验检测基于移动端学习的英语写作质量是否有所提高；可以将移动学习的各个步骤与教师面授和学生面对面协作做比较，探索加强混合式课程联系虚拟及现实的因素和途径，从而找到大学英语写作课最优的混合式特征；可以探讨移动工具使用下的生生、师生多轮反馈时的互动模式；可以研究多人协作完成的作文的作者权问题（authorship）等。

　　总之，移动学习工具应该在有目的的教学框架下使用，为高等教育教学科研人员展示了新的教学思路和科研领域，也引发我们对于信息时代的教育更多更深远的思考。

参考文献

［1］吴猛,田丰.“数字原生代”大学生的手机使用及手机依赖研究［J］,青年研究,2014(2)：78 – 82.

［2］叶成林,徐福萌,许骏马.移动学习研究综述［J］.电化教育研究,2004(3)：12 – 19.

［3］Nik A. M. , et al. Writing to Learn Via Text Chat：Task Implementation and Focus on Form［J］. *Journal of Second Language Writing*, 2012(1)：23 – 39.

［4］Alberto, A. Benefits of Mobile Instant Messaging to Develop ESL Writing［J］. *System*,2016(62)：63 – 76.

［5］颜李萍. 大学生英语写作能力培养探讨——基于手机移动网络与句酷批改网［J］. 重庆科技学院学报（社会科学版）,2015(2)：119 – 124.

［6］张理志. 基于手机端的大学英语写作移动学习研究［J］.外语教育与翻译发展创新研究,2016(6)：165 – 167.

［7］Matsuda, P. K. Process and Post-Process：A Discursive History［J］. *Journal of Second Language Writing*, 2003(12)：65 – 83.

［8］Cumming, A. *Teaching Writing：Orienting Activities to Students' Goals*［M］// Academic Writing in a Second Language：Essays on Research and Pedagogy. Norwood NJ. （Eds.）1995：375 – 397.

［9］Makoe, M. Linking Mobile Learning to the Student-Centered Approach［EB/OL］. Checkpoint E-learning,（2011 – 05 – 12）［2017 – 09 – 12］. http://www. checkpointelearning. com/article/8044. html.

［10］Ligorio, M. B. , et al. Synchronic Tutoring of a Virtual Community, Mentoring and Tutoring［J］. *Partnership in Learning*, 2002(2)：137 – 152.

［11］Uzunboylu, H. , & Ozdamli, F. Teacher Perception for M-Learning：Scale Development and Teachers' Perceptions［J］. *Journal of Computer Assisted Learning*, 2011(6)：544 – 556.

［12］Burston,J. The Reality of MALL：Still on the Fringes［J］. *Calico Journal*, 2015(1)：103 – 125.

英美社会与文化体验式教学模式探索

刘 晴

摘 要：针对英美社会与文化教学中出现的问题，将体验式教学模式引入课堂，实行教学内容版块化、教学形式多样化、考核方式多元化的改革尝试。教学效果调查结果表明，体验式教学模式能优化教学内容、提升学习兴趣、提高学生能力，是一种效果较好的教学模式。

关键词：英美社会与文化；体验式教学模式；改革

跨文化教育是大学英语课程的重要任务之一。《国家中长期教育改革和发展规划纲要（2010 – 2020 年）》中将培养"具有国际视野、通晓国际规则、能够参与国际事务和国际竞争的国际化人才"[1]作为教育的目标之一。《大学英语教学指南（征求意见稿）》将"了解国外的社会与文化，增进对不同文化的理解，增强对中外文化异同的意识，培养跨文化交际能力"作为大学英语教学的目标之一[2]。作为大学英语高级阶段选修课之一的"英美社会与文化"课程教授以英美为主的英语国家的地理、历史、政治、教育、文学等知识，是学生了解国外文化的重要窗口。学生可以学到英美等国的人文特征、传统风俗、语言演变、历史传统、政党选举、教育理念、著名大学、大众传媒、美食节日、文学艺术等社会文化知识，为他们今后出国深造、交流、工作提供丰富的背景知识，使他们更深刻地体会中西文化的差异，从而提升跨文化交际能力。

以往的"英美社会与文化"课程采用教师讲授，学生听课的传统方式。因为授课内容覆盖面广、信息量大，课堂上往往是教师忙着赶进度，学生忙着做笔记，知识无法及时而有效地消化，学生与教师之间、学生与同伴之间也交流甚少，使得他们学习主动性和积极性不高，学习效果欠佳。因此，十分有必要对这种以教师为中心的灌输式传统模式进行改革，采用以学生为中心的体验式教学模式。

一、体验式教学的内涵与特点

体验式教学理论源于国外体验学习思想。20 世纪初，美国哲学家约翰·杜威（John Dewey）构建了以"做中学"（Learning by doing）为核心的教学体系，强调学习过程中的亲身体验与理性反思，倡导以学生的"经验成长"为中心，调动学生的潜能，激发学生的学习主动性和积极性[3]。20 世纪 70 年代，美国心理学家大卫·库伯（David A. Kolb）提出了体验学习理论，认为学习者的知识和技能来自对外部世界的体验，学习是体验转换和知识创造的过程，包括具体体验、反思观察、抽象概括、行动应用等四个相互作用、螺旋上升式循

基金项目：中南大学 2016 年开放式精品示范课堂计划立项项目"英美社会与文化"，项目编号：中大教字［2016］37 号。

作者简介：刘晴（1976 – ），女，湖南长沙人，文学硕士，中南大学外国语学院讲师，主要从事外语教学研究；长沙，410083。
Email：liuqingcsu@163.com。

环的环节。[4]可见，体验、反思、应用是体验式教学不可或缺的核心环节，教师创设适当的真实或模拟的场景，引导学生参与体验式学习活动，并进行反思、观察和应用，使其获得知识、提升能力。

体验式教学是以学生为中心的教学模式，教学过程强调学生的行动上和思想上的参与。在行动上，学生要亲身体验角色、流程和场景；在思想上，学生要讨论、反思和总结。实践证明，通过参与讨论、亲历和动手的方式学习效果更好。据美国学者埃德加·戴尔（Edgar Dale）的研究表明，通过阅读、听讲解和看图片的方式学习，两周后学生仅能记住10%~30%的信息；通过参与讨论、亲自讲解、表演、亲身经历等方式学习，两周后学生能记住70%~90%的信息[5]。可见，体验式教学是一种符合学生认知规律的教学模式，教学效果会更好。

二、英美社会与文化体验式教学模式改革

将体验式教学模式应用到英美社会与文化课程中，需要从教学内容、教学形式和考核形式三方面进行改革，以有效解决教学内容多，学生参与机会少，学习效果欠佳等问题。

（一）教学内容版块化

英美社会与文化教学内容覆盖面广，信息量大，为有效利用课堂时间，将教学内容进行梳理，归类划分为"人文地理""语言演变""历史溯源""政党选举""教育制度""传统节日"和"文学艺术"七大版块。每个版块都围绕一个特定的主题，既相互关联又相对独立，具有各自的特点，有利于学生有针对性地掌握知识要点，也方便教师设计多样化的体验式学习活动。

（二）教学形式多样化

在教学形式上，以体验式教学模式为主导，结合互动式、合作式、任务式等多种形式。基本的教学环节包括：课前——教师发布学习资源、布置学习任务；学生预习、收集资料、分工准备学习任务。课中——教师精讲教学内容主线、引导学生参与体验式学习活动、进行点评和总结；学生参与交流讨论、小组合作完成体验式学习任务，进行自评和互评。课后——教师解答学生疑惑、反馈评价结果；学生进行总结、反思、完成评判性书面写作（见图1）。

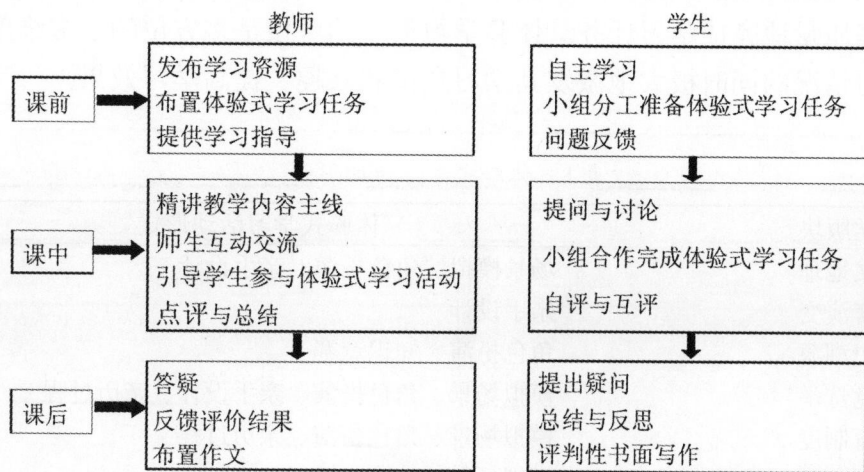

图1 体验式教学过程

课中进行的体验式学习活动是教学过程中的核心环节，占课堂时间的40%~50%。体验式学习活动形式多样，由浅入深，根据各个教学版块的特点设计，包括角色扮演、场景模拟、亲历过程、亲手设计、戏剧表演、知识竞赛等多种形式（详见表1）。每个版块的教学时间一般为2周，每周进行1~2个不同的体验式学习活动，这既能让学生加深记忆，又能让他们有新鲜感，提高学习兴趣和动力。

在"人文地理"版块的学习中，教师指导学生以小组为单位组建模拟旅行社，合作设计并绘制某一著名城市的旅行线路图，然后小组成员分别扮演业务员、导游和游客的角色，进行旅行线路推荐、景点介绍等活动；在"语言演变"版块的学习中，教师指导学生梳理英语语言发展的历程，并合作绘制一幅英语发展流程图；在学习"历史溯源"版块时，教师指导学生将英美等国历史上著名的事件以角色表演的形式在课堂上再现，并组织学生进行历史知识抢答竞赛；在学习"政党选举"版块时，教师指导学生模拟英美两国的选举流程，各个学生小组代表不同的政党，小组成员扮演候选人、议员、选民等角色，从竞选口号的设计、政党间的观点辩论、选民投票、到领导人的就职演说，让学生完整地经历英美选举过程；在学习"教育制度"版块时，教师指导学生模拟申请英美大学的流程，从申请表的填写、文书的写作、到录取面试，学生都亲自书写、亲身参与；学习"传统节日"版块时，教师指导学生根据节日的意义和风俗相互书写节日贺卡，并将节日背后的故事编成短剧表演；学习"文学艺术"版块时，教师指导学生朗诵英美文学中的优美篇章，演唱根据文学作品改编的歌曲，并将小说和戏剧中的精彩片段排成短剧演出。

（三）考核形式多元化

体验式教学重视学生参与学习活动的过程，关注学生学习的情感、态度和价值观，因此不能单纯地由一次考试决定结果。体验式教学的考核形式是多元化和多维度的，考核内容分为3大模块：体验学习模块、反思写作模块和重点难点模块，所占比例分别为40%、20%、40%。

体验学习模块的考核是体验式教学的核心部分。考核以小组为单位打分，按照40%的教师评分、40%的小组互评分和20%的自评分计算小组成绩。具体内容覆盖学生的知识、态度、能力等多方面，如知识点信息是否正确，重点是否突出、语言是否流利，观点是否明确、准备是否充分、分工是否合理等。按照学生的参与度与贡献率，表现突出的同学可以在小组成绩的基础上获得额外加分，而表现欠佳的同学则会适当减分，这能有效促使学生以积极认真的态度高质量地完成学习任务。体验学习模块的考核是多方位的、多维度的，能在全面考核学生学习情况的同时极大地激发其学习热情和兴趣，提高学习效果。

表1 体验式学习活动形式

教学版块	体验式学习活动形式
人文地理	场景模拟、角色扮演、亲手设计
语言演变	亲手设计
历史溯源	角色扮演、知识竞赛
政党选举	模拟场景、角色扮演、亲手设计、亲历过程
教育制度	模拟场景、角色扮演、亲历过程
传统节日	模拟场景、戏剧表演
文学艺术	亲历过程、戏剧表演

反思写作模块的考核是体验式教学的升华部分。学生通过参与体验式活动促进知识的学习和运用，在学习完成后要针对学习内容、方式、态度、过程等进行反思总结，并通过书面写作对所学内容进行分析评述，促使知识得到内化和升华。在考核比例上，总结反思和评判写作同等重要，因此各占50%。反思写作模块的考核能促使学生在"体验、反思、应用、再体验、再反思、再应用"的循环中实现能力的提升和智慧的启迪。

重点难点模块的考核是体验式教学的基础部分。重点难点知识是学生学习这门课程必须掌握的知识点，通常通过期末笔试的形式来考核。其中客观题（选择题、判断题）占40%，主观题（简答题、综述题）占60%，不仅考察学生对基本概念和基础事实的记忆，更考察学生对社会文化现象的综合、判断和评价能力。重点难点模块的考核有利于促进学生的知识应用能力和批判性思维能力的发展。

三、教学效果分析

2016年，英美社会与文化课程获得中南大学"开放式精品示范课堂项目"立项。2016年下半年，课题组在2015级的英美社会与文化选修课班级中尝试采用体验式教学模式授课，从教学内容、教学形式和考核方式上改革。为充分了解体验式教学模式的实施效果，课题组于学期课程结束后，通过中南大学教学质量管理平台设计并发布问卷对改革实施效果进行调查。

问卷分别从学生的主观感受、知识提升、能力提升和情感态度改变四个方面进行调查，以全面评估教学效果。调查结果显示体验式教学取得了较好的效果，得到了大多数学生的肯定。从整体主观感受层面来看，80%以上的学生认同体验式教学让他们在课堂上更加专注、学习兴趣和主动性更高；从知识提升层面看，85%以上的学生认为体验式教学促进了他们对文化知识的掌握、文化差异的理解和语言水平的提高。从能力提升层面看，90%左右的学生认为体验式教学有利于他们学习、思维、交际等方面能力的提升。从情感态度改变层面看，80%以上的学生认为体验式教学给他们提供了更轻松愉悦的学习氛围，使他们更自信，与他人的关系更融洽。参见图2。

四、问题与解决措施

体验式教学模式的教学效果虽然得到了大多数学生的认可，但教学过程中也出现了一些问题。问题主要体现在三个方面：第一，体验式学习活动时间控制问题。有些体验式学习活动的时间过长，使得理论讲解和反思评价的时间受到挤压。第二，体验式学习活动难易把握问题。有些体验式活动设计的难度较高，学生操作起来有一定的困难，使得学生的积极性降低。第三，学生的参与度问题。部分学生参加学习活动时"打酱油"，主要依赖"主力成员"完成任务，自身参与度不高，小组贡献率较低。

根据以上情况，课题组的老师积极应对，及时采取了措施解决问题：第一，预留充足的时间给学生做准备。提前3～4周布置学习活动任务，让学生有足够的时间在知识储备上、资料收集上以及心理上做好准备，这样能有效提高学习效率，使体验式学习活动在合理时间

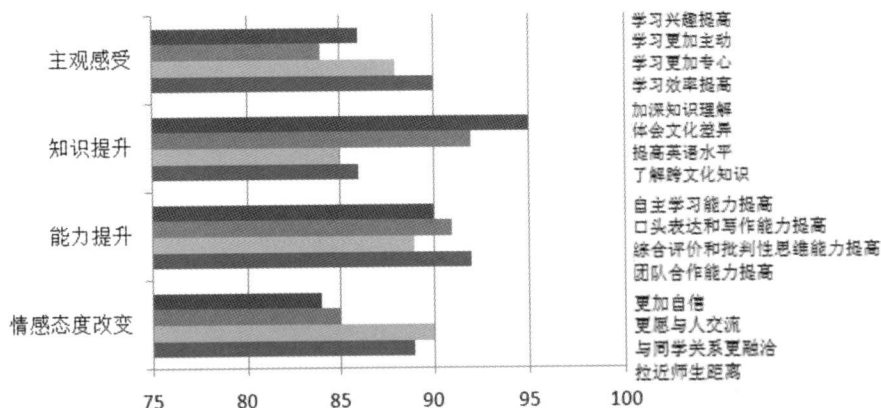

图2 体验式教学模式教学效果调查结果

内完成。第二，在开课初期对学生的文化基础知识和英语水平进行测试，拟定适合学生水平的任务目标，按照循序渐行的原则，从易到难逐步提高学习任务的难度。对于困难较大的学生，教师要给予适当的辅导。这既能让学生保持学习动力，又能让学生在一定的挑战中获得能力的提升。第三，在考核办法中明确参与度和贡献率的重要性，将其纳入加分或减分项，利用分数杠杆激励学生；同时，在小组的任务分配上，教师要进行适当的干预，确保每位学生的参与度相当，以杜绝个别学生偷懒的现象。

五、结 语

《中南大学一流大学建设方案》中提出"实施以学生为中心的教学模式改革""培养学生的思辨能力和创新思维能力"[6]，以提高本科生培养质量。"英美社会与文化"课程是中南大学"开放式精品示范课堂项目"立项课程，采用体验式教学模式从根本上改变以往"满堂灌"的传统教学模式，通过教学内容版块化、教学方法和形式多样化、考核方式多元化等措施，将学生的学习体验贯穿始终，真正实现了以学生为中心。教学效果调查结果表明，体验式教学使学生的学习兴趣和主动性增强，知识得到有效吸收和内化，学习、思维、交际能力得到提升，是一种效果更好的教学方式。当然，体验式教学模式的实施对教师提出了更高的要求，它要求教师能精心安排教学活动、有效把控教学过程、科学设计教学考评。对教师来说，这既是一项挑战，也能促使他们更新知识、转变观念，从而提高职业素养和教学水平。

参考文献

[1]中华人民共和国教育部. 国家中长期教育改革和发展规划纲要(2010 - 2020年)[EB/OL]. 中华人民共和国教育部政府门户网站. 重要活动. (2010 - 07 - 29) [2018 - 02 - 10]. http://www.moe.gov.cn/jyb_xwfb/s6052/moe_838/201008/t20100802_93704.html.

[2]王守仁. 《大学英语教学指南》要点解读[J]. 外语界,2016(3):2 - 10.

[3]张伟建,孙燕青. 从做"中学"到建构主义——探究学习的理论轨迹[J]. 教育理论与实践,2006(4):35 - 39.

[4]库伯,D. 体验学习:让体验成为学习和发展的源泉[M]. 王灿明,朱水萍,译. 上海:华东师范大学出版社,2008:35 - 37.

[5]姜艳玲,徐彤. 学习成效金字塔理论在翻转课堂中的应用与实践[J]. 中国电化教育,2014(7):133 - 138.

[6]中南大学. 中南大学一流大学建设方案[EB/OL]. 中南大学. 双一流建设办公室. (2017 - 10 - 30) [2018 - 02 - 11]. http://syl.csu.edu.cn/info/1041/1428.htm.

说写相融：大学英语产出能力培养的课堂教学模式

张永玲

摘　要：输出比输入内驱力大，产出与输入结合可提高学习效率。说写相融把大学英语教学偏输入的模式转向偏输出，以说促写，以写助说，说写联动，实施"输入为前提，说写相融为重点，互动体验重过程"的教学策略。说写相融按"输出–输出驱动–自主性输出驱动"三阶段进行，呈现"限定–半限定–自由选择"和"命题–半命题–自由命题"的层级变化。

关键词：说写相融；产出；以说促写；以写助说；大学英语

　　说和写同为产出性技能，需要在一定量的语言输入基础上进行，说写模仿和巩固语言材料，另一方面，说写又是对输入的思考和超越，体现学习者的创造性和独特性。从语言习得的认知规律来看，读和听先于说和写，"语言听读理解能力也通常高于说写产出能力，"[1]3产出能力不断地向理解能力靠近，是每个英语学习者"语言水平提高的潜在动因，"从这个意义上来说，说和写比读和听更具挑战性，也具有更大的激励效果。说写相融的大学英语课堂教学模式强调产出能力的培养，课堂上说写结合，以说促写，以写助说。说写相融把大学英语教学目前偏输入的模式转向要求更高的偏输出。输入最大限度置于课堂外，课堂上通过设计的任务激发学习者运用输入语言表达思想，从说到写，从口头到书面，学习者积极地参与和互动，逐渐体验英语表达的过程。

　　我国目前的大学英语教学在对学习者的语言输入方面成效显著，学习者的阅读和听力理解提高较快，但是，语言理解必须与语言的产出紧密结合才能提高学习效率，"理解和产出结合产生协同效应，结合得越紧密，外语学习效果越佳"，[1]2大学英语学习者的瓶颈之一就在于语言产出的训练大大滞后于语言理解，学习兴趣和动力很难保持，学习的效率因此大受影响。文秋芳认为"输出比输入对学生的内驱力更大"[2]，学生应先尝试完成教师设计的输出任务，然后再进行输入，完成输出，这种输出驱动的观点全面强化输出，输入以输出为目的，输入的材料为学习者自我选择，这对具有较好的语言基础的学习者具有实用意义。

　　国外的研究者尽管早就注意到说和写在文体，交际功能上的差异，但是也发现了说与写相融可以提高学习能力。福赛伊（Forsey）等发现"书面形式可帮助人们说的话更长"，塔瓦索尼（Tavassoli）的试验表明呈现信息时，"同时通过说和写"呈现者的记忆力最佳；维欧罗（Vieiro）等得出结论"书面小结提高文字记忆力，而口头小结提高推理能力和改写能力"。[3]维斯伯格（Robert Weinssberg）在教授英语写作中认为要把说与写联系起来，认为写本身就是"外化的说"。[4]5关于英语的产出能力培养，我国学者进行了大量研究。王初明研究了"写长法"，"读后续写"，从认知规律和试验对比中分析它们对提高写作能力的作用；

基金项目：中南大学教育改革项目"说写相融，从输出到输出驱动"，项目编号：2016jy63。

作者简介：张永玲（1963 – ），女，湖南衡阳人，文学硕士，中南大学外语学院副教授，主要从事大学英语教学和研究；长沙，410083。Email：704520098@qq.com。

王奇和邓迪从文化视角研究写长法的价值；文秋芳也对写长法进行评析；口语研究有对词块的探索，口语教学模式的研究，学习者性格对口语的影响。我们发现大部分研究把说与写分开，表明研究者更认同说与写的差异。但是，就大学英语课时偏少的情况，是否可以把说与写融为一体，同时训练，互相促进呢？重庆大学通过开设说写课进行了这方面尝试，近几年兴起的翻转教学强调产出能力的培养，说写相融的方法在大学英语教学中开始得到运用。但是，说与写相融的认知理据，具体的教学设计和具有一定层级性的实施步骤还有待进一步探索。

一、说写相融的认知理据

说写相融的课堂教学强调学习者的产出，在很大程度上满足了学习者表达自我，寻求沟通认同的心理需求。英语学习中的输入当然重要，但输入更多的是信息的摄入，他人的观点和意见的理解接受，学习者的自我唯有通过输出才能展示出来，说写相融重视学习者的主体意识，在模仿输入材料语言的同时，鼓励学习者用英语表达个体感受，交流各自的意见和看法，呈现个体的性格差异，由于不再局限于语言学习，英语课堂变成了情感表达，说服论证的平台，学习者在这里展现智慧，宣泄情感，寻求他人的理解和认同，因此，说写相融在很大的程度上与学习者的个人心理需求结合，体现对学习者个体的鼓励和尊重。

说和写要求的语言能力部分叠加，两者的相关性较大。在口语量表中，口语表达分叙述、描述、说明和指示，书面表达功能也有相似的分项；口语的文本性特征要求语言上具有"准确性，广度和流利度"，语篇上具有"连贯性和灵活性"，语用上具有"得体性"[5]，这些特征同样适用书面文本，说的训练无形中促进写的训练。

说与写同为语言产出活动，在思维训练，语言运用，与目标听众和读者的互动等方面有许多共性。首先，说写同为思维的外化，说以口头的方式，写以书面形式呈现思维和情感，两者都需清晰连贯，逻辑性强，具有说服力和感染力。说的过程实际上是思维论证逐渐清晰的过程，属于写作的"大声思考"（think aloud）[6]，学习者说的是否在理，观点是否正确，意思是否连贯，在场的听众会通过表情，身体动作，甚至公开提问进行回应；提问与讨论触发灵感，帮助学习者理清思路，增强说服。因为学习者的思路已大大拓展，学习者会有话可说，有东西可写，说理表达更有效。其次，说的过程必然使用相关主题的词汇，词组和句型，学习者应用输入的语言知识，不同学习者会呈现不同表达方式，教师的补充和评判扩充修正学习者的语言运用，因此，学习者在说的过程中不仅模仿输入材料的表达方式，而且从其他学习者和教师中学会更多更新的词组句型，这些词汇的储备为写作做好了较充分的准备，维斯伯格发现他的学生作文中的"新词汇经常先出现在口语中"[4]15，这也说明口头的表达为书面表达的热身阶段，学习者酝酿主题，储备语言表达方式，建立写作信心。另外，面对其他学习者，说的内容与方式以听众为目标，注重与听众的交流，这种对目标受众的注重也是写的要素，说写相融可训练学习者输出的功能性意识，学会有的放矢，有针对性产出。

说写相融运用在大学英语课堂上有如下优势：

（一）培养学习者的批判性思维

说写基于输入材料，学习者说写的内容基于对输入的归纳总结，分析评判和思考，同时在对其他学习者进行快速回应时，也须辨析判断合理的和不合理的部分。说训练快速反应、敏捷思维，写则训练严谨精确。

（二）激发学习者的创造力

说写推崇新颖独特的思想观念，学习者发挥想象力和创新能力，其与众不同的见解得到认可与赞同；创造力还表现在灵活运用输入材料中的语言知识，用新的英语词汇句型表达自己所想所感，本身就是创造性地学习。

（三）调动学习的积极性，培养自主性

为了课堂能说出来，学习者必须课前充分准备，理解输入材料，掌握基本词汇句型，主动寻找相关材料，储备相关知识；为了说得流畅，部分学习者会先写后记，如果布置写作任务，学习者会受任务驱动，捕捉所有可用表达法。课堂的学习不再是被动消极的输入，而是积极主动的吸收、呈现和展示。

（四）输出与输入结合，产出与理解相结合

说写任务的设计基于输入材料的理解，由于输入完成不久，记忆新，学习者会自觉或不自觉地模仿输入材料，使产出向理解看齐，说写向水平高的输入拉平，从而缩小输入与输出的差距，产生协同效应；而且，模仿和使用输入，提升说写的质量，增强学习者信心，促使更多的输入，更多的产出，形成英语学习的良性循环；说写相融实际上是两次输出，这种协同效应和随之产生的良性循环会放大加强。

（五）学习呈现梯度，效率大幅增加

说呈现各种观念和情感，为写作的主题和结构提供参考，说所出现的词汇和句型有助于写得更快更流畅，因此，说减少了写的思维和词汇难度，搭建了梯子，体现了英语学习的循序渐进特点；反过来，写可消除说的焦虑，紧张和害怕等负面情绪，逐步帮助学习者建立说的信心。

二、说写相融所贯穿的社会建构主义和体验性教学理论

社会建构主义认为学习者通过互动，与他人协作，与环境协调推理思考，吸收新的知识。在这种探索性的学习过程中，学习者与教师，与其他学习者和其他环境因素相互作用。说写相融的互动分为静态和动态两种：学习者与输入材料的互动，学习者的书面输出材料与目标受众的互动，由于一方的不在场，以非公开方式进行，互动的时间呈现延后性；课堂小组讨论，教师和其他学习者的反馈等活动的互动性强，即时，动态多变。因为面对面，学习者的互动呈现多层面，学习者与输入文本互动，继而引发与教师和其他学习者的互动，学习者与他人输出文本的互动，继而引发与教师和其他学习者的互动。因此，互动可以从人与物的互动转向人与人的互动，或在这两种之间转换。从互动的方式来说，可以是两人的对话，小组的讨论和全班的辩论，互动涉及的范围可以由小及大，从而提高互动的效率和效果。互动置学习者于一种积极主动的状态，通过倾听、对话、评述、辩论，学习者渐渐学会根据不同场景使用不同的表达方式，同时，互动要求学习者在实际的交流中迅速作出反应，用新的英语表达法组织并呈现自己的观点。互动体现每个学习者的个性，鼓励并激励创造力，尊重差异化和多样化，学习者按照自己的方式逐渐构建新的知识结构。

社会建构主义对互动和探索性的强调在很大程度上折射出体验教学理论的思想。学习是一个起源于体验，在体验中不断修正并获得观念的过程。学习者必须具备的 4 种能力有具体体验、反思观察、抽象概括和行动应用，处于交际情景之中，学习者通过说写表达意见和个人情感，说写过程中，输入知识的尝试运用，交际任务的完成，以及交际对象的回应和评论都是学习者所必须经历的，其间伴有犹豫、紧张、高兴和满足各种情绪，随着说写能力的提高，学习者的情绪会更多地转向积极，说写带来的自信和成就感激发学习者互动，促使学习者反思、总结、改进，最终悟出学习的真谛。

三、说写相融的教学策略（活动设计）研究

说写相融实施"输入为前提，说写相融为重点，互动体验重过程"的教学策略，力求实现三结合：一是课外课内相结合，课外重输入和输出实践，课内重说写相融的过程；二是虚拟与课堂实体相结合，网络提供输入材料，展示输出成果，课堂呈现说写相互促进的过程；三是自主学习与互动相结合，自主学习为前提，互动评议为反馈激励。

教学活动设计如下：

写小结：课前在完成阅读后写出，课堂口头呈现，同学评论，老师点评。读－写－说（呈现）－说（他人的回应）

写作文：主题讨论－逻辑归纳，词汇呈现－思考成文。说－写

限（即）时写作：讨论主题，论据，给予词汇句型暗示；5～6 分钟写出一个段落；朗读作文；同学评论，教师点评。说－写－说（朗读）－说（点评）

辩论：小组讨论（有人说，有人写）；双方辩论；整理成文。说写－说－写

捕捉闪光点：观看视频时记下闪光点；共享；讨论。（边听边）写－说－说

口语呈现 PPT，演讲：呈现；听众作笔记，听众提问，点评。说－写－说

读后感：课前写好；课堂小组分享；同学评议。写－说－说

复述：说出、评议、书面呈现。说－说－写

续写：讨论原文，进行推理，完成续写任务，呈现不同结尾。说－说－写－说

四、说写相融的实施步骤

根据"以说促写，以写助说，说写联动"的原则，确定大学英语的产出能力培养按"输出－输出驱动－自主性输出驱动"三个阶段进行。其中，输出阶段着重在利用和拓展输入材料的基础上，通过输入的词汇句型，篇章范文，一定的语言场景增强英语表达能力和篇章掌控能力，树立输出信心。输出驱动强调学习者在教师设计的任务鞭策下，不断进行有的放矢的输入，进而完成输出任务，随着学习者输入量和输入范围逐渐增大，输出效果也相应加强。自主性输出驱动阶段，学习者的输出驱动力更多地来自于对输入材料的吸收、反馈和思考，输出往往是有感而发，有话要说，输出不再是学习任务，而是信息的综合、感情的流露、逻辑思辨能力的展现，教师扮演倾听者、阅读者、欣赏者、评论者的角色。从输入的材料来说，这三个阶段呈现"限定－半限定－自由选择"的态势；从输出内容来说，呈现

"命题－半命题－自由命题"的趋势。"输出－输出驱动－自主性输出驱动"三个阶段在产出能力的培养上呈现一定的梯度，第一阶段为控制性输出，强调课本内容的学习，适用于基础阶段的产出，第二阶段为引导性输出，输入材料和输出内容部分由学习者决定，适用于有一定语言基础的学习者，第三阶段学习者自主选择输入和输出内容，产出呈现学习者的个性和情感，力求达到自由自在自信产出的目标。

五、实证研究

（一）实验课程：英美文学欣赏

教学模式：输入－说－讨论－写。输入：自学学习材料，查找相关资料，理解文本，提出问题；说：信息分享，观点陈述，问题提出，说的目的是检查输入效果，同时它又是输入语言的输出；讨论：思想交流，思维深化，输入理解的深化，吸收学习他人的输出，表达方式多样化；写：输出驱动，思维成形，个性表达，独特思维，整体性和连贯性的获得。

实验结果：一是作文长度变长，因为有话可说；二是主题深度挖掘，观点独特；三是词汇句型更丰富适当（许多表达方法是说和讨论中的重现和优化）；四是即时写作速度快。

（二）2015 读写译 Presentation

教学模式：写－说－说。写：输出驱动 学习者查找资料，阅读文献，写出泡泡堂；说：课堂呈现，要求就泡泡用英文讲述，手稿只能偶尔看；说：就呈现内容提问，要求同学回答，同学评议呈现的优缺点，教师评论、引导。

实验结果：一是写作能力和口头陈述能力大幅提高，其逻辑性和表达层次性改进明显；二是学习者口语流畅度增强；三是学习者从他人的反应中逐渐意识到自己的语法、写作、口语及呈现方式上的不足；四是其激励促进效果高于其他教学形式；五是在说写相融中训练英语综合能力。

参考文献

[1]王初明. 读后续写[J]. 外语界,2012(5):2－7.

[2]文秋芳. 输出驱动假设在大学英语教学中的应用:思考与建议[J]. 外语界,2013(6):14－22.

[3]Hughes, R. *Teaching and Researching Speaking*[M]. Beijing:Foreign Language Teaching And Research Press, 2005:125.

[4]Weissberg, R. *Connecting Speaking and Writing in Second Language Instruction*[M]. Michigan:University of Michigan,2006.

[5]金艳,揭薇. 中国英语的等级量表的"口语量表"制定原则和方法[J]. 外语界,2017(2):10－19.

[6]Hyland, K. *Teaching and Researching Writing*[M]. Beijing:Foreign Language Teaching And Research Press, 2005:25.

"三三制"教学模式下的大学英语课堂教学设计

骆莲莲　　侯先绒

摘　要：课堂教学作为中南大学"三三制"教学模式的最后一环节，肩负着知识内化的重任。以输出理论和交互理论为基础，我们结合教学实践，设计"检测＋展示＋讨论"的课堂教学活动。通过对学生进行教学设计、教学方式、学习态度和学习效果的问卷调查，发现效果良好，同时也发现教学中存在一些问题需要有针对性的改进。

关键词：教学模式；教学设计；语言输出；交互假说

在国家颁布的《国家教育事业发展"十三五"规划》中，提出要全力推动信息技术与教育教学深度融合，建设课程教学与应用服务有机结合的优质在线开放课程和资源库，鼓励教师利用信息技术提升教学水平、创新教学模式，利用翻转课堂、混合式教学等多种方式用好优质数字资源，形成线上线下有机结合的网络化泛在学习新模式[1]。教育部颁布的《大学英语课程教学要求》也强调大学英语课程在教学模式上"应以现代信息技术，特别是网络技术为支撑，使英语的教与学可以在一定程度上不受时间和地点的限制，朝着个性化和自主学习的方向发展"[2]。为此，中南大学大学英语教学不断地积极探索教学改革，从教学手段、课程设置、教学模式上进行了一系列创新。从2016年秋季学期开始，本校非英语专业本科生大学英语教学开始实践"三三制"教学模式：一是基于网络和自主学习中心的自主学习；二是基于慕课（MOOC）或大班的知识讲授；三是基于多媒体课堂的小班课堂教学。课堂教学作为"三三制"的最后一个环节，肩负着知识传授向知识内化转化的重任。没有这个环节，来自网络自主学习、慕课、教材等多维度输入的语言知识也无法转化为语言应用。小班课堂教学的重要性不言而喻。

一、课堂教学设计理论基础

根据克拉申（Krashen）的输入理论，"可理解的语言输入"（comprehensible input）是语言习得的必要条件[3]157。对于克拉申提出的可理解输入假说理论，斯温恩（Swain）认为语言输入是必要的，但是要使学习者达到较高的外语水平，仅靠可理解输入是不够的，还需要可理解输出；学生需要被逼着充分利用现有语言资源，需要对将要输出的语言进行思考，使它更恰当、更准确、更容易理解。只有这样，语言学习才能从语义加工过程（semantic processing）过渡到句法加工过程（syntactic processing）。可理解输出的作用是提供检测真实语言交流的机会以及在上下文中的检索，是二语习得的必要条件[4]。斯温恩提出输出假说（Output Hypothesis），认为语言输出在语言习得过程中也有着显著作用，要给予学生在课堂中足够的机会去练习使用所学语言。斯温恩强调，学习者在输出过程中，其状态是积极的，会主动调用已学到的语言文字知识尽力表达自己的意思。这种积极的态度更加促使了知识吸

基金项目：中南大学教育教学改革研究项目"基于MOOC的大学英语混合式教学模式研究"，项目编号：2016jy61。

作者简介：骆莲莲（1977－），女，湖南岳阳人，文学硕士，中南大学外国语学院副教授，从事应用语言学、语言教学研究；侯先绒（1965－），女，湖南常德人，文学硕士，中南大学外国语学院教授，从事应用语言学、语言教学研究；长沙，410083。Email：634055036@qq.com。

收的质量，即输入的理解性，提高了学习效率[5]。

二语习得交互理论研究者认为，语言学习者与其对话参与者的实际言语交互体现了语言内在认知机制和语言环境的交互，促成了语言的习得[3]129。朗（Long）的互动假说认为儿童在习得第一语言时，正是通过与母亲"保姆式语言"的交互而成功地习得第一语言。他认为有三种方式可以把输入变成可理解性输入，促进语言的习得。第一种方式是通过使用学习者已经掌握的词汇和语法结构，但是因为没有提供新的语言材料，这种输入并不能有效促进语言的学习。第二种方式是通过即时语言交互，是指学习者通过语言、非语言语境和其他常识来理解他还未掌握的知识。第三种方式是通过修正对话交流的语言。他认为即时语言交互和交互调整是可理解性输入的主要来源，能够保证交互的继续，而且使语言学习者接触到新的语言素材[3]157。布朗（Brown）也认为，"可理解的输入"必须与"交互"相结合，才能为语言习得创造有利条件。在交际语言教学时代，人与人之间的交互是交流的中心，是交流的全部。我们发现学习交互的最好的方法就是通过交互本身。从语言学习一开始，课堂活动就应该是交互式的[6]。

二、"检测 + 展示 + 讨论"教学活动设计

输出理论和交互理论正是我们设计课堂教学的理论基础。基于网络和自主学习中心的自主学习和基于 MOOC 或大班的知识讲授由学生在课前根据自己的时间和学习进度完成，"三三"制学习模式的前两环从多个维度为学生提供了听和读这两种语言技能的输入。但是这些输入有没有被内化，我们该如何来检测？如果还未内化，我们又该如何在输入和内化之间架起桥梁，帮助学生把输入转化成输出？输出的形式多样，我们又该选择何种方式实现最有效的输出？这些问题，值得我们深入思考。在课堂教学中，我们设计了检测、展示和讨论等教学活动，希望通过多重交互缩短输入与输出的距离，提高学生学习效率，对今后的课堂教学实践提供一些参考和借鉴。

检测通过听写和背诵等形式来完成。传统的听写和背诵要求逐字逐句地复制课文内容，这种机械的复制有利有弊。一方面，它可以提高语言的准确性，另一方面，枯燥的训练会扼杀学生学习语言的兴趣。为了避免乏味的机械训练，我们把学生在网络自主学习或慕课学习的资料进行适当改编，用正常的语速读一遍或两遍，学生边听边做笔记，然后以小组为单位把听到的内容写下来，不用逐字逐句地复述，但是不能遗漏重要信息，注意语法的准确性和语篇的连贯性。写完后各组汇报听写内容，这种听写通过交互的形式把可理解的听力输入转化为半自由的写作输出。背诵的形式也可以有多种形式：可以是教师朗读要求背诵的段落；可以是故意改编部分单词或短语表达，让学生说出被改编的部分；还可以通过小组接龙的方式，每个人背诵一句话，在轻松的学习环境下来检测学生对语篇的熟悉程度，调动学生学习的积极性。

展示分为口头展示和书面展示。梅德明指出，外语教育要帮助学生树立坚定文化自信，能够在跨文化交流中坚守中国立场，讲好中国故事，传播中华文化，主动积极地与来自多元文化背景的人们共同构建人类命运共同体[9]。中南大学大学英语教育一贯重视中国文化在语言学习中的重要性，把中国文化教育贯穿在"三三制"教学模式的始终。从网络自主学习和慕课上获取的中国文化知识输入在课堂教学中以口头展示的形式输出，加深了学生对文化的理解和对中国文化的知识重构。展示还包括书面展示，在完成写作任务后，要求学生以小组为单位对组内成员作文进行赏析，评阅和修改，学生在小组交互批阅作文时，既是作者，也是读者，作为

读者，可以欣赏到不同写作风格的作文，给自己的作文提供借鉴，而作为作者，也可以从不同的读者那儿得到不同的反馈，多角度提高输出的质量；既是学生，又是教师，作为教师，可以给其他学生提供客观的评价和指导，作为学生，可以主动参与到自己的写作修改中去。

讨论包括讨论和辩论，是难度高于展示的教学活动。教师在准备讨论或辩论话题时，要根植于网络自主学习和慕课的输入。通过讨论的形式，学生可以内化和实践输入的语言知识，缩短多维度的输入和高质量输出的距离。教师精心设计课堂讨论话题，学生首先在小组内部对话题展开讨论，收集观点，先有口头输出，思想和语言成熟后，再形成书面输出，教师要鼓励每个学生积极参与讨论，为小组合作做出自己的贡献。在小组讨论结束后，每个小组派代表或集体共同汇报讨论结果，每个组既是展示者又是评价者和提问者，既是输出者又是输入者。在听取其他组的汇报时，可以提问质疑，通过思想的交流和碰撞，在输出输入的同时，提高批判性思维能力。

在开展检测、展示和讨论等课堂教学活动时，交互是实现输出的主要手段。首先是教师与网络学习资源和慕课内容的交互。只有掌握了学生知识输入的内容，教师课堂活动的设计才有的放矢。其次是生生交互，学生在完成教师设计的各个任务时，作为知识信息的接受者和发出者，始终处于交互的语境场中。通过同伴交互，学生会千方百计调动长期记忆中的各种语言知识，从被动接受输入过渡到积极主动输出，实现口头和书面表达能力的提高。然后是师生交互。在学生输出后，教师需要对输出做出客观专业的反馈和评价。在课堂，教师不再是课堂的主体，也不再是知识信息的传授者，而是学生知识输出的组织者，引导者和评价者。最后是学生与网络学习资源和慕课内容的交互，学生对学习内容进行理解，形成可理解性输入，在完成课堂任务时加工为口头或书面输出，又通过输出反哺输入，加强对学习内容的理解。

三、问卷调查与分析

2016年秋季学期，中南大学开始实践"三三制"教学模式，2017年秋季学期结束后，我们通过对学生展开问卷调查，了解学生对"三三制"教学模式下大学课堂英语教学的看法。共有1221位学生参与了问卷调查，有效问卷数为1221份，现简要概括调查结果如下：

（一）教学设计方面

学生对教师课堂教学设计表示满意和非常满意的比例达到了81.6%。这说明，检测、展示和讨论为主的课堂教学设计得到了绝大部分同学的认可。这种设计使学生们通过网络自主学习和慕课提供的多维度的输入，对输入进行理解后在课堂教学中对输入信息进行加工，内化和输出，成为能积极使用的语言，实现了输入和输出的无缝对接。

（二）教学方式方面

学生最喜欢的课堂教学环节是小组活动，占33.5%，学生反映，组内讨论能消除紧张感和孤独感，提高人际交往时口头表达的自信。作为小组成员能为小组贡献智慧，参与组间竞争，会获得自豪感和成就感。其次是文化部分，占27.4%。学生都认识到文化知识在语言学习中的重要性，希望通过课堂中文化部分展示，成为讲好中国故事的践行者。有89%的同学比较或完全认同，在课堂教学，教师与学生实现了充分的互动，这说明，建立在多重输入基础上的检测、展示和讨论等教学活动设计让师生积极互动成为有源之水，有本之木。

（三）学习态度方面

有79.6%的同学表示课前会预习课文和生词，接受问卷调查的均为大学一年级学生，他们刚从高中步入大学,在高中养成的课前预习好习惯带入到大学学习生活中。但也有少部分学生反映,由于网络自主学习占用时间较多,学习任务较重,有时不能及时完成预习任务。会按教师要求背诵课文的同学占68.4%,大部分学生会按要求完成背诵任务。也有少部分同学对背诵的重要性认识不够,有投机取巧心理,在完成背诵任务方面自律性不够。

(四)教学效果方面

有83.2%的学生表示课堂教学满足了学习需求,收获很大。教学效果与教学设计的满意度数据是相关的。学生认可教学设计,学习就会达到更好的效果。有33.4%的学生认为教师与学生占用课堂比例为5∶5时,可以达到最好的教学效果,另外,19%,17.6%、13.8%、12.1%学生认可的师生课堂占用比分别为6∶4,6∶4,7∶3和3∶7。以上数据说明填鸭式学习,教师一言堂的教学已经完全不能满足学生的学习需求,教师不再是课堂唯一的信息源。学生们在课堂上交流讨论,分享知识,共同实践知识,成为课堂的主体。

四、结束语

综上所述,基于输出和交互假设的"检测+展示+讨论"大学英语课堂教学设计比较符合大学英语教学规律,是"三三制"教学模式中网络自主学习和MOOC教学的重要补充,是实现口头和书面输出和语言知识向知识应用转化的环节。以教师为主导,学生为主体,通过交互营造轻松愉快的学习氛围,提高学生学习的兴趣,发挥学生的主动性,培养学生综合运用知识和驾驭语言的能力。当然,这种教学设计也给学生和教师带来了挑战。少数性格内向、不善于交流,习惯满堂灌教学模式的学生会感觉有些无所适从,收效甚微。作为教师,我们也要考虑到这部分学生的学习需求,根据学生特点适当调整教学方式和教学设计。为了使课堂达到良好的互动效果,教师应该不断提高自己的教学能力,具备对学生输出即兴总结概括的能力及灵活应付各种变化的能力,只有这样,才能使整个教学活动顺利进行。

参考文献

[1]中华人民共和国国家发展和改革委员会.国家教育事业发展"十三五"规划[EB/OL].中华人民共和国国家发展和改革委员会.发展改革工作.(2017 – 05 – 11)[2017 – 12 – 02].http://www.ndrc.gov.cn/fzgggz/fzgh/ghwb/gjjgh/201705/t20170511_847 116.html.

[2]教育部高等教育司.大学英语课程教学要求[G].上海:上海外语教育出版社,2007:1 – 9.

[3]Ellis, R. *Understanding Second Langage Acquisition*[M].上海:上海外语教育出版社,1999.

[4]Swain,M. Communicative Competence:Some Role of Comprehensible Input and Comprehensible Output in its Development[C]// Susan, M. G. , & Carolyn, G. Mad-Den (eds.). Input in Second Language Acquisition. Rowley,Mass:Newbury House,1985:235 – 253.

[5]Swain,M. Three Functions of Output in Second Language Learning[C]//Guy Cook & Barbara Seidlhofer. Principles and Practice in Applied Linguistics:Studies in Honor of H. G, Widdowson. 0xf0rd:Oxford University Press,1995: 125 – 144.

[6]Brown, D. *Teaching by Principles:An Interactive Approach to Language Pedagogy*[M].北京:外语教学与研究出版社,2003:159 – 160.

[7]梅德明.新时代外语教育应助力构建"人类命运共同体"[N/OL].文汇报.(2018 – 02 – 09)[2018 – 02 – 18].http://wenhui. news365. com. cn/html/2018 – 02/09/content_636018. html.

基于专业认证的制造工程训练
系列课程教学模式研究

彭高明　　杨放琼

摘　要：工程训练是工程教育本科阶段重要实践环节，针对制约工程训练课程发展的深层次问题，笔者对制造工程训练课程的现状进行了分析，以工程教育专业认证为引领，改革教学内容，根据专业确定各模块的知识结构，优化组合；改革教学模式，将课程实训内容与项目驱动、创新竞赛、产学结合、模拟训练等不同教学方式进行有机融合；初步构建了分层次、多模块的制造工程训练渐进式教学新模式。

关键词：专业认证；制造工程训练；教学模式

一、研究现状分析

随着经济的全球化和工程技术职业的全球化发展，工程教育专业认证在国内外已引起广泛重视，目前我国已初步建立了与《华盛顿协议》要求基本一致的工程教育专业认证体系。近几年来，中国工程教育认证体系发生了积极、显著的进步，越来越多的高校认可和实践以"学生中心"[1]"成果导向"[2]"持续改进教育质量"[3]的保障理念。

工程训练中心是高校为培养高素质创新型人才而建立的一个面向全校学生的工程实践教学平台，是大学生工程素质教育和创新创业教育的实践性教学基地。工程训练作为工程教育本科阶段重要的实践环节，面对专业认证"成果导向"所提出的较高要求及社会对应用型人才的需求变化，制约工程训练课程发展的深层次问题已经凸显[4]。如工程训练往往局限于机械制造学科，学科单一、缺乏多学科交叉、工程综合与创新训练，没有形成与学科专业的互联互动良性发展机制；工程训练的教学条件与现代化企业距离仍然很大，教学内容相对落后，闭门造车现象较为普遍；工程训练教师的工程经验、工程能力欠缺，不能很好地服务于工程创新人才的能力培养。主要表现在以下几个方面：

第一，训练模式缺乏改革和创新。在工程实践教学中，很多课程仍然沿用传统的"知识＋实验"教学模式，仅仅部分课程采用了"任务驱动"或"项目驱动"教学模式。

第二，训练内容与实际衔接不够。实验教学训练内容脱离实际，缺少实景式工程教学环境，对于工程项目，学生从需求分析—开发设计—生产组织—质量保证—成本核算—环保处理等全程缺少深入理解，创新意识训练较少，对新产品、新工艺、新技术和新设备进行研究开发和设计的初步能力缺乏。

基金项目：2017 中南大学教育教学改革研究项目，项目编号：2017JY08。

作者简介：彭高明（1965－），男，湖南益阳人，中南大学机电工程学院高级工程师，主要从事机械设计及制造、机械优化设计研究；杨放琼（1966－），女，湖南长沙人，中南大学机电工程学院教授、硕士生导师，主要从事机械数字化设计制造研究；长沙，410083。Email：yangfq2014@csu.edu.cn。

综上所述，由于工程教育专业认证对目标导向提出了较高要求，社会对教育的需求和社会环境在不断变化，使得工程训练的培养方案也必须进行相应的调整，在现有实训体系的基础上，本着系统性、主体性、先进性、特色性的原则，进一步改革并优化实训体系，实现该课程在教学理念、课程设置、教学改革等方面较大的突破。

二、研究内容与具体实施

（一）改革教学内容，构建分层次、多模块的工程训练教学体系

通过优化整合现有教学资源，加强内涵建设，构建个性化分类培养渐进式创新创业教学体系。根据全校现有的几十个工科专业的不同学科背景、不同训练需求，为培养学生的基本创新能力、综合创新能力和创新创业能力[4]，将工程实践教学划分为 3 个层次，即工程素质认知训练、工程创新技能训练、创新创业综合训练[5]。每个模块中包含本领域的若干训练项目，供全校各专业实训时使用，也供全校学生根据自己的兴趣爱好和自身发展的需求进行选修。在基础模块中，应不断充实新材料、新技术、新工艺、新装备内容，让学生了解和掌握当今最新的技术方法和手段，增强学生的资源集成能力。

将现有课程制造工程训练 A 定位为"工程综合创新训练"，面向对象为机械类专业学生；根据大学生创意、创新和创业实践的需要，以项目或产品为载体，结合工程实际提出问题、分析问题并解决问题，将多学科的基础知识、专业知识融汇到工程实践，针对特定对象进行分析、设计、制造实际运行的工程教学活动，同时培养团队合作与沟通、工程管理和工程总结等工程能力。

将现有课程制造工程训练 C 定位为"工程创新技能训练"，面向对象为近机械类专业学生；工程技能训练使学生在掌握基本制造知识的基础上具有一定的操作技能，了解新工艺、新技术在现代制造中的地位和应用，初步建立起现代制造工程的概念，让学生具备对简单零件进行工艺分析和选择加工方法的能力，具备一定的应用先进制造技术进行设计、制造、测量和检验的工程实践能力，加深对制造技术的体验和理解，有利于学生对后续课程的学习。

将现有课程制造工程训练 D 定位为"工程素质认知训练"，面向对象为非机械类专业学生。工程素质认知训练的特点是以产品制造过程为主线，让学生在一个真实的大制造环境中，了解制造过程，体验工程文化，培养基本工程意识和工程素质，通过讲课、展示、多媒体、现场示范讲解等方式，结合实际操作体验，完成工程认知教学。

各课程对应的层次及相关模块如图 1 所示。

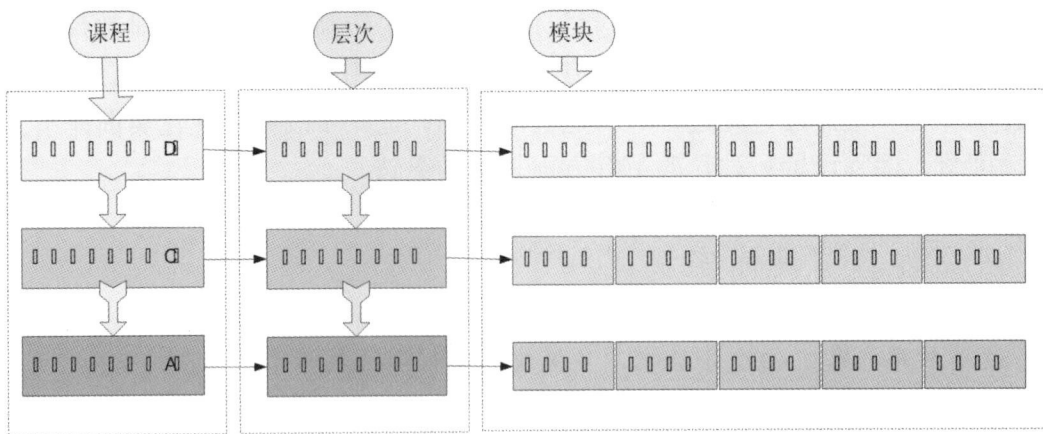

图1　课程对应的层次及相关模块

（二）改革教学方式，进行多种方式的课堂教学探索

第一，改革授课方式，采取开放式教学和分组方式组织教学活动。突破传统的教学方式，采取自由分组、团队合作的形式，分工协作，鼓励学生自由组合进行创意设计，组织班级之间的设计竞赛。结合 3D 打印等现代制造方法，结合原有的 Solidworks、Cimatron、AU-TO/CAD 等软件，以工程训练中心申报的中南大学创客空间为平台，为制造工程训练课程营造了一个综合的教学与实践环境；在培养学生的创新设计能力、三维构型能力、了解先进制造技术等教学实践中发挥了重要的作用。组织了班徽设计竞赛等。图2 为学生制造工程训练课程焊接实习设计的创意作品。

图2　焊接实习设计的创意作品

第二，教学与科研相结合，充分发挥学生的主观能动性，实现学生主动参与、自主协作、探索创新的全新教学模式。图3 为学生设计的脊椎支架虚拟建模与 3D 打印模型。该脊椎支架的设计是与中南大学湘雅医院合作的有关脊椎支架项目的子课题，在项目组老师的指导下，机械专业学生利用 solidworks 软件进行了脊椎支架的三维建模、装配，并利用快速成型技术进行 3D 打印。通过让学生参与小课题、小设计、小制作，营造了一个开放、宽松的创新创业实践教学环境，充分发挥了学生自主学习的能力，使学生的综合创新能力得以提升。

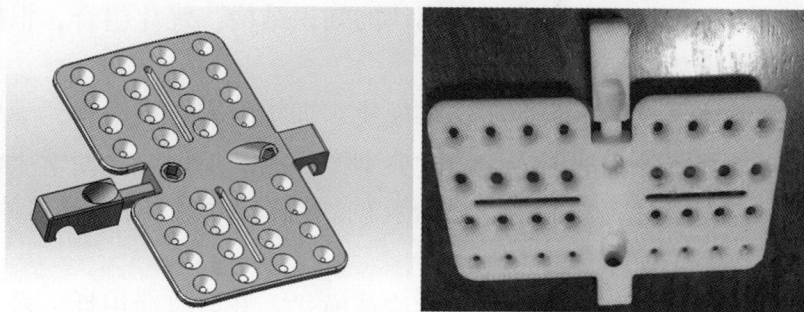

图 3　脊椎支架建模与 3D 打印

第三，结合机械创新大赛、工程训练综合能力竞赛等大赛形式，学生创业实验计划项目、大学生科研活动和科技竞赛项目等，拓展学生开放型工程综合能力，强化工程实践培养。自 2012 年始，工程训练中心承办了具有全国影响的大学生工程能力综合训练大赛；2015 年，课程组已将工程能力综合大赛纳入教学环节，在机械类和交通设备等几类专业实施。课程组成员积极参与指导学生进行无碳避障小车的制作，引导学生将所学知识与现代设计制造理念相结合，将竞赛主题与工程训练课程教学内容有机融合激发学生兴趣，要求学生在课内完成无碳小车的设计制作，老师全程跟踪指导，最后组织评优，并选送优秀作品参加省级及上一级的工程综合能力设计竞赛。培养学生的创新意识与能力，发现问题与解决问题能力，多学科团队合作与沟通能力，建模与求解能力，科技写作能力，增强职业道德以及知识产权责任与意识。图 4 为机械专业学生在设计制作无碳小车。

图 4　学生在设计制作无碳小车

三、结论

该项目以工程教育专业认证为引领，面向社会需求和工程实际，通过对制造工程训练系列课程的教学内容和教学方式的改革，初步构建了分层次、多模块的制造工程训练渐进式教学新模式。其主要特色与创新之处：

第一，改革教学内容，根据专业确定各模块的知识结构，优化组合，根据不同的专业需求，设置多模块、分层次的教学模式。

第二，以项目为载体，以学生为中心，将模块、训练内容有机结合，学生可自主设计和选择训练项目，变被动训练为主动训练，通过典型产品的加工训练，使学生初步掌握产品制造的基本工艺过程，探索项目驱动、产学结合、创新融合、模拟训练等多种实践教学模式，提升与拓展学生的开放型工程综合能力。

第三，突破过去金工实习单一课程局部性改革模式，开启以通识性、专业性、创新性多重属性的工程训练系列课程的整体性改革模式。

参考文献

[1]刘志强,陈建兵.以学生为中心,推进机械类专业工程训练的改革与实践[J].大学教育,2016(22):137 －140.

[2]孟兆生,岳彩霞,周英鸿,等.基于专业认证的工程训练项目教学模式研究[J].黑龙江工程学院学报, 2017(31):70 －73.

[3]郑红伟,马玉琼,张慧博,等.建设工程训练课程体系 助力工程教育专业认证[J].实验技术与管理,2018 (35):214 －217.

[4]沈建华,刘峰,张玲华.适应工程教育专业认证的综合工程训练中心建设与实践[J].现代教育技术,2012 (22):122 －126.

[5]王万强,张俊芳,陈国金.基于"工程教育专业认证"的工程训练教学模式的研究与实践[J].教育教学论坛,2016(23):150 －151.

基于移动云平台的安全工程教学模式研究与实践

黄仁东　　张新立　　贺芹平　　吴同刚　　冯春迪　　刘赞赞

摘　要：为促进安全科学的发展，推进安全教育模式的改革与创新，提高教学质量，结合安全工程的课程特点与网络教学平台的优势，对目前的信息化教学模式进行对比分析，构建了基于移动云平台的安全工程COME云教学模式，并经过教学实践，验证了平台及模式的可用性，充分发挥了学生的主体性作用，将课堂教学扩展到课外，极大地提高了教学效果，对教学方式的改革具有积极作用。

关键词：安全工程；网络教学平台；移动信息化；教学方法；比较分析

当前信息技术和教育技术的快速发展，不断推动着传统课堂教学模式的改革与创新。安全工程专业是一个实践性及理论性结合较强的专业，因此单纯依靠传统的课堂教学无法满足学生全面掌握知识的需求[1]。随着网络技术的发展和高校网络教学平台的普及，为安全工程的教学提供了新的手段和方法，促进了安全工程教学模式的变革。

为此，一些学者开展了相关研究。苏志东和赵云胜介绍了安全系统工程课程网络教学平台建设的一种模式，针对课堂教学、讲授、问答、讨论、作业等教学环节，依托学校网络教学平台提出课程信息模块、动态更新模块、交流互动模块、在线测评模块和课程管理模块等几大模块[2]；邓奇根和牛国庆探讨了研究式教学法、合作学习式网络教学法、专题讨论式网络教学法三种基于网络教学平台的安全工程教学方法；[3]樊运晓提出双课堂混合式教学模式，在上述网络教学模式的基础上进行了评价。[4]而基于移动云平台从电子教材开发的角度对于安全工程网络教学模式的研究与应用相对较少。

鉴于此，笔者将从移动信息化教学的角度，针对目前教学模式的不足，对安全工程云教学模式进行研究设计，在课件设计、开发过程中以建构主义理论为依据，在设计上体现如下的教学策略：突破简单的演示型模式，体现知识的意义建构过程；重视问题与回答方式的设计，提高学生的主体参与程度；加强对学生的引导和帮助，促进学生对知识的意义建构；提供丰富的多媒体资源，创设有意义的学习环境；实现软件的超链接结构，启发学生的联想思维，强调协作学习与讨论学习；注重学生的信息素养教育。

一、教学中存在的不足

安全工程是一门综合性和实践性很强的新兴学科，知识覆盖面广，理论性强，牵涉面多。随着社会对安全需求的加大，安全工程越来越受到重视，同时也对安全工程类人才的综合素质提出了更高的要求。但目前安全工程教学效果并不理想[5]，主要有以下问题：

第一，课程资源陈旧，教材中的习题及图片多是课程开设初期就有的，不能满足现在教

作者简介：黄仁东（1967 - ），男，湖南桂东人，中南大学资源与安全工程学院教授，主要从事安全开采理论与技术研究；张新立（1991 - ），女，河南项城人，中南大学资源与安全工程学院硕士研究生，主要从事安全教育研究；贺芹平（1993 - ），女，河南商丘人，中南大学资源与安全工程学院硕士研究生，主要从事企业安全管理研究；长沙，410083。Email：540248331@qq.com。

学的要求，致使学生学习之后仍觉得收获不大，难以做到"学"和"用"相结合[6]。课程讲授中发现学生普遍存在以下问题：一是缺乏学习兴趣。二是缺乏学习的主动性。三是理论学习无用论的思想在作怪。

第二，教学系统严重偏离人才培养目标。很多院校安全工程专业人才培养目标单一，本科生的理论与实践能力发展不均衡，走重理论轻实践的路线，没能真正掌握实际工作中所需要的实践技能。

第三，教学培养环节存在许多问题。目前，在课程体系、教学方法、考核评价机制等方面，安全工程专业本科生培养环节存在许多问题：课程体系落后，教学中没能跟随吸取学科前沿的成果。教学方法落后，课堂讲授仍是最主要的教学方法，课程设计缺乏系统性，学生虽然学习了许多支离破碎的知识，但难以融会贯通。考核评价方式僵化单一，不少学校始终简单以笔试成绩为考核依据，不利于学生创新能力的挖掘。

二、云教学模式的概念

（一）云教学模式定义

云教学是基于云计算技术所开展的教学活动，该活动结果由活动过程的行为大数据全面呈现并基于该大数据实施客观的科学管理。云教学活动内容包括教学工具、教学内容、教学管理、教学监督与评价几个方面的全面云技术化与大数据化。教学活动行为包括教师的教学行为和学生的学习行为，教学活动过程包括课前预习、课中授课和课后复习的教学全过程的组织与实施。

（二）云教学模式特征

第一，技术特征。云教学的技术特征主要包括移动互联、云计算、大数据、人工智能四大特征。首先，关于云计算技术。云计算就是一种可以以一种高效率、高速度的形式来处理我们需要处理的大数据的计算机功能实现模式，具有方便快速扩展、无时无刻的网络接入等特性。其次，关于大数据[7]。大数据与云计算相辅相成、密不可分。它的特色在于对海量数据的挖掘，所以必须依托云计算的分布式处理、分布式数据库、云存储和或虚拟化技术运行。大数据具备4V特点：大量（Volume）、高速（Velocity）、多样（Variety）、价值（Value）。

第二，过程特征。云教学的过程特征主要包括教学过程充分互动、教学内容智能化跟踪、教学过程评价主导三个方面。云教学的课前、课中、课后，师生之间都将依托云教学平台实现充分互动；具有智能跟踪原理的云课程让教师能够实时跟踪到学生课前、课中和课后的学习程度和效果；云教学对学习行为数据的实时客观采集，将一改"一考定一课，一考定终身"的传统模式，过程评价将更为重要。有的课程可能会取消期中考试和期末考试，改为以过程考核和平时成绩为主。

第三，形式特征。云教学的形式特征主要以线上线下相结合为主要形式，可以实现人人皆学、时时能学、处处可学的学习型社会。这一特征对社会培训很重要，可以让过去的局部或者部分培训转化为全员培训，全日制教育也可以从过去的同一个场所面授的形式转化为不同场所网络直播面授的形式。

第四，功能特征。云教学的功能特征主要包括移动互联、云计算、大数据、人工智能，以及简单便捷易操作、成为教师助手而不是负担、降低教师的劳动强度而不是增加，提高师生幸福指数等几个方面的教学现代化特征，让课堂教学真正实现现代化。

三、安全工程云教学模式实践研究

为了使课堂教学和网络教学有效衔接和互补，在充分考虑课堂教学和网络教学的特点和功能后，笔者选取安全学原理课程基于蓝墨云班课平台进行精心设计与实施，进而研究分析安全工程云教学模式的可用性及有效性。主要包括教学准备、教学实施、教学评价三大模块。

（一）教学准备

第一，课程说明。安全学原理是安全工程专业的必修课程，内容涵盖六章，共32个学时，2个学分。本书主要介绍了安全科学发展及研究对象及安全科学体系，重点阐述了安全观、安全认识论、方法论等理论，最后结合应用实例介绍了安全社会经济原理，是一门理论型为主的课程。本部分选取安全学原理第五章安全方法论章节内容进行研究分析，第五章主要内容包括本质安全化方法、人机匹配方法、安全生产管理一体化方法、系统方法、安全教育方法，是理论实践并重的一章，通过这章的学习，让学生了解安全管理及安全教育的思想方针，锻炼实践管理教育能力，对于安全工程专业学生学习极具指导意义。

第二，学习对象说明。本研究选取安全工程本科 1501、1502 和 1503 班 86 名学生进行蓝墨云班课支持的云教学模式进行教学实践。根据调查发现，数字化学习、自主性学习、拓展性学习都是目前学生的学习需求，除此之外情景化、动态化、形象化学习也是学生对于教材变革的关键需求，同时，学习者对于智能手机、平板电脑等的依赖越来越强，大部分学生会用手机或平板电脑查资料辅助学习。因此，笔者根据学生者学习情况，结合课程内容，合理设置教学活动。

第三，课程资源建设。云教学的核心之一就是数字化课程资源的建设。在学校教学资源建设中心的指导下，由教师带头，笔者作为重要参与者，对安全学原理教材进行设计开发，共开发视频资源 10 个，图片资源 40 余个，链接 72 处，习题交互 55 处，拓展学习 13 处，除此之外，蓝墨云教材也支持插入第三方视频资源，如优酷、腾讯、土豆等平台的视频，本课程共链接第三方视频 15 处。

第四，创建班课。教师通过蓝墨云班课平台创建了云班课，班课邀请码是 353656，并搜索相关资源，设计相关课程活动，在开学之初告知学生班课邀请码，加入班课，介绍蓝墨云班课的各个功能及使用方法。教师端、学生端具体操作如下。

教师端：下载蓝墨云班课客户端，手机号或邮箱注册并登录，点击右上角"＋"创建班课，如图 1 所示，填写相关信息，如图 2 所示，获取班课邀请码，移动端创建的班课网页版客户端也可登录。

学生端：下载蓝墨云班课移动客户端，同样注册登录，进入蓝墨云班课界面点击右上角"＋"使用邀请码加入班课，输入学校、院系、学号等基本信息即可成功加入该班课。

图1　创建和加入班课图　　　　　　　图2　班课信息

（二）教学实施

基于蓝墨云班课构建安全工程 COME 混合教学模式，即是课堂学习（Class learning）、在线学习（Online learning）、移动学习（Mobile learning）和混合式学习（E-learning）相结合的一种教学模式，如图3所示。简单来说，就是一种基于移动网络平台及将线上云班虚拟课堂和线下传统实体课堂相融合的新型混合教学模式。其中线上学习主要是学生借助移动客户端（手机或平板电脑等）或电脑通过云教材及其他课程资源进行课前自学，通过交互习题进行自我学习情况测评，教师通过线上平台上传课件资源，答疑解惑，获得教学反馈。线下学习主要是通过传统教学的方式，通过电子白板，进行线下讲授及演示，同时结合蓝墨云班课开展多种课堂教学活动，便于学生进行柔性灵活地互动交流学习，获得教师评价，活跃传统教学氛围，便于教师统一管理。

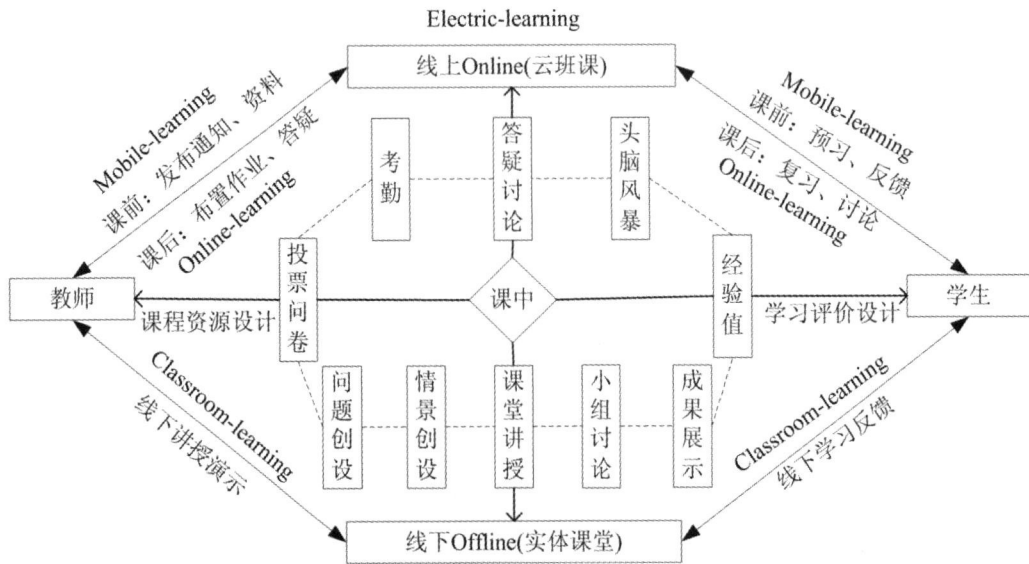

图3　基于蓝墨云班课的 COME 教学模型

第一，课前信息传递。课前阶段教师上传安全学原理第五章相关资源供学生自行预习，包括实现设备安全化管理的动漫视频、一系列事故案例分析、人机功能特征比较表、全面安全管理方法、安全教育相关视频，如图4所示。通过蓝墨云班课的"通知"功能键发布"课前任务单"，让学生明确学习目标，通过"活动"功能键开展课前测试，如图5所示，以检验学生的学习效果。

图4　移动端教学资源　　　　　　图5　课前测试

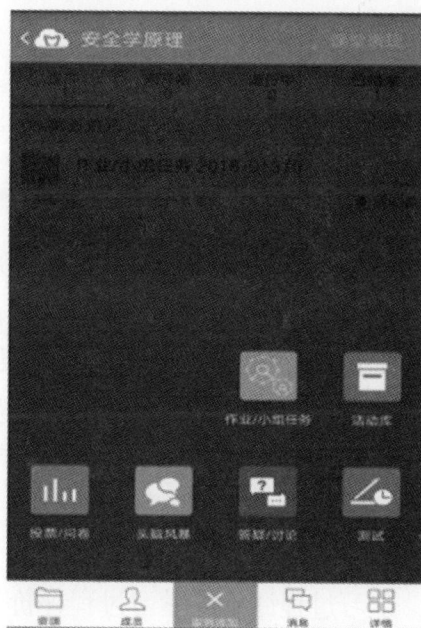

第二，课中知识内化。考勤：首先教师通过蓝墨云班课的"签到"功能键，进行3分钟的签到点名；之后，对于未签到的同学及时了解情况并进行记录。

课前学习展示：登录蓝墨云班课网页版借助电子白板展示学生的自主学习情况，对经验值较高的学生及时进行表扬，激发学生的竞争意识和学习兴趣，并对上次课程讲授内容的重要概念进行5分钟左右的随堂测试，测验完毕后对主要错题进行集中讲解，巩固旧知，强化新知，为更好地开展课中教学做准备。

新课导入：借助电子白板及自制课件播放企业安全管理视频，在视频播放过程中，提出第一个问题：你所理解的本质安全是什么？并通过蓝墨云班课"活动——头脑风暴"功能发布进行发布，学生参与活动自由表达自己观点，教师通过蓝墨云班课网页版展示学生观点，并对比较好的回答进行点赞，增加学生经验值，教师再进行认真评讲。

内容讲解：

一是教师利用随机分组功能将学生进行分组，并通过案例分析的方式让小组之间头脑风暴反馈出本质安全化的特点，降低事故率的措施，并对学生的反馈情况进行评价打分。之后再通过电子白板展示自制课件，对本质安全化内容进行具体展开介绍。

二是介绍人机匹配的优势及目前成功应用的典型案例，让学生感知科技及人机匹配法对于降低事故率的重要作用及发展前景，并让学生通过安全学原理云教材的内容进行的拓展学习。

三是教师通过播放凡口铅锌矿实习期间的照片，引导学生回忆并思考矿山安全生产管理的方法策略，并通过已划分小组对于安全生产管理提出自己的管理思路，并对于具体的管理方法进行策划实施，让学生充分理解全面安全管理、全员安全管理、全过程安全管理及全部工作安全管理的具体内涵。

四是让学生通过蓝墨云班课"活动——答疑/讨论"功能键对于安全教育的类别及方法进行阐述，教师通过蓝墨云班课网页版展示学生的回答，并鼓励学生"互赞"。教师再针对学生的回答情况进行点评讲解。

联系实际/课后作业：按照小组的形式设计不同主题的安全教育内容，主要包括：机械安全培训、电气安全培训、消防安全培训、电梯安全培训等主题的安全教育，并让学生课后自行搜索素材，制作课件，在下次课上进行展示。

第三，课后反思提升。教师通过蓝墨云班课"活动——已结束"功能键对于学生的作业情况进行评价并打分，对于本节课堂所学内容通过蓝墨云班课"活动——头脑风暴"及"活动——投票问卷"等功能进行集中讨论，设置讨论区开展话题讨论引导，并对于认真参与讨论的学生及时鼓励，最后对于本节课所学内容进行测验，并于下次上课前对测试结果进行展示，教师对于出错较多的重点题目进行一一讲解。除此之外，教师还要通过"成员"功能键监督查看学生的学习情况，对于蓝钻学霸给予表扬，对于学习记录不好的学生要及时通过"发起私聊"功能键进行沟通交流，督促学生积极踊跃学习。

（三）教学评价

第一，学习过程评价。学习过程评价又可成为形成性评价，更能客观反映学生学习过程中知识的获取、技能的培养及职业素养的养成情况，符合人才培养的评价。教师通过形成性的评价及时反馈、调整教学内容及方式，学生通过形成性评价随时反馈自身不足并不断矫正完善，利于教学互长，提高教学质量。形成性评价弥补了传统终结性评价的不足，适合培养安全工程类应用技术型人才的评价。形成性评价具有动态性、双向性、综合性、可监控性等特性。

在教学实验结束后，笔者对 1501、1502 和 1503 班共 85 名同学（有 1 位同学未参加蓝墨云班课的学习）的经验值进行统计分析，如图 6 所示。

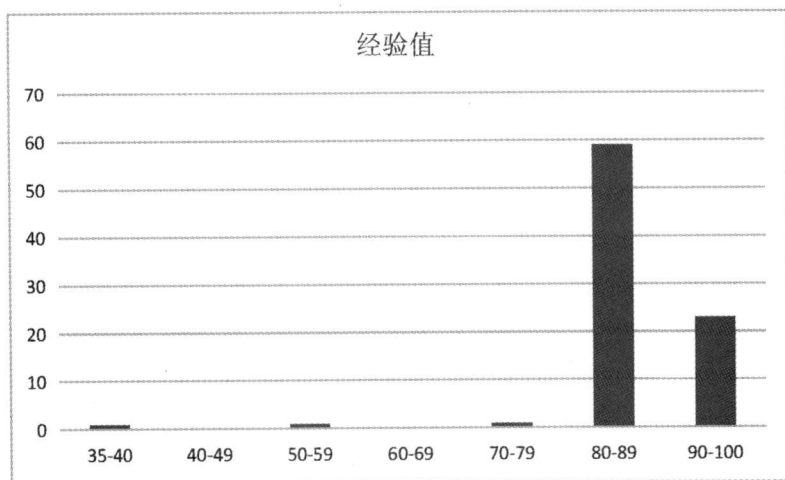

图 6　学生经验值得分情况

由图6可知，学生参与蓝墨云班课教学的整体情况较好，高经验值学生比重较大，但也有少数同学对于蓝墨云班课的教学模式不太适应，需要自身具备更多地主动性及教师的更多督促与指导。

第二，课程考核评价。学期末，教师对于本课程进行了一次闭卷考试，试题内容覆盖安全学原理教学大纲涵盖内容，题型包括基本概念、基本理论及综合分析题，是对学生综合能力的考核分析。试题内容源自试题库，与上一年试题内容基本一致，且学生人数基本一致，故笔者根据该15级实验班测试成绩结果与上一年14级安全工程班级学生的成绩测试结果进行对比分析，如图7是两个年度的测试成绩得分情况。

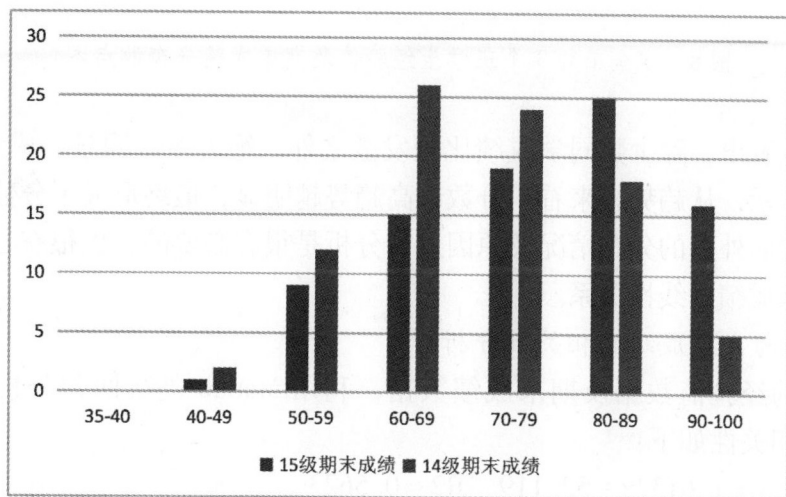

图7　15级及14级学生课程考核成绩情况

如图7所示，15级实验班成绩在90~100分区间，占总人数的18.8%，而14级仅有占总人数的5.7%；总的平均值来看，15级实验班全年级测试平均成绩约为76.8分，14级全年级测试成绩测试平均成绩约为70.3分。经过以上分析，可以简单得出，蓝墨云班课支持的移动云教学模式有助于安全工程学生学习成绩的提高，尤其是中等水平学生的成绩。

四、安全工程云教学模式绩效分析

（一）经验值与期末成绩散点图分析

根据安全工程1501、1502和1503班85名学生从蓝墨云班课导出数据及学校教务管理系统的数据分析，通过Matlab绘制出该教学班学生的经验值及期末成绩关系散点图如图8所示[8]。

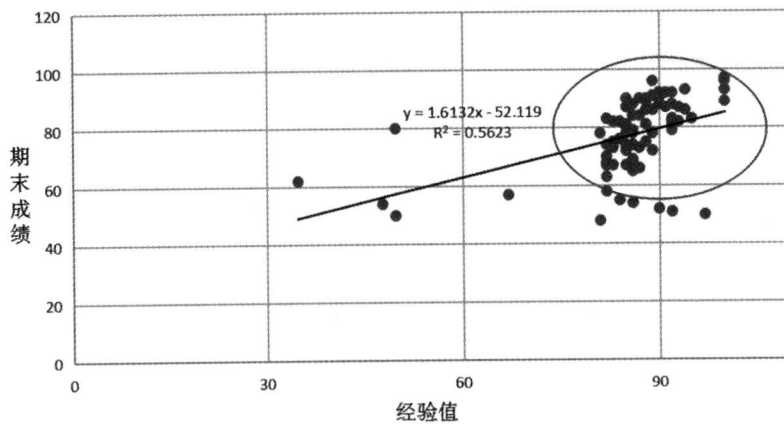

图 8　安全工程 3 个班学生经验值及期末成绩分布散点图

根据上图可以看出，除少数同学成绩比较发散之外，绝大多数同学的成绩相对比较集中，如图中圈内的点所示，从趋势线来看，分数越高趋势越明显，最终形成了分数分布较集中的现场。因此对于图中圈外点的分布情况及原因进行分析是很有必要的，也很有必要研究集中区域内的经验值及期末成绩的线性关系。

（二）经验值与期末成绩的相关性分析

根据采集到的经验值数据及期末成绩数据，利用 Matlab 进行回归分析得到安全工程 3 个班的教学指标相关性如下：

函数表达式：$y = 1.6132x - 52.119$，$R^2 = 0.5623$

其中，y 表示期末成绩，x 表示经验值，R 表示相关性系数。通过散点图及回归分析方程结果，我们可以初步得到学生的经验值及期末成绩具有较高的相关性。为了进一步说明这种相关性，再通过折线图来对经验值、期末成绩及总成绩的一致性进行表示，如图 9 所示，其中总成绩 = 经验值 0.4 + 期末成绩 0.6。

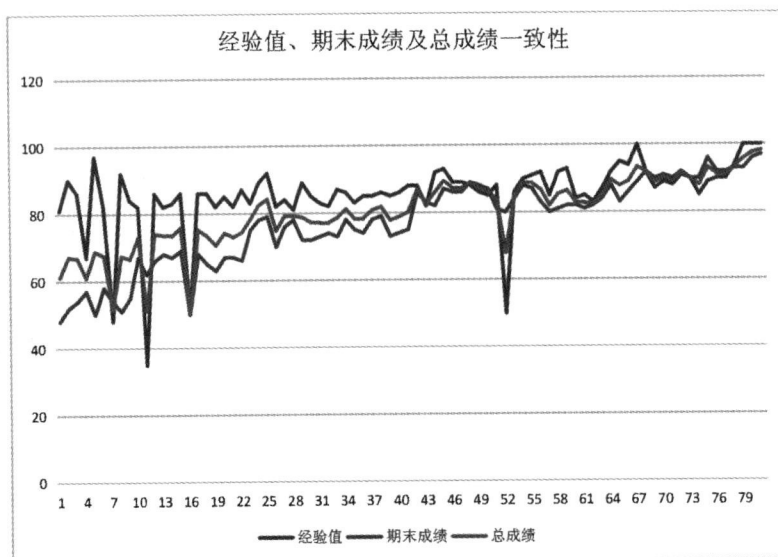

图 9　经验值、期末成绩及总成绩一致性检验图

由上图可直观看出，三者具有较高相关性，且随着分数的增加一致性逐渐增强。以上分析均从分数角度来进行阐述说明的，为具体说明学生成绩的分布及所占人数比重之间的关系，本文将据此对经验值及期末成绩的变化规律进行进一步分析，也从另一个角度检验上述相关性结论的正确性。

五、结 论

通过移动云教学模式在安全工程教学中的尝试，及对学生及教师进行的调查分析，得到安全工程云教学模式的应用结论如下：

第一，学生角度：学生成为知识的主动发掘者，而不是知识的被动接受者，该课程教学模式极大地激发了学生的学习兴趣，使学生学到的知识更加深刻，但需加强学生在线学习效果监管。

第二，教师角度：教师作为教学的引导者，减轻了课中教学工作量，但教师需不断强化信息化教学能力，掌握视频、课件等教学资源的制作方法，结合传统教学设计教学活动。

第三，移动信息化教学模式不仅适用于安全工程课程教学，而且适用于很多课程教学开发设计，具有广阔的应用前景，该教学模式对于教学改革具有较大意义。

参考文献

[1]林柏泉,张景林. 安全系统工程[M]. 北京：中国劳动社会保障出版社,2007:73.
[2]苏志东,赵云胜. 安全系统工程 Web 课件的设计与开发[J]. 工业安全与环保,2003(4)：38-41.
[3]邓奇根,牛国庆. "安全系统工程"课程的教与学探讨[J]. 中国电力教育,2010(18)：100-102.
[4]樊运晓. Learning-by-doing 教学模式在安全系统工程教学中的应用[J]. 中国安全科学学报,2007(7)：89-92.
[5]马池香,刘辉. "安全管理学"案例教学法应用研究[J]. 中国安全生产科学技术,2012(2)：158-162.
[6]王超,谢贤平. "安全系统工程"课程网络教学平台建设[J]. 大学教育,2015(2)：154-155.
[7]李学龙,龚海刚.大数据系统综述[J].中国科学信息科学,2015(1):1-44.
[8]刘波,戴小鹏,沈岳,等.Matlab 融入线性代数的教学改革与实践[J].软件,2014(2):150-152.

"授之以鱼"还是"授之以渔"？

——将基础法语阅读课堂变成多种能力训练工坊

肖红文

摘　要：教师和学生在本科教学过程中的定位和地位问题一直是有些争议的。通过多年的教学实践，笔者就这些问题进行了深入的分析，初步探索出一条将老师各种角色和职能融为一体的教学方式。在传道授业解惑的"授之以鱼"和训练学生退而结网的"授之以渔"之间游刃有余，并将二者有机结合起来，始终把学生的真正成长需求放在中心位置，将开放课堂和学生能动性发挥到最佳，达到"双赢"的目的，达到教学育人的双重效果。

关键词：法语阅读；角色互换；学生为本

高校第一要务是培养适合社会需求的能够胜任专业领域要求的大学毕业生，从而为社会的发展注入新鲜的力量，输送合格的人才。一切服务于国家需求，服务于学生，以培养能满足需求的毕业生为目的教育教学观念日渐成为高校共识。社会需要的是能发现问题和解决问题的合格毕业生，而不是等待答案的毕业生。想要达到教育教学与社会需求的对接，让学生真正受益，达到更高的教学目的，以学生为本，训练他们多方面的能力成为必须。美国教育家杜威认为"教育即生长"，"教育不是把外面的东西强迫儿童或青年去吸收，而是需要使人类与生俱来的能力得以生长"。[1]175 所以笔者认为所有本科教学过程都可以看作是一个培养学生多种能力的综合训练场，让他们与生俱来的自主学习潜力和创新能力得以引导和生长。

自从留校任教以来，在不断的教学实践中，笔者作为一线基础法语教师一直在思考一个问题：老师的作用究竟何在？或者说老师究竟应该教给学生什么？是一个个单词、一篇篇文章还是一本本教材？只是奋笔疾书、深夜批改的孺子牛般的感动学生吗？还是更需要春风化雨润物无声的指导和侵润？是按部就班的"喂饭"还是培养学生"自己觅食"？是"授之以鱼"还是"授之以渔"？

在准备基础法语专业四级考试的过程中，笔者发现了一个问题，老师累死累活地教的效果跟学生累死累活地"学"的效果并不总是一回事，老师使多少力气和学生使多少力气并不总是成正比。有时候我们老师辛劳工作如果不得法，如果不能激发学生，如果即便激发了学生但是没有交给学生"怎么学习"，总难免归于"费力不讨好"的窘境。

一开始满足于以自己的学识去教知识本身，慢慢发现这是一种典型的"授之以鱼"的努力。给再多的课时，能给的"鱼"终究是有限的。而学生在教学中的地位到底又应该是怎样的呢？随着素质教育向高等教育的扩展和渗透、学生主体地位日益彰显的今天，我们更要特别重视发挥大学生的主体作用，变"注入式""独白式"为"启发式"和"对话式"，让他们积极主动地参与到教育教学过程中来，同时提倡自我设计、自我奋斗、主动进取、开

作者简介：肖红文（1972－），男，湖南衡东人，中南大学外国语学院讲师，主要从事翻译学和经贸法语研究；长沙，410008。Email：henrixiao2001@csu.edu.cn。

拓创新，使学生的主体性、创造性得到充分的发挥和张扬[1]176。思考之后，发现以学生为出发点，以学生为本不是一句空话，而是切切实实从学生的真实成长需求出发，从学习本身的规律出发，尊重学习客观规律，设身处地为学生着想，换位思考，而不是按照自己的想法去强制"喂饭"。于是有了笔者法语阅读课的教学改革实践。将传统的"授之以鱼"和更重要的"授之以渔"游刃有余地有机结合在一起，以培养学生多方面能力为目标，以培养学生自学能力、自己解决问题的能力为核心，使他们学会学习。实践证明，这种做法不但激活了课堂，培养了学生的多种能力，充分发挥了得到学生们的主观能动性，更重要的是让学生学习了怎样自己解决学习中的问题和困难，在达到教学相长的"双赢"的同时，给予了学生无限自主学习的能力和空间。

事实上，我们的前人早就有了这样的体验。比如，让汉语真正走向世界的我国著名语言学大师，有"汉语拼音之父"之称的周有光先生，他通晓英法日三门外语，经历了晚清、民国、新中国三个时代，跨越了经济、语言、文化三个领域。他认为如果搞不懂就要去查书，包括词典在内的各种书，日复一日的阅读训练，不仅扩充了知识面，还使他养成良好的学习习惯。每当有人问起他在中国最早的新式大学——上海圣约翰大学最大的收获是什么时，他都会这样回答，最大的收获是：学会了怎么自学，学问究竟是要自己学的，老师只不过要给学生指明道路[3]。

所以笔者法语阅读课程具体的操作和设计都是围绕怎么学会学习、怎么自学这个能力的培养为中心的。与此同时，兼顾多种能力的训练，满足学生们成长的需要。将学生们的积极性调动起来，让学生们走进学习的中心，让学生上讲台，培养他们自己发现问题和自己解决问题的能力，在课堂上的语言组织能力，当众演讲的能力，与同学之间的沟通协调能力，甚至包括创新能力。把课堂交给学生们，老师全程负责指导、辅助、陪同、指引、观察、启发、总结。

以大学二年级一学期为例，考虑到学生们还是处于法语基础学习阶段，掌握的语法和词汇有限的情况，老师肩负"授之以鱼"和"授之以渔"的双重任务。指导学生们分组收集与教材内容相关的素材进行有规律大量阅读，选取素材进行课堂分享阅读。选材的主要渠道是报刊、文学作品、时政新闻等等，鼓励他们涉猎各种领域的文章，以达到"见多识广"的泛读目的。傅荣教授认为，几乎所有学生都在不经意中运用概读的方式浏览中文报刊，而在阅读外文报刊时，这种能力却在不经意间"丧失"了[4]。所以笔者鼓励学生们用快速阅读概读方式进行素材搜集，在课堂上也采用快速通读的方式开始一堂课。学生分组后从许多阅读文章中所选取的素材经过老师认可后，适合课堂分享，然后以这组学生为核心进行课堂阅读分享学习。在分享过程中，这组学生上讲台，引领分享学习过程，他们此时集"老师和学生身份于一身"。他们与其他同学们自己发现困难和不解之处，力所能及或者经过启发他们力所能及的，一定让他们自己寻找解决办法，一起来寻找解决思路，也就是学习方法。比如：泛读与精读的区别？泛读的作用究竟是什么？在泛读中，法语思维、信息获取比起语法词汇哪个更重要？如何提高阅读速度？造成阅读理解的困难主要原因都有哪些？如何一一解决逐一突破提高？是不是看到一个生词必须马上查找词典？一个熟悉的单词在句子中出现但不知所云的时候怎么办？究竟是查汉法词典还是法法词典？为什么查法法词典更好？大家在具体的分享过程中，在老师的启发下进行探讨、分析，畅所欲言，充分交流，不断找到问题的答案。小到一个单词的使用，大到一篇文章的来龙去脉、广阔的背景知识，从字词句的释疑到篇章结构的解读，从法语字面的意思到内涵，从文学语言的特点到情感表达的体悟，从树木到森林视角的变换到阅读本质的挖掘，从词汇的积累到语感的积累等都进行了提问式的、启发式的探讨和思考，整个过程中老师既是教练，是陪练，是启发者，也是参与讨论者，是配角，更是观察者，观察讲台上的学生的准备，观察他们与其他学生间的互动来发现学生们理解上的偏差，观察学生们的学习态度，发现学生们的知识漏洞，这个观察者的角色是一言堂教学法难以做到的；学生们是主场上的运动员，是发现问题的人，是摸索者，是解决问题的第一责任人，是主角。这个过程实质上就是慢慢养成自学的能力，授之以渔的过程。碰到学生们目前能力范围外的语法现象和各种难点，老师当然会给予"授之以鱼"的解惑。在"授之以鱼"和"授之以渔"之间游刃有余把握好分寸，释放学生们的学习潜能和解决问题的能力，给予指导方向和方法提示。老师通过观察对整个过程进行针对性的辅导和总结，"精准扶贫"，抓弱项，大大提高了教学效率。这样对学生们在课前、课堂和课后自主学习能力进行了检验、提升和训练。

整个过程中，学生们获得以下能力的训练：搜索取舍查阅文献资料的能力，文献梳理能力，使用法语解释法语并尽量用法语进行思维表达的能力，课堂上语言表达能力和组织能力，快速阅读能力（学生课堂阅读一般是不使用词典，时间受限的情况下通读分享的文章，这是培养学生们概读能力和泛读习惯，鼓励学生通过上下文、运用已经学过的知识去猜测推断词义，培养学生独立思考和分析文章逻辑的能力），阅读分析分享学习中的凝练观点、独立思考的能力，分析问题解决问题的自主学习能力等。不同的年级不同水平的学生，选用难度相当的素材进行训练，方法和要求也有所不同，比如高年级的阅读更侧重篇章和逻辑。学生们走向讲台，由于事先做了大量的准备，在大家的鼓励下，他们在自我表达和自我展示上表现出越来越多的自信是笔者特别注重培养的方面，尤其是对一些个性过于内敛甚至害羞的学生来说，这是一个很好的训练"工坊"。自信心是学习的催化剂。自信心也是创造力发挥的一项重要人格特质。具有自信心的人才能创造奇迹。自信心决定一个人创造力所达到的高度[5]。正如奥里森·马登（Qrison Marden）所说："喷泉的高度无法超过它的源头的高度；同样，一个人事业的成就也决不会超过他自信心所能达到的高度。"[6]自信心一直是笔者特别看重的，也是学生健康成长真正需要的。

教书与育人是相通的，更何况教书育人是老师身兼的责任。家庭教育中，在教育小孩的时候，家长容易犯的错误是害怕孩子不会，什么都包了，什么都教了，不给孩子摸爬滚打自己成长的过程和机会。做了家长的人知道，孩子的成长是他自己学会的，不是教会的，这就是为什么家长讲了一大堆道理，孩子说"道理我都懂了，但是……"，其实孩子只是听了好多次道理而已，没有自己去"懂"。

实践证明，上述教学方式受到了大部分学生的欢迎，有些课堂探讨的问题还可能成为一些学生继续深入研究的方向，甚至早在二年级结束时就有了之后毕业论文的研究方向。起到初步科研引导的作用。这种教学方式也有很多需要不断改进和提高的地方，在得到学生不断的反馈以及与同行的不断交流的基础上，还将不断调整，不断总结。

参考文献

[1]湖南省教育厅组.高等教育法规概论[M].长沙:湖南大学出版社,2005.

[3]寂然.今天谷歌的封面只属于这个中国人!他是拼音之父,穷尽一生让世界认识中国[EB/OL].凤凰网.
资讯.(2018–01–14)[2018–03–19].http://news.ifeng.com/a/20180114/55108322_0.shtml.

[4]傅荣.法语报刊课教材的改革:以新编法语报刊导读教程为例[M].中国法语专业教学研究.上海:上海
外语教育出版社,2008.

[5]湖南省教育厅.高等教育心理学[M].长沙:湖南大学出版社,2005:215.

[6]马登.O.一生的资本——获得成功和财富的个性因素[M].包刚开,李丽娟,译.北京:中国档案出版社,
2000:272.

实践教学

"五体联动"视角下的大学生实习机制研究

李世辉　　龙思远

摘　要：实习是大学教育教学体系中不可或缺的环节，也是大学生实践能力培养的重要途径，对大学生成长、成才和发展具有长远意义。我国现行大学生实习机制中存在政府、高校、产业和学生四大主体自身作为不到位、缺乏联动两大问题，从而未能真正提高实习生的实践能力。从国外的成功经验及我国实际情况看，应该引入第五主体——第三方平台，构建基于"五体联动"的大学生实习机制。同时，还应采取相应措施来促进各主体自身作为到位和联动的加强，进而解决现行实习机制中存在的问题。最终，通过"五体联动"实习机制的高效运行来切实保障和提高大学生实践能力。

关键词：实习机制；实践能力；五体联动；第三方平台

　　近年来，我国每年超过 700 万大学生毕业，就业形势严峻。实践能力对于大学生成功就业起很重要的作用。实习是实践能力培养的重要环节，现行实习机制还不完善，因此，大学毕业生实践能力较弱的现象很普遍。大学生实践能力较弱，势必影响他们就业。毕业以后处于待业状况，于学生自己、用人单位、社会和政府，都是巨大的损失。国务院办公厅《关于加强普通高等学校毕业生就业工作的通知》（国办发〔2009〕3 号）明确要求："大力组织以促进就业为目的的实习实践，确保高校毕业生在离校前都能参加实习实践活动。"[1]《中国制造 2025》行动纲领也要求未来的大学毕业生具有更高、更强的实践能力。[2]要让大学生具有良好的实践能力，必须有健全的实习机制。

　　不同研究者对实践能力有不同定义。有人认为，实践能力是个体在生活和工作中解决实际问题时所显现的综合性能力。这种能力不是通过书本获得的，且难以用考卷衡量高低和强弱，但却是个体生活、事业成功的重要影响因素。[3]布德（David Boud）等认为，实习是把实践经验反馈成学习经验的一种方式，也是使学习效果最大利益化的有效方法。[4]实习作为一种具有悠久历史传统的教学模式，通过创造实际工作场景，使学生将所学知识应用于实践并提高实践能力。

　　虽然实习是历史悠久的教学模式，但是，教学单位却不能独家完成，它需要政府、高校、产业、学生构成"四体联动"。政府是宏观调控、政策规范与引导的主体，具有资源投入与制度安排的功能；高校是大学生能力培养的责任主体，具有选择培养模式、制定培养计划的功能；产业直接为大学生提供实习平台并负责实践能力的培养，同时具有完善自身人力资源管理的功能；学生是整个机制服务的主体。培养大学生实践能力，不仅需要四个主体各自作为到位，而且需要加强各体间联动，发挥整体作用。

课题来源：湖南省教育科学"十二五"规划课题"湖南省高校文化素质课程教学现状及教学效果评价研究"，项目编号：XJK015BGD080。

作者简介：李世辉（1967 -），男，湖南益阳人，管理学博士，中南大学商学院副教授，主要从事教育管理、财务与会计研究；龙思远（1994 -），女，湖南岳阳人，中南大学商学院硕士研究生，从事教育管理、财务与会计研究；长沙，410083。Email：lshhxh@163.com。

从提升大学生实践能力出发，探讨我国大学生实习机制的现状及问题，并结合国外高校大学生实习的经验，从政府、高校、产业、学生及第三方平台五个层面提出"五体联动"大学生实习机制构想。

一、我国大学生实习机制中存在的主要问题

已有的研究文献、相关调查以及访谈等表明，培养大学生实践能力方面还存在两大问题。

（一）实习机制中各主体自身作为不到位

当前，我国大学生实习机制中主要有四大主体：政府、高校、产业及学生，这四大主体在整个实习机制中发挥不同的作用。已有研究显示，四大主体存在自身作为不到位的问题。

第一，政府作为不到位。

首先，政策制定和政策引导不到位。政府应该制定出符合产业、高校、学生及政府自身利益的政策，并在政策实施过程中引导大学生实习机制良性发展。教育部从 1961 年颁布《高等学校学生生产实习暂行规程（草案）》开始，陆续颁布《关于部属高等学校生产实习问题的通知》（1980 年）、《普通高等学校、中等专业学校学生生产实习经费开支办法》（1982 年）、《国务院批转国家教委关于改进和加强高等学校生产实习和社会实践工作的报告的通知》（1987 年）、《关于加强高等学校本科教学工作提高教学质量的若干意见》（2001 年）、《关于进一步加强高等学校本科教学工作的若干意见》（2005 年）。此外，2010 年广东省通过人大立法建立地方性法规，颁布《广东省高等学校学生实习与毕业生就业见习条例》。[5] 虽然我国规范大学生实习问题的政策在逐步深化，但是，当前除《中华人民共和国教育法》（以下简称《教育法》）[6]、《中华人民共和国职业教育法》[7] 以及少数地方法规之外，其他相关法律法规并未提及实习问题，也没有进一步细化《教育法》所涉及的学生实习的条款和出台专门解决实习问题的政策和文件。

有调查指出，我国企业参与产学合作培养人才的阻碍因素主要有六个：缺乏对接收大学生实习的企业给予税收优惠的政策；政府没有对接收大学生实习的企业提供成本补贴；想要的实习生不一定会留下来，为他人做嫁衣；实习生缺乏公司所要求的基本技术或技能；缺少信息，找不到合适的大学实习生；现在的大学实习生不成熟或不可靠。在六大因素中，前两个阻碍因素所占比例最大。[8]

其次，政策监管不到位。政府没有及时监管政策是否符合大学生实习的实际需求。现有的实习政策多数只从某个或两个实习主体的利益出发，忽视顾全政府、高校、产业、学生这四体作为整体的需求。例如，《中华人民共和国高等教育法》[9] 忽视学生对保障实习生合法权益法规的实际需求，没有对实习生教学活动中的劳动权利和合法权益做出规定。[10] 另外，教育部门或者教育行政管理部门，没有制定相关政策以监管高校落实学生实习工作。在政策实施过程中，政府也没有根据实际情况添加或者更改有关条例，如 2008 年开始实施《中华人民共和国企业所得税法实施条例》[11]，政府针对产业接收实习生给予的财政补贴的暂行条例失效，到目前也没有新的政策条例颁布。

再次，促进法律法规建设不到位。虽然政府不负责具体法律法规的制定，但是，由政府制定的政策可以提议和促进法律法规建设。由于政府这项工作不到位，导致缺乏专门保护实

习生合法权益的法律条文，如针对学生实习期间意外伤害的工伤保险条例与针对产业财政补贴的法律法规缺失等。由此导致的具体问题包括：大学生实习期间的管理过于宽松、大学生实习期间的损害难以得到救济且待遇相当有限。[12]

第二，高校作为不到位。

主要表现为实习教学综合规划的缺失，体现在以下五个方面。

一是实习安排不够科学。首先，实习时间安排不合理。大部分高校通常采用学时制与学分制结合的方式，将实习时间安排在第四学年的春季学期。集中且无弹性的时间安排，容易出现实习岗位在短期内供不应求的"大学生实习繁忙季节"，加剧"实习难"的现象。此外，第四学年的春季学期，学生忙于毕业、就业或者继续深造，部分学生无法专注于实习，增加实习流于过场的可能性。其次，实习内容与形式较为模糊。尽管模糊的规定有利于学生自主选择实习方向、确定就业目标，但也使得部分学生投机取巧、逃避实习。

二是信息服务力度不够。表现为多数高校没有和实习基地形成"合作双赢"的利益关系。首先，高校没有及时整合和发布实习基地的实习信息。其次，高校与实习基地间缺乏有效的联系和互动。部分高校认为，给学生提供实习场所便完成本职工作，却没有思考实习会对实习生和产业带来的影响，从而导致"部分高校未根据形势的变化很好地对实习模式改革进行探索，未能结合社会大环境和高校自身的特点建立适合的实习模式，而陈旧的实习模式无法适应产业的改革转型，也与理论课程体系更新不相匹配。"[13]

三是缺乏系统的实习指导。缺乏提升实践能力的课后指导；没有开设专门的选修课，如创新创业类指导课程；忽视实践类课程的指导，如创新创业类、实践类及实践能力培养类的导论课等。值得一提的是，应用型本科院校需要多开设此类课程。另外，教师的实践能力是开设此类课程的保障。因此，教师的实践能力必须要加强。

四是师资力量相对不足。首先，高校连续多年扩招导致师资紧张。具有丰富工程实践经验和实习指导经验的教师严重不足，导致无法安排教师逐一监督与评价学生的实习效果。其次，生师比过大。教师的责任和精力的增大却没有相应的激励措施，使得教师有简化实习的动机，实习质量和实习效果得不到保证。[14]145

五是教学理念、课程结构、教学方式有待转变。就产业实体接收实习生的积极性较低这一事实，我们可以反问自己：大学生被灌输几年的基础知识和专业知识，背诵大量知识要点，为什么他们到产业实体去实习竟成为实习单位的负担？为调动产业实体接收实习生的积极性，政府、高校、产业、学生都做出一些改变。如政府对接收实习的产业实体减税、高校为学生联系实习单位、高校和产业实体积极探索校产深度合作、实习生端正实习态度等，这些措施有可能引起产业实体的兴趣，但不能从根本上解决问题。只有当实习生有能力为产业实体提供建设性建议、解决难题，从而提高产业利润，产业实体把实习当作引进人才的机会时，产业实体才可能主动接收实习生，校产之间才可能建立起长期、稳定的双赢关系。[15]因此，我们不能一味埋怨产业实体不够配合，而要反思和转变教学理念、课程结构、教学方式，研究怎样培养出受产业实体欢迎的实习生。

第三，产业作为不到位。

主要表现在产业接收大学生实习的积极性较低。首先，成本高。产业接收实习生需要付出相应的资源、培训及安全保障方面的成本，这些成本抑制其接受大学生实习的积极性。如有些产业本来对毕业生的需求程度并不高，但出于人情的因素接纳他们，这样往往会出现校企合作"一头热"的现象。[16]其次，担心管理问题。一般而言，大学生实习时间短，安排相对固定，缺少弹性，产业考虑到商业信息保密等因素，不会给大学实习生提供真才实干的锻炼机会。此外，为避免管理带来的麻烦，很多产业抱着"多一事不如少一事"的想法。[17]53再次，缺乏人力资源储备制度。产业一般没有建立人才招聘与大学生实习对接的人力资源储备制度，接收大学实习生未能有效针对其未来招聘人才的岗位需求。产业招聘的正式员工的实践能力往往达不到预期，需要岗前培训而再次付出成本，导致接收大学生实习成本和招聘人才的培训成本重复，使得其接收实习生的成本损失无法在后期人力资源招聘中得到有效补偿。最后，社会责任意识不高。市场经济环境使得现代产业重视经济效益，忽视其所应承担的社会职能和教育职能，在缺少政府干预和相关法律法规的情况下，部分产业不愿意接收大学生实习。[18]某调查发现，许多中小产业一方面愿意加强校企合作，承担更多人才培养的社会责任和义务。而另一方面，对建设实践教学基地缺乏热情。[19]

第四，学生作为不到位。

主要表现在实习动机不强烈，尤其是自主实习的动机不强烈。首先，对实习的认识不够深刻。许多学生没有正确认识实习对于实践能力培养的作用与意义。还有很多人对未来职业规划不明晰，未将实习纳入自身的职业规划。如实践性较强的"三下乡""三进三同"等活动，本应有助于文科类专业学生了解未来的职业，但是，这些活动形式仅仅停留在词汇层面的理解上，效果往往不佳。[20]此外，如果学校将实习时间安排在第三学年的秋季或者更早，学生可能也有不作为的问题。而一旦安排在第四学年的春季，出于对毕业、就业或者深造选择的考虑，学生则更可能顺理成章地逃避实习。其次，过多依赖学校安排实习。由于受实习评估的影响，学生为降低联系不到实习单位的风险，多数学生便一味等待学校的实习安排。再次，不是每一个学生都有实习资源。如果学生选择自主实习，很多人可能找不到实习单位，他们就会赖在家里，进而打击其实习积极性。最后，在教学实践中发现，学生越来越依赖规范化模板，如课程设计报告、实习报告的书写多靠写作模板，导致写出的报告会千篇一律。为此，学生应该端正实习态度，加强其与实习指导教师在实习过程中的沟通与互动。[21]

（二）政府、高校、产业及学生"四体"之间相互脱节，缺少互动

"四体"间相互脱节，缺少互动，主要表现为：学校只从学校的角度培养和管理学生，与产业的需求脱钩；产业只注重自身的发展，与学校培养学生的目标脱钩；学生处在尴尬的处境，既不能从实习中获得真才实干的机会，又不能如同在学校般接受教育和管理；政府负责校企合作的宏观把控，但是，制定的法律法规及政策等针对性不足，难以切实保障实习生的合法权益。

第一，在"四体"缺乏互动的问题中，高校和产业脱钩现象较为突出。首先，虽然很多大型产业实体有博士后流动站，借用高端人才参与高端产业的开发，但是，中小产业实体忽视开发的重要性。即使有少数产业实体注意到此问题，他们也只是进行"订单式"培养，产业和高校没有在更宽的层面上谋求合作。其次，高校往往注重自身教学体系的建设，忽视利用多种资源服务学生。虽然2012年教育部发布的《教育部关于全面提高高等教育质量的若干意见》明确规定[22]：

建设优质教育资源共享体系。建立高校与相关部门、科研院所、行业企业的共建平台，促进合作办学、合作育人、合作发展。……推进高等职业教育共享型专业教学资源库建设，与行业企业联合建设专业教学资源库。

实际上，高校和行业企业还停留在在各自为政的状态，并没有联合建设专业教学资源库，从而未形成优质教育资源共享体系。有的高校纯粹把产业看作实习基地而已，没有将其它类型服务与产业服务相结合。另外，一些产业实体要求学生的实习时间和学校安排的实习时间出现错位，并且产业实体期望的实习时间长度也往往超过学校允许的范围。[23]综上，校产合作、产教融合仍停留在较浅层次。

第二，学生和产业的需求缺少互动。虽然教师了解学生的专业和特长，但由于高校和产业实体缺乏互动，产业实体难以了解学生的真正需求。因此，也难以给他们安排符合其需求的岗位，导致部分实习生难以获得适合自己发展的机会和资源。另外，部分产业实体担心实习生影响正常的生产进度和质量，没有让学生真正顶岗实习。这种情况，一方面，学生失去学习的机会。另一方面，产业实体也错失储备后备人才的机会。学生和产业实体缺少互动，导致资源配置错位，不利于双方合作共赢。

第三，政府与产业、高校、学生的需求缺乏互动。政府应通过制定政策，鼓励高校与产业开展校产合作，以为学生提供实习保障。但是，在当前实习机制运行过程中，政府没有及时制定有利于提高产业积极性的政策，没有根据法律法规的变化促进相关部门制定保障实习生合法权益的措施。针对高校与产业脱钩的问题，也没有制定出合乎两者实际需求的政策。地方政府与高校之间还是处于一种自发的松散状态。[24]政府没有很好地完成实习机制统筹规划工作，导致政府与高校、产业、学生的需求脱节，"四体"没有发挥应有的整体作用。

第四，实习过程中，各主体间缺少信息沟通。信息沟通是保障实习质量的有效手段，不管是跟随学校实习还是自主实习，高校、产业、学生之间缺少信息沟通，会影响实习的质量。一方面，学生在实习单位的进程和表现没有及时与学校沟通。学校如果不能及时了解情况，就无法采取措施解决实习期间出现的问题。这样不仅不利于提高学生的实践能力，也不利于提高产业接收实习生的积极性。另一方面，如果学生自主实习，缺乏与学校间的信息沟通，则会导致实习不全面、不完整、不到位。

二、"五体联动"的大学生实习机制构建

基于上述问题，必须加强各体间的互动，但是，"四体"中的任何一个主体都不具备引导互动的能力或精力。查阅已有研究文献，发现国外的大学生实习机制涉及政府、高校、学生、第三方平台及产业共五个主体。前四者从法律、学时学制、平台、评价监督等方面为大学生实习保驾护航，促进大学生实践能力的提高，这对我国大学生实习机制的构建有积极的借鉴意义。因此，本文拟引入第五个主体——第三方平台，提出"五体联动"大学生实习机制构想，如模式（图1）所示。

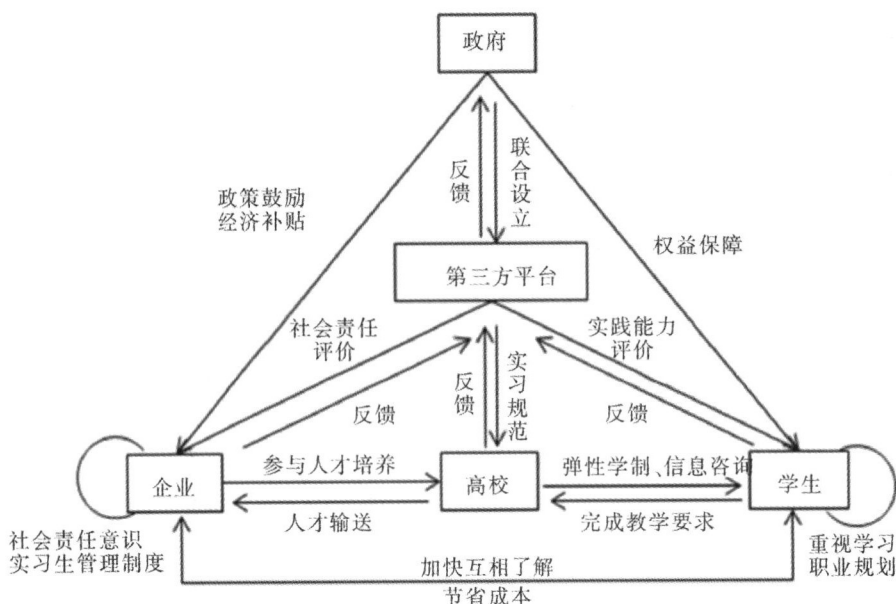

图1　"五体联动"大学生实习机制

图1勾画出政府、高校、产业、学生及第三方平台在大学生实习机制中的定位和相互之间的对接渠道。

（一）机制中各主体责任分工

政府、高校、产业、学生以及第三方平台要明确各自在"五体联动"实习机制中发挥的不同作用，共同确保大学生实习机制高效运转。

第一，政府的责任是引导、协调和监管。

首先，政策制定的作为要到位。针对产业接收实习生积极性不高的现状，政府应出台相应政策鼓励各产业接收大学生实习，引导产业树立社会责任意识并建立人力资源战略培养机制。同时，以法律法规的形式明确产业的财政补贴，将大学生实习列入政府财政补贴的范围。[25]此外，要制定相关政策，保障并维护学生的合法权益。明确规定实习生在实习期间的人身及相关权益保护制度（如带薪实习的最低报酬标准、工伤赔偿、社会保险等各项权利等），制定可能出现的相关劳动纠纷问题的解决措施，明确学生实习和入职前有获得培训的权利及允许学生获得实习资助和补贴，为大学生实习创造良好的政策环境和市场环境。[14]147

针对产业接收实习生成本高的问题，可以借鉴德国政府的做法，根据产业为大学生提供实习岗位的多少，制定不同的税收减免优惠措施。[26]政府还可以出台有关规定或政策以解决目前没有针对性的法律保障大学生实习期间权益的问题，补充完善《中华人民共和国劳动法》。[17]54这样就可以进一步明确校方、实习单位以及学生三方各自的责任、权利和义务，三方相互配合、监督，才能够避免问题发生以后学生维权无依据或校方与实习单位相互推诿责任的现象。[27]

其次，政策引导高校要到位。一方面，可以通过政策引导，促进高校引进产业高级管理人才，并将其聘为高校的兼职教师、教授，将产业的管理经验与管理理论结合起来，拓展学生的知识面，提升学生的理论联系实践的能力。[28]58实施校企双导师制，要求他们共同制定培养方案、选择科研项目、组织论文答辩。企业导师享受高校导师同等学术待遇。[29]另一方面，政府人才交流中心、人才市场等公共职业介绍机构应建立统一的劳动力资源管理制度，如失业登记、录用备案、就业登记、社会保险登记等，使高校毕业生的就业权益得到保障，使暂时失业的高校毕业生能够得到更有效的帮助和服务。[30]还可以通过引导高校就业中心与政府相关部门开展深度合作与交流，促进高校及时发布实习信息，从而解决前文提到的大学生无法及时掌握实习单位人才招聘信息的问题。

第二，高校的责任是规划、实施和管理。主要是做好实习教学的综合规划工作。首先，要灵活制定实习的学时学制。高校应该根据大学生实习的实际需求，将固定学制调整为弹性学制并给予相应的制度支持，如给予足够长的实习时间，或者规定实习期间的学生可以停课等。[31]很多国家的实习时间安排非常合理、灵活，可以供我们学习借鉴。例如，德国高校为方便大学生实习，实行完全学分制与弹性教学管理体制相结合的模式，理论教学实行分批教学，满足大学生实习对学分、学时的不同需求。英国的"三明治课程（sandwich course）"[32]培养模式，要求学生在中学毕业后直接进行一年实习，或者在入学后的第三学年进行一年实习，最后一年返回学校继续深造。学生的实习时间较长且连续，他们有更加充足的时间参与到实习中去。同时，英国的大学生实习一般是由大学直接向用人单位推荐，再由学生直接申请并联系用人单位并最终获得带薪实习。

其次，要提供及时、全面、有效的实习信息。高校要进一步升级信息服务系统，加强与政府的互动与沟通，借助政府的支持与帮助为学校的未来发展寻求更好的途径。一方面，要健全实习管理制度，建立与完善评价指标体系，如成立专门的实习管理机构，建立和健全校内实习人才市场、跟踪管理与考核制度，通过寻找和筛选实习单位信息，确保大学生和用人单位的实习需求信息对称。[17]54另一方面，要建立专业指导中心、实习维权服务中心等，为大学生提供全方位的信息服务与保障。如学校专业指导中心可以指派专门的校内指导教师配合辅导员和校外指导教师，承担学生实习期间的专业指导、思想教育和心理疏导的工作。[33]

再次，要有内容全面的指导手册，详细的实习规则。它们有利于实习生在未进入实习单位之前就对实习有清晰的概念，帮助实习生弄清楚自己的角色。实习生一旦明确自己的定位，更可能主动融入产业实体，向产业实体提出要求和问题，而不是被动地接受实习单位安排，干一些无需专业知识的操作性工作。[34]

最后，要做好系统的实习指导工作。一方面，高校要完善自身的课程设置。不管是应用型大学，还是研究型大学，都应增设一些实践类课程。要积极配合国家、地方政府扶持大学生创业的政策，根据自身特色开设创新创业类课程。另一方面，政府部门应为教学提供政策与经费支持。对此，可以设置一批有特色的省级教学研究项目，聘请企业一线高管或高级技术人员到地方高校讲课，促进地方高校应用型人才培养质量提升。[28]57此外，目前高校就业指导人员职业化、专家化的程度较低，素质有待提高，[35]因此，为了更好地指导学生，教师应增强自身的实践能力，改变单纯的理论课堂教学，采用多种灵活的教学模式，注重对学生实践能力的培养。这样才能完成从传统的"说教型"教师到"实践型"教师的完美转变。另外，高校还应该提升应用型教学的师资水平，对教师工作进行制度设计时，充分考虑教师"经济人"的特点，注重激励与规制并重。这种制度安排可以促使教师对学生的实习环节更加重视，为学生实习提供更多的指导与建议。[36]

第三，产业的责任是指导和培养。

主要包括转变观念以及注重与高校合作两方面。首先，产业要转变观念，积极接受大学生实习。在《中国制造2025》的背景下，各产业自身必须不断升级与创新，吸纳新型人才。

产业在大学生实习的过程中，可以发现并着重培养一些实践能力较强、有潜力的实习生，以便作为自身发展的后备力量。德国企业特别注重录用具有实习经历的毕业生，他们认为具有专业背景并接受过良好培训的人是保持企业竞争优势的关键一环。同时，接收实习生可以节约人力成本，为企业储备优秀人才，并获得政府的相关优惠政策。[37]

其次，产业应注重与高校合作，建立长效的合作机制。[38]开展"校企、校产、校地"合作，能够有效结合地区经济发展、产业结构调整、企业人才需求，充分发挥这一庞大的人力资源优势，使高校的人才培养与社会需求实现有效对接，变就业压力为经济发展动力，提升高等教育服务经济社会发展能力。[39]在这方面，中国地质大学（武汉）工程学院在多年的生产毕业实习教学中，逐步摸索并建成校企联合生产实习基地。如与厦门市工程地质勘察院、西北勘测设计研究院和江苏省交通科学研究院等单位建成校企联合生产实习基地。[40]

第四，学生的责任是实践与总结。

主要包括以下四点：首先，应该端正实习态度，对实习有正确的认识。对于实习，大学生不能仅仅将其视为获取学分，满足毕业要求的必要环节，还应该真正认识到实习环节对培养自身实践能力的作用、对增加自身就业竞争力的作用及对提高发现问题、解决问题能力的作用；其次，应该调整自身职业规划，明确未来发展道路。欧阳（Y. N. AuYeung）等认为，实习是赋予学生职业发展和进入职业生涯的规划。[41]大学生在实习过程中，要正确认识自己的能力与兴趣，结合职业规划寻找相应的行业、产业以及实习岗位。这方面，国外大学生的做法值得我们借鉴。德国工科本科生在读期间的实习动机是在实践中培养并积累实践经验，他们对于实习效果评价较高。大部分学生都会根据自己的学习安排，利用假期或者在学期期间寻找实习单位。学生们通过实习不仅积累社会经验和工作阅历，而且也找出自己的不足和缺陷。[42]另外，法国高校学生参与实习，一方面是为完成实习以获得实习学分，进而毕业。另一方面，通过实习锻炼自己的实践能力，将理论与实践相结合，提高自己就业能力；最后，应明确自己要承担的义务。自觉接受产业实体安排的相应培训，做到保守产业实体的秘密，勇于承担侵犯知识产权和泄露产业实体秘密的责任。

（二）构建第三方平台

可以构建两种性质的第三方平台，即营利性和非营利性。

第一，构建营利性第三方平台。

它们可以由政府、高校、社会组织等共同构建。查阅已有研究文献，发现我国当前已经存在此类第三方平台，主要有两类：一是为求职人员提供就业服务的机构，如人力中介或劳动力中介；二是为用人单位提供服务的机构，如猎头公司等。这些机构可以为大学生提供多种多样服务，比如介绍就业职位、推荐合适的就业岗位、代替用人单位审核简历等。[43]本文着重探讨构建非营利性第三方平台。

第二，构建非营利性第三方平台。

此类平台的构建应由政府牵头并需要教育部门、人力资源与社会保障部门、行业协会等共同参与。主要有两种途径：一是独立构建；二是在省就业指导中心拓展。前者是指各省和各高校根据自身发展情况，独自建立的就业指导中心；后者则是它们可以作为政府的附属机构，在省就业指导中心中拓展构建。

作为非营利性平台，其与四个实习机制主体之间具有密切关系：首先，它们由政府联合设立，政府为高校、产业以及学生提供政策鼓励、经济补贴、权益保障，政府基于第三方平台提供的反馈信息履行以上职能。其次，其负责评价产业的社会责任，为加强两者的有效沟通，产业将自身社会责任意识、实习生管理制度反馈给第三方平台。再次，根据与政府、产业的沟通，为高校制定合乎政府、产业要求的实习规范，高校将实习规范的实践情况反馈至第三方平台。最后，根据政府、高校、产业的反馈，评价学生的实践能力，学生根据第三方平台的评价完成实习要求。

第三方平台主要承担三大功能：一是数据库功能。为实习生及就业者提供企事业单位信息数据，包括各产业经营状况、人力资源制度及所处行业发展现状等各类信息，就业者、实习生可在此平台上进行资讯查询。如浙江师范大学创建的"校友邦"平台，通过大数据搜集，汇总学生实习实践情况，为产业吸纳人才提出建议。[44]二是研究功能。针对行业发展动态和产业发展趋势，研究实习与就业市场人才供需状况，为政府调控及大学生实习与就业提供信息服务。三是评价功能。非官方评价声音更有利于促进教育教学质量和提升效益。[28]54因此，这项功能是第三方平台的核心功能，它既可以通过技能鉴定等方式评价实习生实践能力，又能够发布产业接受实习生的社会责任报告。产业能够根据其对学校实习生的评价预置实习岗位，切实做到人尽其才；高校也可以根据其评价调整教学模式、课程设置和专业设置，更好地使学生学有所用。政府也可根据其评价，及时调整专业设置、招生指标和资金分配。[45]通过这种评价，可以降低信息不对称的概率，加深产业与学生之间的了解与互信，提高大学生就业和产业人才招聘的效率。

搭建第三方平台，具有三大优势：一是解决当前政府、高校、产业、学生之间相互脱节的问题，整合各个领域的需求，为高效开展大学生实习机制服务。二是通过其评价功能可以督促学生端正实习态度，加强自身实践能力的锻炼与培养。同时，其采用技能鉴定等形式对实习生进行评价，可以避免由于各大高校采用不同标准，使得评价结果无法在不同学校学生间进行比较的情况。同时还可以避免各高校对本校学生的袒护，更大程度上保证结果的客观公正性。三是其数据库功能、研究功能、评价功能有利于保存一手资料，为日后开展研究工作奠定基础。

很多国家已经意识到构建第三方平台的重要性。法国政府建成若干平台用于促进实习工作的开展，这些网站的主要职能在于公开政府政务，学生可以通过它们，获知教育部实习工作的新动态，了解政府对实习的要求和规定。[46]德国政府不仅从法律层面建立健全大学生实习机制，而且成立大学生实习专门委员会，以保障实习机制的有效运行。其依据社会对大学生的综合素质评价，对高校进行监督，如果教学质量不合格，则曝光该校并减少或暂停财政补助。"澳大利亚工程师协会（Institution of Engineers，Australia）"对大学生是否取得行业经验有着较高的要求，尤其是对工程专业学生，需要通过该协会核准的实习方能满足毕业要求。在美国，实行"实习资格确认制度"[47]，要求实习生必须完成专业课程的学习以及教师培训项目所要求的全部内容，而且考核成绩要达到所学课程要求的最低平均分，方能参加正常的教育实习。

（三）政府、高校、产业、学生及第三方平台之间相互沟通，加强互动

为解决前文"四体联动"实习机制所存在的问题，应从以下三个方面做出努力：

第一，通过第三方平台，加强政府、高校、产业以及学生之间的信息沟通与互动。

政府应有意识地为产业发展、储备人才提供服务，为接收大学生实习的产业提供支持，同时，还要将这种支持制度化。[48]产业应将培养实习生过程中遇到的困难、问题及时向第三方平台反馈，加强多方沟通，以期快速解决实际问题。在这方面，美国的"企业—职业教育契约"模式可供参考。该模式一方面使政府、学校、企业以及工商协会等第三方平台的

关系更加紧密；另一方面又能大大改善实习效果，增强学生实习的灵活性。如比较成功的"波士顿教育协定（Settlement Agreement Between The United States of America and The Boston Public Schools）"[49]，学生签约后能获得暑假工作、培训岗位、未来就业以及大学奖学金等多方面的机会及待遇。这种契约模式使得学生跟产业都更加明确自身的责任，较大地提高实习的高效性与灵活性。

高校作为大学生培养的责任主体，应该改变传统的培养模式，依托专业力量与社会相关行业、产业保持密切联系，[49]加强与产业及第三方平台的合作与沟通。地方院校可根据"产学研合作"的需要，积极参与地方政府制定相关规划政策，主动承担产业尤其是支柱产业和新兴产业的重大项目和课题，把"注重实践、复合培养"[51]作为创新人才培养机制的突破口。为加强与产业间的深度沟通，高校可以邀请业界人士参与培养方案的修订与研讨，并吸纳产业及专业人士提出的人才培养要求。[52]如徐州工程学院为培养学生的工程能力，利用徐州本地资源，与政府主管部门、建筑产业紧密联系，通过搭建能力实训平台，使学生参与工程实施的全过程。实训平台的建设为实训教学取得实效起到积极的支持作用。[53]通过与产业的深度沟通，高校在明确教育目标的基础上，可以根据产业以及学生的真正需求，进行科学的实习安排。

第二，通过各主体之间的交流与互动，合理规划高校与产业的资源。

高校应该改变单纯依靠自身行业背景、学科优势建立实习基地的做法。这种实习基地的建设成本高且收入有限，不符合"经济性"原则。而根据学生专业将其直接分派到实习基地的做法，也未曾考虑到他们的真实需求。因此，高校要以发展的眼光，从战略的高度，开拓、发展、巩固与社会产业及第三方平台的关系，结合自身特点与社会大环境，探索多种实习模式，进而逐步建立比较稳定的校内外实习基地。高校可以借助第三方平台的数据库功能，为学生提供咨询与建议，帮助他们根据自身职业规划，寻找到合适的实习岗位。通过第三方平台，高校就业指导队伍就能够与产业、人才市场紧密的联系在一起，进而准确掌握产业实体的实际需求，更有针对性地对学生进行就业指导。因此，高校和政府以及一些中介组织建立合作关系，互相促进大学生就业指导工作完成。[54]同时，产业通过第三方平台加强与高校的联系，及时掌握学生的实习需求，并针对需求提供不同的实习机会，做好实习资源的合理配置。

第三，通过合理的资源配置，避免教育目标的错位。

为解决实习教育目标错位的问题，我们可以借助第三方平台做好实习监督、评价以及实习信息的反馈工作。这种评价监督可以促使产业优化实习生培养机制。这不仅有利于实习生实践能力的培养，也有利于促使产业形成人力资源储备制度。构建这种制度可以将实习生培养与产业未来招聘有机结合起来，以减少由于招聘信息不对称带来的问题。这样一来，学生将实习落到实处，提高自身的实践能力，从而更好地达到教育培养方案的要求。

三、结　语

在经济增速放缓，就业压力增大的背景下，大学生实践能力却无法满足产业的实际需求。实习是实践能力培养的重要环节，有必要从实习机制入手，探讨如何解决大学生实践能力不足这一问题。针对目前我国大学生实习机制中政府、高校、学生以及产业四大主体间的现存问题，结合国外经验及我国国情，引入第五主体——第三方平台，构建"五体联动"大学生实习机制。"五体联动"实习机制有两大特点：首先，要求每个主体都要自动到位；

其次，各主体间要相互连接，增强互动。在这种模式中，互动不仅有助于加强大学生实习机制中各主体间的联系与合作，还可以通过约束机制督促各主体积极履行职责，通过反馈机制，发现问题后及时改善并加强调控，以保障大学生实习机制有效运行。

（原载《现代大学教育》2017年第5期）

参考文献

[1] 国务院办公厅. 国务院办公厅关于加强普通高等学校毕业生就业工作的通知[EB/OL]. 中华人民共和国中央人民政府网. 国务院公报. (2009-01-19)[2017-06-26]. http://www.gov.cn/gongbao/content/2009/content_1220473.htm.

[2] 国务院. 国务院关于印发《中国制造2025》的通知[EB/OL]. 中华人民共和国中央人民政府网. 国务院公报. (2015-05-08)[2017-06-27]. http://www.gov.cn/gongbao/content/2015/content_2873744.htm.

[3] 吴志华, 傅维利. 实践能力含义及辨析[J]. 上海教育科研, 2006(9): 23-25.

[4] Boud, D., & Keogh, R. D. Reflection: Turning Experience into Learning[M]. London: Kogan Page, 1985: 18-40.

[5] 张炼, 王新凤. 我国大学生实习问题的政策选择[J]. 中国高教研究, 2011(8): 57.

[6] 全国人民代表大会. 中华人民共和国教育法[EB/OL]. 中华人民共和国中央人民政府网. 法律法规. (2005-05-25)[2017-07-11]. http://www.gov.cn/banshi/2005-05/25/content_918.htm.

[7] 全国人民代表大会. 中华人民共和国职业教育法[EB/OL]. 中华人民共和国中央人民政府网. 法律法规. (2005-05-25)[2017-07-11]. http://www.gov.cn/banshi/2005-05/25/content_928.htm.

[8] 张文铷, 胡海青. 我国企业参与产学合作培养人才动力机制的实证研究——战略性慈善行为理论视角[J]. 社会科学家, 2015(7): 136.

[9] 全国人民代表大会. 中华人民共和国高等教育法[EB/OL]. 中国人大网. 首页. (2015-12-28)[2017-05-11]. http://www.npc.gov.cn/npc/cwhhy/12jcwh/2015-12/28/content_1957555.htm.

[10] 徐银香, 程远凤, 张兄武. "责任共担"视野下大学生实习法律制度的构建[J]. 现代教育科学, 2014(2): 90-93.

[11] 国务院. 中华人民共和国企业所得税法[EB/OL]. 中华人民共和国中央人民政府网. 政府信息公开专栏. (2008-03-28)[2017-07-11]. http://www.gov.cn/zhengce/content/2008-03/28/content_1812.htm.

[12] 吴义太, 邓有莲. 大学生实习期间权益保护中存在的问题与对策[J]. 现代教育科学(高教研究), 2010(4): 28-29.

[13] 王娟. 关于加强本科实习基地建设的思考[J]. 福建师范大学学报(自然科学版), 2011(3): 91.

[14] 都昌满. 高校学生实习: 问题分析与解决途径[J]. 高等工程教育研究, 2010(5).

[15] 杨慧琴. 比较视角下的中国高校实习环节[J]. 山东社会科学, 2012(8): 127.

[16] 章金萍. 高职顶岗实习保障机制的构建[J]. 黑龙江高教研究, 2011(2): 65-66.

[17] 李小静. 大学生实习制度分析与思考[J]. 中国成人教育, 2011(6).

[18] 陈子辉. 高校教学实习基地建设的研究与思考[J]. 实验技术与管理, 2011(8): 169.

[19] 周桂萍, 佘伯明. 广西中小产业实践教学基地建设现状调查与思考[J]. 广西社会科学, 2010(9): 29.

[20] 刘明明. 复合应用型人才视野下大学生社会实践体系构建探索[J]. 教育与职业, 2013(27): 168-169.

[21] 谢昭莉, 李楠, 郑洁, 等. 对工科类专业实践教学模式改革的思考[J]. 实验室研究与探索, 2013(11): 454.

[22] 中华人民共和国教育部. 教育部关于全面提高高等教育质量的若干意见[EB/OL]. 中华人民共和国教育部. 信息公开栏. (2012-03-16)[2017-06-26]. http://old.moe.gov.cn//publicfiles/business/htmlfiles/moe/s6342/2011/xxgk_146673.html.

[23]方萍,侯晨伟,陈丽,等.谈就业与实习体制的完善[J].中国成人教育,2009(24):132.

[24]张兄武.基于利益相关者理论的本科应用型人才培养"责任共担"机制探究[J].高等工程教育研究,2013(1):128.

[25]郭立场.大学生如何让实习不流于形式[J].教育与职业,2012(3):90-91.

[26]赵明刚.德国大学的实习制度探析[J].教育评论,2010(6):163-165.

[27]金秋平.大学生实习期间劳动权益保障研究——中外立法比较视角[J].法治与社会2015(3):74-75.

[28]中南大学课题组.地方本科高校内涵式发展的主要制约因素及改革建议——以某省20所地方本科高校为例[J].现代大学教育,2014(2).

[29]孔建益,陈奎生.创新产学合作机制提升学生实践能力[J].中国高等教育,2009(3):46.

[30]杨国军.从欧美经验看我国大学生就业服务体系的完善与创新[J].职业教育研究,2008(6):119-120.

[31]卢迎.国外人才培养对我国大学生实习教育的启示[J].中国人才,2011(7):174-175.

[32]Anon. Sandwich Course[EB/OL]. Allaboutcareers. Home. Advice. Work Placements. Sandwich Course. (*sine die*)[2017-05-23]. https://www.allaboutcareers.com/index.php?/careers-advice/work-placements/sandwich-course.

[33]王进.欧美大学生实习实习权益保障借鉴与启示[J].教育与职业,2015(8):119-120.

[34]杨慧琴.比较视角下的中国高校实习环节[J].山东社会科学,2012(8):128.

[35]田爱民.高等学校就业指导工作存在的问题及应对策略[J].沈阳农业大学学报(社会科学版),2005(4):460-463.

[36]刘元芳,栗红,任增元."经济人"假设与大学治理思考[J].现代大学教育,2012(2):40-44.

[37]陈敏,许媛.五元合一:德国工科本科生企业实习系统研究[J].高等工程教育究,2012(9):90-97.

[38]周其凤.亟待建立长效的大学生实习机制[J].中国高等教育,2008(12):25-27.

[39]刘铸,宋志海,闫峰.高校校企、校产、校地合作实践与探索[J].辽宁广播电视大学学报(教育教学研究),2011(1):1-4.

[40]章广成,等.校企联合共建大学生生产实习基地教学模式研究——以地质工程和岩土工程专业为例[J].中国地质教育,2015(2):69-71.

[41]Au Yeung, Y. N., et al. Attitudes Towards Industrial Training in the BEng. Course in Building Services Engineering at Hong Kong Polytechnic[J]. *Studies in Higher Education*,1993(2):205-226.

[42]张颂.德国大学生的就业指导和实习管理[J].河北师范大学学报(教育科学版),2009(12):77-80.

[43]姚霏霏.论职业中介在大学生就业服务中的服务功能[J].中国成人教育,2012(19):110.

[44]中国教育报.互联网"搞定"大学生实习难[EB/OL].中国日报网.财经频道.(2015-03-21)[2017-06-27].http://www.chinadaily.com.cn/hqcj/xfly/2015-03-21/content_13409811.html.

[45]高志.大学生实习需多方"助力"[J].教育与职业,2012(9):95.

[46]陈敏,蒋志鸿.五元合一:法国工科大学生企业实习系统研究[J].高等工程教育研究,2014(5):139-146.

[47]Stock, J. A. Internships: Stepping-Stones to Employment[J]. *Career World*,2004(2):22.

[48]徐银香,张兄武."责任共担"视野下大学生实习权益法律保障体系的构建[J].高等工程教育研究,2016(1):92-96.

[49]Johnson, C. R. Settlement Agreement Between The United States of America and The Boston Public Schools[EB/OL]. Justice. Sites. (2011-03-28)[2017-07-21]. https://www.justice.gov/sites/default/files/crt/legacy/2011/03/28/bostonsettle.pdf.

[50]李存.高等职业教育顶岗实习研究[J].中国成人教育,2012(5):187-188.

[51]何根海,谭甲文.基于校地合作的应用型本科人才培养的改革与实践[J].中国高教研究,2011(4):61-63.

[52]陈裕先,谢禾生,宋乃庆.走产教融合之路培养应用型人才[J].中国高等教育,2015(13):41-43.

[53]殷惠光.市属高校土木工程学院(系)开展校地合作的实践与探索[J].中国建设教育,2011(3):8-11.

[54]王邦特.大学生就业指导研究综述[J].赤子·上中旬(教学研究),2016(3):242.

以基本公共卫生服务为导向的预防医学
毕业实习改革实践

任国峰　　杨土保　　罗　伟　　王光伟　　谭红专

摘　要：为适应现代医学模式及我国医药卫生体制改革对人才培养的需求，依据《国家基本公共卫生服务规范》，结合实际情况对预防医学专业的毕业实习进行了改革与探索，创新人才培养模式，完善实践教学，加强预防医学实践教学基地的建设，实现健康中国战略。

关键词：预防医学，教学改革，基本公共卫生服务

健康是促进人的全面发展的必然要求，是经济社会发展的基础条件。实现国民健康长寿，是国家富强、民族振兴的重要标志，也是全国各族人民的共同愿望。推进健康中国建设，是全面建成小康社会、基本实现社会主义现代化的重要基础，是全面提升中华民族健康素质、实现人民健康与经济社会协调发展的国家战略。公共卫生正是以持久的全人类健康改善为目标的集体行动，属于以保障和促进公共健康为宗旨的公共事业。公共卫生服务的提供依靠大量的公共卫生人才，合格的公共卫生人才需要公共卫生教育予以培养和输送[1]。

我国医药卫生体制随着新医改的深入而发生重大变革，加快推进基本医疗保障制度建设和促进基本公共卫生服务均等化是改革的重点，也是实现"人人享有基本医疗卫生服务"的根本途径。医学院校必须根据健康中国建设对医学院校人才培养提出的新要求，加强制度建设和机制创新，以医药卫生行业需求为导向，为全面建成小康社会提供强大的医学人才支撑和智力保障[2]。为适应现代医学模式及我国医药卫生体制改革对人才培养的需求，我们结合本校的实际情况，进行了以基本公共卫生服务为导向的预防医学毕业实习的改革探索。

一、调整和优化预防医学专业培养方案

2011年，中南大学修订本科专业人才培养方案（2012版）时，基本思路之一就是优化实践教学体系，更新实践教学内容，加大学生实践创新能力的培养力度。统筹规划实践教学环节，优化实验课程设置，提高本科创新性实验、设计性实验的比例。经过修订，加强了实践教学环节，丰富了实践教学内容、方式和途径，进一步完善了实践教学体系。

针对以往专题实习的选题多与科研相关，与实际工作的联系比较少，没有结合社会的热

项目来源：教育部"本科教学工程"大学生校外实践教育基地项目，项目编号：201507；中南大学专业综合改革试点项目，项目编号：201707。

作者简介：任国峰（1973 - ），男，山西忻州人，医学博士，中南大学湘雅公共卫生学院本科教学副院长、副教授，主要从事高等医学教育、营养与慢性疾病预防研究；杨土保（1962 - ），男，湖南郴州人，中南大学湘雅公共卫生学院党委书记、教授，主要从事高等医学教育、卫生统计学研究；谭红专（1959 - ），男，湖南长沙人，中南大学湘雅公共卫生学院院长、教授，主要从事分子流行病学研究；长沙，410083。Email：renguofeng@ csu. edu. cn。

点和实际需要，难以直接服务社会和人群[3]。有研究发现：综合素质培养如心理素质、口头表达能力、综合运用知识等方面，在疾病预防控制中心实践的学生要优于在学校实践的学生[4]。因此，新方案中取消了专题实习，全部改为基地实践实习。修订后的预防医学专业毕业实习时间延长至35周，增加了毕业理论考试。实习科目涵盖：急性传染病防治，突发公共卫生事件应急处理，慢性非传染性疾病、寄生虫病、地方病的预防与控制，免疫规划管理，性病艾滋病防治，结核病防治，消毒与病媒生物的控制，卫生监测，营养、食品卫生及生活环境相关疾病的预防控制，学校卫生与学生常见病的预防控制，职业卫生与相关疾病的预防控制等。

2016年版本科专业人才培养方案，以及2017年版本科专业人才培养方案均继续坚持了这一改革方向，不断强化实践教学环节，推进行业协同育人。依托中南大学的办学传统和学科优势，有效整合各类资源，进一步加强与企业、实务部门及医院等单位的合作。

二、加强预防医学实践教学基地的建设

我院长期以来高度重视预防医学实践教学基地的建设，现有分布于北京、广东、浙江和湖南等省市的24家校级预防医学专业实践基地。为贯彻落实《国家中长期教育改革和发展规划纲要（2010－2020年)》和《国家中长期人才发展规划纲要》，根据国家宏观战略，推动教学改革，与企业共同规划办学模式、创新办学思想以及课程体系，适应全球对预防医学专业人才特别是专业技能方面的更高要求，2015年5月，教育部"本科教学工程"大学生校外实践教育基地——预防医学实习基地获得立项支持。

国家级大学生校外实践教育基地——预防医学实习基地依托中南大学和湖南省疾病预防控制中心共同组建，构建一个开放的医学教育培养体系。该基地的主要任务是承担预防医学专业培养方案和"卓越医师教育培养计划"中涉及到预防医学实践教学与科研训练。通过基地的运行，培养学生的预防医学素质，提升学生的预防医学实践能力、医学科学研究能力、医学创新能力和医学组织管理能力。通过两年多的建设，基地基本实现了预防医学实习培养、教学和管理模式的完善和创新，在培养标准、培养方案、培养管理和培养监督4个环节进行了改革，并且构筑了现场教学平台、预防医学能力训练平台、预防医学技术开发平台和生活保障平台等4个预防医学实践平台。

三、突出基本公共卫生服务为导向

为建立中国特色医药卫生体制，逐步实现人人享有基本医疗卫生服务的目标，提高全民健康水平，中共中央、国务院于2009年3月下发了《关于深化医药卫生体制改革的意见》，要求全面加强公共卫生服务体系建设，促进城乡居民逐步享有均等的基本公共卫生服务。为弥补现有实习基地实习内容的不足，探索人才培养新模式，促进教学和科研协同发展，充分发挥学校与企事业单位的职能作用，经过多次实地调研，与长沙国家高新技术产业开发区（长沙高新区）公共事务服务中心合作共建中南大学湘雅公共卫生学院教学研究基地，包括高新区公共事务服务中心下属的麓谷、雷锋、廖家坪3个社区卫生服务中心，并涵盖了麓

源、麓景社区卫生服务站。

实习科室包括：公共卫生管理、儿童保健、计划免疫、慢性病管理、村级公共卫生服务和健康档案管理。实习内容基本涵盖了居民健康档案管理、健康教育、预防接种、0~6岁儿童健康管理、孕产妇健康管理、老年人健康管理、慢性病患者健康管理、严重精神障碍患者管理、肺结核患者健康管理、中医药健康管理、传染病及突发公共卫生事件报告及处理以及卫生计生监督协管等12项基本公共卫生服务项目。实习时间为3个月，与长沙市的其他实习基地如省市疾控中心进行轮转。2012级预防医学专业学生共有34人参与了此次预防医学毕业实习改革。

与以往培养方案在第3学期安排2周时间的早期社区卫生服务实践不同，在毕业实习中突出基本公共卫生服务为导向，有助于培养学生在实际工作中以社区—家庭—个体的预防模式为服务人群提供连续性的卫生保健服务，实现校内教育与实际工作的有机结合、预防医学教学与基本公共卫生服务无缝对接。学生的综合素质能力有较大的提高，新的毕业实习模式让学生毕业后能更好地适应工作，毕业后在工作中角色转变快，工作适应期缩短。

调查显示，近年来预防医学本科毕业生60%以上流向以各地疾病预防控制中心为主的事业单位[5]。但随着公共卫生服务职能的下沉，社区卫生服务中心公共卫生人才更显紧缺，要引导和鼓励医学类高校毕业生到社区卫生服务机构工作[6]。通过基层公共卫生服务的实践，可为大学生解决职业困惑，明确职业定位和职业发展，促进学生综合素质的培养和择业观念的转变，树立"促进人民健康"的职业理想与社会责任感。2016年，已有一名学生到麓谷街道社区卫生服务中心公共卫生科工作。

同时，基层社区卫生服务中心的工作由于得到高校的大力支持，基层医疗卫生服务质量、技术能力、信息系统管理水平大大提升，老百姓得到了更多的便利、更优的服务、更大的实惠。2017年11月9日，中国社区卫生协会正式公布全国百强社区卫生服务中心名单，长沙高新区雷锋街道社区卫生服务中心名列其中，获得了全国社区卫生服务领域的最高荣誉。

综上所述，经过两年多的探索，以基本公共卫生服务为导向的预防医学毕业实习改革探索，有利于实现优势互补、资源共享，强化实践育人环节，提高人才培养质量，促进科学研究发展，提高社区卫生服务机构技术能力，加快推进健康中国建设，努力全方位、全周期保障人民健康。但新实习模式尚存在学生对实习缺乏足够重视、实习考核评价体系不完善、实习时间长、实习内容安排不合理等问题。如何不断提高实习质量，值得进一步探索与研究。

参考文献

[1]柯杨.21世纪中国医学教育改革再定位[M].北京:北京大学医学出版社,2014:202.
[2]汪玲.论健康中国建设对医学人才培养的新要求[J].中国大学教学,2017(2):25-31.
[3]王茂清,王帆,杜晓燕,等.预防医学本科毕业实习存在的问题及解决措施[J].基础医学教育,2013(12):1087-1089.
[4]武媛媛,王金桃,李颖,等.预防医学专业本科生实践教学效果评价[J].中华疾病控制杂志,2012(4):357-359.
[5]王群,周萍,胡敏,等.公共卫生专业本科毕业生就业去向分析[J].中国高等医学教育,2010(7):3-4.
[6]王乙.上海市社区公共卫生人才需求现状及对策研究[J].上海预防医学,2014(5):270-273.

大学物理实验课堂教学中巧用无领导小组讨论法提升学生就业能力

罗成林

摘　要：人才选拔测评常用的无领导小组讨论法在大学物理实验课堂教学的具体应用。无领导小组讨论法在大学物理实验课堂教学中可以提升学生对物理实验的兴趣，让学生更加深入理解实验方法和实验原理，培养理工科学生的表达沟通能力、团队协作能力及钻研创新精神，提升大学生将来的就业能力，为求职时经常遇到的无领导小组讨论面试做好准备。

关键词：无领导小组讨论；大学物理实验；大学生就业

无领导小组讨论，是一种对被测评者进行集体测试的方法，将 6～8 个被测评者组成一个成员平等、角色自定的小组，规定讨论时间，让其完成给定的任务。作为一种有效的测评工具，目前无领导小组讨论已经在应届大学毕业生的招聘中获得广泛应用。

由于无领导小组讨论具有符合探究性教学的特点，教育工作者把无领导小组讨论方法应用于教学的研究，既有普遍理论[1]和原理的讨论[2]，也有在大学生就业教育[3]、经管类课程案例教学[4]等具体科目的讨论。这些研究为无领导小组讨论方法改进大学课堂教学提供了很多有价值的观点。

大学物理实验课堂教学中，学生在三节课 150 分钟内既要掌握实验理论，又要进行实验操作拿出实验结果，与一般文科或纯理论教学情况不同，大学物理实验具有课堂时间短、任务多样的特点。为了适应这两个特点，需要把无领导小组讨论法经过创造性修改后才能具体应用到大学物理实验课堂教学中。

一、无领导小组讨论法对大学物理实验教学的意义

无领导小组讨论法本来是人力资源评价方法，在被测评者组成的小组讨论问题并形成决策的过程中，考察被测评者多方面素质，包括在团队中的社会和人际能力，比如表达沟通能力、组织协调能力等；解决问题的能力，比如专业知识、分析综合能力、创新能力；应聘者的个性特征，比如自信、独立性、灵活性等[5]。

无领导小组讨论法运用于教学中的一般做法，就是教师把课堂中遇到的教学问题提炼为适合无领导小组讨论的问题，组织学生进行分组讨论，其核心意义在于把测评转化为锻炼，起到了锻炼学生上述素质的作用，是一种启发探究式的课堂教学方法。

教师在大学物理实验教学中运用无领导小组讨论方法，对提升实验课堂教学效果及提升学生就业能力有如下好处：

作者简介：罗成林（1976 - ），男，广西平南人，中南大学物理电子学院讲师、国家高级职业指导师，从事大学物理实验教学、大学生就业指导研究；长沙，410083。Email：43546525@ qq. com。

第一，模拟真实技术研讨情景，全面培养学生素质。理工科学生在校期间经常独立做作业，解决问题，与同学交流探讨机会少，但是进入工作以后，往往需要与部门同事沟通协作才能完成项目，需要较强的表达沟通能力、组织协作能力。把无领导小组讨论引入课堂教学，让学生在与同学们的共同讨论探讨中解决老师布置的任务和问题，与真实工作场景一致，为学生将来工作做了素质能力方面的准备。

第二，培养学生的钻研精神和创新精神。学生通过解决关于实验方法或实验原理的题目，从而全面理解实验，体会到深入解决一个关键问题从而把握整体事件的过程，培养了钻研精神。在与同组同学的探讨中，各种思想观点纷纷涌现，互相碰撞，跳出了仅仅根据自己思路和角度解决问题的狭隘思维，自然领悟了从多个角度看待观察事物的发散性思维，培养了创新精神。

第三，适应大学生就业市场需要，提升就业能力。一方面，用人单位很注重员工的团队协作能力，对于技术型研发型岗位，还特别注重钻研精神和创新精神。在平时的课堂训练中，老师通过无领导小组讨论法教学，可以培养学生这几方面的素质，有利于把学生培养成适合社会需要的人才。另一方面，用人单位在招聘毕业生时，经常采用无领导小组讨论面试方法，学生在平时课堂中熟悉了这种小组讨论解决问题的方式，进入面试场景就不会因为题型陌生而陷入被动，充分发挥自己的优势，通过面试。

二、无领导小组讨论法在大学物理实验课堂教学的具体操作方法

一个完整的无领导小组讨论，需要经过以下步骤：分组、部署座位，7 分钟；每人自我介绍，6 分钟；介绍题目，独立思考，5 分钟；个体表述，8 分钟；自由讨论，20 分钟；陈述问题答案，3 分钟[6]。如果完全照搬全程，没有一个小时是不可能完成的，把无领导小组讨论法用于课堂教学就成了空中楼阁。另一方面，有许多老师反映，在面试中学生积极讨论，但到了课堂教学时，学生讨论的积极性却起伏不定，有时好有时差。这提醒我们，不能完全照抄照搬无领导小组讨论法，必须在深刻理解无领导小组讨论内涵的基础上，根据教学情况做调整。

以下按照无领导小组讨论的实施顺序，根据笔者的教学经验，讲解在大学物理实验课堂教学中实施无领导小组讨论的具体操作方法。

（一）设定奖惩标准，激发学生参与讨论的热情

招聘面试时，学生热情参与无领导小组讨论，并非对招聘官提供的讨论题目感兴趣，而是他们必须好好表现才可以获得理想工作。适当的奖励标准，更加接近实际面试情景，可激发学生积极性，避免在学生精神状态不佳或者班级整体性格内向时参与热情不高。以笔者教学经验，把学生实验预习报告分改为依据无领导小组讨论结果评分，效果最好。这也要求学校在设置教学评价时，给予教师更多自主权。

（二）无领导小组讨论题目内容与公布方式均与实验紧密结合，难度适中

讨论题目主要来自主要实验方法，或者是实验最主要的教学要求。经过学生无领导小组讨论后对它们的理解会比教师直接讲解更加深刻全面，以点带面，深入理解了整个实验。试举两例：霍尔效应实验时用到对称测量法解决测量霍尔电压时的系统误差，笔者讲解时，先

指出测量霍尔电压肯定会遇到的某个系统误差（一般是不等位误差，直观且接近学生认识水平），然后进行无领导小组讨论，讨论题目为：设计多种消除这个误差的实验方法，并从这些方法中选出最佳方法。问题讨论完毕，学生也就深刻理解了对称测量法，然后再进行后面原理的讲解。在这个实验的关键环节设置问题，让学生深刻理解实验方法和实验设计思路，锻炼他们的发散性思维。用气垫导轨测量重力加速度，教学要求是让学生理解各种随机误差的消除和控制方法[7]，笔者在讲解完实验基本原理以后，用只示范不讲解的方法做了一次实验操作示范，在学生实施实验操作前，让他们先进行无领导小组讨论，讨论完以后再做实验，讨论问题：在老师实验示范过程中，哪些地方如果不注意就容易犯错误，影响测量结果？以此锻炼学生观察能力和理解误差消除的实验方法。

（三）删繁就简，保留本质

对无领导小组讨论各环节进行修改增删，使之适合课堂教学。上文提到，完整的无领导小组讨论需要一个多小时，有部分明显不符合课堂教学需要的必须去掉，否则浪费时间，这些删除掉的部分及删除理由如下：第一，摆设座位不需要。正规面试中，把座位摆为 U 型或 V 型仅为方便同学互相交流，实验室仪器多，非要把座位摆成那样，耗时耗力，不如按学号分组以后，让他们或坐或站随意围成一圈可顺利交流即可。第二，自我介绍不需要。同一个班的同学们本来已经熟悉。第三，独立思考和个体陈述不需要。大学物理实验上课前有预习环节，在讨论之前的课堂讲授中也做了充分准备和铺垫，学生在组内发言之前，一般都会自发做短暂独立思考，但不用专门划出独立思考时间。经过删减以后，剩下的环节就是：第一，按学号分组，三十人的班级，分为 4~5 组比较合适，从分组到小组成员聚在一起，大约需要 3 分钟；第二，部署题目和活动流程、评分规则，需要 3 分钟；第三，自由讨论，视题目难度在 15~20 分钟之间；第四，各组总结陈述，每组 3 分钟时间，总共需 15 分钟左右。整个流程走下来，在 30~40 分钟之内结束。一般对一个核心问题的直接讲解需要 15 分钟左右，换成无领导小组讨论，增加了 20 分钟左右，对于 150 分钟的大学物理实验课来说，影响不大，却换来了学生素质全方位培养、对原理的深刻理解，这样的投入很值得。

（四）其他方面的注意事项

第一，教师营造轻松活泼的课堂气氛，在轻松愉快的心情下，学生更加容易接纳别人意见和发表自己看法，有利于学生快速进入无领导小组讨论；第二，分数是引导学生学习的工具，而非最终目的，所以承诺的评分规则必须执行，并且采用适当宽松灵活的给分方式，建议以小组整体打分方式代替给单个同学分别打分，方便老师组织实施；第三，在时间足够充沛的前提下，可以采用更加灵活的组织形式，加入学生互评、投票、学生评委组或老师点评的内容，既可以最大限度提升学生兴趣，又可以深化问题讨论。

三、无领导小组讨论法在大学物理实验课堂教学的教学效果

第一，学生反映课堂轻松活泼，对物理实验兴趣度提升了很多。有同学发出感叹：其实物理实验很好玩，只是自己以前没发现。

第二，学生参与度很高，课堂走神、不动脑等现象几乎没有了，提升了整体教学效果，对纠正目前大学物理实验的多种不良现象有明显效果[6]65。

第三，我校大部分专业是在大二开展物理实验课程，笔者在课堂教学中引入无领导小组讨论法已经两年，很多毕业生同学都还记得两年前无领导小组讨论法的情景，并且说对他们参加面试有较大帮助。

四、总结

综上所述，作为大学毕业生求职过程中经常遇到的无领导小组讨论面试方法，经过适当调整后，可以应用于大学物理实验课堂教学中，把测评方法变为对学生的全面培养方法，提升了大学生对物理实验的兴趣，全面培养学生素质，尤其是理工科学生的沟通表达能力、团队协作能力及钻研创新精神，为他们将来的工作、求职面试做好了经验和素质方面的准备，提升了大学生的就业能力。

鉴于大多数理工科专业课教学与大学物理实验课面临同样教学问题和教学情境，因此对在其他理工科专业课课堂教学中开展无领导小组讨论法提升大学生就业能力也有借鉴意义。

参考文献

[1]李维刚,金鑫,张宇,等.基于探究性教学的无领导小组讨论式教学研究[J].黑龙江教育(高教研究与评估),2013(2):12-13.

[2]王玉倩.无领导小组讨论在教学中的应用[J].河北经贸大学学报(综合版),2015(2):127-128.

[3]王旭明,周晶.无领导小组讨论教学法在大学生就业教育中的实践与探索[J].教育教学论坛,2015(37):110-111.

[4]金鑫,李维刚,邵华清,等.无领导小组讨论在经管类课程案例式教学中的探究[J].黑龙江教育学院学报,2013(5):59-60.

[5]夏建文.无领导小组讨论在企业招聘中存在的问题及对策[J].中国人力资源开发,2011(12):30-33.

[6]沈璐.理工科高校大学物理实验运行现状及改革对策[J].科技视界,2016(32).

[7]徐富新,孔德明.大学物理实验[M].长沙:中南大学出版社,2014.

中南大学地质工程专业本科实践教学的管理与探索

孙平贺　　张绍和　　曹　函　　隆　威　　张可能　　刘铁雄　　金福喜　　彭文祥　　刘井鹏

摘　要：野外和现场研究是地质工程专业的基本工作方法，因此实践教学在地质类专业人才培养中占有十分重要地位。结合中南大学地质工程专业的培养目标，从专业背景、目标内容、组织管理、师资队伍、过程控制等方面总结了实践教学中的探索性尝试和效果。重点论述了指导教师专业水平、新老教师结合、企业指导教师作用和教师的持续学习等方面对实践教学的影响，并阐述了教学内容、进度安排、安全措施、考核方式等四个方面的过程控制措施，提出了实践教学投入不足和教学条件不确定两个方面的不足，可为相关专业实践教学实施提供参考。

关键词：地质工程；实践教学；地质实习

中南大学地质工程专业的前身是 1952 年中南矿冶学院成立时设立的探矿工程专业，是中南大学传统优势特色专业之一。1955 年开始招收探矿工程专业五年制的本科生；1978 年获得探矿工程专业硕士学位授予权；1990 年获得探矿工程专业博士学位授予权，同时成为博士后科研流动站，是全国该专业的第二个博士学位点；1991 年开始招收博士学位研究生；1996 年改为地质工程，沿用至今[1]。

中南大学地质工程专业是国家首批卓越工程师培养计划专业、国家综合改革试点专业；已通过教育部工程教育专业认证，符合国际工程教育学位互认协议培养要求。专业按照卓越工程师要求招生和培养，是地质学与工程学相互渗透的交叉学科专业，旨在培养具有扎实的数学、力学、地质学等理论知识基础，系统掌握工程地质、岩土钻掘工程等设计和施工方面的基本理论、方法和技能，接受工程师资格基本实践能力训练，能在工程建设相关领域如基础工程、勘察工程、岩土工程、工程与水文地质、地质灾害防治、环境地质与治理、非常规能源探采、矿产资源勘查等领域从事勘察设计、施工、监测、管理、科研、教学等工作的复合高级工程技术人才[2]。

地质工程是地质学科的工科专业，同其他专业相比，其具有实践性强的显著特点[3]。由于地质学科研究对象的特殊性，决定了野外现场研究是地质学的基本工作方法。因此，实践教学在地质类专业人才培养中占有十分重要地位。中南大学地质工程专业历来重视学生实践能力的培养，致力于实践教学体系的不断变革和创新[4]。早在 1958 年探矿工程专业全体学生就在曾祥熹等指导教师的带领下，远赴湖南郴州嘉禾县香花岭 238 地质队展开钻探生产实习，累计完成了 1800 多米的钻探任务，创造了显著的经济价值和社会价值[1]。在"双一流"和"新工

基金项目：中南大学地质工程专业综合改革与建设项目，项目编号：2017 – 06；中南大学开放式精品示范课堂计划项目，项目编号：2017 – 01。

作者简介：孙平贺（1982 – ），男，吉林松原人，中南大学地球科学与信息物理学院副教授、硕士生导师，主要从事深部岩土钻掘技术及非开挖工程学研究；张绍和（1967 – ），男，湖北鄂州人，中南大学地球科学与信息物理学院教授、博士生导师、专业负责人，主要从事深部岩土钻掘及超硬材料研究；曹函（1982 – ），湖北随州人，中南大学地球科学与信息物理学院副教授、硕士生导师，主要从事非常规能源钻采和岩体力学研究；长沙，410078。Email：pinghesun@csu.edu.cn。

科"建设的背景下,地质工程专业继承优良实践教学传统,探索实践教学改革创新。

一、实践教学目标、内容与组织管理

中南大学地质工程专业以学生实践能力和创新能力的培养为切入点,以实践教学内容和方法的改革作支撑,以提高大学生综合素质、培养创新精神为最终目标,构建以提高复合型高级人才实践能力培养为核心的实践教学体系。解决了以往部分课程的理论教学与实践教学脱节;实践教学环节相对缺失;缺少提升地质工程专业学生创新思维能力的具体教学方法;教师创新意识与创新能力不强等教学问题。实践教学采用学校统一组织、二级学院管理落实、地质工程系具体实施的模式,组织管理关系如图1所示。

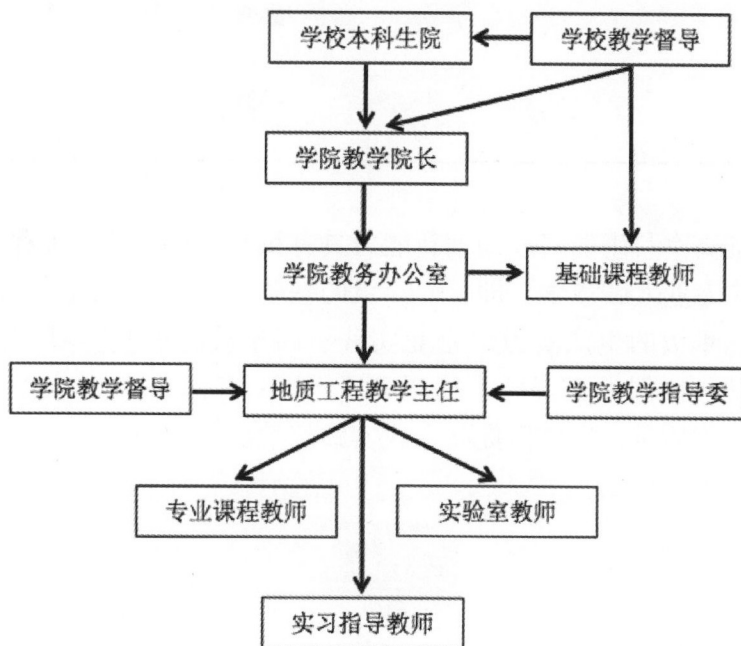

图1 实践教学组织管理

在目前实施的《2016版地质工程专业本科培养方案》中,实践教学总学分为60,占总学分(180)的比例为33.3%,超过教育部工程教育专业认证通用标准和专业补充标准规定的最低20%占比要求[5]。实践教学内容主要由课程实验、课程设计、基础地质与工程地质实习、专业认识与设备实习、生产实习与企业实践、毕业实习与设计、自主个性培养等共同构成,贯穿本科四年培养期,如表1所示。其中,课堂实验和课程设计由指导教师制定教学方案,再由学生选择,并自愿组合成立3~5人的小组,在实验室老师和主讲教师指导下独立完成全部实验或设计内容。通过本环节的实践教学,使学生了解并掌握地质工程研究的基本步骤及思维方法,所用的仪器设备的操作使用;同时学会整理数据,运用所学知识解释观察到的现象,做到理论联系实际,培养学生动手能力及实验、采集并分析数据的综合能力;最后按时提交独立完成的实验或设计报告。

表 1　地质工程专业实践教学内容

实践教学内容	教学属性	学时	学分
课程实验	必修	224	14
制造工程训练	必修	2 周	2
机械设计基础课程设计	必修	2 周	2
工程测量实习	必修	1 周	1
基础地质与工程地质实习	必修	4 周	4
专业认识与设备实习	必修	4 周	4
工程勘察课程设计	必修	2 周	2
边坡稳定分析与支挡结构课程设计	必修	2 周	2
生产实习与企业实践	必修	8 周	8
毕业实习	必修	8 周	8
毕业设计	必修	8 周	8
创新创业导论	必修	32	2
课外研学	必修	3 周	3
总学分		60	

专业实习对于提高本科生的实践和创新能力具有重要作用。地质工程专业在本科人才培养中设置了四次集中专业实践教学，即：一年级的基础地质与工程地质实习、二年级的专业认识与设备实习、三年级的生产实习与企业实践、四年级的毕业实习与设计，累计学分为32，占总实践教学学分比例为 53.3%，如图 2 所示。近年来中南大学地质工程专业紧紧围绕专业建设和人才培养质量，在如何提高专业实践教学质量方面进行了一系列有益的探索。

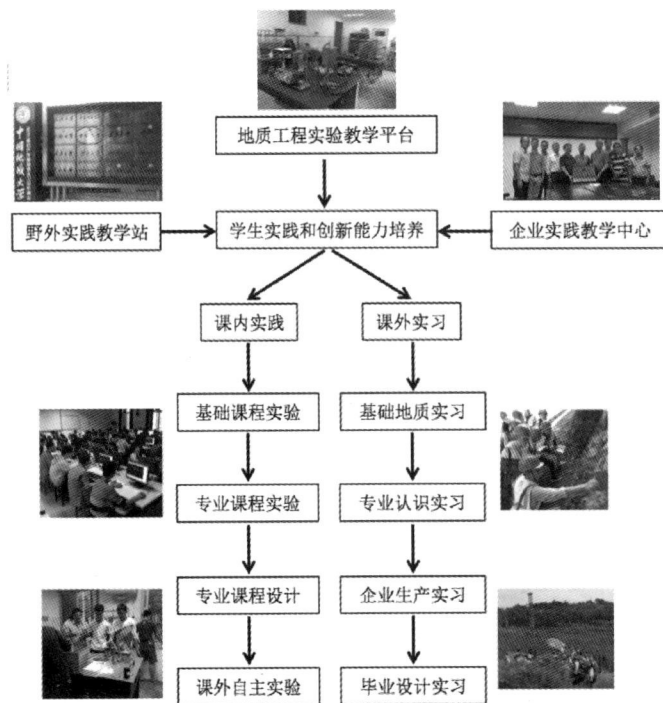

图 2　实践教学内容

二、指导教师队伍建设

实践教学的师资队伍对教学效果具有重要影响，因此，地质工程专业结合实践教学的目标、内容和特点，优化指导教师队伍结构，强化师资队伍自身的建设。

（一）具备扎实的专业知识和技能

在基础地质与工程地质实习中，要求学生掌握对各种典型地质体、地质现象的观察和分析方法；学会使用罗盘、定地质观察点、地质剖面图测绘等基本技能。因此，地质工程系专门安排两名具有基础地质教育教学背景的老师承担主要教学任务，有效保障了实习教学质量。

（二）新老指导教师相结合

通过老教师的言传身教，采用"传、帮、带"的方式，不仅可以有效提高青年教师的实践教学技能，提高教学质量，而且还可以使青年教师继承老一代地质工作者严谨务实朴素的作风，并将这种品格传递给学生，真正实现学生知识、能力、素质的综合提高。

（三）充分发挥企业指导教师的作用

在专业认识和设备实习及生产实习与企业实践环节，地质工程专业的学生主要在企业或现场展开实践学习活动。由于地质体的不均一特点，不同工程现场的设计、施工、组织等具有显著的差异性。在实践教学中，企业指导老师能够更好地掌握现场的基本情况，并在短时间内向学生传授专业知识，也使学生能够体验不同认识主体对专业的理解，拓展学习的角度，增强专业认同力。目前，地质工程专业有近56位企业指导教师，他们活跃在不同的领域，对提高实践教学质量发挥了重要作用。

（四）不断提升指导教师的学习创新能力

地质工程专业鼓励并支持相关实践指导教师利用会议、学习、竞赛等多种途径展开广泛学习，提升自身的专业素养和教学能力，通过学习交流，达到实践教学环节互补有无的目标。同时，借助现代化的教学手段和设备，有效提高教学效率。

三、实践环节过程控制措施

（一）教学内容具体化

教学内容具体化的实质是将实践教学内容进行有效分析、分解和分类。如：在专业认识和设备实习的非开挖工程现场教学中，现场的工程是导向钻进阶段，那么教学内容的分析就要针对导向钻进施工的勘察、设计、工艺和风险控制展开。而分解过程则包括设备功能介绍、地质条件简析、工艺过程原理、质量风险管控等几个方面的内容，这些内容均可以通过现场实物展开讲解，加深学生对这一技术的认识和理解。分类则是对不同内容层次的归纳，如设备内容则属于机械类，而学生尚未学习机械课程设计，则需要采用启发式讲授，一方面使学生了解基本原理，另一方面亦可激发学生后续专业课程学习的兴趣。

（二）进度安排动态化

不同于课堂教学进度的单向控制，地质工程实践教学受现场条件影响较大。如在生产实习和企业实践教学中，学生所在的企业或工程现场往往无法提供某一教学内容的全程展示，因此，指导教师则需要及时调整教学进度安排；在勘察实习中，现场受气候影响，无法展开岩心编录实践，则需要将教学内容及时调整为室内的力学分析、数据成图等内容，使学生能够在有限的实践教学时间内完成相关训练。

（三）安全措施精细化

实践教学安全是一项重要内容。地质工程专业在实践教学活动开始前，都会召开专门的安全教育会，并为全体师生购置保险。同时，针对不同实践教学的特点，有针对性地制定相关安全保障措施。如在基础地质与工程地质实习中，除了配发必备的安全帽之外，还配备了反光服、安全警示牌、警示荧光棒等安全工具。在狭小的地质观察点展开教学时，将学生进行分组，多次分批进行讲授，并由指导老师亲自担任安全引导员，全面保障实践教学的顺利开展。针对野外地质条件复杂的情况，规定不良天气情况下，严禁展开任何实践教学活动。

（四）考核方式多样化

实践教学具有集中化、强度大、学分高的特点，因此学生也十分重视考核结果。在专业认识和设备实习中，指导教师采用五位一体的方式对学生进行多样化考核，即：实习笔记＋实习日记＋实习报告＋实习表现＋实习出勤，得到广大同学的认可。实习笔记是学生在企业或现场随时记录的工程概况、地质条件、关键技术及相关图表等信息，具有碎片化、直接性的特点，目的是使学生养成现场记录的习惯，也为后续实习报告的撰写提供资料。实习日记是学生对每天实习内容的深入理解和拓展，也包括自身的所感所想。实习报告则综合实习笔记和日记以及所学专业知识的全部内容，是实习效果的综合、全面体现。实习表现和实习出勤则考查学生日常实习的积极性、主动性、安全意识等内容。在基础地质与工程地质实习中，为了培养学生独立思考的能力，实习指导教师要求每天上交实习笔记，并及时进行评判，极大促进了学生在实践教学中的能动性，有效提高了教学质量。

四、不足及建议

专业的差异性使实践教学无法形成一套普适的标准。结合中南大学地质工程专业的培养目标，从实践教学内容、组织管理、师资队伍、过程控制等方面总结了教学中的探索性尝试和效果。由于受到研究对象和教学条件的限制，以下两个方面仍亟待得到解决。

（一）实习经费投入不足

相比于开设地质工程专业的国内其他高校，中南大学地质工程专业的实习经费投入较低。如在基础地质与工程地质实习中，为了保障有限经费条件下实习的顺利开展，实习指导教师只能早出午归，保证学生正常用餐时间，减少出行开支，建议根据专业实践教学特点差异化投入。

（二）现场条件的不确定性

在生产实习和企业实践中，受到不同实习单位自身条件的限制，往往难以有效保证实习内容的全面完成，加之学生面临工作、深造的压力，常出现间歇实习的情况，一定程度上影响了教学质量，建议完善学校或更高层面的政策措施。

参考文献

[1]中南大学地球科学与信息物理学院. 中南大学地质资源与地质工程学科发展史1952 - 2012[M]. 长沙：中南大学出版社,2012.

[2]李虎杰,高德政. 加强实习基地建设 提高野外实践教学质量[J]. 中国地质教育,2005(4):52 - 53.

[3]曹伟,李峰,周书仁,等. 基于专业认证的计算机科学与技术专业持续改进研究[J]. 高等教育研究学报,2016(2):114 - 120.

[4]戴塔根. 提升学生实践能力的对策与体会[J]. 中国地质教育,2008(4):66 - 68.

[5]许强,李天斌,陈礼仪,等. 地质工程本科创新人才培养体系的改革与实践[J]. 中国地质教育,2010(4):19 - 22.

基于积极心理学的改良式教学方法
在外科手术学实践课中的应用研究

牛 英　曹 萍　成 柯　明英姿

摘　要：为了观察在外科手术学实践课教学过程中采用基于积极心理学的改良式教学方法的效果，实验组及对照组分别采用改良式教学方法及传统教学方法，以学期结束时实践操作考试得分及学生评定教学满意度作为评判标准，比较两组间教学效果的差异。结果表明实验组学生实践操作考试得分及教学满意度均明显高于对照组，差异有统计学意义（$P < 0.05$）。基于积极心理学的改良式教学方法能够培养医学生积极主动的学习习惯，激发学生学习手术实践操作时的热情，从而提高外科手术学实践课的教学效果。

关键词：积极心理学；外科手术学；实践课教学

外科手术学实践课是医学生进入临床实习之前的一门重要的桥梁课，通过在实验动物模型上进行模拟操作，学习外科手术的基本操作与技能，并培养严格的无菌观念。外科手术学实践课与既往基础理论课的学习方式不同，需要医学生近距离地观摩带教老师的操作，并通过模仿和重复达到掌握该种操作的目的，刚开始接触外科手术学实践课的医学生如不能适应这种学习方式，往往会产生畏难情绪、自我否定等等消极心理[1]，进而影响教学效果。近年来，中南大学湘雅三医院外科手术教研室有意识地将积极心理学引入外科手术学实践课的教学课堂，在此基础上对传统教学方法进行改良[2]，并对其应用效果进行初步观察，现将研究结果报告如下。

一、对象与方法

（一）研究对象

选取 2016 年 3 月 - 2017 年 6 月间在三医院上课的中南大学湘雅医学院 2011 级、2012 级临床医学专业 8 年制共计 122 名学生为研究对象，分为 2 组，其中 2012 级 64 名学生为实验组，采用改良式教学方法；2011 级 58 名学生为对照组，采用传统教学方法。两组学生接受外科手术学实践课教学时在年龄、性别、学业成绩等基本资料上没有明显的差异，具有可比性（$P > 0.05$）。

（二）研究方法

第一，教学方法。对照组采用传统教学方法，即观看教学录像—教师集中讲解—学生分组练习的"三部曲"教学方法。实验组采用基于积极心理学的改良式教学方法：即在传统

作者简介：牛英（1979 - ），男，河北广宗人，中南大学湘雅三医院外科手术学教研室讲师，主要从事腹部器官移植和外科手术学教学方法的研究；曹萍（1972 - ），女，湖南郴州人，中南大学湘雅三医院外科手术学教研室主管技师，主要从事外科手术学教学方法研究；成柯（1972 - ），男，湖南长沙人，中南大学湘雅三医院外科手术学教研室教授，主要从事腹部器官移植和外科手术学教学方法研究；长沙，410013。Email：niuying1@aliyun.com。

教学方法基础上，结合积极心理学注重发挥个人及群体性格与情绪中积极力量，并进而改变自身行为的特点进行改良，具体做法包括：教师在教学语言上更多地通过鼓励、表扬、赞美等方式激发学生情绪中的正性力量；通过课前强化预习，课中情境模拟，课后兴趣小组等方法引导学生形成积极主动的学习习惯；通过设计组间竞赛、组织互帮互学等形式促进学生团队合作精神培育[2]。

第二，教学效果评估。通过学期结束时外科手术学实践操作考核总成绩及学生对教学满意度评定为教学效果评估标准。其中操作考核包括无菌术及外科手术基本操作两部分，每名学生的操作均由两名考官（非本学期实践课授课教师）独立进行打分后取平均分作为最终成绩。学生对教学满意度的评估采取匿名问卷调查的形式。将考核成绩及调查数据分别进行比较分析。

第三，统计方法。取 SPSS 19.0 软件进行统计分析，计量资料分值描述采用均数±标准差（$\bar{x}\pm s$），组间比较用 t 检验，计数资料以百分比表示，组间比较用 χ^2 检验，取 $P<0.05$ 为差异具有统计学意义。

二、结果

（一）操作考试成绩

两组学生操作考核成绩比较结果详见表1。

表1 两组学生操作考核成绩比较

组别	无菌术（50分）	基本操作（50分）	总成绩（100分）
实验组	42.3±2.4	44.2±3.1	85.4±4.2
对照组	40.5±3.1	41.4±2.8	79.6±3.7
P 值	0.046	0.039	0.022

注：组间比较采用 t 检验。

（二）教学满意度

两组学生教学满意度结果比较详见表2。

表 2　两组学生对教学方法满意度结果比较（人数,%）

测评项目	实验组（$N=64$）	对照组（$N=58$）	P 值
课程吸引力			
强	54 (84.4)	39 (67.2)	
一般	10 (15.6)	15 (25.9)	
差	0 (0)	4 (6.9)	
			0.012
专业知识掌握度			
好	48 (75.0)	33 (56.9)	
一般	16 (25.0)	25 (43.1)	
差	0 (0)	0 (0)	
			0.037
团队合作度			
优	50 (78.1)	38 (65.5)	
一般	14 (21.9)	16 (27.6)	
差	0 (0)	4 (6.9)	
			0.043
主动解决问题能力			
优	44 (68.8)	35 (60.3)	
一般	20 (31.2)	18 (31.0)	
差	0 (0)	5 (8.7)	
			0.112

注：组间比较用 χ^2 检验

三、讨论

外科手术学实践课是医学生接触外科实际操作的开始，通过观摩带教老师的示范与自身实际操作，逐渐培养出严格的无菌观念并熟悉外科手术的基本操作技能，为今后进入临床实习阶段奠定坚实的基础。对于医学生而言，外科手术学实践课的教学方法与既往接触的理论课相比具有显著的差异，如何尽快调整自身的学习方法达到与之相适应的目的，是学好本课程需要面对的首要问题。对于教师而言，如何在有限的课堂时间内取得满意的教学效果，确保每位学生都能够形成牢固的无菌观念及掌握正确的操作手法，也是实践教学的难点[3]。近年来，随着高校招生规模的不断扩大，笔者在外科手术学实践课的教学工作中发现，在本课程课时数不能明显增加的前提下，传统"三部曲"的教学方法越来越无法满足新形势下的教学要求。其主要缺陷为：第一，每次课教学形式大体雷同，时间久后容易引起枯燥感，降低了课程吸引力；第二，教学过程中对学生个体心理的掌握度欠缺，未能激发学生的主观能动性，导致课程后期学生学习兴趣下降；第三，学生人数增加后，课程间隔时间相应增加，课余时间未能充分应用，导致学生"学后忘前"；第四，缺乏引导学生形成团队合作精神的有效措施。针对上述传统教学方法的弊端，笔者结合积极心理学的相关理念，对外科手术学实践课的教学方法进行若干改良，并尝试应用于 8 年制医学生的教学之中。

积极心理学最早于 20 世纪末由美国著名心理学家马丁·塞利格曼（Martin E. P. Seligman）提出，随即成为心理学研究的热点。它将心理学从研究病态心理的桎梏中解放出来，并转而关注正常人心理中诸如力量及美德等积极因素。通过充分激发人的潜能，提高人的动力，挖掘人的创造力等途径，诱导个体形成自信、乐观、外向的积极人格特质，并进而促进团体、社会形成稳定发展所需的良好心理因素[4]。因而笔者设计的改良教学方法，特别注意了以下几个方面的内容：对学生更多采取鼓励、赏识的语言，促使其激发情绪中的正性积极力量，从而克服畏难情绪，在行动上取得成功；加强与学生沟通的主动性，结合榜样力量，引导学生调整学习方法，形成积极主动的学习习惯；通过提高课前课后作业要求，组建兴趣小组等方式促使学生之间加强沟通，培养团队合作精神；通过开设"第二课堂""网络课堂"等方式，充分利用课余时间，维持学生兴奋度，巩固其所学知识。

本研究通过连续两届 8 年制学生教学实践，对比改良式教学方法及传统教学方法在外科手术学实践课的教学效果及学生对教学的满意度。结果发现，采用改良式教学方法的实验组学生无论在操作考试成绩及对课堂教学的满意程度上均明显优于采用传统教学方法的对照组。通过对学生问卷结果的统计分析显示，改良式教学方法在提高本课程吸引力、促进团队合作精神及掌握专业知识等方面均具备明显的优势；而在操作考核方面，实验组学生在无菌观念和基本操作得分方面均明显优于对照组，表明应用改良式教学方法不仅较好地弥补了传统教学方法的种种不足，而且可达到提高教学效果的目的。

积极心理学的理念旨在培养学生的积极情感，唤醒人格力量，使他们能够积极地面对生活中的种种挫折和压力，将积极心理学与医学教育相结合具有良好的应用前景[5]。笔者希望通过应用基于积极心理学的改良式教学方法，不仅使得医学生掌握课堂中的基础知识，而且能够培养其以后积极面对困难及挫折的能力。

参考文献

[1] 李一明，李维卿，侯立军，等. 关注外科手术基础教学中的情商教育[J]. 局解手术学杂志，2013（3）：332 - 333.

[2] 刘洪，曹萍，明英姿，等. 积极心理学在外科手术学实践课教学中的应用[J]. 医学理论与实践，2016（3）：411 - 412.

[3] 代薇薇，文灿，兰阳军，等. 关于外科手术学教学的思考[J]. 局解手术学杂志，2015（2）：223 - 224.

[4] 刘颖，张掌然. 积极心理学视角下的心理治疗观[J]. 武汉理工大学学报（社会科学版），2012（2）：180 - 184.

[5] 林莉，罗羽，戴琴，等. 以塑造医学生健全人格为导向的积极心理学课程设计[J]. 医学教育研究与实践，2017（1）：110 - 112.

基于创新人才培养的物流工程专业实践教学体系建设

郑国华　　孙一榕　　李　翔　　胡　芬　　颜　进

摘　要：实践教学是物流人才培养的关键环节，建立一个科学、系统、完整的物流工程专业实践教学体系，有助于提高学生的工程实践能力，有利于物流工程专业创新人才的成长。通过分析物流工程专业实践教学中存在的主要问题，提出了基于创新人才培养的实践教学体系构建的基本原则，从实践教学的目标、内容、方法、管理、评价、保障六个方面，对物流工程专业实践教学体系的构建进行了深入的研究。

关键词：物流工程；创新人才；实践教学体系；教学改革

物流工程专业是近年来随着经济社会发展而兴起的、具有较强实践性和应用性的专业。物流创新人才培养的关键在于人才的创新意识和创新能力的提高，而实践教学是获得创新意识和创新能力的重要途径，只有在实践教学中才能培养学生的实践能力、参与能力、动手能力，才能突出知识与理论的应用性[1]。在国外，不管是以美国为代表的通才教育，还是以德国为代表的专才教育培养模式，都注意结合本国发展实际并重视实践教学环节[2]，可见实践教学在本科教学体系中是有着十分重要的地位。因此，研究建立适合我国物流行业快速发展需要的物流工程专业实践教学培养体系，对于增强学生对事物的感性认识，激发学习探索的积极性，充分发掘其创新潜质，提高创新意识和创新能力，具有极为重要的意义。

一、物流工程专业实践教学存在的主要问题

经过实际调研，目前物流工程专业在实践教学过程中主要存在如下问题：

（一）实践教学环节重视不足

在前些年持续的扩招背景下，高校人均可支配的实践资源萎缩，工科院校中重理论、轻实践，重知识传授、轻能力培养和重课内、轻课外的"三重三轻"现象有增无减[3]。由于没有得到足够的财力和精力的投入，加上较多高校的物流工程属于新开设学科，且物流工程专业的实验设备设施的资金投入较大，使得物流工程的实践教学一直没有得到足够的重视，尚未形成科学、系统、完整的实践教学体系。

（二）师资的专业基础功底薄弱

一方面，物流工程在我国属于新兴的学科，大多数物流工程专业的教师为"半路出家"，一般主要来自管理科学与工程、交通运输工程、工业工程等物流学科相关专业，而对物流工程专业缺乏系统扎实的专业理论学习；另一方面，一些专任教师由于缺乏对物流领域工程实践能力的锻炼，其自身的物流工程意识和工程实践经验明显不足，难以胜任专业教学的需要。

基金项目：2017年湖南省教改立项项目"适应国际工程教育要求的大学工科实践教学体系的改革与实践"。

作者简介：郑国华（1963 - ），男，湖南汨罗人，中南大学物流工程系主任、副教授，中南大学本科生院教学督导，主要从事物流与供应链管理研究；孙一榕（1995 - ），女，湖南长沙人，物流工程硕士研究生；李翔（1993 - ），男，山西大同人，物流工程硕士研究生；长沙，410083。Email：zgh@ csu. edu. cn。

（三）实践基地建设不足、设施设备的利用率不高

目前在物流工程专业实践教学过程中，既存在满足实践教学的设备设施和场地不足的问题，也存在已经建设的实践设施设备的利用率不高的问题。而由于已建的物流设施和设备的利用率不高，直接导致学校对专业需要的实践教学条件改善的投入受限，这也造成目前实践教学条件难于满足专业实践教学的需求，学生在校内得不到系统、专门的实践训练，在校外也难有去企业实践的机会。其后果从短期来看，影响了学生的创新能力和就业能力的提升，从长远来看，阻碍了我国物流工程专业人才的发展和成长。

（四）实验教学的方法和手段亟待改进

物流工程专业的多数实验为验证型和认知型实验，学生按照既定的步骤和手段，获得相应的实验数据和结论。这种停留在表面的实践教学方法，忽视了学生的主体地位，无法使学生真正参与到实践中，学生多数知其然而不知其所以然。这种单调的教学手段，既降低了学生的实践兴趣和积极性，又难以满足创新人才的培养目标要求。

（五）实践教学评价体系不科学、不完善

现有的评价体系中评价指标不够细化，评分标准和依据不够详细，没有很好地将实践的全过程量化为可操作的、明确具体且便于执行、便于实施、便于管理的指标。由于缺乏一种有效、完备的实践教学评价体系，因而，难以对实践教学环节的质量做出客观公正的评价。

二、实践教学创新体系构建的基本原则

（一）目标性原则

实践教学体系的构建必须紧紧围绕高校人才培养规格和专业人才培养目标进行[4]。具体而言，就是要遵循人才培养目标的要求，即培养具备从事物流系统规划、设计、决策、管理、运营等工作基本能力的复合型人才。

（二）统一性与多样性原则

既要在人才培养的基本目标、专业基础课程和核心课程等教育部做出明确规定的方面做到统一，也要充分发挥各高校办学优势和专业特色，以满足社会对物流工程专业学生的各方面能力需求。

（三）系统性与层次性原则

应根据物流工程专业自身的实践特点和规律，从培养学生创新思维能力和综合素质出发，有计划地制定完备的、层次分明的规范化实践教学计划与方案。

（四）实用性与连续性原则

实践教学体系的构建，既要充分考虑物流工程专业发展需求，又要联系学生、企业、学校的实际情况，注重操作性和实用性。要把训练、提升学生的创新性意识和创新性思维，以及训练学生的动手能力等贯穿到教学的各个环节，使之形成为一个完整的教学培养体系。

三、物流工程专业实践教学体系构建

基于上述实践教学创新体系的构建原则，本文对物流工程专业实践教学体系的建设，主

要分为主体部分和辅助部分两大板块。其中：主体部分包含目标、内容、方法三个子体系；辅助部分包括管理、评价、保障三个子体系。目标体系是依据人才培养计划提出的，它决定了内容体系；内容体系集中体现了实践教学环节必须落实的具体内容；内容的实现则需要各种教学方法的落实。此外，实践教学要获得满意的质量和效果，同时还需要有相应的管理、评价和保障体系的保证措施与手段；这也体现出了主体部分与辅助部分的相互关联、相互作用，如图1所示。

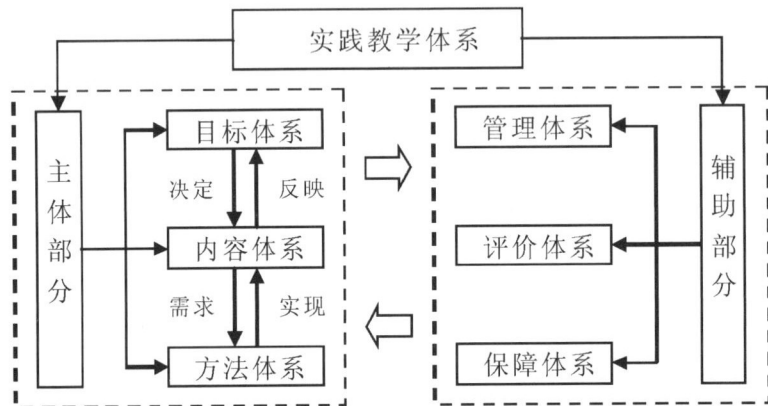

图1　物流工程专业实践教学体系构建思路图

（一）实践教学目标体系构建

物流工程专业实践教学的培养目标：能够综合运用本专业知识分析研究物流复杂问题，设计与开发物流复杂问题的解决方案；从事物流系统规划与设计、企业物流方案设计与实施、物流与供应链管理、物流设备选型与应用、电子商务以及物流信息系统分析与设计等工作的物流工程领域精英人才。具体来说，学生毕业时应获得以下方面的知识、能力和素质：

第一，知识要求。了解国内外现代物流的发展历程、学科前沿和科技发展的动态，了解相关的政策法规；认识物流业在经济和社会发展中的重要地位与作用。掌握必要的供应链管理理论与方法、物流系统优化理论与运营管理方法、物流工程与装备的开发与应用技术。掌握本专业所需的管理学、经济学、工学等相关学科的基础知识，以及本专业所需的信息技术、电子商务及计算机的基本知识和技能。

第二，能力要求。分析和解决问题能力；学习能力，具备独立地获取本专业相关知识的学习能力；实践能力，具备将所学习的专业理论与知识融会贯通，灵活应用于专业实践之中的基本工作技能；创新能力，具备以创造性思维方法开展科学研究和就业创业实践的创新能力。此外，还包括计算机与外语能力、沟通与合作能力等。

第三，素质要求。主要包括道德品格素养、科学人文素养和良好的身心素质。

（二）实践教学内容体系构建

为了体现实践认知的循序渐进过程，遵循实践由简单到复杂、从基础到专业的规律[5]，更好地提升物流工程专业学生的实践和创新能力，可以从三个层次来构建并完善实践教学的内容体系，参见图2。

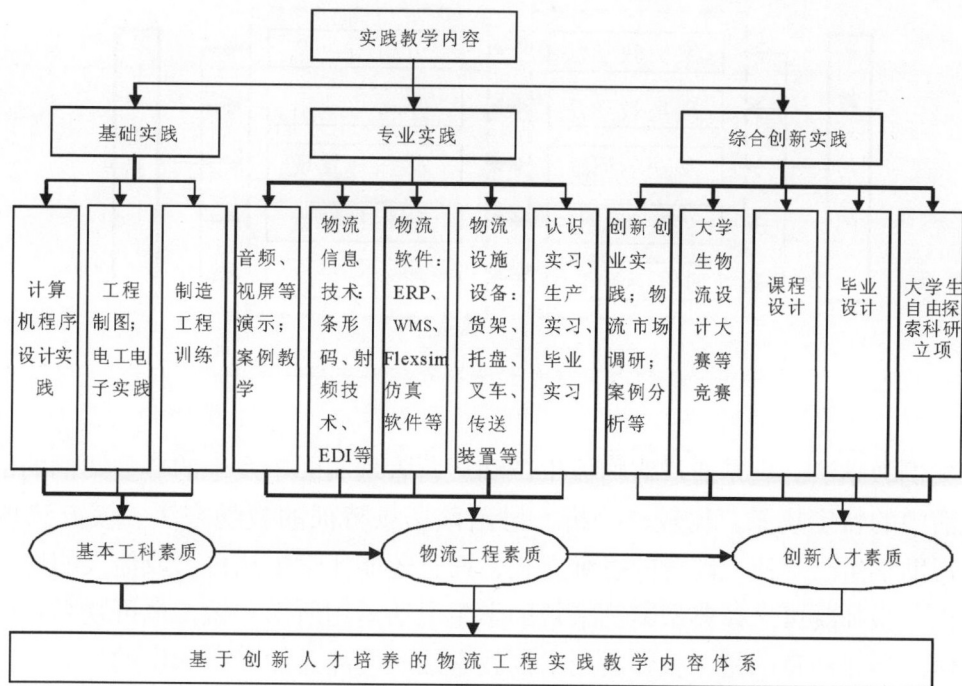

图 2　物流工程专业实践教学内容体系示意图

第一，学科基础实践环节。学科基础实践环节设置在大学低年级阶段，开设专业基础课程之前，主要为物流工程专业的学生培养基本工科素质，如计算机程序设计实践、工程制图、电工电子实践、计算机网络技术与应用和制造工程训练等。

第二，专业实践环节。该阶段主要培养学生从事物流行业的实际操作能力和专业技能，通过把专业理论知识与具体实际联系起来，加深学生对理论知识的理解，并进行初步的工程实践训练。该阶段实践教学是实践教学体系的核心，主要是进行物流专项技能的训练，包括物流信息技术、物流设施设备、物流仿真等内容的应用与基础训练，以及认识实习、生产实习等。经过该阶段循序渐进的实践锻炼，学生可以初步了解和熟悉从事物流工作所需掌握的各项技术、设备及其运营管理方法。

第三，综合创新实践环节。此环节实践设置在高年级阶段，利用创新创业实践、物流市场调研、物流管理案例分析、物流设计大赛、课程设计、毕业设计（论文）、大学生自由探索科研立项等多种途径完成，主要培养学生综合专业技能和科技创新能力。增强学生物流工程意识，提高独立运用所学知识来寻找问题、分析问题、解决问题的能力，训练学生的创新创业能力和初步的科学研究能力，为以后的工作和科学研究打下基础。

（三）实践教学方法体系构建

为了提高实践教学的效果，应根据实际情况采用不同教学手段（参见图3），不断探索并创新教学方法[6]。

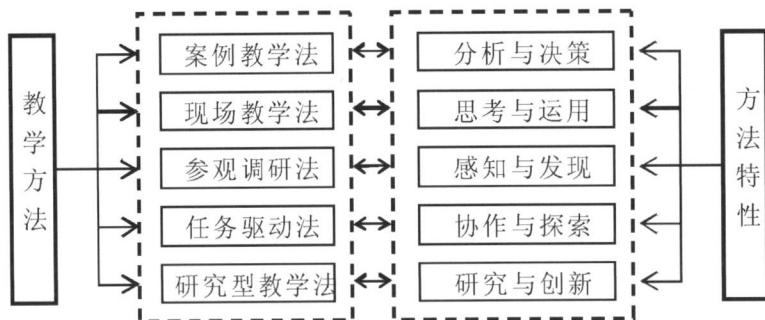

图3 物流工程专业实践教学方法与特点

第一,案例教学法。它是通过对物流生产和运营管理实际中发生的典型案例的剖析,或者通过模拟生活中的特定场景,比较、分析、讨论该场景特征的教学方法。该方法理论联系实际,不仅能帮助学生改变死记硬背的思维方式,而且还能让学生从自己或他人的思考中拓宽视野、增长见识。教师既可选择典型案例来帮助学生灵活运用所学知识,也可联系具体的企业设计专门的案例。需要注意的是,教师运用案例教学法时应注意加强与学生的交流互动,引导学生独立思考与分析问题,并寻找解决问题的方法与途径,训练学生把知识转化为能力。

第二,现场教学法。物流工程专业的课程中包含很多操作性的课程,如物流中心运营与管理、物流系统规划设计、仓储技术与设备等。这些课程若仅仅依靠课堂上枯燥单调的讲授,很难提起学生兴趣,更不用说提高他们这方面的创新能力。俗话说,百闻不如一见,许多在课堂上一时难以讲清的问题,通过教师在现场的讲授,很快就能让学生掌握相关内容。当然,在现场教学过程中,需要教师引导学生思考这些操作和流程的设计原理,提出相关问题,特别是要引导学生思考能否采用更好的操作方法和优化手段,以此提高学生的创新思维能力。

第三,参观调研法。物流工程专业强调应用物流理论和物流技术,分析解决具体实际问题,组织学生到物流企业实地参观、调研,能够为学生提供直接接触和了解企业的机会,能让他们了解行业的最新发展;从另一个角度讲,深入物流企业实地参观调研,能够培养学生严谨务实的工作态度,培养创新人才必备的科学素养。

第四,任务驱动法。通过"以任务为主线、教师为主导、学生为主体",改变传统的学生被动接受教育的模式,提高了学生参与教学的程度。该方法可以以个人或小组为单位,在教师的任务指导下,通过让学生搜集资料,提出问题、分析问题并给出解决问题的方案,然后在全班进行交流,通过师生互动、生生互动,最后由教师进行概括性总结。任务驱动法可以激发学生主动参与课堂教学的积极性,培养学生自主探索的创新能力。

第五,研究型教学法。它是一种将学习、研究、实践有机结合起来的教学方法[7],注重学生的主体地位,使其接受系统、规范的训练,引导学生创造性地运用知识,从而达到对学科原理的深度理解。研究型教学法要求教师把科研的思路、方法和成果带到课堂,充分挖掘本科生的创新潜质。常见组织方式有:组成研究型学习小组,开设一些特别的研究型课程,让本科生参与教授的科研梯队等[8]。

(四)实践教学管理体系构建

为了规范实践教学秩序,明确实践教学指导教师职责,合理利用人力资源,提高教学仪器设备的利用率，保证实践教学质量，需要建立相应的管理制度来辅助实践教学的开展。

第一，加强实践教学全过程的规范化管理。形成一个贯穿整个实践教学过程的管理制度，首先要将各实践教学项目的教学目的、任务、内容与方式、时间与场所等具体内容，列入实践教学计划中，其次要对教学准备过程与教学过程进行监督，对教学效果进行评价。

第二，做好实践教学的安全防范工作。实践教学过程中涉及到众多安全问题，做好安全防范工作是开展好实践教学的前提。要制定并落实安全责任制，明确各方责任，形成必要约束。

第三，完善实践教学的各项规章制度。要重视校内外实践活动的规章制度建设，完善和制定实践教学的技术、设备、经费等方面的管理制度，最大程度地提高既有资源条件下的实践教学效果[9]。

第四，探索实践教学的考核评价方式。一是对学生参与实践教学的成绩考核，要由单纯从分数评价向多维度的综合评价转换；二是对教师的考核管理，既要考核教师对实践教学大纲和实践教学计划的执行情况，也要考核学生对教师的教学态度、方法和教学效果、满意程度等。

（五）实践教学评价体系构建

构建实践教学评价体系的目的，就是要对已设置的实践教学内容进行全面评估，从而为不断改进实践教学质量提供参考依据。具体而言，实践教学质量评价体系必须回答以下问题：实践教学内容是否与专业特色相符合；实践过程能否真正调动学生积极性，提高学生的参与主动性；实践教师能否做到有所准备，要求和检查是否落实；实践训练后学生能否增强动手能力，是否具备物流专业实践操作技能；实践教学过程中是否持续检查、监督、考核，发现问题是否能及时予以纠正；是否从学生、教师、企业等多渠道收集对实践教学的反馈。

为此，物流工程专业实践教学考核评价指标体系如表2所示。

表2　物流工程专业实践教学评价指标

一级指标	实践教学管理	实践教学建设	实践教学效果
二级指标	教学大纲	师资素质	学生实际操作能力
	授课计划	教材建设	学生独立实验能力
	教学文件	校内实习基地建设	学生创新素质
	实习基地	校外实习基地建设	学生对实践教学的兴趣
	实验室管理	实验室建设	学生对实践教学的评价
	毕业论文（设计）管理	教学研究、论文及课题	毕业论文质量
	教研室管理	教学改革实践与创新	一次就业率
	学生成绩考核管理	多媒体教学	就业单位评价

（六）实践教学保障体系构建

物流工程专业实践教学保障体系建设直接关系和影响着实践教学的效果，为此需要从以下几方面加以落实：

第一，重视和加强专兼职师资队伍的建设。一支结构合理、素质优良、专兼结合的实践教师队伍是保证实践教学质量的关键[10]。为此要不断加强实践教学的师资队伍建设，最主要的是要落实校内导师与企业导师相结合的专兼职师资队伍的建设，要选聘一批业务素质优秀的企业技术骨干，作为学校的兼职教师，定期邀请他们为学生授课。同时，还要进一步加强校内专任教师，特别是承担实践教学任务教师的综合素质，使他们既具备扎实的基础理论知识，又具备很强的专业实践能力，使之能够胜任实践教学任务。

第二，建设仿真模拟等综合性、实用性实验室。物流实验室的建设目的是搭建物流实验平台，配合理论教学让学生在校内进行实践活动。物流实验室的建设应该能够真实地反映物流企业的实际运作情况，由于物流实验室的建设投资巨大，在教学经费有限的条件下，建议通过教学模拟软件，通过仿真模拟实验，让学生在印证理论的同时，可增强动手能力、设计能力、综合能力、创新能力。物流实验室的建设应该根据教学需要，结合理论及实践的发展状况进行规划建设，并做到"总体规划、分步骤实施"，同时注意突出重点。

第三，建设校内外实践教学基地。为解决实习场地缺乏、实习经费短缺、实践教学资源不足等问题，为适应新时期的特点，满足物流工程专业创新性人才培养的需要，在充分提高校内实验设施设备的利用率，不断完善实验室开放制度的同时，必须以市场需求为导向，与企业采取多种合作模式，开发校外实习基地，借助于多种教育资源来解决学生的实习、实践问题，培养学生实践创新能力。

第四，积极鼓励、引导学生参加各类学科竞赛、参与教师的科研项目活动。要保证课程实验、课程设计、毕业实习、毕业设计（论文）等实践教学环节的时间，不断总结、改进教学方法，更新实践教学内容。由于科技竞赛和学科竞赛是实现实践创新教育的有效载体，对于培养大学生的理论联系实际能力、创新创业能力、协作精神等具有积极意义，学校应鼓励学生参加各类学科竞赛，并为他们提供指导教师和实验设施。同时，也应支持鼓励教师让学生参与科研项目，使他们能够获得初步的科研经历，以培养学生的科研创新能力。

参考文献

[1]杨洪涛,王小兵.工程教育专业认证标准下的测控专业实践教学的改革与实践[J].实验技术与管理,2017(34):183-186.

[2]黄继英.国外大学的实践教学及其启示[J].清华大学教育研究,2006(4):95-98.

[3]王章豹,刘光复,吴玉程.强化工科实践教学 培养学生的工程实践与创新能力[J].合肥工业大学(社会科学版),2006(4):1-5.

[4]郑春龙,邵红艳.以创新实践能力培养为目标的高校实践教学体系的构建与实施[J].中国高等教育研究,2007(4):85-86.

[5]王珍,谢五洲.高校物流学课程教学改革初探——以三峡大学为例[J].物流科技,2008(3):140-142.

[6]刘丹.本科物流管理专业实践教学体系构建研究[J].物流工程与管理,2011(7):128-130.

[7]籍建东.浅谈研究型教学模式与传统教学模式的比较[J].职教论坛,2011(5):43-45.

[8]余秀兰.研究型教学:教学与科研的双赢[J].江苏高教,2008(5):60-63.

[9]高智琛,刘江鹏.物流管理实践教学体系研究[J].实验技术与管理,2009(11):128-130.

[10]范林榜.高校物流管理专业实践教学体系构建研究[J].中国市场,2010(10):49-50.

基于网络视频的研究创新型实验教学设计与实践

李晓春   李新梅   徐富新

摘 要：学生通过线上网络视频，学习实验理论知识和操作知识；通过线下传统实验课堂时间进行知识翻转和能力翻转；线上线下结合，极大地提高传统的实验课堂时间在学生能力培养中的价值和效率；同时，引导学生自主学习、主动设计，培养其探究创新的习惯和能力。

关键词：实验教学；视频教学；知识翻转；能力翻转

一、引 言

随着计算机硬件、软件的不断进步，大容量信息的存贮和传输变得更加快捷和方便，这就为视频资源用于学生的学习过程扫清了障碍，并最终引发了学习的革命。近十年来，各种基于网络视频的教与学的方法被学校、教师、学生不断地实践、比较、总结。大型开放式网络课程（Massive Open Online Courses，简称 MOOC)[1]、小规模限制性在线课程（Small Private Online Course，SPOC)[2]、翻转课堂[3]、混合式教学等都是典型的方法。大型开放式网络课程作为最重要的线上教学资源，被寄予厚望，但报名率高、完成率低考验着人类的智慧和耐心。于是，翻转课堂作为线上线下结合的教学方式，其重要性逐渐被人们认可。大学物理实验作为理工科学生的基础实践能力培养课程，一直是综合性大学的公共必修课，其教学效果广受关注。以大学物理实验课程中的"粘滞系数测定"实验为例，在翻转课堂学习实验知识的基础上，进一步开展研究创新型实验，将知识就地转化为应用实践的能力，达到知识、应用、创新渐进转化，实现能力翻转的目的。

二、教学设计与实践

（一）视频资料准备与实验知识的在线学习

实验教学首先是知识的教学。视频教学以前，学生进实验室之前都是通过实验教材进行预习，得到该实验的相关理论知识。这种预习方式，学生花的时间多，知识片面。开展视频教学以后，我们将各个实验教师讲解的理论知识幻灯片录成视频，一部分实验项目还有虚拟实验预做。这些大量的理论知识性视频，都挂在"大学物理实验中心网站"上，学生随时

课题来源：国家教指委 2015 年高等学校教学研究项目"基于 MOOC 的大学物理实验教学探索"，项目编号：DWJZW201529zn；2015 年湖南省高校教学改革研究项目"基于混合式微课的教学新模式探索"，序号 31；2015 年中南大学本科教育教学改革研究项目"基于混合式微课的大学物理教学新模式探索"，普通教育类序号 51。

作者简介：李晓春（1964 - ），男，湖南耒阳人，理学博士，中南大学物理与电子学院教授，从事大学物理教学与凝聚态物理研究；李新梅（1978 - ），女，湖南郴州人，理学硕士，中南大学物理与电子学院副教授，从事大学物理教学与凝聚态物理研究；徐富新（1965 - ），男，湖南邵阳人，理学博士，中南大学物理与电子学院教授，从事大学物理教学与光电子研究；长沙，410083。lxc4805@ csu. edu. cn。

可以通过网上视频在线学习。学生只有提前进行实验理论知识的学习，才能允许到实验室进行实验。图1是中心网站关于实验理论知识预习部分的截图。

图 1 理论知识预习

实际教学过程中，即使学生事先进行了知识性预习，要达到能进行实验操作、实验研究的层次，还是有困难的。传统的做法是学生进入实验课堂后，面对实验仪器，教师再进行实验仪器的具体介绍、操作演示，以及注意事项的分步讲解。这部分的内容，其实也是偏知识性的实验操作知识。因此，我们又将传统的实验室实验操作讲解的部分，制作成第二类视频教程，供学生进实验室之前在线学习。图2是"粘滞系数测定"实验的操作知识视频抓图。

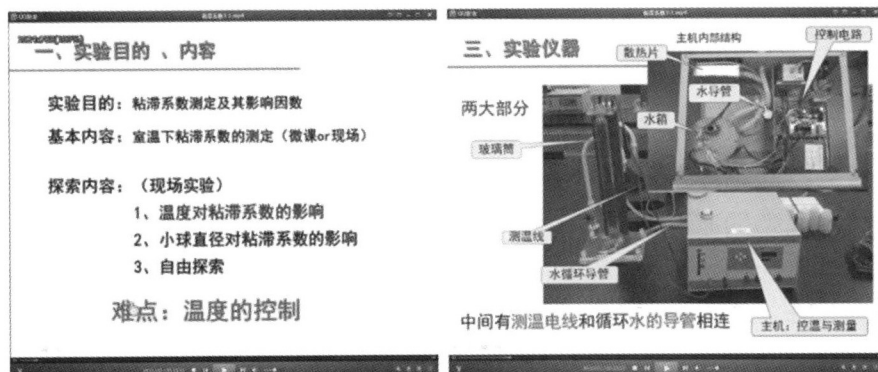

图 2 操作知识预习

由于实验操作知识视频是在教学实施之前就制作好的，制作这部分视频时，可以把仪器结构打开，让学生通过视频看到实验仪器的内部结构、工作原理、测量原理，这对学生操作仪器是至关重要的。传统教学中，现场通常是难以拆开仪器展示给学生看的，学生听了老师对仪器的介绍后，也是懵里懵懂。视频教学的这种透明，让学生对于仪器和实验目标有了透彻理解；理论知识和操作知识的提前在线学习，为学生进入真实的实验室进行研究创新型实验提供了极大的可能。对于部分较难操作的实验，拍摄了前期学生实验的全程视频，并挂到网上，学生可以通过线上视频学习，观摩实验的全过程。

（二）线下实验课堂知识翻转过程

在理论知识和操作知识在线学习完成后，学生可以进入实验课堂教学环节。实验课堂教学的第一环节是通过师生之间、生生之间面对面的交流，对线上所学知识进行确认、加深，或者修正、补充。这个环节的翻转过程，目的是让学生掌握正确的、足够的知识，属于知识的翻转。教师利用"雨课堂"的互动功能，通过单选题和多选题，对本实验的知识点进行课堂测试，发现学生线上学习存在的问题，并有针对性地进行互动、解答，帮助学生掌握本实验的基本理论知识和操作、应用能力。图3上部为"粘滞系数测定"实验多选题，下部为学生答题情况。多选题范围覆盖实验原理、仪器操作及读数等基本知识内容。面对实验仪器，通过多选题帮助学生学习，实现知识翻转。"雨课堂"具有现场测试，现场统计答题情况的功能；就某一主题，还可以利用"雨课堂"的"弹幕"功能，进行集体互动讨论，引导学生思考。

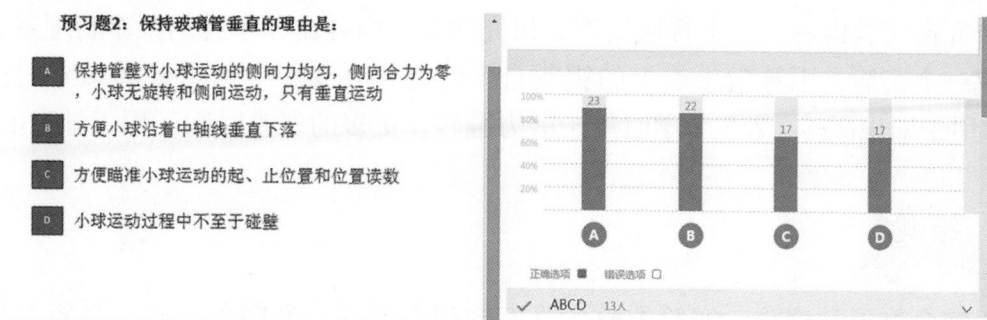

图3　翻转课堂多选题测试及结果

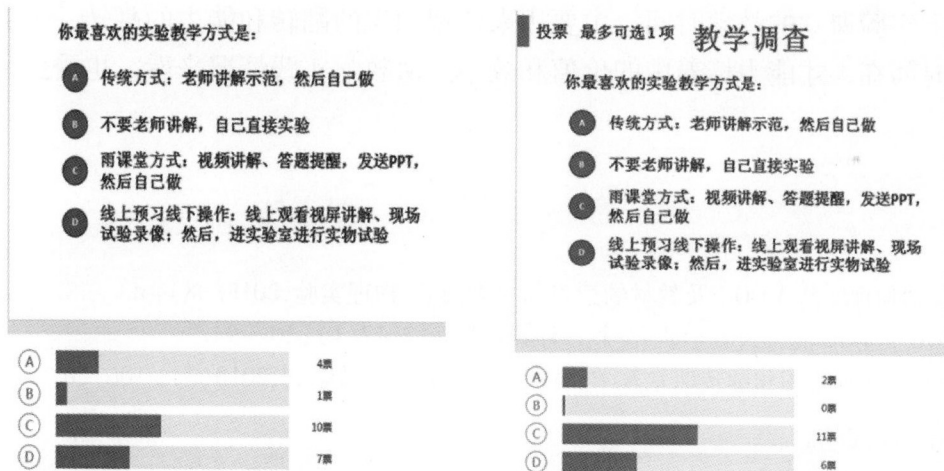

图4　教学调查及其结果

2017年下学期，有885位学生选做了"粘滞系数测定"这个实验，图4是其中的两个实验班的教学调查结果。从调查结果来看，大部分学生是赞同"雨课堂"互动、线上线下结合的教学模式的。

（三）线下实验课堂能力翻转过程

通过实验课堂教学的第一环节，传统的实验教学目的可以说已经达到，对于该实验的知识和操作学生已经了然于心，动手操作仪器仅仅是一个验证的过程，毫无难度。但是，设计线上线下结合的实验教学方案，知识翻转只是其基本目的，更重要的目的是要实现能力翻转。

为此，课前，要求学生针对老师布置的、与本实验测试相关的研究性内容进行思考和准备，并安排实验课堂教学的第二环节予以实施。针对"粘滞系数测定"这一基本实验内容，安排了两个研究性的实验内容（见图2左图）：温度对粘滞系数的影响；小球大小对粘滞系数的影响。课堂教学的第二环节要求学生选择其中一个作为自己的研究内容，对粘滞系数进行深入探索。如果学生事先准备充分，也可以自选题目，进行自由探索。

实验课堂教学第二环节，是学生完成第一环节的知识翻转后进行的，是对其所掌握知识的应用、挖掘和提高，属于能力的范畴。因此，我们把从知识进入到能力训练的第二环节称之为能力翻转。

通过线上的知识性学习，以及线下实验课堂教学第一环节的知识翻转后，学生都能够较好地完成研究性实验内容。学生普遍反映，研究性实验内容比起单纯的某个物理量测量更有意思。完成一个实验，不算学生线上的视频自学时间，在3个学时的实验课堂时间里，约0.5个学时用于知识翻转，2.5个学时用于能力翻转。更多的课堂时间，用于学生能力训练。

三、结 论

相对于整个物理学理论，实验的教学具有知识点单一、有限的特点，且容易挖掘、拓展，还能启迪思维，因此，特别适合于微课视频教学，以及训练学生的研究创新能力。实验教学设计，通过学生线上自主学习网络视频，使传统的知识学习过程更加简化、方便、和高效。传统线下实验课堂的教学时间，主要用来实现知识的翻转和能力的翻转，大大提高传统的课堂教学时间在人才能力培养中的价值和效率。从教学实践情况来看，也受到了广大学生的认可和欢迎。

参考文献

[1]何焰兰. 大学物理实验MOOC及教材的建设与探索[J]. 物理实验,2018(38)：43-48.

[2]王峥. MOOC+SPOC混合式教学研究[J]. 计算机教育,2017(1)：91-94.

[3]杨成丽. MOOC视频运用和翻转课堂教学实践的探索[J]. 高教学刊,2018(3)：106-107.

张家界武陵源地质认识实习教学资源评述

李 群　　邵拥军　　赖健清　　邹海洋　　杨 牧

摘 要：地质学是一门实践性较强的学科，建立合适的野外实践教学基地是提高教学质量、提升学生专业认同感的关键。张家界武陵源区由于地处特定的气候和大地构造位置，经历漫长的地质演化历程，保存了古生代以来不同时期的地质记录，形成了丰富多彩、特殊美妙的地质现象，为开展野外地质认识实习提供了优质的实践教学资源。

关键词：地质认识实习；实践教学资源；张家界武陵源

张家界市位于湖南省西北部，武陵山脉之北东端，湖南四大水系之澧水的上游。张家界武陵源区以砂岩峰林地貌为核心，以喀斯特岩溶地貌为衬托，兼有成型剖面、古生物化石等，地质景观资源十分丰富，是开展野外实践教学的优越场所。自20世纪80年代开始逐步投入开发，众多中外地质学家先后对张家界地质地貌进行了调查和研究，著名地质学家陈国达院士创立的"武陵源峰林"一词沿用至今[1]。

一、地层与古生物

张家界地层属扬子分区[2]。自震旦纪以来，历经武陵－雪峰、海西、印支、燕山、喜山及新构造运动，形成了北东东向及北北东向的褶皱构造格局，接受一套典型的地台型沉积，出露地层有志留系、泥盆系、二叠系、三叠系和第四系，沉积类型以陆源碎屑岩、碳酸盐岩为主，局部夹含煤地层。其中，泥盆系中统云台观组滨海相细粒石英砂岩夹泥质粉砂岩，厚度大于500米，是形成武陵源核心景观—砂岩峰林的主要地层；上统黄家磴组厚度较小，为紫红色铁质石英砂岩，顶部为豆状、鲕状赤铁矿层。二叠系下统栖霞组和茅口组、上统吴家坪组和大隆组、三叠系下统大冶组、嘉陵江组及中统巴东组均以浅海相碳酸盐岩为主，短暂海退形成局部煤层和炭质页岩夹层；喀斯特岩溶地貌多发育于二叠系和三叠系灰岩中。第四系为粘土、砾石构成的冲积物、洪积物，在区内主要出露于澧水及其支流两岸。

区内志留纪地层中含有丰富的三叶虫、腹足类、双壳类、海百合等化石；二叠系灰岩中发现珊瑚类、双壳类、腕足类化石等。二叠系含煤地层中植物化石丰富，有真蕨、种子蕨、松柏、苏铁、银杏纲，以及分类不明植物。

课题来源：高等高校"十三五"专业综合改革试点项目"资源勘查工程"，项目编号：2016－2018－05。

作者简介：李群（1967－），女，湖北荆州人，工学博士，中南大学地球科学与信息物理学院副教授，主要从事地质教学与人才培养研究；邵拥军（1972－），男，中南大学地球科学与信息物理学院教授、博士生导师，主要从事矿床学教学和地质类人才培养研究；赖健清（1964－），男，工学博士，中南大学地球科学与信息物理学院教授、博士生导师，主要从事矿产地质专业的教学与人才培养研究；长沙，410083。Email：liqun2008@csu.edu.cn。

二、地质构造

张家界位于扬子地台鄂黔台褶带的东南缘呈北东东向展布的桑植－石门复向斜，复向斜中发育次级褶皱，武陵源区即位于其中宽缓的三官寺向斜。该向斜由三叠系构成向斜的核部，泥盆系构成向斜的两翼，岩层产状平缓；历经多次构造运动和地壳的间歇性抬升，岩层中形成了近乎垂直的节理或裂隙，有利于砂岩峰林地貌的形成，也有利于岩溶地貌的发育。

三、地质作用与资源

张家界武陵源区经历了自前寒武纪至新生代四个阶段的地质演化过程，从而塑造了其独特的地貌景观和地质资源。

（一）地质演化过程

前寒武纪。中元古代湘西地区受武陵－雪峰运动影响，地壳运动强烈，褶皱和断裂活动频繁，并伴随着大量岩浆的侵入（地槽阶段），形成了许多花岗岩体，塑造了本区的花岗岩基底，成为后期石英砂岩形成的物质基础。

古生代。雪峰运动之后，本区进入一个相对稳定的发育时期，地壳运动以缓慢升降运动为主（地台阶地）。中泥盆世地壳沉降，海水侵入，由于武陵源位于近岸地带，河流携带泥沙堆积，经压实固结形成厚度巨大的滨海相石英砂岩。二叠纪初，伴随着地壳的上升，海水短暂退出，演变成滨海沼泽成煤环境，植物繁盛，形成含煤地层，内含黑色炭质页岩及一些植物化石；之后再度缓慢沉降，形成浅海，由于远离陆地，河流冲来的泥沙很少到达该地，形成的是一套厚度大且分布广、由底栖生物骨骼遗骸堆积而成的石灰岩。

中生代。三叠纪末期，中国东部开始进入一个新的活动阶段（印支期），地壳活动剧烈，造山作用使以前地台阶段形成的地层褶皱变形，并产生断层和节理；加之中生代中晚期波及湖南全省的燕山运动，两期构造运动使武陵源区均发生了褶皱，只不过在该处的褶皱作用比较和缓，使得石英砂岩产状保持平缓且完整，而突出的表现则是直立节理的发育，这为峰林地貌的形成提供了构造条件。

新生代。地壳运动以升降运动为主，时升时降，总的以升为主。地壳的抬升使出露地表的地层遭受剥蚀，二叠系、三叠系石灰岩地层形成孤峰、残林；同时，也使地下水的溶蚀作用逐步下移，形成多层溶洞。随着剥蚀作用的加剧，石英砂岩的上覆灰岩盖层被剥蚀殆尽，裸露的石英砂岩被流水沿节理淋滤下切，先分隔成大小不等的方山及条状山脊，其边缘沿节理切割成岩墙及岩柱的雏形，进而，伴随河流深切与向源侵蚀作用增强，以及重力崩塌作用，塑造出各种砂岩峰林地貌。

（二）地貌及地质资源

武陵源区核心景区由张家界森林公园、索溪峪自然保护区和天子山自然保护区构成[3]，总面积约400km^2。历经上述十多亿年内力、外力地质作用的影响，造就了武陵源"石奇峰秀、寨高台平、壁险峡幽、山碧水清"的优美景观及丰富的教学实习资源。

以金鞭岩为代表的三千多座高大石英砂岩石柱似锋利的刀刃直插云端，群峰间云雾缭绕，构成了巍峨与娇柔共生的美丽佳境，美国好莱坞科幻大片《阿凡达》曾在此大量取景。

石英砂岩中保留了大量的层理构造（如平行层理、交错层理）、波痕等层面构造，以及底栖生物钻孔潜穴等生物成因构造，它们都可以作为识别古地理环境的证据。同时，在层面上还有一些垂直的裂面，即节理，大体上可分为两组，它们纵横交错，构成网格状，以此可以解释石柱的构造成因。此外，砂岩中还常见植物的根劈现象、崩塌岩乱石堆积，说明除流水的冲蚀作用之外，生物风化作用、重力作用也参与了张家界地貌的塑造。

黄石寨乃游客必到之处，其海拔1000m左右，四周全是悬崖绝壁，是俯视张家界砂岩峰林景观的最大且最佳的观景平台。该平台的存在说明该地段风化水蚀作用尚浅，上泥盆统黄家磴组铁质石英砂岩也起到了一定的保护作用，致使原有的地貌得以保存完整，此乃张家界峰林演化的青年期。黄石寨表面即代表了湖南最高的一个夷平面。

除砂岩峰林之外，武陵源还在其邻侧和外围点缀着石灰岩洞穴和峰林。最为典型的溶洞乃黄龙洞、观音洞，溶洞沿节理而发育，纵横交错，蜿蜒幽深，犹如迷幻的地下宫殿。洞内石钟乳、石笋、石柱生机盎然，仿佛在述说光阴的故事；洞穴里面还有地下水淹没的暗河；地表则发育溶沟、石芽、石峰、溶斗、峰丛、峰林等喀斯特地貌。

武陵源区属中亚热带季风性湿润气候，年降水量1400mm，流水地质作用非常强，河谷地貌常见。著名的宝峰湖则是在峡谷间筑坝蓄水而形成"高峡出平湖"景观；瀑布更是随处可见，峡谷边、洞穴里、陡坎下，构成飞流直下的景观；黄龙洞索水河一带乃发育河流阶地，此处良田千顷，炊烟缭绕，一派田园风景；江垭温泉、万福温泉则揭示了地热资源的存在。

四、矿产资源

地层与构造的特殊条件，使张家界的矿产以沉积型矿产为主，有煤、铁、镍、钼，其次有低温热液形成的铅、锌、铜，非金属矿产有石灰岩、白云岩、大理石、萤石、重晶石、硅石（石英）等。例如，青安坪就有丰富的大理石、煤、铁等资源，还有矿泉水。形成武陵源景区奇特砂岩峰林地貌的石英砂岩也是一种矿产资源，其二氧化硅含量达90%以上，是生产石英玻璃的优质原料。

五、结束语

张家界武陵源区作为世界自然遗产和世界地质公园，承载着教学与科学研究的双重任务。也因其区内保存有古生代志留纪以来不同阶段的地质记录，形成了丰富多彩、类型齐全、典型直观的地质现象，可以为地质类专业本科生实习提供优质的教学条件。

参考文献

[1]陈国达.张家界科技旅游宣传教育系列丛书——张家界武陵源峰林欣赏[M].长沙:湖南省科学技术协会国际学术交流中心,1999:1-5.
[2]湖南省地质调查局.中国区域地质志——湖南志[M].北京:地质出版社,2017:1-2.
[3]童潜明,刘后昌.地球生命之花——神奇的张家界世界地质公园[M].长沙:湖南地图出版社,2014:1-2.

营造开放的实验教学环境，培养高素质创新人才

谢文科　　夏辉　　陈羽　　彭勇宜

摘　要：实验是高等院校重要的实践教学环节。结合传统实验教学模式存在的问题和弊病，介绍了中南大学物理与电子学院在营造开放的实验环境、培养学生创新能力方面的探索，最后指出实验室在创新人才培养方面面临的困难以及解决的办法。

关键词：实验室；实验教学；创新人才

实验是高等院校重要的实践教学环节，它不仅起着验证理论、巩固和扩大所学课程内容的作用；更重要的是它还起着培养学生动手能力、实践精神、创新意识和创新能力的作用[1]。尽管实验在高等院校教学中的作用毋庸置疑，但现实的情况是：人们往往不自觉地将其作为附属于理论、服务于教学的手段和工具。受此观念的影响，现有的实验过程常常被围于一个闭塞的环境中，实验教学缺少应有的广度、深度和自由度，这客观上严重制约着学生创新精神和实践能力的提高[2]。针对这一现实和需求之间的矛盾，如何充分挖掘实验在整个高等院校教学中的潜力和作用，培养出具有创新意识的高素质人才，是当前创新教育新形势下深入开展教育教学改革所必需思考的问题[3]。

本文首先指出传统实验教学模式存在的问题和弊病。其次，介绍了中南大学光电技术实验室在营造开放的实验环境，引导学生创新意识和创新思维，培养学生创新能力方面的探索。最后指出实验室在实验项目开放、人才培养方面面临的困难以及解决的办法。

一、传统实验教学模式的问题

（一）课程设置缺乏广度和深度

实验项目针对课程内容而定，内容单一。这样的实验教学很大程度上已成为理论教学的辅助手段，体现不出实验教学本身的连贯性和系统性，缺乏对学生由浅入深培养科学实验能力的全面设想和规划，不便于从培养学生综合实验能力、创新能力和从专业整体出发建立新的实验教学体系。

现有的实验教学内容，演示性、验证性实验项目过多，且多放在理论教学之后。大多数教学实验，特别是技术基础课实验，主要是验证书本上的理论、读取一些数据的单一实验，缺少对学生综合能力训练的内容，未能体现现代科学技术知识的更新与发展。这类缺少深度和广度的实验，学生做起来比较容易，甚至感到单调乏味，不利于培养学生的综合实验能力[4]。

作者简介：谢文科（1977－），男，湖南衡山人，中南大学物理与电子学院副教授，硕士生导师，主要从事光束传输与控制研究；夏辉（1973－），男，湖南张家界人，中南大学物理与电子学院教授，博士生导师，主要从事纳米材料检测与开发研究；陈羽（1982－），男，湖南益阳人，中南大学物理与电子学院副教授，硕士生导师，主要从事复合功能材料研究；长沙，410013。Email：wenkexiedan@163.com。

（二）实验教材起点低，编写详细，给学生的自由度少

课程设置缺乏广度和深度在实验教材上的反映为：验证性的实验多，综合性、设计性、研究性的实验少，实验对学生缺乏挑战性和吸引力，这极大地限制了学生独立思考能力和创新能力的培养[5]。

另外，实验教材把实验的目的、方法、步骤写得过分详细，学生只需照搬书本进行操作就可以"完成"实验。这种为实验而实验的不正常情况既违背安排实验的初衷，也不能真正地达到实验的目的，更扼杀了学生的创造性。

（三）教学方法单一，实验教学缺乏深度

传统的教学模式是：实验指导书＋老师讲解＋学生操作。学生按规定的时间进入实验室，实验教师先将实验结论、实验内容、方法、步骤以及所要用到的仪器设备讲解一次，然后示范一次，学生按照教师讲的和实验讲义一步一步做下去，得到实验结果。这种过于程式化的实验教学方式缺少问题、缺少讨论，没有尝试的机会，不能体现学生的主体地位，学生的主观能动性和创造性得不到充分的发挥，更不能培养和提高学生的创新意识、实践能力和综合素质。

从上面的分析可以看出，我们首先要改变实验课作为理论课附属课程的错误观念，构建符合实验教学自身规律的、独立的实验课程体系。另外，给学生提供一个开放的实验环境，突出学生的主体意识，激励学生的创造性和创新思维，培养学生独立工作和独立实验能力。

二、光电技术实验室在开放性实验教学及培育创新人才方面的探索

光电技术实验室隶属于中南大学物理与电子学院，该实验室随学院和学科专业的调整与发展已有十多年的建设历史。实验室主要面向物理与电子学院光电信息科学与工程专业本科生，承担光电技术综合实验课程、课程综合设计、高等光电技术实验、光电技术创新基地的教学任务。

针对传统实验教学模式存在的问题，光电技术实验室在营造开放实验环境，进行创新实验教学方面着重解决如下几个方面的问题：

（一）课程设置体现学科内涵和发展方向，突出工科特色

按照创新教育对人才培养要求，光电技术实验室所承担的实验课程设置遵循以下几个原则。首先，确立实验课的独立地位，形成自己的教学体系；其次，实验教学体系从光电技术实验的内涵出发，以学科系统性为基础，按照本学科的发展需要，同时注意与相关学科发展的内在必然联系，打破课程界线，注重横向知识的相互渗透，即围绕一个主题，将有一定内在联系的实验结合在一起形成较为完整的实验模块，其主要目的是培养学生宽厚的实验基本技能和基本素质，为学生的可持续发展打下坚实的基础。最后，实验课程的设置有一定的深度，实验课程设置分为验证、综合和设计型实验三个层次，其主要作用是培养学生综合实验能力、创新能力。

光电技术实验室开设的光电技术综合实验包含 45 个实验项目，内容包含了光学、电学、激光、军用光电系统与装备等诸方面的基础、综合和创新实验。对实验课的教学内容进行系统性的重组，即在保留必要的验证性实验项目的基础上，提高综合性、设计性实验的比例

（其中综合性、设计性实验项目有 32 项），增加能够反映现代科学技术发展并突出军队特色的实验项目。光电技术综合实验既包含了光源及单元探测器等基础实验项目，也包括光学调制盘等突出军队特色的综合性实验项目，另外，增加多种自选的实验项目。作为一门独立的课程，课程设置体现了应有的广度和深度，从内容上激发学生的学习主动性、积极性和创造性。

（二）加大实验室建设力度，满足学生仪器选择的自由度

学生进行多样化实验本身就是一种创新活动，但前提条件是实验室能够提供丰富的实验仪器资源。经过"十一五"和"十二五"的大力建设，实验室在具有完整的通用仪器设备的基础上，现有专用的实验系统 60 余套，主要设备有数字存储示波器、数字锁相放大器、光源与探测器系统、光纤实训系统等。实验室的教学保障条件基本上能够支撑学生的多样化实验需求。

实际上，对应一个实验往往存在着多种不同的实验方法。例如，在"几何光学综合实验"测量透镜焦距的实验中，学生可以用自准直法测量透镜的焦距，也可以用贝塞尔法（Bessel Method）测量透镜的焦距，这些方法所需的实验仪器实验室均能提供，至于这些方法孰优孰劣有赖于学生自己的分析和判断。

（三）优化实验教学方法和手段

新的实验课程体系的建立，要求有与之相对应的教学方法和教学手段。在基础实验阶段，以验证性实验为主要训练内容，可采用传统的教学方法。在学生初步形成基本的实验能力后，就可进入综合性实验阶段的培养。在这个阶段，可通过对一个组合系统的研究和测试，达到对多个原理、多种组合方法和多种实验手段的认识，培养学生的系统分析方法和系统认知能力。在教学方法上，不提供实验指导书、实验方法和实验步骤，只提出实验目的和基本要求，实验原理、实验步骤和数据分析都要靠学生自己设计，独立完成。学生通过基础实验阶段和综合实验阶段的实验学习，初步掌握了本学科领域内的基本原理、基本方法并具备了一定的综合分析能力，此时就应开展设计性的实验。这种性质的实验可结合课程设计和毕业设计（论文）进行，可将科研工程、生产实际问题引进到教学之中，指导教师只提出设计的目的和要求，并对设计的难度加以适当控制，给予学生一定的指导。

在实验手段上，利用网络平台定期向全校学生发布光学仿真软件、计算机辅助教学（Computing Aided Instruction, CAI）课件、多媒体等先进手段辅助实验教学，方便快捷地对学生进行创新精神和创新能力的培养。

（四）优化实验教学考核制度

实验课是一门实践性和探索性较强的课程，其教学考核制度有其特殊性和明显的导向作用。要建立科学合理并有利于激励学生学习的评价指标体系，即尊重差异，对学生用不同的方法和原理所做的实验，并且得出不同结果的，应注重考查学生的理解能力、观察能力、分析和解决问题的能力。另外，要尊重自由选择和尊重成果，对学生自由选择完成难度较高的实验项目，可设立实验设计奖，或给予一定学分的奖励。实行自主选项答辩评定成绩的方法，有利于鼓励学生进行大胆积极的探索。

例如，在"飞轮转速和方向光电测量综合设计系统"设计性实验中，电学信号变换部分的方向判别电路，课程教学组老师原设计用 2 ~ 3 片或非门芯片完成，好几个小组利用刚

学完的数电知识，用一个 D 触发器实现了方向判别功能。出现这种情况时，指导老师给出实际得分，同时可考虑加分，鼓励学生用其他创新的方法完成设计任务，切实培养学生的创新精神。

三、创新实验教学的不足及改进

（一）实验教材的编写太过详细

尽管近三年内实验室编写教材 3 部，但实验教材编写的质量不高。一个突出的问题是目前自编实验教材没有考虑实验项目定性的差异，实验教材把实验方法、过程写得过分详细，使得实验结果、实验方法和步骤均有实验教材预先确定，学生的实验过程变成一种毫无悬念的机械过程。这种为实验而实验的不正常情况肯定不能达到实验的目的，也违背安排实验的初衷，更是扼杀学生的创造性。

正确的做法是：实验项目教材的编写应该考虑实验项目定性的差异，对于基础性实验采用传统实验教材模式，利于学生良好实验素质的养成；对于提高的综合性实验，采用由引言、实验、问题三部分组成，学生通过阅读教材，自己弄懂实验目的、实验原理、实验步骤等；对于设计性实验就只写项目名称、设计目的、提供主要的实验器材、要用到的理论知识、实验要求等，学生在实验前必须自己查找资料、设计实验方案、阅读相关资料、才能完成实验，从而培养学生的创新精神。

（二）现有的实验条件仍不能有效支撑创新人才培养需求

虽然光电技术实验室经过"十二五"的建设实验室硬件环境有了相当大的改观，但是对比学科的快速发展和人才培养规模的迅速扩大，现有的实验教学保障条件仍不能满足创新人才培养质量的实际需要。例如，实验课程教学用地面积紧缺、没有专业实践基地、人手紧等问题，因此，急需以更高标准规划本科实验教学综合实验条件的建设，力争使其紧密配合新一轮培养方案中核心课程的设置和核心实践能力的培养要求，为创新人才教学质量的提升提供强有力的支撑。

由于传统实验课程设置思想的影响及实验场地、实验设备的限制，实验室目前在几何光学、光学冷加工、物理光学、图像传感器及应用技术、光学系统装配和检测等方面设置的实验项目的广度以及深度都与学院物理学一级学科在全国的排名地位不相匹配。为此，实验室将在后续的实验室建设中，特别是在"十二五"期间对学生基本实验技能的培养给予特别的关注，并招收筹划、论证建设学生专业实践基地，夯实学生的实践技能。对于目前建设有困难的实践技能训练项目，例如，非球面光学加工和检测、高精度镀膜、光学纤维的拉制等内容，实验室将通过自制的实物图片和视频、虚拟实验、与兄弟院校资源共享等方式以满足学生的宽口径、厚基础的培养要求。

（三）实验室开放程度不高，实验资源利用率有待提高

经过"十二五"期间的大力建设，实验室的通用仪器和专用设备无论是从数量还是质量上都有一个质的提升。例如，实验室的高频数字示波器、大口径望远镜、自适应光学系统等仪器设备的性能指标已能满足科研工作的需求。随着一批大型仪器设备的购置，实验室对全院的人才培养和科研支撑的能力也进一步增强。但是，受传统教学实验室功能定位思想的

影响以及对外宣传力度的限制，目前实验室对学生开展创新活动的吸引力不够。虽然实验室开展了实验室现场预约和网上预约，但是预约实验的学生并不多，实验室资源利用率不高，实验室的潜力有待进一步开发。

为此，在后续的建设中，将建设更多与课程配套的实验系统和开放式的实验装置，以吸引学生主动到实验室进行实验研究。同时，由于 2016 年新的《本科人才培养方案》中将学生的课程删除了一部分，学生也有更多的时间进行自主的学习。实验室运行方案也将进行改革，允许学生从入校开始以预约的方式到实验室进行实验；同时通过对实验室仪器设备情况以及所完成功能的介绍，加大对外宣传力度，建设好"光电技术实验室网站"，网站包括完整的光电技术综合实验网络学习指导系统，其内容包括实验项目、每种实验开放的时间、每种实验一次可容纳的人数、实验所在房间、指导教师姓名、实验介绍、电子布告栏（Bulletin Board System，缩写为 BBS）系统（可以发表通知、答疑和讨论等）；通过定期向学生发布创新活动题目、毕业设计题目等方式吸引学生来实验室从事创新和毕业设计工作。

另外，还将放开实验设置思路，将科研中一些尚未解决、甚至是目前无法解决的问题发布给学生，吸引学生到实验室进行实验研究，例如，如何用光学方法精密测量小幅度的三维相对姿态、如何标定惯性姿态测量系统和经纬仪的坐标系、如何减弱湍流对目标图像测量精度的影响、如何用法拉第效应测量光学平台的高频抖动等。这些研究问题的提出不求学生能全部解决问题，仅提供给学生一个思考的方向。因此，我们将充分利用实验室的良好条件为学生提供创新环境，将实验室对学生的创新能力培养提升到更高的研究层次，逐步与科学研究接近，引领学生逐步走向专业的科学问题研究。

总之，传统实验教学模式已不能适应大学生自主创新能力的发展需求。为了培养学生的自主创新能力，实行全方位、多层次的开放式教学是实验教学改革的必然趋势和发展方向，是对传统实验教学观念、内容和管理模式的挑战。开放式实验教学保护了学生的原创精神，能使学生在宽松的实验环境中实现从被动学习到主动学习的转变，可以说开放式大学物理实验为培养大学生的自主创新能力提供了最适合的教学环境。开放式实验教学，包括实验内容、实验方法、实验器材、实验教学评价、实验时间与空间的全面开放。由于开放性的实验教学在客观上能够起到促进学生思维开放之效，因而它应当成为我们进行实验创新教学的一个切入点。

参考文献

[1]林芳,张璐,鲁秋红,等.光电元件时间特性测量的本科实验及拓展[J].实验室技术与管理,2016(1): 211-213.

[2]唐力,张文娟.实验创新教育与创新人才培养探索[J].实验技术与管理,2017(5):11-13.

[3]李文生,黄萍华.略谈高校实验创新教育[J].当代教育论坛,2006(7):65-66.

[4]章东兴,吴晶晶,王振彦.大学物理实验教学实施创新教育初探[J].教改教法,2013(5):61.

[5]王汉成,刘明,朱龙彪.创新实践能力的培养与开放式创新实践实验室的建设[J].实验技术与管理,2003 (2):5-8.

医学检验专业"5改4"毕业实习教学的研究与实践

王晓春　　徐克前　　张文玲　　龚道科　　王　昱

摘　要：医学技术类专业被分离出来独立成为一级学科，医学检验专业五年制改四年制，根据各级医院临床检验用人目标需求，突出"医学检验技术"的专业特性，制定《4年制医学检验技术专业毕业实习及毕业论文工作手册》；在毕业实习中既注重基本技能的训练，又注重全面素质的提高，特别是个性创新能力的培养；加强毕业论文指导工作，确保本科毕业论文质量。

关键词：医学检验技术；5改4；毕业实习

教育部于2012年新颁布的《普通高等学校本科专业目录（2012年）》，将医学技术类专业分离出来独立成为一级学科。根据新的专业目录，全国所有办医学检验专业的院校在培养目标、培养要求、课程设置等方面做了相应调整。专业实习是医学检验专业后期教学的重要环节，是将医学基础、临床医学、检验医学知识综合运用，理论联系实际的训练过程，是毕业生走向工作岗位前的重要岗前培训。因此，面向各级医院临床检验单位用人需求，改革临床实践教学模式、提高专业实习的教学质量、完善临床实践教学管理是医学检验专业教学改革的重要课题。

一、研究内容

第一，制定《4年制医学检验技术专业毕业实习及毕业论文工作手册》。

第二，明确各阶段实习目标，优化集成各医院临床实习教学资源，使各医院优势资源与阶段实习目标相吻合，形成学校与医院实习教学主体优势最大化。

第三，完善实习教学效果实时评价体系，动态跟踪监管实习状态，及时调整学生实习的进程和内容，同时反馈信息为后期进一步改革教学提供依据。

第四，配套实习改革相关措施。进行实习前教育：由检验系主管实习工作的领导及老师对学生进行毕业实习训诫。开展专题讲座：针对学生实习中存在的问题，邀请临床实践教学的专家教授做相关专题讲座。组织经验交流：邀请上届毕业生对实习情况做经验介绍。

第五，建立实习教学效果动态跟踪与评价体系，进行多层次、多方位的实习管理，从提升实习教学管理水平入手抓好实习质量，加强以系部为主导的实习管理模式，建立基于互联网及移动终端的服务管理信息平台，从专业视角上提升实习质量。

举办不同形式的座谈会，实习生与带教老师背对背双向评估；实习过程中，实行节点跟踪和及时掌握实习教学情况；开展实习中期教学检查及毕业论文前期检查；实习结束后进行

作者简介：王晓春（1956－），女，湖南望城人，博士，中南大学湘雅医学院医学检验系教授，主要从事临床检验诊断学研究；徐克前（1965－），男，湖南常德人，中南大学湘雅医学院医学检验系教授、博士生导师，主要从事临床检验诊断学教学研究；张文玲（1972－），女，湖南醴陵人，中南大学湘雅医学院医学检验系教授、博士生导师，主要从事临床检验诊断学教学研究；长沙，410013。Email：810768205@qq.com。

问卷调查，组织毕业生及医院用人单位对毕业实习计划、学校实习管理、实习单位资源匹配及学生相关能力和素质做问卷调查。

第六，加强创新能力的培养，提高毕业论文质量。

二、研究结果

第一，制定了《4 年制医学检验技术专业毕业实习及毕业论文工作手册》。

第二，进一步明确各阶段实习目标，优化集成各医院临床实习教学资源，使各医院优势资源与阶段实习目标相吻合，形成学校与医院实习教学主体优势最大化。

第三，完善实习教学效果实时评价体系，动态跟踪监管实习状态，及时调整学生实习的进程和内容，同时反馈信息为后期进一步改革教学提供依据。

第四，配套实施实习改革相关措施：进行实习前教育，由检验系主管实习工作的领导及老师对学生进行毕业实习训诫；开展专题讲座，针对学生实习中存在的问题，邀请临床实践教学医院的专家教授做相关专题讲座；经验交流，邀请上届毕业生对实习情况做经验介绍。

第五，提高了教学质量，2016 年本科生发表相关论文 12 篇。

三、讨　论

目前国内大约有 100 多所学校设置了医学检验技术专业（全国每年招生近 10000 余名），学生存在适应能力较弱、理论基础浅浮、动手能力不强、质量意识匮乏、安全意识匮乏、纪律意识匮乏、心态浮躁等现象。大学医学检验专业要培养的也不仅仅是一名单纯会做检验的"化验员"，而是既懂临床，又懂检验的综合型人才，这样才能满足医学不断发展的需求。对于临床检验人员的要求也从单纯的"做出结果"向"解释结果"、临床沟通、指导临床等转变。临床检验实践教学的改革应以医疗单位用人需求为导向，构建与之相匹配的实习方案，强调特色的职业技能训练和知识培养，优化利用各医院临床实习教学资源，同时加强实践教学的监管和服务，使能培养现代各级医院和相关部门需要的医学检验专业人才。

医学检验正在成为医学的前沿学科，已经成为生物医学变革中的重要力量，基因检测和基因诊断风靡全球。专业具有非常广阔的就业前景，可以在医院检验科、输血科、医学实验中心、各省市血液中心、疾控中心、质量技术监督、检验检疫等实验室，医药院校，生物医药科研机构，体外诊断企业，医学检验独立实验室等工作。医学检验专业"5"改"4"后，突出"医学检验技术"的专业特性，而相对缩减"临床医学"知识的传授学时，以符合国家要求和社会发展需要，学制由 5 年制（医学学位）改为 4 年制（理学学位）。随着临床医学、基础医学、信息技术的快速发展，我国检验医学的发展也日新月异，先进技术手段及仪器的应用，使得检验结果在临床诊断、鉴别诊断及预后监测中都发挥着越来越重要的作用。临床实践教学的改革，保证了医学检验技术专业能培养具有扎实的基础医学、临床医学和检验医学的基本知识、基本理论和基本技能，较强的实践能力，积极的创新精神，具备终身学习能力、批判性思维能力和良好职业素质医学检验技术专业人才。

医学检验专业分子诊断学实验教学改革的探讨

黄建军　　徐克前　　王晓春　　徐绍锐　　彭建雄　　龚道科　　朱　燕　　李　明

摘　要： 分子诊断学是医学检验学科本科教育的主干课程，实验教学在检验专业分子诊断学课程的教学中占有重要地位。通过优化分子诊断学实验教学内容，建立兼顾分子诊断学操作技术和疾病分子诊断的实验教学体系。完善分子诊断学实验室建设、教学团队建设等实验教学改革，提高分子诊断学实验教学水平，培养学生的实验技能、科研素质以及创新能力。

关键词： 分子诊断学；实验教学；改革

医学检验学正在成为医学的前沿学科，已经成为生物医学变革中的重要力量，基因检测和基因诊断风靡全球。分子诊断学是将分子生物学在疾病分子机理研究中所获得的成果应用于疾病诊断的一门学科。它以疾病发生发展的分子机理和分子改变为基础，应用现代生物化学及分子生物学技术对疾病所发生的变化进行检测，从而为疾病诊断提供依据。分子诊断技术被认为是 20 世纪生物学一项最伟大的成就，也是当今新技术革命的重要组成部分[1]。随着人类对疾病的认识水平逐步深入到基因层面，这项新技术已经渗透到生命科学的各个领域。分子诊断不仅在传统的传染病、遗传病的筛查与诊断、移植配型检测方面发挥着重要作用，还被大量用于肿瘤个体化诊疗、昂贵药物治疗监测、药物代谢基因组学研究、心血管疾病、神经系统疾病、脱氧核糖核酸（Deoxyribonucleic acid，缩写为 DNA）指纹分析、组织分型以及食品病原体检测等领域。因此分子诊断学已成为实验诊断学的重要组成部分，也是正在迅速发展的精准医学的重要内容。作为当前医学检验学科本科教育的一门主干课程，分子诊断学已成为我校检验专业高年级本科生的必修科目。通过该课程的学习将使学生对分子生物学技术检测的原理有一个基本的认识和了解，为从分子水平对这些疾病进行诊断治疗打下良好的基础。

分子诊断学是一门以实验为基础的学科，实验教学是分子诊断学教学的重要组成部分。实验教学对学生实验技能、科研素质以及创新能力的培养具有非常重要的意义。我室一直很重视分子诊断学的实验教学。以下从学时安排、实验教学内容改革、实验室建设、教学团队建设等方面谈谈我室分子诊断学实验教学的改革情况。

一、安排充足的实验教学学时

从学时来看，实验课教学一共分配有 48 学时，最初占到该课程总学时的 50%；近年来虽然分子诊断学的理论课教学做过一次减法调整，但实验教学的学时数却一直保持不变，占

作者简介： 黄建军，女，湖南株洲人，博士，中南大学湘雅医学院医学检验系讲师，主要从事临床生物化学与分子诊断学研究；徐克前（1965－），男，湖南常德人，博士，中南大学湘雅医学院医学检验系教授，博士生导师，主要从事临床检验诊断学教学研究；徐绍锐（1966－），男，湖南长沙人，博士，中南大学湘雅医学院医学检验系副教授，硕士生导师，主要从事临床检验诊断学教学研究；长沙，410013。Email：1127450569@qq.com。

比不降反升，进一步提高到 60% 。教学实施从时间上得到了保证。

二、改革分子诊断学实验教学内容

分子诊断学实验教学内容的改革是提高实验教学水平的原动力。教研室在开设分子诊断学实验教学初期，为了培养学生的基本技能，开设了以下四个实验：基因组脱氧核糖核酸的分离与纯化，质粒脱氧核糖核酸的提取，质粒脱氧核糖核酸的限制性内切酶酶切，改良 TRAP 法检测端粒酶的活性。教学内容涵盖了基本的分子生物学技术和手段，如基因组以及质粒脱氧核糖核酸的提取、脱氧核糖核酸浓度和纯度的检测、琼脂糖凝胶电泳分离脱氧核糖核酸，脱氧核糖核酸限制性内切酶消化脱氧核糖核酸；也包括涉及多种生化及分子手段的综合性设计大实验，如端粒重复序列的扩增及检测，通过组织核糖核酸（Ribonucleic Acid，缩写为 RNA）的提取、聚合酶链式反应（Polymerase Chain Reaction，缩写为 PCR）扩增以及聚丙烯酰胺凝胶电泳结合银染显色，培养学生的综合实验技能，提升其思维的严谨性。

为了与日益发展的分子生物学和分子诊断学技术接轨，进一步提高教学质量，拓宽学生视野，培养学生科研创新能力，教研室重新修订了分子诊断学教学大纲。在此基础上，根据目前临床检验诊断实验中心的实验条件、实验设备以及实验教学人员的素质能力，密切结合理论课授课内容，以及目前临床检验诊断的实际发展情况和最新发展趋势，本着由浅入深、循序渐进、注重创新的原则，对实验教学内容作了进一步的更新优化。首先考虑到临床医院对临床样品的基因组脱氧核糖核酸检测多采用试剂盒进行提取，所以我们对基因组脱氧核糖核酸与质粒脱氧核糖核酸的分离纯化这 2 个实验进行了合理的删减，保留了质粒脱氧核糖核酸的提取纯化，而基因组脱氧核糖核酸的提纯则合并到新增的两个探索性实验，即临床标本乙肝病毒脱氧核糖核酸的荧光定量聚合酶链式反应检测，和基因的多态性分析。改良 TRAP 法检测端粒酶的活性继续保留。通过教研室多年的努力，逐步建立起一个较为完善的既重视分子生物学和现代生物化学技术、又兼顾疾病分子诊断的实验教学体系。实验教学内容的这种改革强调综合性、探索性、研究性、连贯性以及实用性，而更有利于教学目标的实现。

三、改善分子诊断学实验室建设

分子诊断学实验室的建设是实验教学的重要保障。为了顺利展开分子诊断学实验教学，学院给予了大力的支持和投入。近年来本教研室引进多种实验所需的仪器设备，不断改善实验室的硬件设施。目前分子诊断学实验教学所需配套的相关实验设备有：ABI StepOne 荧光定量聚合酶链式反应仪、Bio-Rad PCR 仪、电泳仪、冷冻高速离心机、脱氧核糖核酸凝胶成像仪、紫外分光光度仪、蛋白电泳系统、超低温冰箱、超净工作台、恒温水浴箱、混匀器等。实验条件的改善为实验教学提供了一个较为先进的平台，并且有力地促进了分子诊断学的学科建设和发展。

四、注重教师自身素质提高

分子诊断实验教学由任课教师和实验技术人员等组成教学团队，教学团队自身素质的提高，以及对分子诊断学实验的不断探索对实验内容更新具有重要意义。在分子生物学和临床检验诊断领域，虽然我们的任课教师一直处在教学和科研第一线。但在分子诊断学实验教学中，由于分子诊断学实验相对较为复杂，实验操作和前期实验准备工作也较为繁琐，对教师及实验技术人员的素质提出了较高的要求。为了进一步提升教师的自身素质，教研室派老师进行培训进修，不断充实自身，与时俱进；实验准备后及时进行实验预做，及时发现问题、解决问题。同时，实验老师在系所的支持下，密切结合理论授课内容，摸索条件，对实验内容进行更新，比如目前流行的基因多态性分析。针对这一内容，我们进行过多次探索。我们曾采用试剂公司产品，利用荧光定量聚合酶链式反应仪进行操作；也曾运用等位基因特异性聚合酶链式反应，自行设计引物进行扩增，对基因多态性进行分析，收到了较好的教学效果。将来还可结合荧光定量，进一步完善实验方法。

五、课上课下多方位培养学生能力

实验教学采用小班授课。课堂上狠抓实验教学环节，合理组织教学，做到教学任务饱满，时间安排恰当。采取启发式教学，严格要求学生。注重理论联系实际，训练学生综合分析问题的能力。不但在实验教学中注重培养学生的动手能力，同时也结合其他模式培养学生的科学思维与创造性能力。比如，指导学生查阅分子诊断学相关文献，撰写综述；自行设计一些与分子诊断学相关的课题，撰写课题获取大创课题资助并完成相关实验；检验系还定期举行讲座，对一些分子诊断、分子生物学技术等专题开展讨论。以上措施能增强学生学习的目的性和主动性。

总之，围绕分子诊断学实验教学实施的诸多改革措施不但有利于提高学生的综合素质，培养学生的创新精神，收到较好的教学效果；而且使得教学团队的素质也得到了提高，并且改善了实验室硬件设施，从而促进了学科的发展。分子诊断学的发展日新月异，如何在教学中紧随它的步伐前进，培养创新型的综合性人才，是一个值得不断关注和探讨的课题。

参考文献

[1] 褚玉新,王晓春.医学检验本科分子诊断学实验教学的探讨[J].湖南医科大学学报(社会科学版),2009 (1):245 – 246.

物理演示实验教学存在的突出问题

孙锡良

摘　要：演示实验教学是让事实说话，在物理教学中具有重要作用。目前在演示实验教学和管理中存在着重建设轻管理，重现象轻本质、重表象轻考核等几个突出问题，演示实验教学生存危机越来越明显，需多方施力方能改善。

关键词：演示实验；讨论；问题；危机

物理学是一门实验学科，物理理论需要以实验事实为依据，也需要实验事实给予验证。我们很难相信没有观察过光的干涉和衍射现象的学生能够很好地理解和掌握光的波动理论，我们也很难相信没有用实验给予证明的理论分析会在学生的心目中深深地扎下根，将平时不易观察到的或习以为常而未引起注意的现象突出地演示出来，从而使得课堂讲授的理论分析具有较为生动而牢靠的实验基础[1]。课堂上多做一些演示实验，给学生以热爱实践的熏陶，有助于学生树立"物理学是一门实验学科"的观念，纠正错误观念，形成正确的物理图象。演示实验是让事实说话，它具有不可低估的力量。近年来，很多高校在演示实验硬件条件上投入不小，但教学效果不升反降，有些学校甚至把演示实验纯粹作为一种道具、一种摆设，既浪费资源，又影响学校在学生中的形象，更严重的是让学生对大学物理产生厌烦感，学习物理不是为了提高科学素质，不是为了掌握科学知识，完全是为了应付考试。通过近几年在全国各个学校的考察和与同行的交流，总结下来主要存在以下几个突出问题：

一、重建设轻管理

目前我国的实验室工作人员队伍非常薄弱，这种情况与实验室的发展极不匹配，尤其是演示实验教学的人员配置极不合理，除了部分重点大学和部分物理工科基地学校人员配备的相对完备，大部分高校都没有按教学岗位和技术岗位定编。很多学校的演示实验室是由某些任课老师或其他实验室的老师兼职管理，有检查时比较重视，平时教学将演示实验带进课堂的比例并不高。所有物理课的教室都缺少为做演示实验配套的工作台、电源及投影设备，导致演示现象无视觉效果。

根据国外经验，演示实验教学是物理教学中非常重要的一个环节，人员按技术岗位和教学岗位配置，教学岗位由专职物理教授担任，加州大学伯克利分校（University of California, Berkeley）还允许教授聘请高年级学生做评阅人（Reader），负责按教授提供的蓝本，批阅学生的作业或实验报告。教授负责课堂教学，实验教学技术人员也要有岗位设置，实验技术人员须有很好的理论基础和丰富的实践经验，他们负责按教授的要求准备实验，设计配置新实验项目

作者简介：孙锡良（1968－），男，湖北武穴人，中南大学物理与电子学院高级实验师，主要从事大学物理实验仪器研制；长沙，410083。Email：1113518618@qq.com。

和实验室的管理、实验仪器维修和实验装置的设计加工，技术人员一旦聘用，不随意更换[2]。国内高校目前的情况基本上达不到这种要求，技术人员懂仪器，但不懂物理原理和物理规律，教学人员懂得物理理论，对仪器又一知半解，且两方面沟通很少，双方的缺陷都对教学效果产生负面影响。如果要使演示实验达到其应有的效果，必须要在管理人员编制上得到保证。

二、演示仪器重趣味轻理论

演示实验的根本作用是辅助大学物理的理论教学，实验项目和实验仪器必须紧扣物理教材，实验必须有利于学生对物理规律和物理原理的理解，应当直观或方便地演示出基本的物理现象，尤其是对一些经典物理理论的解释。目前的演示仪器基本上都与大学物理结合得不紧密，有些纯粹与教学无关，还有些是为了片面追求趣味性，完全不顾实用性，把一些工艺品也搬进了实验室。虽然，从表面上看让学生产生了片刻的兴奋，但是，大多数学生对其教学效果都无法认同。另外，一些用于科研的大型仪器和专业仪器也被引入到演示实验室，由于这些仪器熟悉和操作起来需要相当长的时间，甚至连老师都无法操作，学生更加无法使用，兴趣和效果都无从谈起。与课堂教学紧密相关的演示仪器已经越来越少，参与开发此类仪器的人员也是严重不足，从事大学物理教学的教师中参与开发的更是凤毛麟角。在美国，很多从事物理教学的教师都参与仪器开发，一些新的科研成果也很快转化为实验仪器，并且新开发的仪器大多数是数字化的，与计算机集成在一起。相比之下，我们的差距太大，这方面的差距需要所有从事物理教学人员的共同努力才能慢慢缩小，否则，我们培养出来的人才在起点上就已经输给了别人。对演示实验仪器的配置绝不能长期陷入这种模式，务虚的教学模式将会对教育事业造成重大损失。

三、年轻教师重现象轻本质

教师在实验教学中注重学生对物理原理、方法和过程的认识，我们所见到的大多数实验项目使用的实验仪器、实验技术和原理是透明的，如果学生能亲自操作，就能够更直观地理解仪器的工作原理。

但是，目前在物理实验课的教学模式和安排上，我们很少专门给学生安排讨论时间和操作的过程，一般都是由老师做、老师讲，实验自始至终都没有学生参与到其中。要想实验有更好的效果，必须有一个讨论的过程，讨论在同学之间或学生与教师之间进行，讨论贯穿在他们的整个教学过程中，对于每一个实验，他们都可以遵循先讨论、再实验、再讨论的步骤。演示实验有些是趣味性很强的实验，如果能让学生充分地参与实验过程，他们在获得乐趣的同时，还可以将理论知识掌握得更牢，参与演示实验课的学生积极性也会更高。

在美国，实验课采取教授负责制，他们非常重视演示实验的讨论，在麻省理工学院（Massachusetts Institute of Technology，MIT），诺贝尔奖获得者也亲自参与物理演示实验课程的建设与教学，亲自参与到学生的讨论中间，院长亲自编写实验指导书，使物理演示实验成为物理系本科生必修的一门课程。麻省理工学院的这个做法后来被许多美国大学所仿效，时隔多年，科学技术在不断地进步，实验内容也在不断地更新，但他们重视物理演示实验的这一传统始终没有改变，通过实验使学生懂得如何去研究物理问题，而不是只局限在知识传授和技能的训练范围内，讨论和实验的着眼点放在培养学生用实验方法解决物理问题的能力上。这应当能给我们很大的启示，我们应该更加充分地认识到物理演示实验教学的作用和性质，在实验教学中树立更高的目标[3]。

四、演示实验教学环节重表相轻考核

近年来，由于国家对实验教学投入增多，大部分高校在演示仪器的采购方面都有较大提高，从数量上讲比以前增加很多，尤其是一些有实力的重点高校，实验室越建越大，装修越来越豪华，结构越来越新颖，演示仪器越来越具趣味性。但是，能够进入教学实践或者为学生提供辅助教学的仪器却越来越少，一些学校为了吸引眼球，只考虑大而全，不考虑理论教学，所以也就不可能为教学所利用。据不完全统计：一般高校的演示仪器有效使用率不足50%，重点高校的仪器课堂使用率也没有超过70%，大部分仪器处于开放性闲置状态。部分理论课教师现在对演示实验也失去兴趣，不愿意在课堂上做演示实验，甚至有很多老师根本就不知道做演示实验。为了充分利用好实验仪器，有些学校将演示实验室作为开放实验室，对所有学生实行开放制度，本以为会吸引不少学生进入实验室，但实际情况也没有达到预期效果。实验室开放初期，由于存在一些新鲜感，有不少学生进入其中看看热闹，欣赏一些兴趣实验，不过，进入实验室的学生中很少有动脑筋思考的，只有极少数学生能将实验现象同物理原理联系到一起，久而久之，进实验室的学生越来越少了[4]。

由于学生对仪器的使用方法不熟悉，仪器在开放的过程中损毁也很严重，在没有配套理论指导老师的情况下，实验室管理者对开放的积极性就会越来越低，演示实验由大学物理理论教学中的一个重要环节变成了一种可有可无的点缀。如果，不及时改变这种管理方式和思想观念，演示实验对大学物理理论教学的辅助作用将大大降低。要想解决理论课老师不重视演示教学环节的问题，必须在理论教学考核中加入演示实验教学环节，实行双重考核方法，甚至有必要限定演示教学在整个教学环节中的最低课时数。

结论

演示实验在物理教学中起着积极的促进作用，既可以促进教师业务水平的提高，也可以培养学生理论联系实际、创新精神和实践能力，还可提高理论教学的质量，为学生将来从事科学研究打下了良好的基础。在现代教学中应大力加强、发展演示实验，并使之与物理教学有机的结合。为了达到这些目的，必须从人员编制、仪器配置、教学模式及仪器开发与管理上狠下功夫，使演示实验真正成为学生打开科学之门的一把钥匙。如果不对已经出现的问题引起足够重视，演示实验教学环节很可能在物理理论教学中消失。

参考文献

[1] 峻岭,汪荣宝. 演示实验在大学物理教学中的积极作用[J]. 物理与工程,2002(2):18-20.

[2] 惠贤,王煜. 美国高校物理实验验教学和管理情况调查报告[J]. 大学物理,2004(3):42-45.

[3] 刘璞. 物理学与应用技术[M]. 北京:北京航空航天大学出版社,2001:32-33.

[4] 万学东. 优化物理演示实验构建高效课堂[J]. 物理之友,2017(7):32-34.

浅谈四年制检验本科
临床病毒学及检验实验教学

阎祖炜　　张文玲　　侯珏　　高戈

摘　要： 临床病毒学及检验面向医学检验技术专业四年制本科生，作为中南大学湘雅医学院新开设的课程，在经过两年多的实践过程中，取得了一定的经验。本文从实验教学目的、实验教学内容及实验教学方式三个方面，浅谈本科生病毒学实验教学。
关键词： 检验本科；病毒学；实验教学

临床病毒学及检验为中南大学湘雅医学院医学检验系于 2016 年 5 月正式开设的课程，主要面向医学检验技术专业四年制本科生，两年以来对实验课的教学内容和教学方式不断调整，取得了良好的教学效果。在此浅谈教研室有关四年制本科生临床病毒学及检验实验教学的一点体会。

一、实验教学目的

本科生实验教学内容划分为三个模块：基础型实验[1]、综合型实验和设计型实验[2]。考虑到病毒学实验对无菌技术要求很高，本科生科研基础薄弱，故排除了设计型实验，选择了综合型实验，培养学生的初步科研能力。

二、实验教学内容

（一）实验教学内容的选择
第一，细胞培养技术。
细胞培养技术为病毒分离鉴定中最常用的方法[3]。它是病毒学技术的基础，也是实验成功的关键技术之一，要求学生有严格的无菌技术观念和熟练的实验操作能力，这对本科生来说是一项挑战。第一年教学通过专题讲座讲述细胞培养技术的原理、培养基的配置、细胞培养过程（包括复苏、传代、冻存），后来调查发现少数同学掌握不好。第二年教学时分组讲述，效果显著。
第二，病毒培养技术。
通过病毒的接种、细胞病变的观察以及病毒的收集和保存让学生对抽象的理论知识有了

作者简介： 阎祖炜（1974 –），男，湖南石门人，中南大学湘雅医学院检验系讲师，主要从事临床微生物学及免疫学研究；张文玲（1973 –），女，湖南永州人，中南大学湘雅医学院医学检验系教授、博士生导师，主要从事临床微生物学及免疫学教学及鼻咽癌的研究；侯珏（1971 –），女，湖南长沙人，中南大学湘雅医学院医学检验系副教授，主要从事临床微生物学及免疫学教学与科研工作；长沙，410013。Email：291679701@qq.com。

具体的认识，进而使学生掌握病毒培养技术。

（二）病毒和细胞株的选择

实验室安全在教学过程中居首要地位，几经讨论，选择了毒性低的腺病毒，选择人类胚胎肾细胞 HEK293 作为感染细胞。经两年实验结果证实，会出现典型的细胞病变。

三、实验教学方式

（一）病毒实验室外演练细胞培养传代过程

考虑到学生的无菌观念较弱，操作能力欠缺，先在普通实验室内示教，然后让学生练习细胞传代全过程，练习熟练以后再进病毒实验室操作。

（二）分小组教学

本科生初次接触细胞培养技术和病毒培养技术，在普通实验室练习以后动作仍难免生疏，加上无菌观念较弱，操作时仍然会有犯错。分小组教学能够密切关注每个学生的情况，并且及时进行指导。将学生每三人编为一小组，在病毒室以小组为单位进行示范操作，然后在学生单独操作时进行一对一指导，其余两位学生在旁边观看。教学完成，学生能够掌握操作技术。

（三）开放实验室

细胞培养和病毒培养费时较长，课堂时间有限，而部分学生对新技术兴趣浓厚，不免有意犹未尽的遗憾。故决定顺应学生需求，开放实验室。由学生自发向实验中心预约申请，在课余时间实验，安排老师指导，学生的学习热情明显提高，实验技能掌握更加熟练。

（四）大量使用教学图片

病毒学实验作为新开课程，学生对各种状态的细胞印象很淡，教学图片能够加深学生的印象，包括正常细胞、消化后的细胞、病变细胞。实验过程中的细胞形态也拍照保存，在群里分享。课程结束后，学生能准确区分这几种状态的细胞。

四、结束语

临床病毒学及检验是新开课程，实验课对本科生是一项挑战。要教好这门课程，需要老师不断进行探索，教学过程中应注意理论和实践相结合，精心设计，认真教学，充分调动学生的积极性，并且愿意花费课外时间对学生进行指导。

参考文献

[1]伍彬,叶日英.食品微生物实验教学改革研究[J].安徽农业科学,2015(10):374-375.

[2]薛淑萍.浅谈阶梯式实验教学模式的构建[J].吕梁学院学报,2013(3):89-90.

[3]李帆,徐志凯.医学微生物学[M].8版.北京:人民卫生出版社,2013:231.

以产学研合体为基石多方位搭建实践教学基地

徐 蒙 欧阳辰星

摘 要: 随着"新工科"建设的推进,高校工科培养目标正朝着厚基础、宽专业、强实践、重创新的方向稳步发展。其中提升大学生的实践和创新能力,建立实践教学基地已显得日益重要。课题组以科研项目为切入点,以产学研合体作为基石,在科研产品方案,科研成果推广、应用现场等多方面搭建实践教学基地,有效地实施和拓展了实践教学计划,取得了丰硕成果。

关键词: 实践教学基地;课题组;产学研合体

近年来,高校工科培养目科一直强调学生要拥有超强的工程实践能力,自我获取知识能力,一定的创新、创业能力和较强的组织管理能力和素质。为实现这一培养目标,中南大学地质工程专业课程设计一直秉承厚基础、宽专业、强实践、重创新的方针。其中,强实践环节除了校内实验室实验课,还有校外的专业认识实习、生产实习、专业毕业设计等。为完成好这些实践教学任务,最重要的是和同行业的企业合作建立一个优质的校外实习实践基地。以基地为依托,多方位挖掘实践教学资源,逐步建设和完善基地软、硬件设施,使学生能真正进入工程实践的技术岗位中,动手、动脑,承担任务和责任,面对生产,真题真炼。在大幅度提高工程实践能力的同时,使学生深刻了解本行业技术的现状、差距和未来发展趋势,从而制定今后科研攻关、技术创新的目标。

搭建一个优质实践教学基地并非易事。一是地质工程专业含有学科基础类课程、专业课程、工程实践和毕业设计,同时还设有通识教育类,以及个性培养教育类课程,涉及了专业基础理论、施工设计、施工质量检测技术等众多专业学科,搭建能满足如此多学科专业门类的实习实践基地很难,而优质基地的搭建更是难上加难。二是高校普遍在实习实践方面投入经费不足,企业对搭建实践教育基地缺乏热情和参与的动力,对本科生而言,走出校门时间稍长一些,差旅、吃住及必要的教学设施的租借,都存在很大的困难。

事实上,在实践教学基地和平台以整个专业为搭建主体的传统方式下,可以转换一下思路,化整为零,以课题组和相应的科研项目为基点,不拘形式,灵活机动地开展实践教学。平台是实时的、可大可小、视实践教学计划而定并随之变化。

课题组承担了三门专业课,主要是检测技术、仪器仪表和灌浆工程新技术。近十年和国内三个大的水电流域开发公司合作了十多项科研项目,课题组的学术带头人把科研成果转化为产品,并由专门的生产厂家生产销售,产品已广泛推广应用到全国各大中型水电站。课题组承担的实习、实践教学任务,也在产学研合体、产教融合、科教协同中自然展开并顺利实施。概括起来有以下两点。

基金项目: 2017 年中南大学"新工科"研究与实践立项项目"地质工程专业协同育人模式的探索"。

作者简介: 徐蒙(1981 -),男,湖南长沙人,博士,中南大学地球科学与信息物理学院副教授,主要从事地质工程检测技术与仪器仪表的研究;欧阳辰星(1981 -),女,湖南长沙人,博士,中南大学本科生院讲师,主要从事教育管理研究与工作;长沙,410083。Email: xumengherry@163.com。

一、以产品生产厂家为基点，开展实践教学

灌浆压水测控系统涉及了流量、压力、密度、微位移等众多传感器。教材中的内容，在灌浆测控系统中都有相对应的应用。

课堂教学中，任课教师把教学相关的各类传感器、电子元器件，凡能拿得动的都搬上课堂，实体教学。凡能在厂家进行的教学课时都在车间由学生边操作，边讲解。系统主机二个学生一台，学生要独立完成传感器和主机的联机调试，并要完成一个灌浆段灌浆压水的全程操作，直到主机打印出灌浆压水数据和过程曲线。学生还要传感器和主机的出厂率定，并由此计算各种误差精度，填写出厂检定证书，利用生产厂家的资源和以实践教学为主的教学方法，学生的动手能力得到很大的提升。同时教材中的那些较为抽象枯燥的内容，如常规物理量的检测方法、原理，非电量转换，各种误差和性能指标在实践教学中，都得到较好的掌握。由于课题组常年都有新的科研项目在厂家开展研究、试验和转化为产品，本科生通过实践教学在厂家这个平台上学到更多新的知识。

二、以生产施工单位为基点，开展实践教学

随着多项科研成果转化为产品，并在大中型水电站推广应用，课题组相继在这些电站建立了技术服务站。生产单位提供食宿，甚至交通工具，为搭建实践教学平台创造了良好的条件。这些平台上先后有近百名本科生进行过生产实习，毕业设计。在灌浆施工现场，课题组把学生纳入技术服务和灌浆质量监督的岗位中，在现场技术人员的指导和配合下，学生要熟悉和掌握灌浆工艺规范，熟悉施工和机械设备。由于顶岗，逼着他们主动进行再学习，对灌浆压水测控系统显示和打印出来的主要参数、数据、过程曲线甚至整个工程过程都要进行分析评价，以确定灌浆质量是否满足规范要求。此外，还要在现场监理的配合下，完成各种传感器主机的定期率定，当传感器和系统主机出现故障时，还要参与及时的维修。现场面对生产，所有的经历，都加深了检测技术与仪器仪表这门课程知识的理解。

在实践基地，职责所迫，学生要参与每周一次灌浆专题周会，会议由业主工程部主持，监理和施工单位及技术监督服务部参加。本科生有时也要作为技术服务和监督的一方进行汇报，甚至辩论。这对于还没迈出校门的本科生来讲，无疑是一种极大的压力和机遇，也深刻体会到了社会实践是催发人才成长的最快途径。

灌浆所用的水泥浆液、水泥粘土浆液、水泥砂浆，都要在现场配置，在规范已确定浆液密度的情况下，根据现场搅浆箱的容积，如何快速计算出各固液相的比例重量，这些看似简单的技术问题，不少本科生都迟迟拿不出结果。配好浆后如何测量不同浆体的流变特性？灌浆浆液为什么会随时间越变越浓？灌浆过程中压水试验吕荣值用于评价灌浆质量好坏，为什么在原理上还有缺陷？这些在现场如此重复显现的工程技术问题，在我们承担的灌浆工程新技术中有没有涉及到。现场的工程实践告知本科生工程技术的发展和需求是引领创新的动力。

2015 年，课题组在苗尾水电站研发了基于大数据平台智能灌浆无线传输系统，在复杂的灌浆廊道中分别采用 zigbee、wifi 无线传输技术。在原灌浆压水测控系统中增设数据发射装置，并研发适合灌浆廊道环境的中继器和数据接收终端，将灌浆过程的关键参数实时汇入到业主数据大坝中，实现灌浆工程过程数据实时传输和远程监控。项目在现场调试和安装过程中，先后有十几名本科生参与进来，项目调试初期为确保传输的可靠性，减少丢包率，经

常要调换中继器的组网形式。上千米的灌浆廊道,里面又潮又湿,光线很弱,廊道内分叉、分层又多。学生要端着手提电脑,查看一个一个中继器工作状况,必要时还需搭梯子进行传输测试。这样的过程一天可反复几次,十分辛苦,但这样的实践环节大大拓展了他们的专业面,也让他们体会到要想获得成果,需要付出辛劳。

在施工现场,碰到地质工程其他课程的实践活动,特别是不到现场来很难见到的施工过程,如混凝土重力坝的浇筑施工现场,面板堆石坝墙的碾压,现场大型围堰闭气施工过程等,只要课题组知道信息都不失时机地组织学生现场观看,并请相关技术人员进行讲解,这些实践环节都让学生受益匪浅。

多渠道多方位的搭建实践教学平台,以产学研的结合开展实践教学,对弥补工程专业长期以来在培养本科生方面存在的理论功底扎实,工程实践能力薄弱的缺陷,是一个行之有效的途径。

参考文献

[1]顾金锋,等.校企合作失灵:原因与矫正措施[J].现代教育管理,2013(3):58-63.

[2]沈云慈.市场经济视角下校企合作的问题及化解[J].中国高等教育,2010(23):42-44.

[3]都昌满.高校学生实习:问题分析与解决途径[J].高等工程教育研究,2010(5):144-149.

[4]陈晓虎.校企融合,培养应用型本科人才[J].高等工程教育研究,2009(2):6-11.

[5]李尧,李秀莲.应用型高校的宽口径招生与窄专业方向的培养[J].教育与职业,2008(11):43-45.

[6]刘国瑞,林杰.关于高等教育发展方式转变的几个问题[J].现代教育管理,2013(2):12-17.

[7]吴爱华,刘晓宇.深入推进理工科人才培养机制创新[J].高等工程教育研究,2014(2):1-6.

[8]李志义.地方高校发展的战略选择[J].大连理工大学学报(社会科学版),2008,(3):1-3.

[9]朱高峰.工程教育中的几个理念问题[J].高等工程教育研究,2011(1):1-5.

[10]魏小鹏.高等教育强国目标下的高等教育区域中心建设[J].中国高教研究,2010(8):8-12.

[11]潘懋元.中国高等教育百年[M].广州:广东教育出版社,2003:138.

[12]中华人民共和国教育部.招商部关于全面提高高等职业教育教学质量的若干意见[EB/OL].教育部门户网络.信息公开.(2006-11-16)[2018-03-14].http://old.moe.gov.cn//publicfiles/business/htmlfiles/moe/moe_1464/200704/21822/html.

[13]中华人民共和国教育部.教育部关于推进高等职业教育改革创新引领职业教育科学发展的参考意见[EB/OL].教育部门户网络.信息公开.(2011-09-29)[2018-03-14].http://old.moe.gov.cn/publicfiles/business/htmlfiles/moe/s6341/201407/xxgv_1751561.html.

[14]欧阳媛,张永敬.高职校企合作长效机制的内涵与特征研究[J].教育与职业,2014(18):30-32.

[15]叶萍.高职院校校企合作工学结合的实践性教学——以国家示范性院校为例[J].安徽电子信息职业技术学院学报,2010(3):67-68.

[16]孙云志,何玉宏.关于高职院校校企合作现状的调查研究[J].教育与职业,2011(30):19-21.

[17]王莹,王华,贾纪萍,等.高职院校"订单式"人才培养模式实践和探索[J].教育教学论坛,2014(20):217-218.

[18]武汉理工大学.武汉理工大学志[M].武汉:武汉理工大学出版社,2010:97.

[20]胡彩梅,谭旭红,吴莹辉.本科高校全过程教学质量监控体系的构建与实施[J].继续教育研究,2008(2):86-88.

[19]林健.高校工程人才培养的定位研究[J].高等工程教育研究,2009(5):11-17.

[21]丁烈云.实施"2011计划"的意义、重点与难点[J].中国高等教育,2012(20):11-14.

[22]林健.卓越工程师培养——工程教育系统论改革研究[M].北京:清华大学出版社,2013:15.

[23]杨路.校企协同的内涵与模式[J].理论界,2012(12):193.

[24]中华人民共和国教育部.关于实施卓越工程师教育培养计划的若干意见[EB/OL].教育部政府门户网络.信息公开.(2011-01-08)[2018-03-14].http://www.moe.gov.cn/srcsite/A08/moe_741/53860/201101/t20110108_115066.html.

"互联网+"虚拟切片实验室的构建
及在医学形态学中的应用

王宽松

摘　要： 医学形态学是医学教育的基础课程，切片观察是形态学实验教学的重要内容。由于切片数量不足、容易褪色等原因，传统的实验教学模式已经满足不了现代医学教育的要求，虚拟切片的出现为解决这个问题提供了较好的选择，它克服了传统切片的缺陷，有利于提高学生学习效率和教师教学质量。

关键词： 形态学；虚拟切片；互联网+

医学形态学包括人体解剖学、组织学与胚胎学及病理学等，主要研究人体正常组织结构及疾病发生发展规律，是医学教育基础课程，其中病理学更是被视为基础医学与临床医学之间的"桥梁学科"。正常形态特征及其疾病时的形态变化是形态学学习的重点和难点，具有很强的直观性和实践性，因此，实验教学在形态学教学中具有极其重要的地位。实验教学有助于学生了解组织器官的正常形态，把握疾病的发生发展规律，为后续临床课程的学习打下理论基础。形态学实验教学的重要内容是用显微镜观察切片，掌握镜下的形态特征，并联系大体标本来理解、巩固理论知识。但历年来，传统的形态学实验教学一直存在着难以逾越的瓶颈，严重地制约了形态学教学质量的提升。传统实验教学存在的问题主要表现为下述几个方面：第一，不同蜡块制作的切片、同一蜡块的不同切面形态可能存在差异（病理学切片尤其如此），在一定程度上阻碍了师生、学生之间的交流，导致学习效率的下降；第二，玻璃切片的数量有限（尤其是病变典型的病理切片），同时使用过程中较易发生毁损，限制了使用范围；第三，现有苏木精－伊红（HematoxyLin-Easin，HE）染色技术制作的切片容易褪色，不能长期保存；第四，随着医疗技术水平的提升，部分病种的病理形态变得不典型，部分少见病种的标本甚至几乎无法获取，制约了医学生对典型病变的认识；第五，传统的实验教学只能在实验室的显微镜下完成，限制了学生学习的时间及空间。随着数字技术及网络技术的发展，"互联网+"虚拟切片实验室的出现使传统实验教学存在的上述问题均获得了解决的可能。

一、"互联网+"虚拟切片实验室的构建

近年来，随着计算机、信息技术的发展，组织切片得以数字化。其大致操作流程如下：首先，将组织切片的全部景象通过全自动扫描显微镜的数码摄像头逐行扫描，在高倍视野下连续采集图像，制成高分辨率的数字切片，即虚拟切片，再通过计算机软件对图像进行无缝

作者简介： 王宽松（1975－），男，湖南邵阳人，中南大学基础医学院病理学系副教授，从事女性生殖系统肿瘤研究；长沙，410083。Email：13787146109@126.com。

拼接，将组织切片制成由数字图像信息组成的完整虚拟切片，并存储在电脑等存储器件中。然后，通过专用的图像阅读软件在电脑显示器中加以显示，此类图像阅读软件可对虚拟切片在一定范围内进行任意倍数的放大缩小，并能切换滑行到图像的任意区域，组织切片的类型可以是 HE 切片，特殊染色及免疫组织化学染色的切片等[1]。

虚拟切片扫描完成后，根据系统及疾病类型的不同，对所得切片进行分类，建立数字切片库，并利用数字切片浏览系统进行浏览，切片可以连续缩放、图片分辨率无损放大并显示全景导航。数字切片库储存于网络服务器中，可在学校教学网络课程的相关网页中进行随意浏览。同时，开发网站应用程序（Application，APP），学生下载安装之后可以随时随地查阅相应切片。

二、"互联网＋"虚拟切片实验室的优点

与传统的形态学实验教学相比，"互联网＋"虚拟切片实验室具有显著的优点，主要表现在下述几个方面[2]：

第一，同一病例的虚拟切片来自同一个组织切片，避免不同的切片形态在实物切片教学中存在差异的问题，便于师生、学生彼此之间的交流，有利于教学效率的提升，保证教学质量的一致性。

形态学教学的一个重要方面就是组织形态的显微观察，但不同蜡块制作的切片、甚至同一蜡块的不同切面，由于空间位置不同，组织形态亦存在差异（病理学切片尤其如此），在教学过程中，一定程度上阻碍师生、学生之间的交流，降低教学效率。虚拟切片的引入，保证教学切片的同一性，便于教师的示教、学生的阅片，大大提高教学效率。

第二，虚拟切片可以无限复制，较好地解决了传统实物切片数量不足的问题；同时，不同的教学单位之间可以较好地共享教学资源，便于给学生提供全面的教学资源库，解决传统实验教学过程中，罕见病例数量不足的问题。

第三，虚拟切片容易保存、不会破损、亦不会褪色，利于教师检索和管理。与传统玻璃切片相比，虚拟切片既不会褪色也不会破损，使用时间更持久。同时虚拟切片库的建立极大地减少了传统切片所需的存储空间，提高了教学资源的利用率。

第四，虚拟切片分辨率高、图片清晰，可任意进行放大缩小，方便实验教学。观察虚拟切片时，学生使用鼠标选择切片任意位置，可对观察区域进行连续倍数的放大或缩小，极大地方便了学生对教学切片的观察。传统切片仅能静态显示某一局部结构，而虚拟切片能随意浏览，解决了整体与局部无法统一的问题。

第五，"互联网＋"虚拟切片实验室打破传统实验室时间、空间的局限性，为学生提供自主学习的实验平台，学生可利用网络对虚拟切片数据库进行远程访问。上实验课前，学生可利用 APP 对虚拟切片进行预习；课堂中，学生可在老师辅导下直接观察虚拟切片，快速准确的找到病变部位；下课后，学生可以使用虚拟切片库随时复习；期末实验考核前，学生亦可使用虚拟切片库复习切片，温故知新，考出满意成绩。

第六，虚拟切片的部分区域亦可转化为其他格式的图片，用于理论课教学，丰富理论教学的素材，提高授课质量。

第七，虚拟切片实验室的建立避免教辅人员长时间重复准备教学切片，减轻教辅人员的工作量。

三、"互联网+"虚拟切片实验室的应用前景

传统形态学实验教学都是发切片给学生在显微镜下观察，或者教师在显微镜下观察后，再通过投影机将观察过程放给学生看。此种教学方式严重制约形态学教学的灵活性，增加了教学工作量，降低教学效率。虚拟切片的出现完美地克服了这些弊端。虚拟切片为形态学实验教学和学术研究提供有效的交流工具，可以完全脱离传统显微镜进行读片交流。

建立正常组织和病理组织虚拟切片实验室后，利用专业图像编辑软件，对虚拟切片进行编辑、测量和标注等，将典型的组织结构或难以观察到的细胞如血涂片中的嗜碱性粒细胞等先行标注。教学过程中，教师通过鼠标选择切片任意位置就可实现无极变倍连续缩放浏览，并通过缩略的导航图，便捷地指导学生观察图像的全局视图和当前所在的位置，放大到最佳观察场景，分析切片观察中的重点和难点，有利于学生掌握整体和局部的位置关系，使低倍镜与高倍镜下的图像互相补充、对应[3]，弥补传统切片"肉眼看不到，镜下看不全"的缺陷。虚拟切片的引进，可快速高效地更新教学内容，保持教学内容的先进性，激发学生学习的主观能动性，提高教学质量[4]。此外，形态学期末考试的一个重要内容就是实验考试。虚拟切片被引入实验教学后，教师可随机从常规病理科的临床切片中获取正常组织或病变组织切片，用于期末考试，大大方便了教学工作[5]。

总之，"互联网+"虚拟切片实验室的建立将有效缓解形态学传统实验室在经费、场地、设备等方面面临的困难和压力，能更好地促进临床实践与形态学有机结合，推动形态学实验教学的改革，在教师角色、教学内容、教学方法、考核评价等方面探求创新，激发学生学习兴趣，从而全面提高形态学的教学质量。

参考文献

[1]陈晓宇,贾雪梅,吴强,等.虚拟切片在组织学实验教学中的应用[J].安徽卫生职业技术学院学报,2012(2):82.

[2]张迪,王玲,李玉晶,等.病理学虚拟切片虚拟实验数据库的应用[J].教育现代化,2017(40):211-212.

[3]范嘉盈,张岚,陈荪红,等.虚拟切片技术在实验教学中的应用[J].实验室研究与探索,2014(5):72-76.

[4]仇文颖,徐园园,陈咏梅,等.虚拟切片在组织学实验考试中的应用[J].基础医学与临床,2013(11):1508-1510.

[5]蒲霞,郭庆喜,肖秀丽,等.虚拟切片应用于病理学实验考试的探索[J].中国数字医学,2013(9):80-82.

"新工科"背景下的大学物理实验教学改革

李幼真　　徐富新　　谢定　　何彪　　李新梅

摘　要："新工科"是当今高等教育改革的热点。大学物理实验课程是本科生入校后的第一门大面积基础实践课程，在培养学生动手能力和创新意识方面作用独特。面向"新工科"，要增加体现新技术、新趋势的课程，引导学生主动探索，充分利用移动互联技术，开设创新实验室，为学生创新提供平台，为新时期培养掌握新技术、运用新工具、创新能力强的人才。

关键词：新工科；物理实验；改革；创新能力

提升我国工业制造水平，由工业制造向智能制造、创造转变，进而带动整个经济转型升级，是我国今后相当长一段时期内的重要任务，而培养大量适应新时期要求的人才则是重中之重，国家为此出台了"新工科"建设规划[1]。在高校中建设一批适应新时期发展要求，满足市场需要的专业，为我国"人工智能、智能制造、互联网＋、机器人"等新技术的发展奠定基础，培养人才[2]。中南大学作为一所工科见长的高校，必须抓住机会，及时进行相关论证研究，结合自身特色和优势，建设一批特色新专业，开设一批特色课程，为国家工业和经济的转型升级贡献力量。

一、新工科的背景和目标

新工科建设是国家教育部根据国家发展需要，配合国家"中国制造2025""一带一路""互联网＋"等国家战略，为促进转型发展，建设创新型国家而对高等教育部门提出的新要求，也是高等教育部门进一步提高人才培养质量、充分满足社会需求的又一发展机遇。

"新工科"的提法源于2017年2月教育部在复旦大学召开的高等工程教育研讨会，会上形成了"复旦共识"[3]，提出要发展新时期的高等工程教育，后又在天津和北京分别举行了研讨会，提出了"新工科"建设行动路线（天大行动）[4]和"新工科"建设指南（北京指南）[5]，逐渐形成了较为清晰的"新工科"建设指导路线图。与此同时教育部下发通知，在全国高校中开展"新工科"教育与实践，征集相关研究课题。研究的内容主要涵盖"工程教育的新理念、学科专业的新结构、人才培养的新模式、教育教学的新质量、分类发展的新体系"等。从中可以看出，新工科的主要任务是面向新技术和新经济，培养杰出工程师、培养工程实践和创新能力强、具备国际竞争力的高素质复合型"新工科"人才[6]。

作者简介：李幼真（1965－），男，河南嵩县人，中南大学物理与电子学院副教授，主要从事功能薄膜与实验教学研究；徐富新（1965－），男，湖南邵阳人，中南大学物理与电子学院教授，主要从事机器视觉和实验教学研究；谢定（1965－），男，湖南邵东人，中南大学物理与电子学院副教授，主要从事医学物理和实验教学研究；长沙，410083。Email：liyouzhen@csu.edu.cn。

二、新工科背景下物理实验课程改革

开设新专业、新课程是"新工科"建设的主要手段，但其核心目的仍然是培养掌握新技术、运用新工具，适应市场和国家发展需要的创新型人才，是培养具有高度创新力的工程师。创新型人才除了要掌握基本原理，能够运用先进工具，还要具有坚强的意志和创造的热情。未来新经济的竞争，是创新能力的竞争，更是人才的竞争。乔布斯（Steve Jobs）在智能手机上的大胆创新使苹果公司成为市场上的王者，马斯克（Elon Musk）的大胆尝试使美国太空探索技术公司（Space-x）成为首个可回收火箭的私人企业，使特斯拉（Tesla）成为电动汽车中的领军品牌，而马云的创新则使阿里巴巴成为世界十大科技公司之一，解决了众多人的就业问题。这些伟大的创新开创了新时代，促进了人类社会的极大进步。社会的进步，国与国的竞争，归根到底要看创新力的竞争，而培养各个行业的创新人才，激发社会的创新热情，营造利于创新的社会氛围，则是高校教育工作者的重要任务。面对新技术的不断发展和国家战略需求，高校在专业和课程设置、培养环节都需要不断改革、调整，为社会培养更多的创新人才。在大学课程中，公共基础课教学面广、学习时间长，在基础课教育阶段打牢基础，锻炼好基本技能，有意识地树立创新意识，对学生的后续培养及成长具有重要的现实意义。在"新工科"教学改革过程中，如何对基础课程进行改革，使之适应新工科改革的要求，是我们从事基础教学工作者的重要责任。物理学作为探究自然之理的学科，在夯实学生自然科学基础、激发创造热情方面作用独特。历史上无数杰出物理学家的艰苦卓绝而又饶有趣味的研究经历和对人类卓越的贡献更是在激发学生兴趣、树立良好意志品质方面有着不可替代的作用。而作为自然科学的带头学科，在"新工科"背景下，物理学科的基础地位依旧不会动摇，但技术层面上的重要性将大大加强，这要求我们在物理教学过程中更加重视实践和技能的培养。大学物理实验课程是理工医各科本科生进入大学后的第一门大面积实践课程，具有受益面大、接触仪器设备种类多、内容丰富的特点，在培养学生基本动手能力、数据处理能力、现代工具的使用能力以及创新能力方面具有独特而重要的作用，学生普遍反映通过物理实验的训练，动手能力得到了显著提升，从事实验研究的意愿显著增强。"新工科"改革将创新能力的培养放到更高的位置，要求我们培养掌握新技术、运用新工具的创新型工程师，而作为本科生受益面最广的实践课程，物理实验课程也需要做出相应的改革，在课程的项目设置、教学内容、教学手段等方面进行相应的调整。结合对"新工科"改革理念的理解以及在教学和管理实践中的经验，我们计划从以下几个方面进行改革，以适应新时期的要求。

（一）扩充实验内容，增加体现新技术、新趋势的课程

就目前国内物理实验课程开设的项目来说，可谓大同小异，主要是一些经典的基本训练和验证性的项目。如注重基本测量能力训练的"杨氏模量、转动惯量、牛顿环、示波器"等基础实验，由近代重要的经典实验转化而来的如"密里根油滴、弗兰克赫兹、光电效应"等综合型验证性实验，这些实验项目在锻炼学生动手能力，提高科学素养等方面起到了重要作用，但由于项目与当今科学前沿关系不大，和日常生活联系也不紧密，学生兴趣并不高。而"新工科"强调的一是"新"，具有强烈的信息化、数字化的时代特征；二是"工"，指

的是工程方面的技术，具有很强的实践特征。这就要求我们在培养人才方面，更加注重现代新技术的训练[7]，作为本科生重要基础实践课的物理实验课程，必须以"新工科"建设为契机，加快改革，跟上时代。因此，在保留部分传统经典物理实验项目的基础上，我们必须构建和扩充实验教学内容，加强现代工具使用能力的训练，加强基于数字化、网络化、智能化方面的技能培养，同时兼顾实验项目的趣味性和时代性，激发学生兴趣，以适应"新工科"人才培养的需求。在课程建设过程中，我们已经做了一些相关的工作。如目前热门的3D打印技术，学生都很有兴趣，将其作为一个创新性项目，供学生学习实践，颇受欢迎；针对数字示波器在工程实际中已大面积应用的现实，我们计划在示波器实验中除提供传统模拟示波器外，还配备数字式示波器，让学生提早接触现代测量工具；针对目前实验仪器越来越集成化的特征，我们自行设计部分测试内容，采用分立的原件进行组合实验，让学生能够得到更多的锻炼，解决实验过程中的"黑盒子"弊病，如制作滤波、积分等电路，通过对各部分电路输入输出信号进行观察测量，加深学生对电路的理解，熟悉示波器的使用，学生在学习过程中，对元件的作用理解更加深入，也会激发其浓厚的学习兴趣。此外，机器人、机器视觉、VR等新技术也可通过各种形式搬进物理实验课堂，使学生在大一就可以切身体会到新技术的魅力，激发他们的学习热情。

（二）改革教学手段，引导学生主动探索

"新工科"的本质目的还是培养掌握新技术、实践能力强、创新意识突出的人才，因此除了在内容上跟上时代，还需在教学方法上进行改革，使他们愿意学、乐于学、高效率地学，将学生自主学习、主动探索的热情激发出来。长期以来，物理实验教学多采用老师讲解原理和操作要点、学生照要求操作、老师检查数据和作业的教学模式，学生对仪器工作原理和实验原理往往是一知半解，老师和学生的交流也比较有限。长期以来提倡的加强师生互动、探究式教学方法由于课堂时间有限等种种原因难以大面积推广，而随着网络时代的到来，学生获取信息的途径越来越多样，"慕课"等早已成为老师学生自学的重要途径，很多知识学生完全可以通过其他途径获得。传统"满堂灌"式的教学方法既浪费时间，又没有必要，学生也没有兴趣，而随着"新工科"建设的推进，我们必须把最新的技术和理念带给学生，激发、培养他们的创新意识和能力。在这方面我们也进行了一些尝试，如制作了部分实验仪器原理和操作方法的视频、介绍实验背景的文档等，并在网上发布，供学生自主预习，为课堂节省了时间，老师在课堂上可以比较从容地就实验的背景、意义、仪器设计等与学生进行讨论，取得一定的效果。在课堂上，通过提问等形式检查学生课前预习情况，以问题为引子，鼓励学生开展讨论，活跃课堂气氛；此外，还要求老师针对具体的实验内容，充分挖掘其在工程领域、新技术领域特别是高新技术方面的应用，在课堂上把它们联系起来，激发学生的学习兴趣和热情。

（三）充分利用移动互联技术，提高实验教学效率

移动互联网、大数据是这个时代的显著特征，极大地改变了人们的交流和工作方式，提高了工作和交流效率，人们获取信息的方式和便利程度得到前所未有的提高。移动互联技术本身就是"新工科"的重要内容之一，充分发挥移动互联网的优势，将移动互联网技术应用到物理实验的教学和管理过程中，可有效提高教学管理效率、提升学生学习体验，激发其学习热情[8]。在这方面，我们也在努力做出探索，正着手开发基于安卓的物理实验应用系

统，涵盖实验原理、仪器介绍、实验数据提交、与教师交流等功能模块，学生在手机上可随时随地进行实验预习、数据提交、向老师提问等活动，提交的实验数据则分类储存在服务器上。通过对实验数据的比对，将比对结果反馈给客户端，杜绝数据抄袭，及时发现错误数据，可大幅提高教学效率，同时通过对实验数据的统计分析，为教学研究提供便利，而学生的提问则可以直接呈现在对应老师的应用端，方便学生与老师交流。利用移动客户端，还可以发布教学视频、通知等，将极大促进教学效率和教学效果的提高，新技术的应用、新的教学模式又可激发学生学习热情和参与度，反过来促进教学水平的提高。

（四）提高实验教师和技术人员水平

增加新工科的实验内容，提高教学质量，提升学生创新能力和热情，都对老师提出了更高的要求。提高实验室教师和实验技术人员的业务水平和工作积极性，一直是学院的重点工作之一，而作为典型的基层教学单位，实验室难以吸引高水平研究型人才，只能在现有条件下，通过加强培训和学习交流来提高队伍的教学和管理水平。在教学方面，通过聘请教学督导组听课，邀请学院知名教授到中心讲授公开实验课等形式，促进交流，逐步提高实验教师教学水平。同时，为了跟上时代发展，中心鼓励实验课教师与专职科研的教师进行交流，组织老师参与学院组织的各种学术和交流活动，让老师们多接触学科和技术前沿，提高自身科研素质；鼓励实验技术人员参加各类教学仪器展销会、教学研讨会等，了解实验教学方面的最新趋势，购买体现新技术、新理念的实验仪器；同时，定期组织教学研讨活动，交流教学、仪器开发和维护方面的心得，使老师和技术人员的能力得到共同提高。

（五）开设创新实验室，为学生创新提供平台

培养能够熟练应用新技术、新工具，具有较高的创造能力和创新意识的人才，是"新工科"改革的最终目的。作为基层的实践教学单位，物理实验室理应为全校范围的学生提供创新的平台。在学校开放基金的支持下，物理实验室几年前就建立了创新实验室，为从事创新的本科生提供基本的场地、仪器，为参与各类竞赛的同学配备指导老师并提供基本的资金支持。这些举动取得了不错的效果，在全校范围内有了一定的影响力。为了使学生能够跟上时代，接触最新的技术成果，在创新实验室建设中，逐步购置体现新技术、新时代特征的工具、仪器，如高性能的数字示波器、液晶制作和测试平台、高频信号源、3D打印设备等，这些新设备体现了最新的技术成果及其应用，学生非常感兴趣，激发了他们继续学习的愿望和深入研究的动力，起到了良好的效果。

三、结　语

"新工科"教学改革，是国家为了满足新时期对人才的需求而做出的重大规划，是对教育部门尤其是高等教育工作者提出的新要求，事关我国在以"智能制造、人工智能、移动互联、大数据"等为代表的新工业时代的竞争力，事关我国经济的转型升级。作为本科生入校后的第一门大面积实践课程，大学物理实验在训练学生动手能力、工具应用能力及创新能力方面有重要作用，而在"新工科"背景下，如何满足新时期对人才培养的要求呢？在课程设置、教学手段、管理方法等方面做出不断的改革，增加体现现代技术的实验项目，提高学生对现代工具的使用能力，利用移动互联技术提高教学效率等，都是改革的方向，而通

过提高师资队伍水平，调动老师工作的积极性，继而激发学生学习的兴趣和创新的热情，则是改革的最重要目标。

参考文献

[1]陆国栋,李拓宇. 新工科建设与发展的路径思考[J]. 高等工程教育研究,2017(3):20.

[2]林健. 面向未来的中国新工科建设[J].清华大学教育研究,2017(2):26.

[3]中华人民共和国教育部.建设新工科,服务新经济[EB/OL].中华人民共和国教育部网站. 高等教育司. (2017 - 02 - 23) [2017 - 12 - 07]. http://www. moe. gov. cn/s78/A08/moe_745/201702/t20170223_297121. html.

[4]中华人民共和国教育部.新工科"建设行动路线("天大行动")[EB/OL].中华人民共和国教育部网站. 高等教育司. (2017 - 04 - 12)[2017 - 12 - 07]. http://www. moe. gov. cn/s78/A08/moe_745/201704/t20170412_302427. html.

[5]中华人民共和国教育部.新工科建设形成"北京指南"[EB/OL]. 中华人民共和国教育部网站. 高等教育司. (2017 - 06 - 10)[2017 - 12 - 07]. http://www. moe. gov. cn/jyb_xwfb/gzdt_gzdt/moe_1485/201706/t20170610_306699. html.

[6]中华人民共和国教育部.教育部高等教育司关于开展新工科研究与实践的通知[EB/OL]. 中华人民共和国教育部网站. 高等教育司. (2017 - 02 - 20)[2017 - 12 - 07]. http://www. moe. gov. cn/s78/A08/A08_gggs/A08_sjhj/201702/t20170223_297158. html.

[7]周剑峰,韩民.新工科专业实践教学体系构建[J].教育教学论坛,2017(44):109.

[8]樊俊青,王改芳. 基于物联网工程的新工科实践平台建设[J].实验技术与管理,2017(12):179.